主　　编◎王 理　宋丙涛
主编助理◎柴 森

做一个有社会责任感的经济学人

耿明斋教授经济思想述评

中国经济出版社
CHINA ECONOMIC PUBLISHING HOUSE
·北 京·

图书在版编目（CIP）数据

做一个有社会责任感的经济学人：耿明斋教授经济思想述评／王理，宋丙涛主编．--北京：中国经济出版社，2022.7

ISBN 978-7-5136-7003-6

Ⅰ.①做… Ⅱ.①王… ②宋… Ⅲ.①耿明斋-经济思想-研究 Ⅳ.①F092.7

中国版本图书馆 CIP 数据核字（2022）第 124569 号

责任编辑　贺　静
责任印制　马小宾
封面设计　任燕飞

出版发行　中国经济出版社
印 刷 者　北京柏力行彩印有限公司
经 销 者　各地新华书店
开　　本　787mm×1092mm　1/16
印　　张　25.5
字　　数　485 千字
版　　次　2022 年 7 月第 1 版
印　　次　2022 年 7 月第 1 次
定　　价　99.00 元
广告经营许可证　京西工商广字第 8179 号

中国经济出版社　**网址** www.economyph.com **社址** 北京市东城区安定门外大街 58 号 **邮编** 100011
本版图书如存在印装质量问题，请与本社销售中心联系调换（联系电话：010-57512564）

谨以此书

为母校河南大学110周年校庆献礼

致谢词

本书的撰写与出版得到了河南大学教育发展基金会刘占军博士捐资设立的专项基金、河南省中原发展研究基金会、河南省重点智库中原经济发展研究院、河南大学经济学院及中原发展研究院、新型城镇化与中原经济区建设协同创新中心等的支持。

编委会

耿明斋教授近照

2006年10月，耿明斋教授成为河南大学首届科研大会受表彰的7位学者之一

2009年9月11日，耿明斋教授在河南大学新生开学典礼上作为教师代表发言

2011年，耿明斋教授荣获第六届全国高等学校“教学名师”荣誉称号

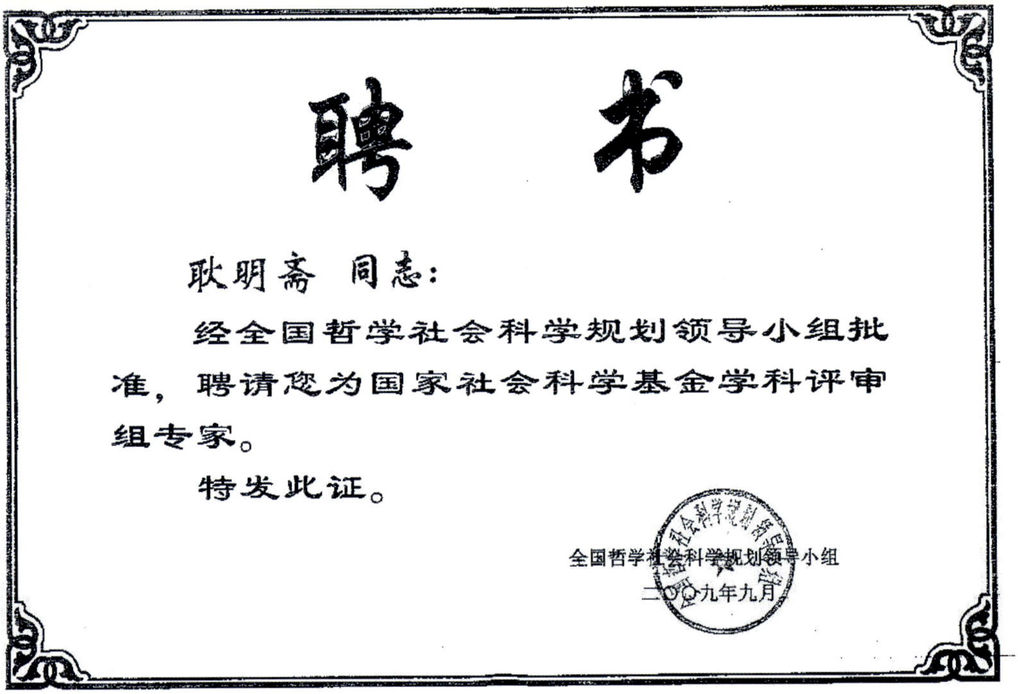

聘书

耿明斋 同志：

经全国哲学社会科学规划领导小组批准，聘请您为国家社会科学基金学科评审组专家。

特发此证。

全国哲学社会科学规划领导小组

二〇〇九年九月

2009年，耿明斋教授被聘为国家社科基金经济学科评审组专家

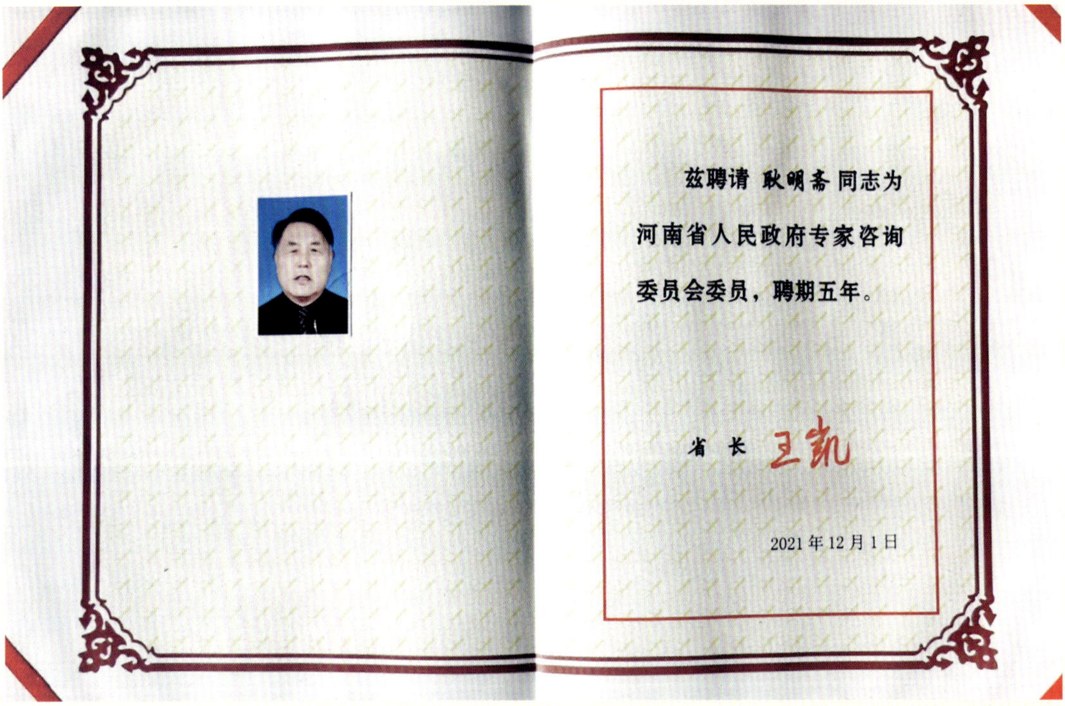

兹聘请 耿明斋 同志为河南省人民政府专家咨询委员会委员，聘期五年。

省长 王凯

2021年12月1日

2021年12月，耿明斋教授被聘为河南省政府专家咨询委员

1984年9月浙江莫干山　中青年经济科学工作者学术讨论会合影。（彭明提供）

文件 2　会议代表名单

中青年经济科学工作者学术讨论会名单

一、浙江省领导、中央有关部局代表：

薛　驹	男	浙江省人民政府
崔　健	男	浙江省顾问委员会
罗　东	男	浙江省委宣传部
马　宾	男	国务院技术经济研究中心
阎　淮	男	中共中央组织部青干局
贾春峰	男	中共中央宣传部理论局
吴稼祥	男	中共中央宣传部理论局
张笑丽	女	中共中央宣传部干部局
陶　骅	女	中共中央宣传部理论局
左　芳	男	中共中央书记处研究室
王岐山	男	中共中央书记处农研室

二、会议领导小组成员：

安　岗	男	《经济日报》
丁　望	男	《经济日报》
冯兰瑞	女	《经济学周报》
王瑞荪	男	《经济学周报》
钦本立	男	《世界经济导报》
张学廉	男	中央人民广播电台
潘丹柯	男	云南省经济研究所
袁培树	男	湘潭大学经济系
耿明斋	男	河南大学《资本论》研究室
张素芳	女	四川财政学院财政系
孟　昕	女	中国社科院研究生院
胡永明	男	南京大学经济系
郑世明	男	西北政法学院
倪学鑫	男	安徽省社科院《江淮论坛》编辑部
王启迤	男	社科院经济研究所
陆立军	男	浙江省委党校
任群杰	男	浙江水产学院马列室
夏小林	男	北京市委党校
张连城	男	北京经济学院
蒋　跃	男	中国人民大学计统系
李仁国	男	浙江省委宣传部理论处
张少杰	男	中国社会科学院研究生院
张建昆	男	云南省政策研究室
王晓华	男	中国大百科全书出版社
郑炎潮	男	广东省社会科学院

1984年，耿明斋教授作为唯一参会的河南学者
参加了中青年经济科学工作者学术讨论会（莫干山会议）

2011年9月，耿明斋教授在辽宁大学
全国高校社会主义经济理论与实践第25次研讨会上作大会发言

2016年，耿明斋教授在复旦大学高校自贸研究联盟年会上作专题报告

2012年7月，耿明斋教授参加中南财经政法大学
全国高校社会主义经济理论与实践第26次研讨会审稿会

2012年10月，耿明斋教授在全国高校社会主义经济理论与实践研讨会第26次年会上
与国内著名经济学家卫兴华、吴宣恭、洪银兴、林岗、逄锦聚、李晓西等人合影

2012年7月，耿明斋教授参加上海财大教育部经济理论协同创新揭牌仪式及交流会

2021年6月，耿明斋教授在焦作云台山参加与清华大学农村研究院共同组织的乡村振兴与粮食安全座谈会。陈锡文、杜鹰、郭庚茂、张大卫、武国定、刘满仓等领导与全体与会人员合影

2008年6月，耿明斋教授参加财政部财政科学研究所博士学位论文答辩会

2007年6月，耿明斋教授应邀到华南师范大学讲学

2010年3月，耿明斋教授到耶鲁大学访问，
并与耶鲁大学教授、著名华人经济学家陈志武交流

2006年，耿明斋教授访问英国卡迪夫大学并与商学院院长交流合作事宜

2007年，耿明斋教授在日本大学访学期间
与日本经济学家村上直树教授合影

2010年，耿明斋教授访问纽约大学并为中国留学生作学术演讲

2009年，时任河南省省长郭庚茂为耿明斋教授创办的中原发展研究院揭牌

2010年11月，耿明斋教授参加时任河南省委书记卢展工主持的座谈会

2009年11月，耿明斋教授在河南省委二所
参加会议期间与时任河南省省长郭庚茂、副省长张大卫交流

2012年10月，时任教育部社科司司长杨光考察中原发展研究院

1980年代读硕士期间，耿明斋教授与导师周守正教授（中）
共同陪同中国社会科学院马家驹研究员（右）游览开封禹王台

2005年，耿明斋教授陪同谷书堂教授在河南大学讲学

2005年4月，耿明斋教授陪同忘年交、著名经济学家林凌教授在河南省科迪集团调研

1980年代，耿明斋教授与同窗好友王献立（中，曾任郑州商品交易所总裁、理事长）、蔡继明（右，现任清华大学教授）合影

耿明斋教授与部分学生合影

目　录

第二篇　良师益友篇

第三篇 教育教学篇

第四篇　学术成果篇

序

喜闻河南大学经济学院为师兄耿明斋教授出版一本关于其学术思想的纪念文集，要我写几句话，欣然应允。耿明斋教授是我 1982—1985 年在河南大学攻读政治经济学硕士学位期间的同学，我们共同师从著名经济学家和《资本论》研究专家周守正先生。毕业后，耿明斋教授把事业和人生留在了河南大学，我虽然远赴南开大学任教，但河南大学经济学科是我学术生涯的起点，与周守正先生的师生情、与耿明斋教授的同学情，使我时刻都在关注母校的发展。时光荏苒，今年是我和耿明斋进入河南大学读研 40 周年，也正值河南大学 110 周年校庆和耿明斋教授 70 岁寿庆，提笔想来，当年耿明斋教授和我月光下在河南大学操场漫步讨论农业和地租问题的情景，耿明斋教授在南开大学谷书堂教授指导下做访问学者时和我共著《公有制商品经济中的收入分配》的时光，耿明斋教授作为河南大学经济学院院长为学科发展不辞辛苦游访国内各著名高等学府的身影，都历历在目，仿佛就发生在昨天。

曾记得，那是在 2001 年 11 月，耿明斋教授辞去同济大学的聘请，放弃了去大都市名牌大学任教的机会，接受河南大学党委的任命，走马上任经济学院院长。当时经济学院虽有一定的学术基础，但是在河南大学众多学院中属于规模较小、发展较慢的一类。当时的经济学院教职工 60 余名，学生不足 700 人，本科专业 2 个，只有教育部核定经济类本科专业的一半，硕士授权点 2 个，远不及本省的郑州大学和河南财经学院，与河南师范大学持平。在此后长达 12 年的院长任期中，耿明斋教授励精图治，为河南大学经济学科的发展做出了重要贡献。他依据“发展才是硬道理”的理念，提出了“做大做强经济学科、服务地方经济建设”的战略思路。以学科和学位点建设为中心，增加本科专业、引进人才队伍、鼓励学术研究。经过 2003 年和 2005 年国家第九、第十两次学位点申报，先后获得了政治经济学、国民经济学 2 个博士学位授权以及理论经济学和应用经济学 2 个硕士学位一级学科授权，并于 2007 年获得应用经济学一级学科博士学位授权，为区域经济学和马克思主义原理博士学位授权的获得提供了重要支撑，使河南大学成为河南省最早拥有理论经济学和应用经济学多个学科博士学位授予权的高校，初步实现了“建成校内一流学院、省内一流学科、国内进入同行前列、国际上有一定影响”的目标。

在推进学科建设和学院发展的同时，耿明斋教授在经济学理论研究与重大现实经济问题的研究上也取得了双重成果。从耿明斋教授已发表的一系列科研成果中可以明显地看出，他在学术研究上从不囿于传统观念的束缚，不是从经典著作出发，用既定的理论教条规范现实的经济生活，而是从现实出发，通过系统的调查及案例分析，找寻和创新解释经济现象、解决经济问题的理论。问题导向型的研究方法，不仅使耿明斋教授的应用和对策研究具有相当强的可操作性，而且能够以更加开放的态度应对未来实践的发展，始终保持理论研究的前沿性。耿明斋教授的这种脚踏实地、求真务实的治学风格伴随其整个学术生涯。

在改革开放初期有关收入分配问题的讨论中，耿明斋教授首次提出并论证了所有权在社会主义收入分配体系中的地位，提出了公有制商品经济中按劳分配和按公有财产权分配的双重分配原则。随后，他又把研究视角聚焦在国有企业改革上，率先提出并论证了国有企业股份化改造过程中国有资本应无偿在劳动者之间分割的观点，深入讨论了市场经济条件下国有资本的规模及生存边界问题，强烈主张通过发展区域性的股票交易市场来推进欠发达地区的发展。

在国家快速推进工业化城镇化的过程中，耿明斋教授敏锐地提出了“欠发达平原农业区”的概念，并对其工业化与经济社会转型路径及所涉及的一系列重大问题进行了持续探索，开创了农区工业化与经济社会转型研究的新领域、新角度和新方法，将我国传统农区的空间范围限定在华北及黄淮平原，从而为后来突破行政区划限制并上升为国家战略的中原经济区的形成作了理论铺垫。

耿明斋教授脚踏实地的治学风格更生动有效地体现在他将有关传统农区工业化和城镇化的理论研究成果应用到河南省经济社会发展与对策研究中，其首倡的“郑汴一体化”战略至今仍是河南省层面发展战略的重要着力点，随后在应对金融危机、新型城镇化与“三化”协调发展、中原经济区建设以及航空港与航空经济发展等河南省层面的决策领域持续发声，并赢得了政府的信任和社会各界的赞赏。其先后担任河南省政府专家咨询委员会委员、河南省人大代表、省人大财经委员会委员、中原经济发展研究院首席专家，多次受邀以学者身份参与河南省委省政府专题议事会。

70 岁对于一个社会科学工作者和经济学家来说，应该是学术功力炉火纯青、学术创作厚积薄发的鼎盛时期，我们期待耿明斋教授在未来的 10 年到 20 年有更多的学术研究成果和政策研究建议问世。

蔡继明

2022 年 3 月 1 日于清华园明斋

我的经济学探索

耿明斋

一、我的早期经历

20 世纪最有影响的经济学家、英国剑桥大学教授约翰·梅纳德·凯恩斯（John Maynard Keynes）思想体系的精华是“未来不可知”。确实，这一判断得到了无数经验验证，社会如此，个人亦如此。我的职业生涯锁定在经济学研究和教学领域，纯属偶然。

（一）出身与童年

我 1952 年生于河南省滑县南部距离县城还有 80 多华里的偏远农村，算是共和国的同龄人，几乎经历了共和国所有的重大事件。从“大跃进”、人民公社，到三年困难时期，再到“文化大革命”和改革开放，件件刻骨铭心。用时下流行的一句话“时代的一粒尘，落在个人头上就是一座山”来表达我对这些事件的感受，是再贴切不过了。大饥荒夺走了我家 3 口人的生命，一个是年事已高的堂曾祖母，一个是年不足 60 岁的祖母，一个是 36 岁正值壮年的父亲。再加上我出生前的战乱年代伯父以 20 余岁青春年华死于非命。我幼年时代被时代灰尘砸得支离破碎的家庭，在社会灾难面前就更显得脆弱不堪。

记忆中的童年生活极其艰难。终身留下清晰记忆的一件事是我的小妹妹故意扔碗。一家人用盆从公共食堂打回按人定量还几乎清澈见底的稀粥，然后再分到每个成员碗里，不满 4 岁的妹妹没喝够，盆里没了很无奈，她就很不高兴，脸拉下来，任由放在膝盖上很漂亮的小小花瓷碗滑下来打碎了。

（二）求学与谋生

那时候，因为生活困难，也因为短视，很多孩子早早就辍学了，不少家庭干脆不让孩子入学读书。感谢我的家人，在如此困苦的条件下仍坚持供我们上学读书。我1965年还考上了滑县八中，在同龄人中也属凤毛麟角。遗憾的是，又一粒时代灰尘砸到我头上：刚刚学完初中一年级课程，1966年夏，“文化大革命”开始了，停课闹了两年革命，1968年10月，66、67和68三届学生同时被送出校门，算是初中毕业了。我16岁就成了后来被冠名的“回乡知青”。

1970年原滑县八中升格办高中，我又报名上了一年高中，当年12月即毕业了。当时“文革”前17年的教育制度已经被全面砸烂，既无统一学制，也无统一教材，是根据“五七”指示办的，主要是学工、学农，学校也叫“五七高中”（这个名称是后来才知道的），极不正规，也没有学到系统知识。尽管如此，这对于我还是一段难忘的重要的基础教育经历。

从当时的情况看，我很有可能终身以务农为业。高中虽短暂，但学习生活还是快乐和充实的，由于学业和书法方面表现出来的小小天赋，自己对未来也有懵懵懂懂的憧憬。但一出校门，所有梦幻即刻破灭，一切都又被打回原形。当时年轻人可能的出路有三条：参军、招工和工农兵大学生。但所有这些都是僧多粥少，特别是面对着以权力关系为原则的遴选机制，要成为幸运儿都需要深厚的社会关系基础，我一样没有，所以这些也都与我无缘。唯一现实的不需要选择的是继续当“回乡知青”，务农！我这一干就是8年，从农业技术员、民兵排长到生产队长，绝对标准的农业熟练工，用现在时髦的语言说就是“职业农民”。那时候没有学哲学，不懂辩证法，不知道“未来不可知”，以为未来就是过去的样子，不会变，也变不了。谁知道1976年10月响春雷，“四人帮”被粉碎，继而邓小平复出，恢复高考，这一次砸向个人的不是时代灰尘，而是时代“馅饼”。

我有幸成为“馅饼”分享者，从而有机会改变职业方向，由农民成为“学者”。这得益于我卸任生产队长之后一年多的民办教师经历，得益于我所任教学校同事的支持和鼓励，尤其是同在该校教书的我初中时代的一位老师，是他一再的督促和催促，才促使我最终在1978年临界点前很短时间内决定参加高考，从而抓住了青春时代的尾巴，实现了命运的转折。

（三）困扰与思考

现在看来，童年和青少年时期所经历过的所有这些不幸和磨难，都是人生的财富。职业机会靠权力关系而不靠才能；职业身份和活动空间严格隔离固化而不能流动；出工不出力，统计劳动量与实际劳动量严重脱节，终年劳碌却产出了了，甚至食不果腹……所有这些经验和经历，用理性语言来表达就是既不公平、也无效率的现象，在头脑中累积了无数的问题。找到这些一直萦绕在思绪中问题的答案，给出至少是自己认为合理的解决方案或方向，成为日后我经济学探索的不竭动力，也构成我理论思考的基本逻辑脉络。

二、分配：劳动计量与所有者权益

（一）公平与效率是经济学价值判断的依据

我是从研读马克思的理论进入经济学这扇门的。我大学本科读的是政治教育系，四门核心必修课程是马克思主义理论三个组成部分：哲学、政治经济学和科学社会主义（也称国际共运），外加中国共产党党史。对于我这样从极端贫困中走过来，一直想探究物质短缺原因的人，以物质生产活动为对象的政治经济学自然成为最爱，我对该门课程学习特别用力，除了教材，还下功夫研读了学说史，浏览了部分经典。硕士研究生则以政治经济学为专业，主攻《资本论》研究，对该部被普遍认为艰涩难懂的大部头著作研读数遍，基本上把握住了马克思经济理论体系的要义：所有权是基础，分配是关键。正是由于生产资料私有制，资本所有者才得以牟取社会财富的绝大部分，仅留给劳动者维持生存的一小部分，这是典型的资本主义制度。运行的结果是需求不足，生产过剩，危机频发，生产力浪费，也就是既不公平，也无效率。改变的方向是剥夺剥夺者，实行生产资料公有制，劳动者占有全部生产成果，即按劳分配，这就是替代资本主义的社会主义经济制度。财富全部归它的生产者，每个劳动者所得与他的劳动付出一致，被认为可以做到既公平又有效率，社会可以良性运转。

（二）现实与理论的背离

但我亲历的经验却与这一理论逻辑相背离：人民公社和公共食堂时期是共同劳动，成果共同占有，以人定量共同消费，结果弄成大家都没饭吃，这被认为是超越时代，没有贯彻按劳分配原则，从而导致大家只吃不干，不再赘述。问题是，公社化和公共食堂之后，公有制形式变成生产队，大家共同劳动，按劳分配成果，以家庭为单元分灶吃饭，怎么也是可分成果难得增长，家家难得温饱呢?

（三）问题出在劳动计量

一个经验事实：每个人从自身利益最大化算计，都想以最少的劳动耗费支出获得最大的收益，最有效的办法是最大化被认可有分配权的形式劳动量，最小化体力脑力实际消耗，因此，“出工不出力”成为绝大多数人的常态化行为选择，结果必然是相应于实际劳动量的产出量日益萎缩，脱离实际劳动量和产出量的形式劳动量越来越多，单位形式劳动量的报酬也越来越少，生产队公有制中农民家庭在难得温饱的贫困中徘徊也就成为必然。这背后直接受到关注的劳动计量和劳动监督问题，在马克思经济理论体系中没有这方面的讨论，即使在专门论述按劳分配的《哥达纲领批判》中，也没有这样的讨论。针对农业生产和农村公有经济中存在的这一问题，中国经济学界在20世纪80年代曾有过充分的讨论，最后的结论是：农业生产过程的特殊性决定了单个劳动难以计量，监督成本也过高，所以解决公平和效率的办法是肢解生产队的公有生产和分配组织形式，将土地按人口均分至每个家庭，由各个家庭自我完成生产全过程，并直接占有自己的生产成果，这就是沿用至今的联产承包责任制。在这一制度下，生产资料公有和按劳分配已经打了折扣。

（四）市场竞争机制是助力

其实，在最少耗费和最大收益规律普遍支配微观主体行为选择的背景下，劳动计量和劳动监督问题也存在于非农制造业甚至服务业领域，通行的解决方案是计件工资。但总有一些岗位是无法通过计件来核定劳动量的，所以促进劳动支出与报酬所得最大限度趋于一致的最终解决方案是市场竞争。劳动者之间的竞争所造成的就业压力能使每个劳动者意识到就业机会得之不易，并因而加倍努力，雇主之间竞争能使雇佣者把工资报酬定在对劳动者有吸引力的水平上。只要竞争充分，就能用市场化的方式最大化地实现劳动与报酬比例趋于一致的公平与效率目标。这也意味着，没有市场机制，纯粹公有机制难以解决公平与效率双损失问题。

（五）所有者权益

除了劳动计量，公有解决方案中还有一个很少受到关注，但却更加令人困扰的逻辑矛盾，即“劳动是财富之父，土地是财富之母”。财富是劳动和土地（物质生产资料）共同创造的成果，凭什么只能由劳动来分配？在马克思的理论逻辑中，在生产资料私有制与市场交易的制度背景中，财富形式上是庞大的商品堆积，本质上是价值，价值是劳动创造的，理应全部归劳动者所有。但由于私有制和市场机制作用的结果，除了维持劳动者生存的部分之外，资本家也就是生产资料所有者占有了全部的剩余价值。正如我们前面已经指出过的，这是不公平的，运行的结果也会失去宏观效率。社会主义的解决方案是公有制和按劳分配，在该方案中，其理论逻辑是：由于公有，体系中每个成员都是非所有者，财富创造过程中能贡献的只有自己的劳动，所以没有人能够凭借所有权参与成果分配，只能凭借自己的劳动参与成果分配。这两种逻辑显然都与财富是“父”“母”结合产物的事实矛盾，前一种矛盾涉及价值与使用价值，以及价值比例和数量比例的关系，我们在后面会专题讨论，这里我们重点讨论一下后一种矛盾。

在公有体系中，如果全部产品实行按劳分配，就会产生两个问题：一个是没有劳动能力的成员如何生存？再一个是成员之间劳动能力差异会否导致两极分化？对于前一个问题，人们或许会说靠救济，但群体中一部分人单纯靠另一部分人施舍过日子能否长期维持？施舍者会自认是被剥夺者而产生怨言，被施舍者会认为自己是公有制成员，能够凭借自己的财产权益获取生存资料，所得理所应当，不承认救济或施舍。随着时间延续，两个群体之间矛盾会增大，肯定会影响体系稳定和良性运行。对于后一个问题，有资格参与成果分配的群体中会因劳动能力差异导致所得差异，劳动能力强从而所得多者会有更多剩余，这些剩余怎么办？是否允许积累？允许积累的结果可能使其成为私有者，不允许积累意味着剥夺劳动者权益。长期下去也会影响体系稳定和良性运行，甚至造成体系瓦解。

对于前一种矛盾，依据共同创造、成果分享的逻辑，公有体系内部成果分配应坚持“按所有权”与“按劳”两个原则，即把待分配成果分割成两部分：一部分按劳分配，一部分按所有权分配。至于分割比例，在公有体系中内部，只能通过民主决策的方式来确定。根据当年我在生产队时的亲历经验，除了货币形式的经济收益完全按劳分配之外，一切的实物分配都是所有权和劳动共同分割的，只不过所有权由人头来体现，分割比例也表现为人劳比例，不同类型的物质产品比例各有不同，有“人劳各半”“人七劳三”“人六劳四”等。比例确定一般按照多数人意见或遵循惯例。正是基于这些思考，1984 年硕士研究生在读期间，我撰写了题为《论社会主义劳动者的双重身份和社会主义个人消费品的双重分配》一文，并投稿当年的莫干山会议征稿活动，获得了“上山”的机会。至于为什么公有制体系内部产权权益总是“按人头均分”，无差别分享的，逻辑上应该是民主决策的结果，相信按照现代实验经济学的方法对公有体系内部产权权益分享方式做出实验，也应该是这种结果。事实上，20 世纪 80 年代初以联产承包责任制冠名的农村经济体制改革，就是以土地按人头均分为核心特征的，而且全国各地均如此，几乎无例外。

（六）全民公有体系

前述所有者参与成果分配的权益及该权益按人头均分的原则，虽然只是在生产队这样的小范围集体公有体系中得到经验印证，但该权益及其分享原则理论上适用于任何规模的公有体系，包括我们所熟知的以一国全体公民为成员的全民所有制。事实上，经验中全民公有体系内所有权参与成果分配的形式是很清楚的，那就是对利润的占有，与劳动对工资的占有形成明确的界限。但利润如何按人头由全体社会成员共享？却始终没有找到办法，甚至没有被充分讨论。目前形成的共识是，全民公有体系内部存在着委托代理关系，全体国民是最终所有者和委托者，政府受全民委托代理国民行使所有者权利，全民所有制企业管理者又接受政府委托管理企业，并占有价值增值中扣除工资之后所剩余的利润，负责资产“保值增值”。近年来，作为体现全民所有制权益的举措，是规定国有企业利润的一定比例上交国库，进了国库是否以及如何向所有者权益的最终享有者延伸，就没有下文了。也许是因为数量太小，不值得进一步分割，也许是认为政府是代理者，国库就是全民的，进了国库，由政府掌握，自然就会用于全民福利，比如可以用来增加教育医疗等福利型支出，或者直接用于补充养老保险基金等等，没有必要再追究。但是，从产权清晰、权益明确的角度说，全民公有权益如何实现还是应该从理论上说清楚，在实践中做明白。除此之外，全民公有体系委托代理关系中还纠结着效率问题，至今还一直在讨论，这包括两个方面：一是如何有效监督？二是如何激励有效？并在此基础上提出全民所有制企业改革和所有者权益实现方案，那就是国有企业经营性资产按人头实行股权人格化改造。我也曾参与此问题的讨论，相关观点体现在20世纪80年代末至90年代初发表的系列文章和出版的相关著作中[1]。

最后多说一句，在市场经济体系中，所有权与劳动对于共同成果的分享比例，主要是通过市场竞争来实现的。生产资料（资本）所有权权益也是通过市场交易来实现的。

三、方法：决定论还是选择论？

（一）决定论的思想传统

在我们的思想传统中，决定论可谓根深蒂固。比如我们所熟知的“生产力决定生产关系”“经济基础决定上层建筑”“生产决定分配”等，很多人都拿来作为支撑某个或某些观点的当然论据，无须再作进一步的解释。决定论也是很多思想巨人构筑自己理论大厦的基石，比如马克思、黑格尔等。他们认为体系中有一个最高和最终的东西，是整个体系中所有元素绕以转动的轴心。在黑格尔那里是绝对精神，在马克思那里是剩余价值。在马克思经济理论体系中，这种思维方式体现得最为充分。认真研读《资本论》很容易发现，马克思从商品这种外在的财富形式开始，层层剥离，找到背后的价值，锁定剩余价值这个核心概念，然后又从内到外，把体系中各种元素再纳入进来，系到剩余价值这个发动机和动力源上，让它带动运转。这样，体系中所有元素都是为了它而存在，也都可以通过它得到解释。体系的灭亡和被另一个体系替代也是自我循环运转的结果。

（二）与现实经验的错位

按照上述决定论的逻辑，以资本和剩余价值为核心要素的生产关系体系存在的根据，是它能容纳相应的生产力，一旦它无法容纳相应的生产力，这个生产关系体系就会灭亡，被另一个以生产资料公有与按劳分配为核心的生产关系体系所取代。然而，历史经验却没有严格遵循上述理论逻辑，成熟的资本与剩余价值生产关系体系至今未亡，取代它的是苏联和中国等资本生产关系并未充分发育的经济体。理论上如何解释？对于前一种现象，仍可以遵循既定逻辑，说资本关系仍足以容纳现代的生产力。对于后一种现象，苏联是在资本主义的薄弱环节打开了缺口，中国是由节制资本的新民主主义基础上向社会主义生产关系过渡。但苏联和中国都遇到了一个共同的经济活动效率问题，并由此触发了理论思考和相应的制度变革。

苏联体系中的东欧诸国是理论思考和制度变革的先行者。曾经担任过副总理并主持过改革方案设计的捷克著名经济学家奥塔·锡克，把苏联制度的僵化和固化以及由此带来的效率损失归因为决定论的思想方式。他认为，决定一切的生产资料公有制首先是应当被解释的东西，因为只有在动态运行中能够不断被再生产的东西才是有生命力的，公有制要能够不断地被再生产，从而保持其生命力，其决定的体系必须要有效率①。这就把对该体系的考察引向了与效率相关的微观主体行为选择上，也就是引向了体系本身的改革上。

（三）我的一次历险

我尝试要对20世纪80年代初中国农村的改革做出理论解释时，还没有接触到苏联东欧学者的相关理论，但也发现了决定论逻辑与现实的错位。比如，按照决定论的逻辑是“生产决定分配”，僵化地坚持有什么样的生产方式就有什么样的分配方式，而不问那种被决定分配方式下人的行为方式对生产的决定性影响，恰恰是这种分配方式中个体的“偷懒”行为导致了群体效率损失，联产承包责任制改革也被认为是从调整分配关系实现了生产效率的提升[2]。据此，我提出了在特定情况下分配也决定生产的非常规观点，并且写进了我的硕士学

---

① 奥塔·锡克：《经济—利益—政治》，中国社会科学出版社，1984。

位论文。论文答辩时，专家们对此强烈质疑，说该观点与已成定论的决定论观点直接相撞，结果，答辩组专家还为此专门休会进行了闭门讨论，好在最后还是决定放我一马，通过论文答辩，但警示要认真反思。这算是一次终身难忘的历险，让我惊出一身冷汗。

（四）选择论、相互作用与系统论

我知道，决定论和选择论也是哲学界争论的问题。20 世纪 90 年代，后来辗转到北师大任教的著名哲学家张曙光教授当时还在河南大学和我同住一个院，我们有机会就一些理论问题交流讨论，他曾经向我介绍过哲学界有关决定论和选择论争论的一些情况和他自己持有的观点。哲学我只是擦着边，没有资格参与此类专业问题的讨论，但从经济学角度琢磨出来一个理：从有果必有因，社会作为有机体，也像其他事物一样，运行有其内在规律的认知来说，决定论不无道理。但深究起来，任何看起来似乎是被决定的经济社会现象，实际上都是诸多社会个体行为选择的结果。俄罗斯大文豪和思想家托尔斯泰在《战争与和平》这部巨著中，针对当年拿破仑入侵法国和俄国人先退却后反攻的一系列历史事件进程预设说，提出他的反驳观点，即一切历史事件都不是预设的，也没有人能够预设，它们只是无数个体有目的或无目的自发行为合流最后所呈现出来的结果。我觉得，这很好地诠释了社会经济事件决定论和选择论的关系。那些能够决定历史事件进程的个体或群体及他们所构建的规则体系，是无数社会个体有意识无意识行为选择共同作用的结果，这些个体或群体及他们所构筑的规则体系一旦建立起来，又会引起或引导无数社会个体下一轮的行为选择，而众人新一轮的选择又会对此前的结果做出再修正甚至再选择。所以社会经济事件是在决定论和选择论相互作用中不断破坏、修正或重建的过程。被决定的事物是上一轮选择的结果，它又是新一轮选择的原因和开始。比如公有制和按劳分配的体系是人们按照效率原则做出的选择，但这种体系又成为体系中多数个体根据自身利益最大化做出行为选择的诱因，从而也是导致群体无效率的原因，由此触发的改革，意味着规则的改变和新一轮选择的开始，并期待着新选择能够提升群体经济活动的效率，一旦新选择没能达成期望的新效率，又会被修正、改革并引发新的选择。

再进一步说，决定论容易导致 A→B→C→⋯的直线传递，不认可后者对前者的反向作用，或者仅仅承认是“反作用”，不承认同等的决定作用，或者相互作用。选择论则意在强调体系中各种元素的相互作用，近年来流行的系统论和博弈论，可以看成是相互作用论基础上的延伸、丰富和规范。从这个意义上说，选择论、系统论和博弈论，是改革的思想方法和哲学基础。

（五）技术、效率与组织——自我存在和自我强化过程

技术与制度的关系曾经是经济学界争论的热点之一，一说技术重要，一说制度重要，一时争执不下，难分伯仲。现在回过头来看，这种争论是对生产力决定论的反思。实际上，技术和制度中间夹着的是效率。效率是所有生命体活动的基本诉求，不管是有意识的还是无意识的，因为只有保持效率，才能使其在生存竞争中持续生存下去并不断壮大。就连病毒也是如此，新冠肺炎病毒就通过不断变异来拓展生存空间和提升生存能力，人类更不例外。效率是经济社会活动的基本目的，技术是手段，为了效率而追求技术进步，新技术需要新的组织形式也就是制度来适应，组织或制度变革是新技术能够导致效率提升的保障。反过来，组织或制度本质上是激励机制，合理的制度和有效的激励机制又是推动技术创新和效率提升的动力。蒸汽机的发明所导致的机器大生产，把诸多互不关联的生产过程组织在一个体系中，共享同一个动力系统，大大提升了生产效率。同样，现代智能手机生产普遍采取的多空间多企业垂直分工生产组织体系，不但大大提升了效率，也因为分工深化和专业化程度提升而导致技术进步步伐加快。前者是技术进步改变组织提升效率的案例，后者是改变组织提升效率和促进技术进步的案例。所以效率、技术和组织（制度）三者是一种高度相互依存的关系，这又是系统中各要素相互作用的典型状态。

如果非要从中找到更为关键的元素，从人的主体性、主动性以及规则体系产生激励，从而影响人的思维方式和行为方式的角度说，某种特定情况下某些外部因素冲击导致的组织或制度变革可能更为重要。如欧洲的文艺复兴和宗教改革被普遍认为是西方现代化的开端，中国现代化的开端则是鸦片战争所导致的洋务运动、戊戌变法和辛亥革命。

（六）立场、观点与方法

在经济学理论演化的历史和现实中，我们经常可以看到这样的事例，即对于同一种经济现象，不同学者的观点差异很大甚至完全相反，且对立双方都是学养深厚的名家。在这种情况下，你肯定不能把这种不一致归结于一方或另一方的认知水平或认知能力差异，只能归结于他们的价值判断，也就是是非标准差异。在我们习惯的语言体系中，就是所谓立场不同。我在读研究生的时候，我的导师周守正先生经常不厌其烦地向我们灌输“立场、观点与方法”三者统一的治学之道，即立场决定观点与方法，有什么样的立场，就有什么样的观点和方法。针对上述现象，我也对此作过系统思考，并发表过相关学术论文。

仔细想想，确实是这样，在社会科学领域，由于个人阅历和所处社会地位

及社会环境差异，对同一种现象的认知所秉持的是非标准确实会有不同，并因此导致观点差异，这是无法避免的。但是，真正的知识分子应该是替人类来思考，有责任把人类的行为引向进步的方向，也就是引向符合最大多数人最大和最长远利益的方向，我觉得这是正直的学者应该持有的立场。

四、资源配置：市场还是政府?

（一）一场有名的论争：社会主义到底能否有效率?

前面我们已经说过，按照马克思理论的逻辑，资本主导的经济体系，总是会尽可能地把劳动所得份额压低到仅够其生存所需的水平上，以便最大化资本利润。在市场竞争机制驱动下，生产规模的扩张速度总是超过消费增长的速度，结果是经济失衡，不仅结构失衡，而且总量失衡，酿成危机，最后是自我解体，为生产资料公有、成果全部劳动占有、资源计划配置而非市场交易等构成的机制所代替。1917 年俄国十月革命导致世界上第一个社会主义国家诞生后，如何使这种逻辑上合理的理论模式落地运行，并且确实比它所替代的制度更有效率，就成为一个重要的现实问题，也引起了经济学家们进行更深入理论探索的兴趣。正是在这种背景下，奥地利学派的主要代表人物冯·米塞斯于 1920 年发表了《社会主义制度下的经济计算》一文，并由此引起了一场经济学理论演化史上著名的、从 20 世纪 20 年代持续到 30 年代的大论战。挑起论战的一方除了米塞斯之外，还有他的学生哈耶克，应战的一方主将是波兰著名经济学家奥斯卡·兰格，双方争论的核心议题是社会主义到底能否有效率?

米塞斯认为，社会主义经济体系遇到的基本问题，自然是如何把社会成员所需要的各种消费品以最有效的方式生产出来。而每一种消费品的生产过程背后都是一个长长的链条，链条上的每个环节又都有多种要素组合，要使各个环节多要素组合生产的消耗最少，成本最低，也就是最有效率，就必须进行计算，计算必须借助价格。在资本主义条件下，价格是市场交易生成的，所以每个生产者以效率最大化为目的计算很简单。在社会主义条件下，由于生产资料公有，没有物质资料的交易，从而没有价格，也就没法计算，不能计算，就无法实现有效率的生产。你可以说用劳动作为计算单位，但与劳动匹配的物质生产资料严重影响劳动量，把这种影响排除掉是个难题。用劳动计量还有个难题是如何比较不同性质和不同复杂程度并相互折算。总之，没有交易和价格，这些都是无解的，所以也无法实现有效率的生产。这就是米塞斯的逻辑①[3]。

---

① 路·冯·米塞斯:《社会主义制度下的经济计算》,《经济社会体制比较》1986 年第 6 期。

兰格说社会主义经济可以计算，也可以做到有效率，他的逻辑是：中央计划局根据资源禀赋条件和生产供给能力，确定消费品的供给种类与结构比例，并随机给出相应的价格结构，同时以货币形式向消费者分配收入，形成特定的收入水平和收入结构，然后允许每个消费者按照效用最大化原则在各种消费品之间做出选择，进行配置。这样，在既定的消费品结构、价格结构和收入结构的基础上，选择的结果会形成特定的供求结构，中央计划局再检查各种消费品的供求结构，供给过剩的意味着价格高，就下调价格，供给短缺的意味着价格低，就上调价格，这样根据供求调整的结果，最终会形成一组可以导致所有消费品供求平衡的价格，在这种价格结构中，每个消费者在既定收入水平上会达到效用最大化。对生产者，效率最大化的办法，是在产品价格和除劳动之外的资本与自然资源要素价格给定的情况下，要求生产经理遵循两个原则进行资源配置：一是平均成本最小化，二是边际成本与产品价格相等。前者决定产品生产效率，后者决定产品规模，也就是供给均衡基础上的宏观效率①。

（二）哈耶克：如何解决激励约束和信息处理问题？

兰格逻辑最大的漏洞是，在没有足够激励和约束情况下，生产经理凭什么一定遵循平均成本最小和边际成本与价格相等两个效率原则？这也是社会主义经济理论中一直在争论的问题，也是社会主义经济实践中持续探索但始终没有很好解决的问题。哈耶克参与论战，除了攻击这一漏洞之外，还延伸至用不可知论来强烈反对政府干预。他认为，微观主体按照自身利益最大化选择释放出来的信息量巨大，影响其选择的因素太多，变动太频繁，政府根本无法知晓和处理这些信息，并据此做出合理的供需结构安排并随机调整。同时，还因为缺乏激励约束机制，既定的计划不但无法保证正常执行，甚至可能导致扭曲或相反的结果。这一点，20 世纪 60 年代，我们前面提到过的捷克斯洛伐克著名经济学家奥塔·锡克进行了更深入的讨论，提出由于劳动具有负效用，总是会在生产过程中产生偷懒行为，从而为计划难以真正落实提供了更基础的理论支点②。

在反对政府干预方面，哈耶克更强劲的对手是凯恩斯。从 20 世纪 20 年代末期以来，他就是坚定的凯恩斯理论反对者，并且终其一生，观点渗透进了他几乎所有著作。20 世纪 30 年代凯恩斯还在世且凯恩斯主义如日中天时，他就撰文并在英美各大学演讲，重点攻击凯恩斯赤字财政和货币超发刺激经济的理论和政策。凯恩斯认为，在存在大量失业和产能闲置的情况下，向体系中投入

---

① 奥斯卡·兰格:《社会主义经济理论》,中国社会科学出版社,1981。

② 奥塔·锡克:《社会主义的计划和市场》,中国社会科学出版社,1982。

更多流动性会启动闲置资源再循环，导致财富增长。虽然也会带来通货膨胀，但增长的财富未来会吸纳超发货币，使通货膨胀消失。哈耶克说，既然投资是消费剩余，投资和储蓄又要相等，货币的发行量就只能与消费剩余量一致，超出消费剩余，也就是超出投资和储蓄量的货币超发只会带来通货膨胀，而不会导致财富增长①。这显然是宏观经济理论中的核心问题，到底货币仅仅是中性的交易杠杆，还是可以撬动增长带来增量财富的要素，货币投放如何与经济运行和经济增长的需要相适应……至今一直是经济学家争论的话题。

（三）政府与市场关系的边界

现在重新审视从马克思以来一百多年经济理论的争论和经济制度体系演化，我们看到不管是理论上还是实践中纠结的一个根本问题，是在效率准则下资源配置的方式，即到底是市场配置还是政府计划配置？抑或是市场和政府都参与配置？在共同参与配置的条件下，各自的边界又在哪里？这是经济理论的永恒话题，也是经济实践中永远不会有标准答案的问题。林毅夫的新结构经济学及其资源禀赋比较优势说和赶超战略，与张维迎对市场的坚持，不过是中国特殊经济背景下政府与市场关系讨论的延续[4]。

五、经济运行：数量比例与价值比例

（一）理论上等量劳动相交换是极其偶然的，因为物质生产资料不仅参与生产，也要在交换中体现其贡献

经济学鼻祖亚当·斯密1776年面世的《国富论》，第一次将经济学理论构筑成了一个较为完整的体系，被认为是经济学的开山之作，最能体现这门学科的内容和宗旨。正如其全名《国民财富的性质和原因的研究》[5]所表述的，是讨论什么是财富、财富增长的原因、以及获取财富的途径等问题。该书开宗明义，说财富是一国一年内全部的劳动产品，财富的源泉是劳动及其分工和交易，获取财富的途径一是增加劳动投入，二是深化分工，三是拓展交易。也许是因为劳动量的增加取决于人口增长，问题相对简单，或者是认为超出了经济学需要研究的范围，斯密对此没有专门讨论[6]。在用一定的篇幅阐述了分工对于技术进步和效率提升的作用，以及分工和交易相互促进、市场拓展对财富增长的作用之后，亚当·斯密就把注意力放到了交换关系的研究上，探寻商品相

① 尼古拉斯·韦普肖特：《凯恩斯大战哈耶克》，闾佳译，机械工业出版社，2013。

互交换的价值标准和如何实现等价交换。

他找到的价值标准是劳动，等价交换就是等量劳动相交换。但是，他犯了两个错误：一是忽略了同一商品的不同生产者，因为匹配生产资料差异导致的效率差异，以及由此带来的单位商品劳动耗费量的差异，但在与其他商品交换时不会因此而有交换价值（数量比例）差异。所以，同样数量比例中不同商品所包含的劳动量不可能是一样的。二是混淆了耗费劳动和购买劳动的概念，他把生产商品所耗费的劳动与用该商品所购买的劳动混同，认为两者是一个东西，数量是相等的。结果发现生产这种商品所耗费的劳动只是它能购买到的劳动的一部分，两个量并不相等。原因是用购买到的劳动生产的商品总量中，用于劳动者自己消费的只是一部分，另外的部分需要作为资本利润和土地地租由资本所有者和土地所有者分享。前者意味着，具有同样交换价值（价格或与他种商品交换的数量比例）的不同生产者的同种商品，每单位包含着不同的劳动量。后者意味着，劳动产品（商品）与劳动供给者之间的交换是不等价的，前者总是以少换多，后者总是以多换少。这两种情况都意味着，以劳动作为价值标准，在严格意义上是无法贯彻下去的。亚当·斯密自己对其理论体系中的这些矛盾和混乱一无所知，所以并未因此影响他对分工、交易、稀缺、工资、利润、地租，以及个人逐利行为和社会福利目标等经济学基本问题的讨论①。

大卫·李嘉图发现了斯密理论中的矛盾，认为生产商品所耗费的劳动与用该商品所交换到的劳动不是同一个量，并且购买到的劳动不能作为价值标准，能作为价值标准的只有生产商品所耗费的劳动。但是，当他尝试将耗费劳动价值贯彻到底时，遇到的问题与斯密并无多大区别。一是无法解释交换价值相同的同种商品，因生产者效率差异而导致的耗费劳动量差异问题；二是无法解释同样从交换而来，又在工资之外的利润和地租的劳动价值源泉问题。他从最终产品开始，沿着生产资料来源轨迹向上层层递推，“推来推去”（马克思语）还是无法解决，最后在他的继任者那里完全破产②。

马克思对斯密和李嘉图理论体系中的问题看得清清楚楚，针对效率差异和价值差异以及利润和地租的价值源泉问题，他提出了自己将耗费劳动决定价值原则贯彻到底的方案：一是将商品的物质形态与价值形态分开，同时将生产商品劳动的具体形态和抽象形态分开，也就是商品的使用价值和价值二重性，以及劳动的具体劳动和抽象劳动二重性，并且两两对应，具体劳动创造使用价值，抽象劳动创造价值，这就从生产和交换中剔除了具体的物质形态，而专注于抽象的价值形态分析。二是使用了社会必要劳动的概念，并把它与价值挂钩，这就避免了同种商品不同生产者效率差异与劳动耗费差异的纠结，不是所

---

① 亚当·斯密：《国民财富的性质和原因的研究》，郭大力、王亚南译，商务印书馆，1974。

② 大卫·李嘉图：《政治经济学及赋税原理》，周洁译，华夏出版社，2005。

有耗费劳动都能形成价值，也不是所有耗费劳动都能形成一样的价值，效率高的生产者同量劳动形成更多价值，效率低的同量劳动形成更少的价值，劳动耗费不同量并不意味着不同价。三是将劳动和劳动力区分开来，劳动力是商品，可以交换，劳动不是商品，不能交换，市场上与普通商品交换的是劳动力而不是劳动，这就把耗费劳动和购买劳动不同量，以及利润和地租的价值源泉问题破解了。

总之，马克思的理论逻辑是：创造价值的是抽象劳动，即所有商品生产过程中一般的、无差别的人的体力和脑力支出；只有同种商品生产者平均条件下的抽象劳动，即社会必要劳动才能形成价值；市场上有一种特殊的交换是资本与劳动力之间的交换，这种交换在平等的外衣下掩盖着极大的不平等，因为资本用相当于维持劳动者生存的价值换得的是劳动者创造价值的能力，这种能力创造的价值要远远大于维持自己生存资料的价值，除了补偿自己生存资料的价值，还要提供利润和地租。这就是说，资本和劳动之间的交换是看似等价的不等价，资本和利润的源泉是劳动，即劳动者满足自己生存需要之外的剩余劳动创造的剩余价值。这本质上不是交换而是掠夺①。所以劳动者应该起来剥夺剥夺者，这是将掠夺者抢走的东西再拿回来，从道义上是正当的。

这个理论体系也有问题，一是物质形态的财富是实际满足需要和带给人们福利的实体，物质生产资料对物质财富的生产和增长是不可或缺的，如果它们的所有者不能从成果中占有相应部分，物质生产资料对物质财富生产贡献的动力从哪里来？经验告诉我们，物质资料积累规模和财富生产能力是成正比的，物质生产资料不能从成果中获取相应报酬，积累不仅成无源之水，也会失去任何动力。二是社会必要劳动概念，虽然规避了同种商品生产和交换过程中，效率差异导致的劳动耗费量与价值量不一致的矛盾，但不同商品之间的生产和交换过程中会遇到同样的问题，而且可能矛盾更突出。因为由于技术原因，不同商品生产过程中劳动与物质生产资料配置比例——用马克思理论体系的概念就是资本有机构成——差别更明显，劳动效率从而劳动耗费和价值差异更大。对这一矛盾，马克思提出了资本平均利润率和生产价格的概念，即资本不管配置于哪个部门都要求得到平均利润，所以不同部门创造的价值会因此在部门之间转移和重新分配，市场上表现为生产资料补偿价值+劳动工资+资本平均利润所构成的价格，称为生产价格。单个商品生产价格中所包含的耗费劳动量与其实际价值虽然有差异，但所有商品生产价格加总的耗费劳动量与价值总量相等，所以耗费劳动决定价值和等价交换逻辑成立。进一步分析，这一理论还有一个逻辑缺口，就是地租。地租也是剩余价值，从而是商品价值的组成部分，

① 卡尔·马克思：《资本论》第一卷，中共中央马克思恩格斯列宁斯大林著作编译局译，人民出版社，2004。

在生产价格总量与价值总量相等，从而已经把价值瓜分完毕的情况下，地租在商品价值中的位置何在？换句话说，地租的价值源泉在哪里？是现在任教于清华大学的蔡继明教授20世纪80年代初在和我一起读硕士时候首先发现了这一问题，并进行了系统研究，奠定了他日后的学术基础[7]。

（二）经济学家想要解释经济运行的完美状态

经济运行的核心问题是相互交换商品的数量比例与其价值比例是否一致。问题的源头还是在承认劳动与物质生产资料共同创造财富这一事实的基础上，如何解释由分工和交易引出的尺度标准、收益分割和结构均衡等核心议题。

在经济学家看来，社会福利最大化是经济运行的基本目标，实现这样的目标，途径无非是两个：一是产品数量更多，二是用既定的产品数量通过交易得到的更多。前者比较简单，后者却很复杂，所以经济学家就把研究聚焦到了交易上。交易形成的交换价值或价格，实际上是相互交换的商品之间的数量比例，为什么经济学家非要在其数量比例背后找一个统一的价值标准，并且用这个价值标准解释数量比例呢？我觉得潜意识里应该是基于对完美经济运行状态的追求。因为如果数量比例可以由价值决定，数量比例与价值比例一致，意味着三个层面的最优状态：一是投入与产出、耗费与所得、成本与收益一致，因为价值代表着投入、耗费和成本；二是贡献与收入一致，劳动、资本和土地等各种要素对产出的贡献凝结在价值中，并在交换价值中得以充分实现与合理分割；三是各种最终产品之间、各种中间产品之间、各种投入品之间，以及最终产品、中间产品和投入品相互之间结构比例协调，各种相互交换的商品都是既不多余，也不短缺，处在完全均衡状态。

经济学家早期试图用劳动作为价值标准的努力没有成功，继而试图用效用作为价值标准的努力也没有成功，因为前者是无法解决物质资料贡献的劳动价值基础，后者是无法解决效用计量问题，所以最终人们意识到，相互交换商品之间的价值比例与其耗费或成本比例，乃至与各种要素的贡献及报酬比例一致，不过是交换过程的结果，非要努力去寻找其背后的价值实际上是不必要的。这就是19世纪末到20世纪初，从瓦尔拉斯到马歇尔，再到帕累托等经济学家所构筑的新古典经济学理论体系的精髓。这个体系的逻辑是：所有经济活动主体，从消费者到生产者再到要素持有者，在既定的资源条件、生产技术条件和收入水平约束下，以完全自由和充分竞争的市场为活动场所，按照自身利益最大化原则，在各种消费品、中间产品和要素之间做出选择和配置，直到每个消费者的效用、每个生产者及每种产品的产出、每一份劳动的工资、每单位资本利润和每亩土地地租都达到最大为止，这就是一般均衡状态，也是帕累托最优状态。该状态中的价格就是均衡价格，这种价格结构中就包含着：与耗费相一致的产出，与贡献相一致的报酬，以及比例合理、供求相等的数量结构。这当然是社会福利最大化的完美状态。

（三）经济涨落循环机制

经济涨落循环或者说经济危机，是现代经济运行中的一个基本事实，自19世纪以来一直受到经济学家的关注，并给出了多种解释，开出了不同的药方。马克思把它归咎于制度，只有制度消亡这种现象才能消失，这我们在前面已经多次说过。凯恩斯说是需求不足，治理办法是政府干预，即赤字财政、货币增发、公共工程，扩大需求。哈耶克说经济活动本来就是以利益最大化为基础形成的自发秩序，政府无需干预其涨落，市场会随时间自我矫正。经验是，马克思和凯恩斯的方案都有问题，但谁也难以完全采纳哈耶克方案，真正摆脱政府干预，更无法避免涨落循环，只是每一次涨落循环都有不同的特点和诱因。看来，以分工和交易为基础，链条和环节不断拉长增多，空间上早已超出区域界和国界，全球成为一个整体，且规模持续增大、复杂程度日益提升的庞大经济体系，要各个链条、各个环节都随时供需平衡，整个体系平稳运行，要实现这种状态只能是偶然的，不平衡甚至是极不平衡与周期性涨落循环是必然的，不可避免的。对失衡原因和治理对策的探索也是经济学家永恒的责任。

探索的方向有两个：一是从物质产品生产过程中各个产品类别及各个生产环节均衡的角度探索。奥地利学派代表人物庞巴维克在他所著《资本实证论》一书中，花了很大篇幅讨论迂回生产拉长最终产品和中间产品之间的距离，从而导致链条断裂，引发非均衡问题①。从经验观察来看，由于未来不可知和路径依赖，生产者或者生产者群体往往过快过大扩张自己的生产规模，一旦由于不可预知的原因导致社会无法吸纳其过剩产能，该产品价格就会大幅下落，并致生产者或生产者群体无法收回其投资，也无法偿还其债务，无法继续生产，链条断裂，累及上游诸环节和横向诸协作领域，严重到一定程度，就会触发大面积生产活动坍塌，酿成危机。2008年的国际金融危机触发机制就是过大的美国房地产市场。目前中国经济遇到的困难虽然有内外多种原因，但过分膨胀的房地产业造成的供需失衡带来断崖式下陷，及其过分吸纳物质资源和金融资源造成对其他实体经济领域挤压，应该是经济下行压力持续增大的重要原因。

对危机原因探索的另一个方向是货币因素。以分工和交易为基础的经济体系，与自给自足的自然经济最大的不同是有货币。货币不仅是交换媒介，也是财富计量单位和表达形式，还是经济活动的驱动因素。于是，货币量就成为经济学关注的重点。应该说，在1972年布雷顿森林体系解体之前，这个问题的

① 冯·庞巴维克：《资本实证论》，陈瑞译，商务印书馆，1964。

重要性并不十分突出。因为在金本位制下，货币是众多物质产品中的一类，用现在时髦的经济学语言说，它是内生的。其数量既取决于其他商品数量及其对货币的需求，也取决于金银矿藏资源禀赋状况与开采成本，在一定程度上可以由经济体系自发调节。其他商品数量规模大，对货币需求强度大，货币相对于其他商品就显得更贵，从而刺激金银产量增加，满足增量需求。反之，货币需求收缩，相对于其他商品就会更便宜，金银生产速度就会放慢。只有在特殊情况下，货币供给才会突然非正常增大，造成对整个经济体系的冲击，比如16、17 世纪新大陆大量金银输入对欧洲的影响。

当然，金本位制下也有危机，有时甚至还很严重——比如 1929—1933 年的大危机，危机中也有货币的影子，货币供求也高度受到关注，但那主要与货币流通速度和人们的持币行为有关，与体系中货币注入量关系不大。即使凯恩斯的赤字财政政策，也是以寅吃卯粮的方式扩大消费，由此人为调节的货币量有限，货币数量效用恐怕主要是把窖藏货币和储蓄驱赶出来。所以在金本位制下，危机应该主要源于物质生产过程中的结构失衡及由此引发的总量失衡。

（四）货币性质的新变化与经济涨落循环的新特点

1972 年布雷顿森林体系解体后，纸币与金银脱钩，其数量大小完全由中央银行调节，货币成了可以人为左右的外生变量。货币在金融危机中的作用也不一样了，在某种程度上说成了主角。比如 20 世纪 70 年代西方市场经济体系中普遍发生的滞胀，就与凯恩斯主义的货币政策有关，2008 年美国次贷危机和全球金融危机的源头，是美国针对房地产业过度宽松的金融货币政策。由于美元的强势地位，美联储几乎每一次货币政策涨落循环，都会对全球经济产生巨大影响。1997 年亚洲金融危机就是美国货币政策收缩和美元资本回流的结果，2008 年金融危机之后美国过度宽松的货币政策（QE），则引发了新一轮全球性的通货膨胀，美联储正在推进的新一轮加息和货币收缩政策，已经让我们感受到了国际资本流出带来的压力。

我国改革开放以来，随着经济总量增大和对货币需求的增加而释放的大量流动性，既助推了经济增长，也对经济体系的健康运行造成了越来越大的压力，超过 GDP 总量一倍以上的 230 多万亿货币量（M2）和接近 GDP 三倍的 300 万亿人民币债务，就像悬在中国经济头上的达摩克利斯之剑，随时需要关注和防范，化解风险的任务很重。

所有这些都意味着，纸币与金银脱钩以后，由于货币数量涨落失去了物质生产体系的内在约束，往往容易造成表现物质财富的货币量与实际物质财富的过分偏离，这种偏离与回归是当代经济涨落周期的显著特征。正因如此，货币的性质及其功能——货币中性还是财富创造者？——也成为经济学家研究和争论的热点问题。对此，本人未来得及研究，不敢妄议。

六、经济发展：结构拓展与总量增长

（一）经济发展是财富增长与结构现代化过程

经济发展是财富（GDP）总量增长与结构变动过程，核心是工业化和城镇化，结果是由贫穷到富裕，由传统到现代，由不发达社会到发达社会，由愚昧到文明。过程的起点是技术进步和农业效率提升，大致过程可以这样描述：随着技术进步和农业效率提升，农业会产生满足基本生存需要之外的相对剩余，并且会由产品剩余演化为要素剩余，继而产生裂变，原隐藏于农业内部的手工业从中分裂出来并成为独立产业，即第二产业，农业自然成了第一产业。第二产业可以把人们的产品需求清单持续拉长，具有无限的张力，并反过来推动第一产业效率不断提升。这就在第一产业和第二产业之间形成一种循环：前者向后者输送剩余产品和要素，后者向前者输送消费品、装备和技术，两者相互满足、相互支撑、相互促进，效率同步提升。但相对规模比例则第一产业下降、第二产业上升，原因是前者需求张力小，后者需求张力大。技术再进步，效率再提升，剩余再增加，闲暇需求会增加，产业再裂变，服务业即第三产业的诞生除了满足闲暇需要，也为第二产业和第一产业的生产活动提供服务和支撑。经济活动由两两循环变成三三循环，第一产业为第二、第三产业提供产品和要素，第二产业为第一、第三产业提供消费品、装备和技术，第三产业为第一、第二产业提供闲暇消费及生活和生产服务，三者相互满足、相互支撑、相互促进，同步上升。但相对规模比例会向不同方向演化。一般来说，第一产业比例持续下降，第三产业比例持续上升，第二产业比例则先升后降，这就是现代三次产业变动演化的规律和趋势。根据国际经验，当这样的现代化过程基本结束时，三次产业产值结构比例会稳定在大约1：19：80左右。比如美国2019年三次产业结构比是0.78：18.24：80.98。

产业结构变化的同时，经济空间结构也在发生着剧烈变化。由于技术特点，在效率驱动下，第二、第三产业持续向特定空间聚集，并带动人口及住房、学校、医院、工厂、商业设施、体育艺术娱乐设施、金融机构等聚集，带动道路、公园绿地等公共基础设施建设，促进城市形成并不断拓展。小城市变成大城市，大城市变成超大城市，然后是大型和超大型城市扎根聚集，中小城市对大型和超大型城市形成依附关系，诞生城市群和都市圈，形成要素及财富在空间上高度聚集的结构形态，这大概就是已经完成现代化过程经济体的基本样貌。日本东京都市圈聚集了全国1/3以上的人口和GDP，美国的经济重心主要聚集在太平洋沿岸的洛杉矶、旧金山、西雅图，以及大西洋沿岸的波士顿－纽约－费城－巴尔的摩等都市圈或都市连绵带。中国京津冀、长三角和珠三角也具有了世界级城市群和都市圈的规模，中西部地区以武汉为中心的长江中游、以成都－重庆为中心的成渝、以郑州为中心的城市群和都市圈也聚集势头迅猛。资料显示，2020 年美国城镇化率为 82.7%，英国城市化率约 87%，日本城市化率 92%，中国的城市化率也达到了 63.89%。再有 30 年，到 21 世纪中叶中国的现代化基本完成时，城镇化率也不会低于 80%。

财富总量增长虽有阶段性节奏变化，大致上先快后慢，但现在还看不出有停止的迹象，即使像美国这种早已完成了现代化的国家，GDP 也还有年均 2－3% 的增速。按照联合国贸易发展会议的标准，发达国家（也就是基本完成现代化的国家）的门槛是人均 GDP3 万美元。中国 2021 年人均 GDP 已超 12500 美元，预计未来 30 年进入发达国家的 GDP 门槛应该不成问题。

（二）农业农村现代化：破除效率的制度屏障

中国的现代化不是原生的，而是漂洋过海从西方传递过来的，所以也不是从农业中裂变出来的，而是从外部输入到农业中来的。但和西方原生的现代化一样，在进程中也注定会把农业和农村彻底改造一番，将其纳入以工业化和城镇化为核心的现代化轨道上来。这一过程自改革开放以来从沿海向内地逐级递推，应该说到现在都还没有完成，要害是制度约束下的效率问题没有解决。

中国农业的制度基础是土地村民集体公有，以及在此基础上联产承包责任制改革形成的使用权家庭人均碎片化占有格局。这种土地权属结构在农业现代化进程中带来的最大问题，是效率导向基础上的土地规模经营障碍。效率是农业现代化的基本诉求，按照刘易斯的二元结构理论，农业剩余劳动力向工业转移的拐点是两个产业收入及其边际生产率相等，也就是农业生产效率要提升到工业生产效率的水平[①]。除了装备和技术的因素之外，制约农业效率提升的最主要因素是土地经营规模。在家庭碎片化占有基础上，如何实现土地规模经营，始终是中国农业现代化面临的问题。现实的解决方案是土地流转，但除了流转本身的障碍之外，还有一个更基本的障碍，就是租地成本高。因为在现有土地权属格局下，经营者要达到效率所要求的土地使用规模，注定绝大部分耕地要靠租赁而来，从而收入中占比例较大的租金会严重地挤压经营利润，影响其从事农业经营的积极性，甚至可能使很多人望而却步。不说我国曾经把佃农制度作为革命对象加以消灭，即使是早已完成了农业现代化的发达经济体，如欧美日诸国，现代规模农业也都是建立在农户经营者土地自有基础上的。美国

① 阿瑟·刘易斯:《经济增长理论》,商务印书馆,1955。

农业经济学家舒尔茨在《改造传统农业》一书中说，这种农户自在土地所有权结构下的农业是最有效率的[①]。土地流转和租佃制基础上能否保证农业经营活动的效率？中国农业现代化也要走经营者家庭自在所有的道路吗？如何走？这都是需要深入研究的问题。

与农业现代化同时发生的是农村现代化。这里有两个层面的问题需要考虑：一个是居住空间如何重组？另一个是宅基地如何处置？随着工业化和城镇化的快速推进，农村人口大规模向城镇迁徙，农村常住人口大幅度减少，如前所述，现在只占全国总人口的35%左右，未来可能只占不足20%。在这种情况下，传统村落结构必然会被改造，农村居住空间结构也需要调整重组，如何重组，几乎是各地普遍面临的问题。由于像河南这样典型传统农区农村人口聚集密度大，流出人口比例大，问题就显得更突出一些。如何调整重组？大致有激进和渐进两种方式。10年前，河南率先尝试通过激进的方式进行调整重组，以新型农村社区建设的名义，大规模对传统村落进行拆迁改造，合并重组，结果落下一大堆半拉子工程和一大把债务，后遗症至今犹存。近两年，山东步河南后尘，也以同样的方式在全省范围内刮起了一股规模更大的拆迁改造风，结果是舆论沸腾，不得不半途而废。看起来，渐进式可能更科学，也更能为民意接受。那就是在控制村庄拓展和建筑盲目扩张的前提下，任由有条件也有意愿的农户逐渐举家迁徙，待迁出户和空置宅院占到较大比例后，再进行新居民点规划，并在与常住农户协商一致的基础上进行传统村落改造和新居住空间重组。

农村流出人口宅基地如何处置是个争议更大的问题。与耕地性质一样，宅基地法律上也属于村庄居民集体所有，随着城镇化迁徙人口增多，宅基地空置也越来越多。闲置院落如何处置？是在服从规划与用途管理的前提下由迁出农户自行处置，还是收归村集体？两种意见看起来各有道理，但后者有个很难解释的悖论，即当80%人口离开的情况下，原来意义上的集体还存在么？由剩下20%的人口来分享80%人口的权益，这不是一种侵占么？

（三）城市现代化：自由迁徙与公共产品供给均等化

城市现代化的核心问题是如何使增量人口平等分享市民权益。由于户籍管理、城乡分割与公共产品的差异化供给，我国城乡居民的社会福利权益是不一样的。随着城镇化的推进和乡村人口向城市大规模涌入，城市居民自然分成了存量和增量两类，后者往往不能与前者平等分享市民权益，也就是不能得到或不能完整得到城市政府提供的公共产品供给。这种差异往往以户籍划线，所以，我国城市人口统计上就有了户籍人口和非户籍人口分类。近年来随着越来

① 西奥多·舒尔茨：《改造传统农业》，商务印书馆，1999。

越多城市户籍限制放开，按户籍分享的公共产品均等化问题正在部分得到解决，但仍有三个硬核问题构成城市现代化的较大障碍。

一个是户籍放开政策不统一问题。虽然国家规定500万人口以下城市户籍要放开，但由于公共产品的很大部分供给责任在城市一级，很多城市不愿意向新增城市居民稀释既有存量福利，所以仍对户籍实施很多限制。而且越是发展水平高的地区或城市，限制越多。也许是这些城市或地区因产业和就业吸纳了过量的非户籍常住人口，他们创造了大量财富却又较少分享公共产品，从而为存量户籍居民平添了更多福利，造成了户籍居民对增量人口户籍化的排斥。如何促使发展水平较高城市和地区贯彻落实中央精神，同步放开户籍限制，是推动增量市民权益平等的重要一环。

第二是公共产品供给分级和基本公共服务全国统一均等化问题。现代化的重要目标和重要标志是公民在全国范围内自由迁徙，而影响自由迁徙的主要障碍是公共产品的差异化供给，这与过多过大比例的公共产品由地方政府供给有关。所以减少甚至消除公共产品供给差异，排除公民在全国范围内自由迁徙的障碍，主要努力方向是在公共产品分级供给的前提下，尽量扩大中央政府主导全国统一供给的数量和比例。据悉，中央政府正在努力推进医保和养老保险全国统一的进程，并且前景可期。但教育供给的全国统一，短期内似乎还有难以逾越的屏障，比如仅高校招生指标区域分割和户籍化管理一项，解决起来就困难重重。总之，在这些基本公共服务领域，要实现全国居民统一均等化共享，还有比较长的路要走。

第三是取消公共产品分类差异化供给和面向所有人群统一问题。我国公共产品供给不仅存在着城乡和区域差异化供给，也存在着不同人群的差异化供给。比如，同是居民养老，城镇和农村供给水平不一样；同是低保，城镇和农村也不一样；职工养老和非职工居民养老不一样，企业单位和行政事业单位养老也不一样；医保标准虽然城乡居民统一了，机关事业单位与企业不统一，企业之间似乎也不统一；住房福利政策也是如此，不同行业、不同领域、不同单位标准差异较大。类似的公共产品分类供给差异可能还有很多，这些都是城市现代化所需要解决的问题。

（四）供需链条拓展与中等收入陷阱

如前所述，发展是总量增长和结构变动过程，结构供需链条持续拓展支撑财富总量增加，一旦链条拓展停滞或断裂，总量增长就会停止，甚至陷入中等收入陷阱。正如第二产业是第一产业剩余裂变和第三产业是第二产业剩余裂变的结果一样，我们可以把第一、第二、第三产业的物质生产活动合并起来观察，把它们看成是一个连续的、无限拓展延长的产品链条。在人口总量一定的条件下，社会对每一种产品的需求都有一个饱和量，超过这个饱和量的产能就是过剩产能，化解这种过剩产能的方式和机制是延伸产品链条，把前一种产品的过剩产能转移到后一种产品生产上，满足新的需求。这样，随着技术进步，过剩产能不断产生又不断被转移，产品链条不断拉长，社会消费品的种类持续增加，财富总量持续增长，人们的满足感和幸福感也越来越强。这个过程如果一直持续，就会达成现代化的目标。如果由于各种原因链条半途断裂，现代化就会停滞，甚至陷入中等收入陷阱，长期无法爬出来继续上路。

遗憾的是，绝大多数经济体都是在现代化中途链条断裂，陷入中等收入陷阱，停滞下来。原因可能各不相同，但表现出来的现象大都差不多，即社会成员收入差距扩大，贫富分化严重。这种现象既是陷入中等收入陷阱的结果，也是重要原因。因为社会成员收入差距过大，一定是穷人占大多数，他们是消费和物质产品需求主体，他们收入低，没有消费能力，意味着不仅存量产业产品过剩产能吸纳张力小，不能支撑存量产业产能扩张到最大，更无力消化拓展产业产能。这样，在存量产业产能尚未释放完毕时，新产业拓展就停止了，产业及产品链条断裂，总量增长停滞，陷阱形成。至于为什么会产生两极分化，这是一篇需要深入研究的大课题。简单说，是经济增长初期只要拿来适用技术和依托既有市场，就可以支撑总量增长达到一定高度，过了这个坎，要继续增长，就必须要触动原有的经济社会结构乃至政治和意识形态结构，并加以改造，这自然会触动既得利益。这些既得利益集团不仅会阻止改造，还会借助体制漏洞，让社会偏离正确方向。以少数人利益绑架大众利益，以多数人和国家利益损失满足少数人私利，这是现代化最糟糕的结果。

相信中国定能跨越中等收入陷阱，不至于导致糟糕的结果。

（五）李约瑟之谜与中国现代化道路

中国是世界四大文明古国之一，号称是唯一没有中断过的文明，在很长的历史时期内发展领先于全世界，只是近代以来才落后了。20 世纪 40 年代初，英国剑桥大学教授李约瑟受国际组织派遣来中国考察抗日，接触了中国历史和文化，并产生极大兴趣，遂组织研究并出版了《中国科学技术史》鸿篇巨著，发现并提出了上述问题。他说，在从 1 世纪至 13 世纪长达 1000 多年的时期中，中国的科学技术都是领先于世界的，为什么近代以来落在了西方的后面？或者用他的原话说，“尽管中国古代对人类科技发展做出了很多重要贡献，但为什么科学和工业革命没有在近代的中国发生？”[①] 对此，他当然有自己的解释和思考，更引起了中国学者极大的兴趣。近年来，不同领域的中国学者都对此做了

① 李约瑟，徐汝庄：《东西方的科学与社会》，《自然杂志》1990 年第 12 期，第 818 页。

深入研究，提出了各种各样的解释。

从经济学的视角，立足于中国目前的发展阶段和面临的各种问题，着眼于现代化未来，来思考现代化之所以没有在中国发生的原因，可能更多地需要关注实现现代化所需要的条件，包括技术条件、制度条件，乃至社会观念和社会文化条件，这些条件是否都是不可或缺的？如何把这些条件提供或创造出来？从而思考现代化的方向和道路，并形成共识与合力，共同完成中华民族这一历史伟业。

七、从文明演化求索现代化答案

现代化是人类文明演化的一个组成部分，与人类文明演化相一致的方向才是现代化的正确方向。

（一）求索文明演化与现代化关系

我对文化或文明的关注，源于对中国特别是中原地区现代化及经济社会转型的研究和认知，这一点，此前我曾在多篇论文、著作、短文、随笔中提及甚至专门交代。自20世纪90年代中期尤其是进入21世纪以来，思想中一直纠结的一个问题是：到底中国尤其是中原地区的现代化是否，以及在多大程度上与文化或文明相关？为了解开这一疑问，有意无意中断断续续接触了一些相关文献，如“李约瑟难题”、央视纪录片《世界历史》100集、日本学者盐野七生著《罗马人的故事》、英国学者汤因比著《历史研究》和《从东方到西方》、中国旅美学者唐德刚著《历史的“三峡”》等。这些文献多数并不直接与我的疑问相关，但却在我的意识中展现了一个宏大且波澜壮阔的人类历史画卷，大大拓展了我的视野，让我能够全方位多视角审视中国尤其是中原地区的现代化进程，从而更加丰富我对中国现代化过程的认知，甚至逼近我一直追索问题的完整答案。陈浩武先生的《人类文明进程100讲》，为文化或文明与现代化的关系提供了更为基础、更丰富、也更直接的思想材料和更清晰的历史脉络。

（二）文明是基于个体与群体关系的社会秩序

简明扼要叙述人类文明演化的思想轨迹和历史脉络，还需从进一步厘清文化或文明概念更为深刻的内涵开始。

无论在日常话语体系中，还是在各种文献中，文化和文明都是出现频率很高的词汇。但到底什么是文化和文明，确实众说纷纭，差异很大。如果要是从学术研究的角度去梳理相关文献，那对文化和文明的解释一定是多如牛毛，要理出个头绪，脑细胞消耗不会少。这种研究并非本行，未敢造次，我只是在浏览相关文献和道听途说中不断琢磨，用自己的语言概括出一些并不严谨的定义，但自认为用于文化与文明认知，解释持续留存于自己意识中的疑惑，还有用处。比如，“文化是人类所有的创造物”，这是 2007 年我发表在《经济学动态》那篇有关文化与经济发展关系文章中所使用的概念。

但是，究竟什么是文明，我也在数十年前就请教过研究历史的学者，似乎一直没有得到过一个明确的定义，印象最深的是国家的出现是文明进程开启的标志。这一说法后来在我看央视纪录片《世界历史》100 集时得到了确认。记得是聊城大学一位教授在对文化和文明进行解说时说文明是文化发展到一定阶段的产物，其标志是国家的出现①。这个定义显然仍过于笼统，无法解释我的疑惑。国家是什么？为什么国家出现是文明诞生的标志？直观地看，国家是规模化的人群集合，国家是秩序的象征，但国家的性质和秩序也是多种多样的，比如有家天下和民天下的区别，也有独裁专制和民主共和的不同，为什么国家一定意味着文明？难道“焚书坑儒”，泯灭文化的暴秦、屠戮大半个欧亚大陆的蒙古帝国，以及挑起导致数千万人死亡的希特勒第三帝国等，也都算是文明吗？

在此前撰写的随笔中，我曾对文明下过两个定义：“文明的最简单表述，就是依存于技术的社会秩序形态”，“文明就是离动物越来越远，离人越来越近”②。前者强调文明的社会秩序属性，后者说文明是人的进化过程。沿着这个思路，进一步的问题是：究竟什么样的社会秩序和向着哪个方向进化的人才配得上文明概念？这得回到人的个体性和群体性这个根本问题上来。人是个体，保证个体存在是其行为的优先选项，人又是群体的一员，其行为会影响到群体，也会受到群体的约束。人的这种双重特性与该物种与生俱来，并且伴随始终。这种双重特性在现实中表现为个体生存和群体生存的关系，个体行为上表现为利己和利他的关系，利己是个体生存的需要，利他是群体生存的保障。为了同时满足这两种在很多时候相互冲突的需要，群体就需要一种秩序，在秩序中，利己行为被认可，利他行为被鼓励，损他行为被约束，这就是文明。换句话说，文明是基于个体与群体关系的社会秩序。

（三）文明演化是循个体与群体关系平衡轴无限趋近人间天国的过程

文明的极致是利己和利他的完全统一，可行的方式是每个人都从利他出发，结果是每个人都从别人的利他行为中得到最好的享受。这种机制我在若干年前读到过的一本印第安人酋长写的书中看到过，他说在西方殖民者到来之

① 世界历史第 2 集. 文明的曙光. 中央电视台 CCTV - 6 专题片. 2011.［EB/OL］. https://tv.cctv.com/2011/01/27/VIDE1355584522442551.shtml? spm = C55924871139.PY8jbb3G6NT9.0.0.

② 耿明斋:《从文明演化求索现代化答案》,明斋观察公众号,2022 年 3 月 23 日。

前，印第安人的道德风尚和社会秩序就是这样的，每个人打到一头鹿，总是把最好的部位让给别人吃，每个人又都能从别人的赠予中吃到最好的。是西方殖民者到来后的极端利己主义行为破坏了他们良好的道德标准和社会结构。他认为，印第安人传统的道德标准和良好的社会结构才是人类社会未来令人憧憬的发展方向。

从发展和进化的眼光看，这个印第安人酋长描述的理想社会即使是曾经的真实存在，那也是人类社会的原始形态，肯定不是人类群体生存真正想要的。已经有研究证明，创造和进化几乎是所有生物的普遍诉求，不管是主动的还是被动的，有意识的还是无意识的，人自然不会例外。如果说人与其他生物有所不同，只是在于人的创造和进化是有意识的和主动的。创造需要激励个体，于是个体利己行为需要得到尊重。进化需要群体生存得到保障，于是利他行为需要鼓励，损他行为需要受到约束。兼顾该三类的原则，规范个体行为的社会秩序，就是文明。个体都以利他为优先选项，每个个体又都从他人的利他行为中最大限度地分享群体创造的成果，这是社会最和谐的状态，也是最良好的社会秩序和最理想的文明形态，正如上述那位印第安酋长所描述的那样。但那是未来，是方向，是文明演化无限逼近或许永远不可能到达的状态。现实总是处在演化过程的某一阶段和某个点上，社会秩序也是在个体和群体关系、利己和利他、自我约束和被约束的某个平衡点上。从长期演化过程看，文明是无数时空点连接而形成的轴，轴上每一点所包涵的个体和群体关系都是趋向平衡的。正是在这种意义上我们说，文明是个体和群体关系平衡轴，文明演化是循该平衡轴无限趋近人间天国的过程。

这或许是认识文明与现代化关系的一个基础立足点。

2022 年 5 月 9 日完稿于郑州河南大学明德园，10 日核准定稿

注释

1. 股权均分改革的观点集中体现在本人《论我国国营企业工资改革的总体设想》(见《中国劳动科学》1986 年第 4 期）一文中。公有体系内部所有权按人头平均分享的观点，还成为本人与蔡继明教授合著的《公有制商品经济中的收入分配》(陕西人民出版社 1993 年版）一书的理论支点之一。

2. 对于联产承包责任制，当时的口头禅是“交够国家的，留足集体的，剩下的全是自己的”。

3. “在没有自由市场的地方，也就没有价格机制，没有价格机制，也就没有经济计算”，“只有在生产资料私有制的基础上，才能建立生产资料之间的交换关系”。“以劳动进行的计算”，一是“没有计算物质的生产要素的使用”，二是“忽视劳动的不同的质”(冯·米塞斯《社会主义制度下的经济计算》，载《经济社会体制比较》1986 年第 6 期。陈国雄译自哈耶克 1933 年编《集体主义的经济计划》，本文最初以德文在

《1920年社会科学文库》上发表)。

4. 对此感兴趣的读者可以参考《林毅夫VS张维迎:一场产业政策的"世纪之辩"》,2016年11月15日《中国经济周刊》。

5.《国富论》有多个中文版本,严复1902年的译本《原富》是最早的中文版本,曾经流行最广的是郭大力、王亚南1931年的《国富论》,该版本译者在译序中说该书"原名直译为《诸国民之富的性质及其原因之研究》"(上海三联书店2009年版第1页),1972年商务印书馆版本书名干脆就是《国民财富的性质和原因的研究》。近年来比较流行的是南开大学杨经年教授翻译,陕西人民出版社的《国富论》版本(2011年)。

6. 这似乎也成了经济学的传统,主流经济理论中从来不讨论人口与经济增长的关系,只把人口当成外生变量予以搁置。好在斯密继任者之一马尔萨斯专门就这一问题进行过系统讨论,并出版了影响很大的《人口原理》(商务印书馆1992年出版)一书。近年来,随着生育率下降和人口老龄化快速到来,从而对经济增长的影响越来越大,中国经济学家开始有越来越多的学着关注这一问题。

7. 蔡继明沿着这一逻辑脉络撰写了硕士和博士论文,发表了多篇学术论文,出版了系列专著,感兴趣的读者可以网上搜索浏览。

参考文献

[1]奥塔·锡克.经济—利益—政治[M].北京:中国社会科学出版社,1984.

[2]路·冯·米塞斯,陈国雄.社会主义制度下的经济计算[J].经济社会体制比较,1986(6):59-63.

[3]奥斯卡·兰格.社会主义经济理论[M].北京:中国社会科学出版社,1981.

[4]奥塔·锡克.社会主义的计划和市场[M].北京:中国社会科学出版社,1982.

[5]尼古拉斯·韦普肖特.凯恩斯大战哈耶克[M].北京:机械工业出版社,2013.

[6]亚当·斯密.国民财富的性质和原因的研究[M].北京:商务印书馆,1974.

[7]大卫·李嘉图.政治经济学及赋税原理[M].北京:华夏出版社,2005.

[8]卡尔·马克思.资本论[M].北京:人民出版社,2004.

[9]冯·庞巴维克.资本实证论[M].北京:商务印书馆,1964.

[10]阿瑟·刘易斯.经济增长理论[M].北京:商务印书馆,1955.

[11]西奥多·舒尔茨.改造传统农业[M].北京:商务印书馆,1999.

[12]J.李约瑟,徐汝庄.东西方的科学与社会[J].自然杂志,1990(12):818-827.

[13]世界历史第2集.文明的曙光.中央电视台CCTV-6专题片.2011.[EB/OL].https://tv.cctv.com/2011/01/27/VIDE1355584522442551.shtml?spm=C55924871139.PY8jbb3G6NT9.0.0.

[14]耿明斋.从文明演化求索现代化答案[R].明斋观察公众号,2022.https://mp.weixin.qq.com/s/8gCM6BJ_ehva4WAl9FDaOg.

第一篇

经济思想篇

从中原到中国的发展经济学

——耿明斋教授学术思想简评

宋丙涛*

一、人类文明转型背景下的学术思考

如果历史正如著名意大利学者克罗齐的评价那样——“一切历史都是当代史”，那么我们也可以对真正的学者思考给出一句评价——“一切真正的学者思考都是人类文明与进步的一部分”。我们甚至可以对经济学下一个结论：“一切经济学都是发展经济学。”

当然，不同时期的学者会因为所处时代的不同、所面临的挑战不同，而选择不同的问题进行思考，或选择不同的角度切入。同样，处于不同时代、不同国家的经济学家，他们对发展问题的思考也会表现为不同的面向，甚至呈现为不同的经济学流派。正是从这个角度出发，尽管耿明斋教授在不同时期关注过不同的问题，如政治经济、资本市场、企业改制、地方发展、城市聚合等，但他所关注的始终都是发展经济学关心的问题，也是经济学的基本问题，因此，耿明斋教授的学术贡献仍然属于对发展经济学的探索与发展。并且，这种根据问题的性质选择不同的方法，根据现实需要选择研究课题的研究方法，正是中国传统儒家士人“心怀天下”责任心的一种传承，也是关注人的发展的目的论马克思主义经济学的一种中国发展。从这个意义上看，与那些教条的“理论”经济学或纯粹的模型经济学相比，耿明斋教授的学术贡献更应是中国特色社会主义政治经济学的一个组成部分。

---

* 宋丙涛教授现在河南大学经济学院任教。

耿明斋教授大学毕业后就选定了经济发展的学习研究方向，并长期耕耘于这个领域，其思考维度与高度始终是人类文明的关切，始终是人类文明演化中制度变迁的视野。尽管耿明斋教授的研究课题从早期的体制改革实践到后来的企业股份制尝试，从中期的城市化路径探索到后来的区域发展战略布局研究，研究的具体领域与课题题目不断发展变化，但耿明斋教授对传统农区的关注却相当笃定，对传统文明转型的思考也从未改变。

在学院学科方向的凝练上，耿明斋教授始终坚持把学院学科放在全人类文明变迁的背景下进行思考，把经济学教学研究放在东西方文明比较与华夏文明复兴的视角下去选择安排。坚持以欠发达地区经济转型与经济发展研究为主攻方向，力图以更大的历史视野揭示出1000多年来深受传统体制束缚的中国欠发达地区经济演变与西欧经济工业化变迁的差异原因、内在联系、发展规律及经验教训，力图对传统社会结构向现代社会结构转型的途径提出自己独到的见解，这样的研究触及了有关中国制度变迁和经济发展方面最基础和最具争议的层面，也为今后的中国，特别是广大中西部欠发达地区的制度转型与经济发展提供了有益的启示。

正是基于这一宏大的目标与宽阔的视域，耿明斋教授对中原欠发达地区经济发展的路径探索才会有与旧金山大湾区的比较，才会有对东京都市圈的借鉴，才会有对产业与区域发展关系的思考。他意识到，如何尽快地将这些农耕文明的发祥地纳入工业化文明的进程中去，不仅对广大的欠发达地区的经济发展具有重要意义，而且对整个人类文明转换的研究意义非凡。因此，尽管耿明斋教授的学术思考基本属于经济学的探索，但这样的思考同样也是人类文明尤其是东方文明现代化转型路径探索的一部分。正因如此，我认为耿明斋教授的学术思考也是人类文明与进步的一个组成部分。

二、经济学发展过程中的中国贡献

当然，无论从哪个角度来看，耿明斋教授的学术思考都不过是经济学领域的一朵浪花。只不过，作为现代经济学“科学化”转型与学科化分类的一个结果，不仅以市场为核心的模型正在成为经济学的标志，而且以“通论”为标志的研究似乎已经成为经济学研究的“正轨”。无论是令人羡慕的诺贝尔经济学奖，还是国内各类名满天下的大师级学术奖励，鼓励的都是标新立异、“成家成派”的理论体系。但从思想史的角度来看，几乎所有的经济学其实都是发展经济学，所有的发展经济学其实都是试图解决某地经济发展过程中出现的具体问题的政策建议。今天大家都以之为现代经济学学术之源的古典经济学，其实也是英国当时的学术精英对英国崛起过程中遇到的重商主义战略的一个反思，是解决英国商业市场经济转型问题的现实思考，更是国家经济发展战略选择的理论梳理。同样，作为后起之秀与早期追赶型市场经济的探索，德国的历史学派与美国的旧制度学派的所谓创新，其实也是各自国家的学者对自己国家发展过程中存在问题的一个现实思考，并因为其具有现实意义而成为“一家之言”。

很显然，即使同为发达的西方国家或者早期的市场经济国家，因历史与地理的差异也会有不同的思考，进而为经济学的发展做出了学术贡献。从这个角度来看，中国的市场化改革与现代经济发展注定会成为经济学发展的重要“分水岭”。事实上，中国的发展不仅会因为人口众多、地大物博而成为人类文明与经济发展中的一件大事，中国的转型也会因为拥有独一无二的传统农耕文明的历史而显得格外不同。因此，站在中国经济发展的前沿，思考现实中迫在眉睫的问题，就是经济学发展的学术前沿。特别地，正是因为广土众民的国情，区域经济学才会成为一个特别重要的研究领域，国家与地区的关系才会成为一个至关重要的学术问题；正是因为历史悠久的传承，制度变迁与文化比较才会成为中国学者特别关注的话题，才会成为独具中国特色的经济学领域。

耿明斋教授的学术研究升华成形就是从这一最具中国特色的领域切入的。河南是国内颇有影响的区域经济学重镇的一员，耿明斋教授进入创新型研究与开拓型探索的起点，就是河南省的发展需要与中原崛起的历史使命。河南作为中国传统文化的发源地，作为中国最大的人口聚集地，作为传统农区的典型，自然成为中国经济发展的核心密码所在，当然也是中国学者对经济学贡献自己思考的最佳观察地与试验场。正是基于这些背景，耿明斋教授经济学研究的突破就是从河南省的经济发展战略思考与中原地区的社会经济转型开始的。无论是“郑汴一体化”的建议，还是制造业产业发展的规划，耿明斋教授的问题导向型研究与问题解决型思考，不仅赢得了省部级领导的赞扬，也赢得了关注中国发展问题的社会科学院、国内外著名学术机构同行的认可。我们相信，本书中其他各位同学、同事、同行对耿明斋教授学术思想从各个侧面的总结，未来一定会对经济学的学习者产生有益的影响，也会对经济学本身的发展做出中国贡献。

正是基于这些原因，耿明斋教授的学术思考尽管表现为区域问题的具体建议，却仍具有经济学理论的创新性意义，尽管没有通论性表述，但未必没有普适性意义。这既是耿明斋教授个人对当代经济学发展的贡献，也是中国改革开放 40 多年来关注中国具体问题的政界精英与学术翘楚共同努力的结果，更是中国当代学者对人类发展与经济学发展的贡献。特别是对于那些尚未进入发展跑道，或根本不愿意进入发展跑道的国家和地区的人民或精英而言，首先关注自己当下的问题，从具体的挑战应对开始思考经济问题，或许同样是经济学的应有之义，也是经济学发展的重要路径，这很可能是中国发展经验、中国学者思考带给全人类的真正贡献。

三、发展经济学的中原实践

当然，对于那些试图从中国的发展过程中借鉴一二的欠发达地区的学者而言，中国的贡献很可能是被当作发展经济学的一个分支来看待的。

作为发展经济学的经济学应该怎么研究呢？不同的学者有不同的方法、不同的路径，但迄今为止，作为一门学科的发展经济学的高地实际上经历了一个从书本到现实、从模型到案例、从发达国家到发展中国家的转移。

发展经济学的诞生，既是国际政治竞争的结果，也是现代经济学模型外推的产物。其早期的出现大体不外乎两种源流：一种是西方发达资本主义国家为了对付社会主义国家的崛起而有意支持一些发展中国家和地区的政策思考，对象主要是中东欧与中南美的许多国家；另一种是西方资本家与经济学家按照资本扩张模型的逻辑构建的市场经济扩张的路径，是资本决定论在现实经济中的一种尝试与实践。然而，无论是以联合国、世界银行为依托的国际经济援助与开发的努力，还是以跨国公司为依托的国际资本的跨国流动与投资，实际上都没有获得设想中的效果。相反，以东亚的儒家文化为依托的自发性增长路径的探索反而取得了一定的成效，并形成了发展经济学的一个奇特的风景，成就了青木昌彦一代发展经济学大师的美名。同时，在亚洲的印度和中国这两个传统文明的发祥地，张培刚先生与阿玛蒂亚·森教授的思考同样奠定了欠发达地区学术精英在发展经济学探索中的核心地位。

很显然，鉴于话语体系与价值观的差异，欧美之外的学者的贡献很难进入现代经济学的核心殿堂，但发展经济学的主要发展正是在这些非主流经济学家的努力下才取得的。正是因为有了这些欠发达地区学者的加入，发展经济学才具有更大的现实价值。何况，正如前文所言，欧美发达国家的主流经济学其实也是从自己早期的发展路径摸索中总结出来的经验，而不是从理论模型中投资理论推出的资本加劳动策略的应用，若按此规范标准，这些早期的斯密、李嘉图思想也是真正的发展经济学思想。不过，就真实经济发展过程的解读与理解而言，从规范的学科分类要求来看，或许亚洲学者的贡献才是真正的发展经济学。

正是基于这个角度，以耿明斋教授为代表的中原学者与区域经济学家，立足于现实观察、服务于地方经济发展的思考，才是中国发展经济学的主流，才是中原学者对发展经济学本身的贡献。耿明斋教授的思考，立足于大国治理背景下的城乡关系，坚持传统文明与农耕资源为发展的历史起点，放眼全球的现代经济发展目标，为中原欠发达传统农区的经济发展提供了因地制宜、切合实际的政策建议与咨询报告。正是出于服务欠发达农区社会经济发展的目的，耿明斋教授的研究从来不拘泥于任何学派的束缚，更不拘泥于理论模型的结论，一切从发展的需要出发，一切从问题的解决出发，从而探索出一种独特的经济学研究路径，也贡献了一些颇具理论价值的发展经济学命题。

正是因为中原地区的独特文化背景与区位资源条件，耿明斋教授的思考很可能对于许多欠发达地区，特别是那些区位与资源条件不理想、传统文化负担较重的地区而言，或许更有指导或借鉴价值。正是因为中原地区的体量与农耕经济的基础，这些看似不成体系的探索很可能正是耿明斋教授对发展经济学的贡献，也是中原模式对发展经济学的贡献。因此，从这个意义上讲，耿明斋教授的多年耕耘既是发展经济学在中原地区的实践尝试，也是中原学者对发展经济学的支持与贡献。而鉴于中国东部沿海地区基本上是一种拿来模式的发达经济的简单模仿，也许中原模式的贡献才是中国经济对发展经济学的最大贡献，耿明斋教授的学术思考就是其中的一朵奇葩。

我认识的耿明斋老师

——耿明斋教授经济思想述评

李燕燕*

耿老师是一名学者，可能每个人对“学者”一词都有自己的理解。而“学者”一词用在耿老师身上，表现为他始终在思考，思考社会发展规律，思考社会进步路径。当年，一个青年农民深夜坐在田间地头，仰望星空，想着自己的出路何在，这可能就是耿老师人生入世思考的起点。耿老师 1978 年考入河南大学。我对 77 级、78 级两届大学生内心始终怀着尊重、敬佩，这两届大学生经过 10 年的沉淀，对社会发展的渴望、对国家的情怀，始终溢于言表。本科毕业后，耿老师成为著名经济学家周守正教授的硕士研究生，开始研读《资本论》。虽然后来他在任教过程中，教过“西方经济学”“投资经济学”“发展经济学”等课程，但马克思的《资本论》深入其骨髓，对其产生的影响不是停留在说出章节目录，而是将《资本论》的研究方法贯穿终身，即剥开纷繁复杂的现象看本质，从商品入手，一层一层地揭示社会的演变。可能是学得太专注，以至于“本质”和“演化”的思维自此伴随了耿老师整个学术生涯。

“摸着石头过河”开启了中国改革开放的大幕。那个年代，青年人有着强烈的参与社会变革的热情和愿望。1984 年 9 月 3 日至 10 日在浙江莫干山上召开了第一次全国性中青年经济科学工作者讨论会，也就是业内著名的“莫干山会议”。“莫干山会议”堪称经济改革思想史上的开创性事件，以至于以后不管什么时候、什么场合，只要听说对方是“上过山”的人，就会有一种敬重感。“莫干山会议”不仅使一批经济学家脱颖而出走上舞台，也为 20 世纪 80 年代的改革提供了重要思路。更可贵的是，这次会议真正是不带任何偏见、完全开放式地以学术水准面向全国中青年经济工作者，耿老师就是以在校在读研究生

* 李燕燕教授曾在河南大学经济学院任教，现在郑州大学任教。

的身份投稿入选参会的。当时他在“上山”之作《论社会主义劳动者的双重身份和社会主义个人消费品的双重分配》中率先提出，劳动者有双重身份，既是劳动者又是所有者，所以在社会主义公有制经济体系中，应该有按劳动和公有制产权两种分配方式。经典著作中讲的社会主义公有制的分配方式都是按劳分配，包括当时讨论社会主义制度的大量文献，都没有提到过有其他分配方式的理论阐述。直到今天，关于公有制内部成员如何以所有者身份获得收益权，理论上一直没有展开讨论。我很期待耿老师70岁以后可以以平静之心对这个问题进行全面的思考并著书立说，因为像他这种“上过山”的人做这样的事只是娓娓道来不算难。由此可见，耿老师的开篇之作，起点是很高的。同年，耿老师正式发表了《从马克思关于“自由人联合体”的设想到农业生产责任制的实践》一文，从马克思关于“自由人联合体”的设想到社会主义公有制经济的历史发展，层层剥解，得出农业生产责任制是符合社会主义经济内容要求的经济形式。随后他便一发不可收拾，基于当年在农村当生产队长派活计工的经历，从计件工资制入手，开始思考国企改革。他在《论我国国营企业工资改革的总体设想》一文中指出，调整国家和企业的分配关系是工资制度改革的突破口，自此引出他对社会主义资源配置的探究。《兰格社会主义资源最优配置理论介评》一文具有明显的时代感，他在文中首先提出“社会主义能否实现资源最优配置，这是西方经济学家们曾经激烈争论的问题，兰格的理论就是从对这个问题的回答中产生的”。马克思主义经典作家历来都比较重视社会主义资源配置问题，但是，在兰格之前的马克思主义经济学文献中，都把这个问题仅仅归结为劳动分配问题（社会劳动在各种产品生产之间的分配，以及消费品按照劳动在社会成员之间的分配），这就把一个本来十分复杂的问题过分简单化了。兰格运用市场价格制度和现代经济学的边际分析方法，把社会主义资源配置描述为一个由若干经济主体按照一定规则在市场上不断选择，最终达到一般均衡的过程，极大地丰富了这一理论的内容，推动了这一问题的研究。这期间，耿老师的学术研究主要是深研马克思主义经典著作，但同时带有明显的探索改革的痕迹。耿老师从一开始就将社会变革渗透在读书学习中，这也是他长期思考社会发展问题、能够与各级政府对话进而提供决策建议的渊源。

20世纪80年代，大量国企倒闭。我父母在他们那个年代的人群中也算是知识分子，在一家国企上班。那时的职工几乎都是父母退休，孩子接班，全家老少都在一家工厂上班。20世纪80年代初期，国企的日子还是很不错的，到了夏天，厂里还发冰糕。到了80年代中后期，沿海乡镇企业的崛起，对国企尤其是对轻纺类国企的冲击可以说是巨大的。国企改革注定绕不过企业产权问题的探讨。作为一个裹着黑棉袄、扛着行李卷、花费一天的时间才能到学校的农村青年，此时的耿老师一头扎进了对诸如产权、股份制、股息、红利这些新事物的研究中，从《资本论》到资本市场似乎跳跃非常大，但事实上存在其中的必然。20 世纪 90 年代和 21 世纪初期，耿老师不仅从学术上研究资本市场，而且以身先士卒的勇气，筹建地方股权交易市场，这期间他发表了《关于股息和红利性质的理论思考》《风险投资与风险资本》《中国股市发展 15 年：历史回顾与前景展望》《沪深股市走势分析》《有关我国信贷资产证券化的思考》《股票期权制度的理论基础和激励功能》《我国股票期权制度实施方案评介》《重新认识我国场外交易市场》等大量文章，从文章题目上就能看出，当年耿老师的研究确实紧握时代脉搏，处在学术前沿。多年过后，我曾笑问他：怎么没有继续沿着资本市场的方向做下去？如果您一直做资本市场，我们跟着您也都发财了。一个人的人生选择，可能有偶然性，但与其个人的认知水平以及内心深处的特性有很大的关系。我曾在大学期间写了篇《偶然性与必然性的统一》的文章作为课程作业，现在想想，自己在大学里也还是很有思想的，当然这里也是自嘲一下。显然，耿老师当时虽然拥抱了资本市场大潮，但人生的主轴仍没有转变方向，终究没有成为资本市场的弄潮儿，仍以学者的身份，坚持探索改革的思路，由股份制、资本市场、投资体制到经济体制，展开了一层一层逐渐深入的研究，特别是与著名经济学家南开大学教授谷书堂先生合著了一篇《对我国经济体制改革的回顾和思考》，从构思到大量文献梳理，从思想观点到语言，谷先生都亲自参与，最后由谷先生亲自通读审阅。谷先生的言传身教，让耿老师视其为终身榜样，时常自责辅导自己的学生用心不够。更重要的是，从此耿老师确定了自己的学术思维方法，也就是无论遇到什么问题，都要将此问题放在一个更大的框架范畴中去思考：它是什么，它处在哪个环节，大的发展趋势是什么，它的作用是什么……这样的思维方法，势必要求研究者知识渊博，并且还要在各种复杂的概念中抽出最本质的钩稽关系，同时能够非常准确地概括表达。这一点令无论是与耿老师交往的朋友还是他历届的学生都赞叹不已，似乎自己怎么努力，都是自愧不如，佩服得五体投地。这也是我们为什么喜欢跟着耿老师一起去调研的原因，似乎无论到哪里，他都能讲出当地的一些故事，尤其是针对某些现象，推理出一般性的理论，让大家受益匪浅。1996 年，耿老师拿到了他的第一个国家社科基金课题“我国投资体制改革的目标模式及其运作方式研究”，当时投资体制已成为经济体制中处于较深层次的部分，随着经济体制改革的深入和市场经济的发展，投资体制改革的重要性和紧迫性日益凸显。在《论投资、投资体制及其改革的目标模式》一文中，耿老师以其惯有的思维方法进行探究，研究什么是投资、什么是投资体制、存在哪些问题、改革的目标是什么。这些问题看起来似乎没什么，殊不知，翻开有关文献你就会发现没有哪个经济学范畴能比投资范畴有更多不同的定义了，特别是在 20 世纪 90 年代，各领域的改革都处在摸索中，相当多经济活动的基础概念的定义并不是特别清晰。该文最后指出：把政府投资和政府支出分开，将政府投资限制在市场失灵的范围内，真正实现上市公司选择机制的市场化，在资本市场融资方面给民营企业以平等待遇，同时实现资本市场的多元化、多层次化和市场中介机构的民营化。这样的思想放在现在仍然适用。值得一说的是，本人与耿老师合著的《国有资本的生存边界与管理模式》一书，也是出于对以政府为主导的投资增长模式的思考。

进入21世纪，特别是2008年国际金融危机以来，危机的长尾效应一下子把河南经济结构中的问题暴露出来，我与耿老师合作的《把调整结构纳入到扩内需、保增长的战略布局中来》一文，引起省里主要领导的关注和重视。河南省属于典型的资源型经济结构，在危机酝酿阶段，由于对资源需求的急剧增大，资源类产业往往是最先和最大的受益者。但是，当高昂的资源价格通过成本机制逐级向下游产品传递，造成成本的普遍上升和价格普遍暴涨，最终需求环节不能承受时，产品价格会掉头向下，导致的需求萎缩就会逐级向上传递，并在传递的过程中逐级加强，因而会使处在产业链前端的资源类产业遭受的打击更大。这篇文章可以说是耿老师学术生涯的转折点，其学术研究的关注点转到了河南的发展上。河南可以说是中国经济社会发展的活化石，把河南的问题研究透了，中国的问题也能说得差不多了。其实，在国际金融危机发生之前，耿老师的学术研究已经集中在欠发达农区的发展上了。因为河南面临的问题首先就是农区工业化问题。当时，无论是省委省政府上层还是基层干部，对河南的发展路径都还处于摸索阶段，还没有一个清晰的发展思路。基于此，在具有强大辐射带动能力的龙头城市出现之前，如何在农区搞工业化？发展县域经济就成为河南省委省政府的必然选择。“十八罗汉闹中原”拉开了河南农区工业化的序幕，也极大地增强了河南走工业化之路的信心。2003年8月，河南省委省政府印发了《河南省全面建设小康社会规划纲要》，突出了工业化的首要战略位置，也明确了农区是否需要发展工业化。这期间，耿老师发表了大量关于农区工业化的文章（如《农业区工业化的一般理论分析》《欠发达平原农业区工业化道路——长垣县工业化发展模式考察》《传统农区工业化过程中农地产权制度变迁的经济分析》《产粮大县要不要走以及如何走工业化和城镇化的发展路子?》等），在他发表的众多文章中，发表在《中国农村经济》上的《河南科迪食品集团土地“承租返包”模式研究》对我的影响非常大。文章探讨了在不打破土地家庭经营框架的前提下，如何提高农业劳动生产率、增加农业劳动者收入；如何解决土地规模经营与分散的土地家庭使用制度的矛盾。这些问题无论在理论上还是在实践中都是亟待解决的重大问题。河南科迪食品集团股份有限公司实施的土地“承租返包”模式，在这方面进行了十分有益的探索。正是这篇文章，让我从一个局限在教科书上的教书匠升格成了一名学者，明白了经济学研究的基本任务应该是探索经济活动的规律，首先要弄清楚现实的经济活动是什么，然后才能从现实社会中发现问题，进而弄清楚经济活动中都涉及哪些要素，这些要素之间是如何相互联结又相互发生作用的，它们之间相互作用的结果是什么，以及在现实经济活动可能出现的结果中，如何避免不利于发展的结果。我在攻读博士学位期间做了大量的实地调研，从鲜活的现实中发现问题，再将这些问题放在经济学的研究框架中进行分析，其间发表的诸篇论文以及随后申请的三个国家社科基金课题，无不得益于这种实证得来的研究方法和思维路径。2001 年耿老师拿到了国家社科基金重点课题“欠发达平原农业区产业结构调整升级与工业化发展”，2008 年又获得国家社科基金项目“传统平原农区工业化与社会转型路径研究”。随着改革的深入，如果河南省没有较大规模和较具竞争力的城市群经济区崛起，不仅难以吸引外部的各种要素向河南省汇集，省内现有的各种资源也会加快流向周围的“经济增长极”。耿老师此时提出的“郑汴一体化”战略，成为中原城市群建设的突破口，无论是对于区域经济理论探索，还是对于区域发展的实践推动，“郑汴一体化”堪称意义非凡的举措。随后，耿老师全身心投入丰富和完善工业化、城镇化、农业现代化的发展战略研究和实践探索中去，他几乎跑遍了全省 100 多个县，为“三化”协调发展提供理论支撑和实践经验（如《对新型城镇化引领“三化”协调发展的几点认识》《“三化”协调与发展方式转变》《新型城镇化——村庄改造和农村社区建设调查报告》等）。紧接着他提出，对于一个内陆农业大省来说，工业化如何破局，捷径便是“走出去”和“引进来”，即大量剩余农村劳动力出去打工，招商引资进行产业转移。当时，河南省在承接发达国家和沿海发达地区产业转移上处于弱势地位，很有可能成为我国中部地区经济发展的“凹地”，人们用“中部塌陷”来形象地概括中部地区经济发展的窘状。耿老师又分别在 2009 年和 2011 年申请获得国家社科基金重点项目和重大项目“中西部地区承接产业转移的重点与政策研究”。在随后的郑州大都市区建设中，他又提出郑汴港核心区的概念，厘清了航空经济与临空经济的概念范畴，并在各种场合以实例实证呼吁河南高质量发展，明确指出创新驱动的具体路径。

关于耿老师的方法论，用正统的实证和规范分析来形容，用词显得有些生硬。其实，耿老师一路走来，他内心始终遵循唯物辩证法，这也是《资本论》的基本方法，这种方法的基本特点是不把人类社会看成静止的、一成不变的东西，而是看成一个发展的、不断变化的有机体。由此引出，是从既定的理论出发来解释、评价和规范现实，还是从现实出发来检验、评价既有的理论，并寻找、探索更有效的理论。如果按照前一种方法，只需要说明现实符合理论和理论规范现实的方法正确即可，若现实和理论不一致，那一定是现实出了什么问题，因而需要根据既定的理论对现实加以调整和纠正。如果按照后一种方法，则需要从更基本的层面来说明已经变化了的现实究竟是什么，若现实和理论不一致，很可能是理论出了问题，因而需要对已有的理论加以修正，使之对现实更具解释力，或者干脆寻找新的更符合现实的理论。单纯从认识论的角度来看，这两种方法的正确与谬误是界限分明的，耿老师给出的结论是，我们应该选择第二种方法而摒弃第一种方法。我们每年组织上百名学生进行百县千村入户调研，就是试图从真实的现实中发现历史规律和指出未来方向。

70 岁对一个现代人来说，已不是古来稀的年纪，似乎更像是正在整理行装，准备进入人生新阶段。我不记得是哪位名人学者说过，获得诺贝尔经济学奖的经济学家的平均寿命高于其他领域的获奖者，想想也的确如此。这可能由于经济学家看问题、看现象更关注本质追溯，无论对与错、是与非，都能够用专业的语言对此进行解释，既然都能解释了，自然也就释怀了，有利于身心健康。

写于 2021 年国庆节

关注社会命运，肩扛社会责任

——耿明斋教授社会主义基本经济制度研究评介

1992 级硕士、2004 级博士　王　理

2019 年，党的十九届四中全会通过的《中共中央关于坚持和完善中国特色社会主义制度推进国家治理体系和治理能力现代化若干重大问题的决定》指出："公有制为主体、多种所有制经济共同发展，按劳分配为主体、多种分配方式并存，社会主义市场经济体制等社会主义基本经济制度既体现了社会主义制度优越性，又同我国社会主义初级阶段社会生产力发展水平相适应，是党和人民的伟大创造。"

毋庸置疑，这种概括是对我国当前基本经济制度的第一次全新的表述，是中国特色社会主义实践探索的理论结晶，是习近平新时代中国特色社会主义经济思想的最新发展。这一马克思主义中国化的重要成就是与中国经济学界对我国基本经济制度的争鸣、探索和研究分不开的，充分说明了中国当代经济学者在我国的所有制、分配和经济体制运行这三个难题上能够做到将马克思主义与中国现实紧密结合、解放思想、实事求是地进行理论创新。但是认真回顾有关中国特色社会主义基本经济制度学术思想的演变过程可以发现，绝大部分研究评价的人物和观点都是对中国特色社会主义经济改革思想历史进程的列举和描述。周叔莲明确指出学术史不是政策史，不是理论问题争鸣，不是理论观点综述，不是学术流派的简单排列，不是学者传记汇编。[①] 因此，研究我国当代经济学者关于中国特色社会主义基本经济制度的思想具有较高的理论价值和很强的现实意义，既可以呈现出中国经济学家们对社会经济问题认识的具体过程，又可以抽象地揭示这些经济思想演变的根源。

耿明斋教授 1982 年步入经济学学术研究殿堂，1984 年发表的第一篇学术

① 周叔莲:《关于中国当代学术史研究的几个问题》,《前沿》2010 年第 2 期。

论文就是关于我国基本经济制度的。此后，他在基本经济制度研究方面取得了一系列极具价值的研究成果：在学术期刊上发表了25篇学术论文，出版了5部学术著作，在报纸上发表了18篇文章。他在对中国基本经济制度的研究方面一直秉承着“从现实出发来寻求合适的理论并创新理论”[①] 的理念，从一开始研究中国经济问题就坚持“从中国当前所面临的经济发展、效率提升、公平分配等众多亟须解决的现实问题出发，分析这些问题产生的原因，寻求能够合理解释这些现象的经济理论，并努力给出解决这些问题的答案，而不再纠缠于诸如姓社姓资等一些对解决现实问题并无多大帮助的虚无缥缈问题的争论”[②]。基于此，他随后在对我国投资及资本市场、传统平原农业区工业化等经济学理论和应用等方面的研究也颇有建树。他在回顾自己对我国基本经济制度的研究时谈道：“目前，经济学界虽然还有一些人仍然坚持那种用现成理论套现实的研究方法，但是主流已经回到了从现实出发寻求和创新理论的研究轨道。这也是我自己多年从事经济研究的实践所悟出来的并一直坚持的研究方法，我认为这是一条科学的、符合马克思唯物主义的，也是行之有效的研究方法。”因此，整理、研究耿明斋教授关于我国基本经济制度研究的学术思想，既可以反映出我国经济学界改革开放后对社会主义基本经济制度学术争鸣的具体过程和学术思想演变的主要脉络，又可以彰显具有强烈社会责任感的中国经济学者为取得学术思想进步、进行理论创新所具备的巨大勇气和付出的艰辛努力。

一、马克思主义经典作家对未来社会基本经济制度的构想

马克思和恩格斯非常重视对社会基本经济制度及其特征的分析，因为这是经济关系最基本、最本质的制度规定，反映了既定社会经济关系及其制度的根本特征。[③] 马克思在1867年出版的《资本论》第1卷中首次对取代资本主义社会的未来社会“自由人联合体”的基本经济制度，从所有制、分配制度、经济运行方式三个方面进行了分析。

（一）生产资料公有制

马克思和恩格斯认为资本主义生产方式的内在矛盾就是生产资料的私有制与社会化大生产之间的根本对立，因而要从根本上克服这种矛盾，只有彻底消灭私有制，实行社会共同占有生产资料的制度，也就是生产资料的公有制。

① 耿明斋:《中国经济社会转型探索》,社会科学文献出版社,2008年,第2页。

② 耿明斋:《中国经济社会转型探索》,社会科学文献出版社,2008年,第3页。

③ 顾海良:《中国特色社会主义基本经济制度的政治经济学分析》,《政治经济学研究》2020年第1期。

恩格斯在1847年发表的《共产主义原理》中指出："私有制也必须废除，而代之以共同使用全部生产工具和按照共同的协作来分配产品，即所谓财产共有。"① 而马克思则在《资本论》第1卷中明确提出："设想有一个自由人联合体，他们用公共的生产资料进行劳动，并且自觉地把他们许多个人劳动力当作一个社会劳动力来使用。"②

马克思认为所有制是生产关系的基础和核心，因为所有制关系表面上是物的归属关系，但实质却是人与人的关系。生产资料所有制最重要的作用就是因所有制性质不同而产生的社会制度不同，显然，"自由人联合体"的生产资料公有制是马克思对未来社会基本经济制度设想的理论逻辑起点，并由此决定了未来社会基本经济制度的其他方面。

（二）按劳分配制度

社会产品分配是任何一种社会制度都不可回避的问题，马克思在《资本论》第1卷中提出了"自由人联合体"的生产资料公有制之后明确提出了按劳分配制度："这个联合体的总产品是一个社会产品。这个产品的一部分重新用做生产资料。这一部分依旧是社会的。而另一部分则作为生活资料由联合体成员消费。因此，这一部分要在他们之间进行分配。"

但分配的标准和尺度是什么呢？他继续谈道："我们假定，每个生产者在生活资料中得到的份额是由他的劳动时间决定的……劳动时间又是计量生产者在共同劳动中个人所占份额的尺度，因而也是计量生产者在共同产品的个人可消费部分中所占份额的尺度。"

很显然，马克思在这里所提出的未来社会的分配制度是按劳分配，但前提是公有制这种所有制形式，即在全社会共同占有生产资料条件下，扣除了社会总产品的必须部分后，以劳动为唯一尺度在社会全体成员之间进行分配。他在《哥达纲领批判》中进一步阐述了在社会主义社会这种共产主义社会的初级阶段必须实行按劳分配原则，只有到了共产主义社会的高级阶段才能实行各尽所能、按需分配。他明确指出："每一个生产者，在作了各项扣除之后，从社会方面正好领回他所给予社会的一切。他所给予社会的，就是他个人的劳动量。"③

---

① 马克思、恩格斯：《马克思恩格斯选集：第一卷》，人民出版社1995年，第237页。

② 马克思、恩格斯：《马克思恩格斯全集：第42卷》，人民出版社2016年，第58页。

③ 马克思、恩格斯：《马克思恩格斯全集：第19卷》，人民出版社1996年，第21页。

（三）计划经济运行方式

马克思和恩格斯在批判了资本主义经济运行方式中私人劳动与社会劳动之间的矛盾之后，明确提出了未来社会是在生产资料公有制条件下有计划地生产和经营的经济运行构想。

恩格斯在《共产主义原理》中指出："这种新的社会制度首先必须剥夺相互竞争的个人对工业和一切生产部门的经营权，而代之以所有生产部门由整个社会来经营，就是说，为了共同的利益、按照共同的计划、在全社会全体成员的参加下来经营。"①

马克思在《资本论》第1卷中阐述"自由人联合体"公有制和按劳分配的同时，提出："这样，劳动时间就会起双重作用。劳动时间的社会的有计划的分配，调节着各种劳动职能同各种需要的适当的比例。另一方面，劳动时间又是计量生产者个人在共同劳动中所占份额的尺度，因而也是计量生产者个人在共同产品的个人消费部分中所占份额的尺度。在那里，人们同他们的劳动和劳动产品的社会关系，无论在生产上还是在分配上，都是简单明了的。"② 显然，马克思在这里对未来社会经济运行中的"生产"特征强调了"劳动时间的社会的有计划的分配"和"调节着各种劳动职能同各种需要的适当的比例"，即对社会生产要进行"有计划的分配"，以便实现社会生产和社会需要按"适当的比例"发展。

恩格斯在1880年发表的《社会主义从空想到科学的发展》中再次强调了未来社会经济运行的"计划性"特征："一旦社会占有了生产资料，商品生产就将被消除，而产品对生产者的统治也将随之消除。社会生产内部的无政府状态将为有计划的自觉的组织所代替。"③ "无产阶级使生产资料摆脱了它们迄今具有的资本属性，使它们的社会性有充分的自由得以实现。从此按照预定计划进行的社会生产就成为可能的了。"④

综上所述，生产资料公有制、按劳分配制度、计划经济运行方式是马克思主义经典作家对未来社会基本经济制度构想的三个主要特征，并且这三者之间存在必然的内在联系——公有制是按劳分配和计划经济的基础，按劳分配是公有制的实现形式，计划经济则是公有制的运行方式。这种理论构想对1917年以后的社会主义国家基本经济制度的创建和经济发展影响深远。

① 马克思、恩格斯：《马克思恩格斯选集：第一卷》，人民出版社1995年，第237页。

② 马克思、恩格斯：《马克思恩格斯全集：第42卷》，人民出版社2016年，第58页。

③ 马克思、恩格斯：《马克思恩格斯选集：第三卷》，人民出版社1995年，第757页。

④ 马克思、恩格斯：《马克思恩格斯选集：第三卷》，人民出版社1995年，第759~760页。

二、耿明斋教授社会主义基本经济制度研究的动力源泉

党的十九届四中全会确立的公有制为主体、多种所有制经济共同发展，按劳分配为主体、多种分配方式并存，社会主义市场经济体制等社会主义基本经济制度，是中国共产党和中国人民对基于马克思主义经典作家以公有制、按劳分配、计划经济为基本特征的未来社会基本经济制度的理论创新和伟大创造。于我国恢复高考制度后第二年考入河南大学政治系的耿明斋教授，1982 年就考上了周守正教授的硕士研究生，走上了研究中国经济的学术道路。1985 年毕业后留校工作至今，共发表学术论文 88 篇，出版著作 71 部，为地方政府提供研究发展报告 45 份。他除了主要研究社会主义基本经济制度外，还在我国投资与资本市场、传统平原农业区工业化、经济学研究方法等研究领域取得了丰硕成果，他提出的“郑汴一体化”战略被写入河南省“十一五”规划文本并已成为郑州市和开封市区域经济协调发展的现实。社会主义市场经济体制的建设被党的十九届四中全会首次确立为社会主义基本经济制度的一项重要内容，从这个意义上讲，耿明斋教授对我国基本经济制度的研究成果已经不局限于学术期刊上的 25 篇学术论文、5 部学术著作和 18 篇报纸上的理论文章了，可以说他所有的学术思想都是对我国基本经济制度研究的成果，因为他从步入经济学研究殿堂起就一直投身于我国经济社会发展摆脱理论上教条的束缚、尽快实现由传统农耕文明向现代工业文明全面转型路径的研究。时刻关注中国社会的命运、做一个关注中国社会命运的有责任感的经济学人，是耿明斋教授对社会主义基本经济制度研究的动力源泉。

2006 年 10 月 9 日，耿明斋教授在河南大学科研大会上代表受表彰的七位有突出贡献学者的发言中谈道：“一个真正的经济学人首先要关注社会的命运，有强烈的社会责任感。”① “在过去的 20 多年中……我终于明白，努力做一个合格的经济学人是我人生的最高理想。”耿明斋教授之所以将关注中国社会发展的命运视为自己人生的最高理想是与他成长的环境分不开的。

1952 年 2 月，耿明斋教授出生在河南省安阳市滑县南部一个人多地少的小乡村。8 岁时，父亲在参加县里组织的一次修建水库劳动中去世，家里只留下母亲带着他们姐弟四人相依为命。作为家里的长子，他很早就养成了吃苦耐劳、不惧困难、坚韧不拔的优秀品质，12 岁就带着姐姐和母亲一起翻修了破旧祖宅，很快就成为受全村夸奖的种地好把式，高中毕业后就担任了生产队长。经过这种苦难经历的磨炼，耿明斋教授的内心比任何人都渴望能够尽快摆脱传

① 耿明斋:《中国经济社会转型探索》,社会科学文献出版社,2008,第 1 页。

统农业的束缚，带着全家人过上幸福的好日子，所以他时时刻刻都在思考改变全家人和全村人命运的路径，这也使他养成了善于思考、勤于总结、乐于探索的思维方式和良好习惯。他经常一边吃饭，一边思考问题，有时候不由自主地用手里的筷子在地上画图演算、推理总结，让自己的大脑保持高度活跃的状态，以免被日复一日的农耕生活同化和固化。对于自己不屈从命运安排、积极寻找改变命运路径的这段生活，他感慨道："人是环境的产物。对于一个个体而言，他之外的所有东西对于他来说都是环境，是客观的存在，在一定的条件下是不可改变和必须接受的。但是，人又从来不会停止对自己所处周围环境的认识，总是试图弄清楚在他所能看到、听到和感觉到的那些现象背后的原因。如果可能，他也不会放弃一切按照对自己有利的原则改造周围环境的机会。"①

1978 年是我国恢复高考制度的第二年，耿明斋教授拿到了河南大学的录取通知书后，急匆匆地丢下老母亲和临近分娩的妻子，一头扎进知识的海洋中寻求改变自己、家人、乡里乡亲命运的路径。4 年后，30 岁的他凭借幼年时养成的优秀品质幸运地考上了周守正教授的第二批硕士研究生。研读了《资本论》和一系列经典名著后，他开始深层次地思考自己走过的 30 多年人生轨迹："从 20 世纪 50 年代末依稀知道周围的世界开始直到 90 年代初，在 30 多年的时间里，我对外部世界的认识就经历过一个从只关心身边的事情到更多地关心整个世界的事情的转换过程。对于经历过'大跃进'、人民公社、食品短缺和财产公有、集体劳动、工分分配的我们这一代人来说，身边印象最深的事情莫过于众多家庭在一口锅里吃饭的那种乌托邦'共产主义'带来的短暂新奇感，以及此后漫长的物资困乏和出工不出力所造成的效率损失。但当时，由于不知道这些事情产生的真实原因，认为那就是世界的全部，是世界应该具有的样子，是不能改变也不可能改变的。"② 但随着经济学知识的增加和经济学素养的提高，他"才知道原来自己身边发生的那些在当时看来是全部世界和不可改变的东西，却只不过是世界的一个小小角落，不过是整个人类社会历史发展长河中小的且十分短暂的插曲，它们都是受整个世界的规律支配的，或至少是受人们对世界发展变化规律认识支配的。甚至可能是由于人们对世界变化规律认识的一个小小的偏差，人为制造的一段本不该有的插曲。所以他关注的焦点就开始从身边的事情转向全国的事情乃至全球的事情，甚至转向关注全人类发展的事情"③。显然，耿明斋教授是在 1982 年读研时开始将自己思考关注的焦点从自己、亲人、乡里乡亲身上转到了全国人民、全世界甚至全人类身上，他已经很清醒地意识到自己以前不甘心屈从命运安排的努力没有白费，并且无数个像以前的自己一样的中国人民面朝黄土背朝天的传统农耕生产活动是完全有可能改

①② 耿明斋:《欠发达平原农区经济发展与制度转型》,河南人民出版社,2006 年,第 1 页。

③ 耿明斋:《中国经济社会转型探索》,社会科学文献出版社,2008 年,第 2 页。

变的，改变的路径就是改变中国人民对支配自己命运的客观经济规律的认知，让中国人民从支配自己命运的客观经济规律中受益。他此时已经坚定不移地树立了自己的人生最高理想——关注中国社会发展的命运，做一个有社会责任感的经济学人！

耿明斋教授在树立自己人生最高理想时深受马克思的影响，他说："马克思在自己的中学毕业论文中谈到自己人生理想时讲了一句话，说自己的愿望就是选择一种'最能为人类福利而劳动的职业'。"联想到自己成长的艰辛过程和中国当时社会的发展环境，他强烈地意识到"只有把自己的学术研究和社会的命运，甚至是全人类的命运联系起来，才能获得持久和永不枯竭的动力"。可以说，正是有了时刻关注中国社会命运、担负着强烈社会责任感的人生最高理想，耿明斋教授才四十四年如一日地思考和研究中国社会主义基本经济制度理论，不断探索促使中国尽快从传统农业社会向现代工业文明转型的正确路径。他在 2006 年总结自己学术研究的动力时讲道："回想起自己所走过的学术研究历程，最初对理论的兴趣就来源于对自己所看到的某些社会不公平现象探求原因和给出解决办法的朴素愿望，20 多年来能够使我不计较利益得失和各种恩恩怨怨、持续对学术研究保持浓厚兴趣的动力源泉也是对社会现象和生活命运的关注。"

三、耿明斋教授社会主义基本经济制度研究的方法论

方法论是关于人们认识世界和改造世界的方法的理论，也就是人们用什么样的方式和方法认识世界和改造世界。耿明斋教授非常清楚方法论是经济学研究的基础和起点，体现着经济学研究的内在逻辑。因为任何一门学科所选择的研究方法绝非表面上看起来那么简单，它往往取决于研究者对知识"合法性"的看法，即方法论。他在 1991 年发表的《论对〈资本论〉的科学态度》和《关于绝对地租的来源》两篇学术论文中提出，中国经济学者不应该片面地从马克思主义经典作家的只言片语中看待我国的改革实践，应该毫不含糊地把《资本论》作为研究现实经济问题的立足点。2004 年，他在为纪念自己的导师周守正先生九十寿辰而主持出版的《马克思经济理论的阐释与发展》一书中撰写了一篇文章《经济学的方法——为周守正教授 90 华诞暨执教 60 周年而作》，系统讨论了中国经济学者在研究中国经济问题时应持有的方法论，并将其精华部分浓缩为《关于经济学研究方法的若干思考》，发表在 2004 年的《经济学动态》上。他非常重视对经济学方法论的探索和研究："一方面将多年来从各个不同的方面吸取到的看起来是相互矛盾的各种关于方法论的观点再作一番'去粗存精、去伪存真'的批判，使之在自己头脑中建立起起码的联系，弄清楚自

己究竟赞成什么、反对什么、取的是什么、舍的是什么，使自己的方法和观点更加一贯。另一方面也是想把自己多年来曾经为之进行过痛苦的思考，并为之付出过代价的东西奉献给我的过去的、现在的和以后的学生，奉献给所有有志于经济学学习和研究的青年才子，希望对他们能有所帮助，能让他们少走弯路。”①

（一）经济学方法论的实质是经济学家的价值观

与经济理论不同，经济学方法论是通过对经济学科学方法的研究，探索人们认识经济活动的方式，进而整理出经济学家建立理论知识的思想方式。这是经济学的哲学基础或者说是哲学意义上的经济学方法论，虽然不是可操作的经济理论研究具体方法，但它却能够对经济学家的思维产生巨大影响。更确切地说，只有属于经济学的认识论和价值观等问题，才是经济学方法论考察的问题，因为它能够“潜移默化地内化为经济学家思维方式或方法意识，构成他们观察、思考经济现实的视野，最终凝固成为经济学家的某种理论思维习惯”②。

耿明斋教授明确指出经济学方法论的实质就是经济学家研究经济理论的价值取向或动机，即马克思所谈的“立场”或“世界观”。“因为任何一个这样的经济学家都首先是一个思想家，作为思想家，对于社会现象，对于他所研究的对象，不可能没有他自己的基本看法，也就是自己的立场和世界观。他的理论体系中所提出和阐述的基本观点，不可能不来自他的立场和世界观，其中运用的方法，不可能不为阐明他的基本观点，从而为他的立场服务。所以立场是理解经济学家之间观点差异的一把钥匙，运用这把钥匙，我们就可以很容易地理解对于同一种经济现象，一个经济学家做出这样的解释，而另一个经济学家又做出另外一种解释。很容易地理解各种不同的经济理论体系各自的精髓和内在逻辑，理解它们之间最根本的差异。事实上，从各自的角度看，这些不同的解释可能都是对的，差异在于立场。当我们以一个局外人来评判谁对谁错时，就看你更认可谁的立场或者说世界观、价值观了。”③

耿明斋教授认为哲学意义上的经济学方法论，不仅体现为经济学家对经济理论功能的价值取向，还体现为其研究过程中对具体研究方法的不同选择和取舍，也就是说，经济学家在对经济现实进行理论抽象、逻辑演绎和选择研究方法时，是按照自己的价值取向或动机进行取舍的。“这就是说，理论不过是经济学家解释经济现实的工具或方法，他们之所以创造或者接受这种而不是那种

---

① 耿明斋：《经济学的方法——为周守正教授90华诞暨执教60周年而作》，载耿明斋编：《马克思经济理论的阐释与发展》，河南大学出版社2004年，第117页。

② 黄少安：《经济学方法论的三个层次》，《南京社会科学》1994年第3期，第48页。

③ 耿明斋：《关于经济学研究方法的若干思考》，《经济学动态》2004年第1期，第43~44页。

理论，使用这种而不是那种工具或方法，最终取决于他所代表的经济利益以及在此基础上形成的立场和观点。这就是经济分析中立场、观点和方法的统一。”① 他在论证了马克思的代表作《资本论》是如何完美地实现了立场、观点和方法的统一后指出：“事实上，何止是马克思和马克思的经济理论，任何一个可称得上是‘家’的经济学者和他的理论，都在某种程度上存在着立场、观点和方法的内在统一关系。”

（二）社会发展利益是经济学家选择方法论的最高原则和评价标准

由于经济学方法论的实质是经济学家的价值观，是经济学家观察与分析经济活动的视野与角度，并不存在价值观的对与错、是与非的问题，因为在不同价值观的指引下，经济学家对经济理论的科学性与真理性的认识是不同的。比如，经济理论存在不存在科学性？经济理论科学性的含义是什么？判断经济理论科学性的标准又是什么？经济理论有没有真理性？什么是经济理论的真理性？评价经济理论真理性的标准又是什么？经济理论的科学性与真理性有着怎样的关系？因此，一般情况下经济学家的价值观与经济理论的科学性和真理性并没有直接联系，并不是说经济学家的价值观好，他们的经济理论就一定是科学或真理，价值观不好，经济理论就不科学或科学程度不高。基于此，萨缪尔森曾尖锐地指出：“经济学者已经给人造成这样一种印象，他们是一群喜好争论，不能就任何事情达成一致意见的人们。”②

面对这个两难选择，耿明斋教授给出了自己的答案：经济学家应该将社会发展的利益作为选择自己方法论最高、最终和唯一的标准，以此来解释经济现象并提出解决问题的方案，并明确阐述了自己的理由：

第一，经济学方法论的实质是经济学家的价值观，即经济学家的立场或世界观，而立场或世界观的背后是经济利益。“因为任何社会从经济意义上讲，总是存在着众多的利益群体和利益阶层的，各利益群体和利益阶层之间都有着相互不同的独立利益，这种不同的利益会导致对于同样经济现象的不同立场。经济学者面对这种利益结构不可能超身世外，他要么就是某个利益群体的成员，要么会赞同和维护某个群体的利益。这就不可避免地形成经济学研究者的不同立场和对同一种经济现象的不同看法。”③ 因此，社会阶层的经济利益决定了经济学家的价值观和立场，进而影响了他们的经济学方法论，经济学家选择的方法论一定会自觉或不自觉地受到自己所属社会阶层经济利益的影响。

第二，社会的进步需要经济学家选择一种共同认可的价值观作为经济学方

① 耿明斋：《关于经济学研究方法的若干思考》，《经济学动态》2004 年第 1 期，第 43 页。

② 萨缪尔森：《经济学》第十二版，中国发展出版社，1991 年，第 10 ~ 11 页。

③ 耿明斋：《关于经济学研究方法的若干思考》，《经济学动态》2004 年第 1 期，第 44 页。

法论分析经济现实并提出解决问题的答案。虽然经济学家的价值观本身不是判断经济理论科学性与真理性的标准，但经济学方法论的选择与取舍对经济理论的推动、经济学的进步以及社会的发展却有很大影响。在经济学说史上，经济理论研究的推进、停滞甚至倒退，很大程度上都归因于经济学家从事研究时的价值取向。因此，站在人类发展、社会进步的视角去审视经济学家从事经济研究时方法论的取舍，选择一种共同认可的价值观作为经济学方法论分析经济现实并提出解决问题的答案已成为经济学家的共识。“这就是说，当涉及从根本上对你所面对的事物和现象进行判断时，从而涉及是正确还是错误、是支持还是反对时，就必须有一个最终的和最高的东西，那就是有一个立场，有一个理念或价值观。否则，所有的事物或现象在人们眼里就没有了是非曲直。那社会也就不称其为社会了。同样，一个经济学家没有一个一贯的价值观，就会到处自相矛盾，就不能称其为经济学家。一个理论体系没有一个渗透到各个环节的统一理念，那它也就称不上是理论。”①

第三，经济学家应该将社会发展的利益作为选择方法论的最高原则和评价标准。经济学家应该不受自己社会阶层经济利益束缚，而是凭借自己的学术良心，以公正的态度选择最有利于社会发展的价值观，以确立自己的方法论和选择研究工具，“我认为，他应该选择最能代表社会整体利益和长远利益的那个集团的利益，因为这样的集团的利益和社会发展的利益及效率的要求是一致的。也就是说，效率原则应该是选择立场时放在第一位的原则。进一步说，当我们试图对经济现象做出解释时，我们还必须寻找、选择理论工具。那么，面对各种各样不同的理论工具，我们究竟应该选择哪一种呢？你自然会选择和你的立场相吻合的那种理论。对于不偏不倚的学者来说，自然是选择那些代表社会进步和效率的利益集团立场的理论。这就是说，社会发展的利益是一个正直的经济学者选择立场的最高原则，也是评价立场正确与否的最后标准”。②

（三）我国经济理论界应当特别提倡社会发展利益原则的经济学方法论

作为一个关注中国社会命运的有责任感的经济学人，耿明斋教授在自己社会主义基本经济制度研究中深知哲学意义上的经济学方法论，对于匡正我国经济理论界长期存在的教条主义具有极其重要的理论价值和现实意义，他直言不讳地提出：“现在我们要讨论的问题是：我们是把自己所掌握的知识和接受的理论当作对经济现实的一种唯一的和穷尽的解释，并用它来评判和规范经济现

①② 耿明斋：《关于经济学研究方法的若干思考》，《经济学动态》2004年第1期，第44页。

实呢？还是摆脱这种理论的一些教条式的具体结论的束缚，从经济生活的实际出发来检验这些理论甚至探索新的更符合实际的理论呢?”① 面对如何正确对待理论与现实这个困扰中国经济学者多年的难题，耿明斋教授从经济学方法论视角进行了深入剖析。

1. 我国社会主义基本经济制度研究形而上学方法论产生的原因

经济学方法论的实质是经济学家的价值观，是经济学家从事经济理论研究的视角和思维方式，它与经济理论本身并不是同一个事物。而我国的经济学者在社会主义基本经济制度研究中往往先将马克思主义经典作家的价值判断，甚至自己的价值判断作为先验的、不需要论证的一个结论固定下来，然后以此为基础和中心来构建经济理论，于是就产生了僵化的、形而上学的方法论。

耿明斋教授在介绍了马克思的《资本论》以商品和价值为出发点所构造的理论体系之后明确指出，这种以一个特殊范畴为轴心构筑经济理论体系的方式几乎成为马克思主义经济学的传统。“后来的许多学者或理论家在试图构造解释社会主义经济形态的各种关系时也差不多都是这样做的。比如，成书于20世纪50年代斯大林主编的《政治经济学教科书》的社会主义部分，就是把公有制作为最高和最终范畴的，一切经济关系都来源于公有制，又都由公有制得到说明。这种传统一直延续到现在，目前，我们的大学政治经济学教科书的社会主义部分事实上仍没有摆脱这种窠臼。但是，公有制并不是财富的物质形态，不像马克思的商品那样看得见摸得着，所以用公有制作为像马克思的商品那样的范畴，很难建立起一个像《资本论》那样的严密理论体系。20世纪80年代以后，又有学者试图模仿马克思分析资本主义经济关系的方法，建立一套能够分析社会主义经济关系的逻辑严密的理论体系。他们提出的像商品那样的基本范畴是劳动和自主劳动，并尝试以此范畴为轴心构筑社会主义政治经济学体系。”②

显然，我国经济学者在研究社会主义基本经济制度的过程中不仅没有从我国社会主义经济运行的现实出发，对斯大林构建公有制理论所持的形而上学方法论进行批判性反思和超越，反而坚守了这种方法论教条并继续构建中国社会主义经济理论，导致了中国丰富的经济实践活动不能随时代发展产生新的研究纲领，也不能内生出适合中国经济发展需要的方法论。

---

① 耿明斋:《关于经济学研究方法的若干思考》,《经济学动态》2004年第1期,第46页。

② 耿明斋:《经济学的方法——为周守正教授90华诞暨执教60周年而作》,载耿明斋编:《马克思经济理论的阐释与发展》,河南大学出版社,2004年,第126页。

2. 形而上学方法论导致的教条主义阻碍了我国社会主义基本经济制度研究的不断深化

将马克思主义经典作家的价值判断作为先验的、不需要论证的结论固定下来的这种形而上学方法论，使我国经济学者在研究社会主义基本经济制度理论时长期陷入了教条主义深渊，严重脱离20世纪70年代末开始的经济改革实践，不但没有对经济改革进行适时的理论凝练和总结，相反却用固定不变的理论去束缚和限制丰富的创新实践，阻碍了我国改革理论的不断深化。对此，耿明斋教授尖锐地指出，改革开放以来我国经济学界在很多并不复杂的理论问题上长期争执不下的一个基本原因，就是有一批学者固执地坚持这种错误的形而上学方法论。“事实上，把我们长期受到熏陶并且为我们接受的经济理论的一些确定的结论和其中所渗透的价值观当成教条，当成一成不变的真理，并用这些理论教条去规范经济现实的错误认识问题的方法，曾经被中国几乎所有经济学家当成正确的方法，并一再用于对不断变化了的现实的解释，当然一再地使经济学家置于难堪和尴尬的境地。”① 他举了三个例子来说明这种情况。

第一个例子是经济理论界关于联产承包责任的争论。“比如20世纪80年代初期农业联产承包责任改革的最大阻力，就是认为这种改革有‘私有化’的嫌疑，而试图为这种改革辩护的一方也极力论证，说这不是私有化而是公有制的另一种实现形式。实际上，不管是改革的反对者还是改革的支持者，所接受的都是同一的价值判断标准，那就是公有制是好的东西，而私有制是不好的东西。这就是典型的把包含特定的价值判断标准的理论当成一成不变的绝对真理，并用它来规范现实，说明现实是对还是错。改革支持者尴尬的是，由于使用同一种错误的方法，其对改革的辩护就显得牵强和无力。”②

第二个例子是经济理论界关于企业股份化改革的争论。“比如企业股份化的改革，本来就是对一元化的公有制的所有制形式的否定。这项改革的反对者看到了这一点，他们从既定的理论教条和评价标准（公有制是好的）出发批评这项改革，说这是不好的。这项改革的支持者也从既定的理论教条和评价标准出发为这项改革辩护，说大多数股份制企业都是公有控股的，因而这项改革并没有真正变革公有制，因而这是好的。由于这种理论上苍白无力的支持，使得中国的股份化改革不得不长期拖着一个长长的国家控股的尾巴，以至于在多年以后不得不重新提出国有股退出和大力发展非公经济的问题。事实上，如果不是此项改革的支持者坚持错误认识经济现实的方法，用既定的理论教条和评价

---

① 耿明斋：《经济学的方法——为周守正教授90华诞暨执教60周年而作》，载耿明斋编：《马克思经济理论的阐释与发展》，河南大学出版社，2004年，第65页。

② 耿明斋：《经济学的方法——为周守正教授90华诞暨执教60周年而作》，载耿明斋编：《马克思经济理论的阐释与发展》，河南大学出版社，2004年，第64～65页。

标准去规范已经变化并且必然要不断为自己开拓方向的现实，不是把现实的合理性系于已经过时的理论，而是从现实出发，在更基本的层面（比如从生产力发展的要求）寻找现实合理的根据，彻底的股份化改革可能会提前十年甚至在更早的时间到来。”①

第三个例子是经济理论界关于市场经济的争论。“支持者一直不能摆脱反对者所使用的同样的理论工具和方法的束缚，极力试图在承认反对者所坚持的理论教条和价值观的前提下来说明自己观点的合理性。比如市场经济不会导致‘两极分化’，说市场经济不会破坏公有制基础，不会导致‘私有化’，等等。事实上，市场经济是不是会导致两极分化，要由市场经济的基本规律来解释，不会因为你主观上加上了你喜欢的某些条件这一规律就不起作用了，市场经济就不会两极分化了。市场经济是不是会两极分化是一回事，我们要不要和能不能对市场经济所产生的分配结果进行调解是另一回事。公有制还是私有制的问题也是一样，它们都是由市场经济自身的客观规律决定的。所有制形式是私有制还是公有制，或者说在多大程度上、以什么样的比例存在私有制和公有制的所有制形式，是市场经济按照自身的规律运行的结果，而不是根据市场经济以外的另一种原则认为的随意规定的。人虽然能够而且应当对经济运行结果中那些有害于大多数人利益的东西加以修正和规范，但这样做的限度是不破坏现实经济运行的基本规律。应该是，在市场经济存在的合理性这个问题上，大多数辩护者或者说主流的辩护者到现在也没有摆脱那种用既定的理论和价值观规范现实的错误方法的束缚。这也是这一重大的理论问题到现在也没有真正得到彻底解决的原因。”②

在用这三个案例说明形而上学方法论导致的教条主义阻碍了我国社会主义基本经济制度研究后，亲身参与经济改革理论研究和实践活动的耿明斋教授感叹道：“回顾一下改革开放历次重大的改革举措出台，每一个代表事物发展方向的经济现象的出现，以及围绕这些现象的解释，哪一次的争论不是这样呢？又有哪一次的争论不是因双方都采取错误的和既定的理论规范现实的方法而使改革的支持者陷入尴尬呢？”③

3. 我国经济理论界应当特别提倡社会发展利益原则下的经济学方法论

方法论是指人们用什么样的方式和方法去认识和改造世界，不同的经济学

① 耿明斋：《经济学的方法——为周守正教授90华诞暨执教60周年而作》，载耿明斋编：《马克思经济理论的阐释与发展》，河南大学出版社，2004年，第66页。

② 耿明斋：《经济学的方法——为周守正教授90华诞暨执教60周年而作》，载耿明斋编：《马克思经济理论的阐释与发展》，河南大学出版社，2004年，第66～67页。

③ 耿明斋：《经济学的方法——为周守正教授90华诞暨执教60周年而作》，载耿明斋编：《马克思经济理论的阐释与发展》，河南大学出版社，2004年，第65～66页。

方法论蕴含着经济学家从不同维度和层面观察思考经济生活的不同视角，对形而上学方法论的教条坚守不但容易发生一叶障目的危险，而且会使经济学家对经济活动的观察、思考和基于此的政策建议越来越偏离丰富的经济实践。耿明斋教授认为，“当我们发现现实与理论不一致时，我们不应当从理论出发来规范现实，说按照理论，现实应当这样而不应当那样。而应该认定现实是具有合理性的，应该从现实出发来研究理论，看看理论在哪些方面出了问题，丰富和修正理论，提高理论解释现实的能力，或者寻找新的更能解释现实的理论。我们认为，这是正确的对待理论和现实的方法，尤其是在我国经济理论界当前应当特别提倡的研究方法”。①

针对我国理论界关于联产承包责任的争论，由于反对者和支持者都使用了形而上学的方法论，即将公有制好、私有制不好这样的价值判断视为一成不变的绝对真理，“结果是改革不是靠理论为自己开辟道路，而是靠改革明白无误的成果（粮食产量的明显增多）为自己开辟道路。由于理论解释的无力，最后不得不把改革说成是不得不进行的‘暂时’的‘倒退’。现在连初学经济学的大学生都觉得不可思议，但当时这确实是使大经济学家都陷于尴尬的现实”②。

但是，如果经济学家将社会发展的利益作为选择方法论的最高原则和评价标准，从中国计划经济体制下中国经济即将崩溃和农民收入微薄低下的现实出发，从农村经济自身运动的规律出发，就能找到有利于中国农村经济发展的价值标准，并用这一标准来看待联产承包责任的改革，这种改革“就满足了大多数农户通过自己的诚实劳动获取自己更大利益的要求，由于每个人的最大利益必须通过自己的最大努力来创造，而不是从别人创造的财富中、从社会共同的存量财富中去掠夺和占有，当多数人都这样做的时候，整个社会财富的总量就增大了。不仅是创造者本身，就是整个社会中的其他成员也会从中受益。社会就发展了，进步了”③。所以正直的经济学家应该以中国大多数诚实劳动农民的立场为自己的立场，为联产承包责任这种改革提供理论观点。同样，在20世纪90年代中国的市场化方向改革的争论中，正直的经济学家应该以中国大多数从事诚实资本经营企业家的立场为自己的立场，为维护他们从事诚实资本经营权利而提供理论观点。中国经济学家在进行社会主义基本经济制度的研究中，如果发现现实与理论不一致，绝对不应当从理论出发去规范现实，削足适履的做法无法完成我国马克思主义经济学现代化、西方经济学中国化、中国经济问题理论化过程。而从我国经济改革的实践出发，根据社会发展利益原则下的经济学方法论修正不恰当的理论条

① 耿明斋:《关于经济学研究方法的若干思考》,《经济学动态》2004年第1期,第96页。

② 耿明斋:《经济学的方法——为周守正教授90华诞暨执教60周年而作》,载耿明斋编:《马克思经济理论的阐释与发展》,河南大学出版社,2004年,第65页。

③ 耿明斋:《经济学的方法——为周守正教授90华诞暨执教60周年而作》,载耿明斋编:《马克思经济理论的阐释与发展》,河南大学出版社,2004年,第56页。

件预设，构建更为科学的理论框架或者新的更能解释现实的理论，才是我国经济理论界当前应当特别提倡的经济学方法论。

（四）耿明斋教授社会主义基本经济制度的研究方法

从具体内容上看，经济学方法论包含三个层次：哲学意义上的方法论、经济理论的思维原理和方法、经济理论的技术方法。经济学方法论第二个层次的内容，虽然不是经济学家的价值观这种哲学意义上的方法论，却是经济学家构建经济理论体系时具有可操作性的具体思维方式、思维原理和思维特征。而第三个层次的内容，则是经济学为使经济理论更加精确化而对研究对象所采取的具体的技术方法。

1. 历史与逻辑相统一的研究方法

耿明斋教授研究社会主义基本经济制度的方法是马克思主义历史与逻辑相统一的方法，它属于经济学方法论第二个层次的内容，要求经济学家主观的逻辑分析一定要以客观的历史考察为基础，而历史考察也要以逻辑分析为依据并将历史现象上升到理论的高度。历史与逻辑相统一的方法不是简单地将二者叠加起来，而是对研究对象的历史考察与逻辑分析进行有机结合，以利于客观地揭示研究对象的本质和发展规律。耿明斋教授的这种研究方法对于中国经济学者更好地进行社会主义基本经济制度的研究具有重要的启迪作用。

（1）历史方法有利于以实践为导向的中国经济理论体系的构建

所谓历史方法，就是通过认识客观事物发展过程的具体事实和细节揭示出某种规律性的认识。经济理论首先是历史的产物，因为在人类社会的发展过程中，每个时代都会出现典型的经济问题，经济学家的使命就是透过纷繁复杂的经济现象创造出能够解释这些问题的经济理论，并且历史的变迁能够推动经济理论不断产生。因此，经济学从本质上讲既是一门历史的科学，也是一门发展的科学。熊彼特曾指出："经济学的内容，实质上是历史长河中的一个独特的过程。如果一个人不掌握历史事实，不具备适当的历史感或所谓的历史经验，他就不可能指望理解任何（包括当前）的经济现象。"①

经济思想史上19世纪40年代至20世纪初德国的历史学派就以主张运用历史法和归纳法、反对英国古典学派的抽象演绎法而闻名。当时德国的社会经济发展水平远落后于英国，根本无法实施企业的自由竞争与自由贸易这些英国的成功经验，因此，德国的经济学家认为每个国家都处于不同的历史进程，需要走不同的发展道路，应该从自己国家的实践中创造适合自己发展的经济理论。

① 熊彼特：《经济分析史》第1卷，商务印书馆，1991年，第29页。

实践证明，1871 年才建立的德意志帝国经过不到 30 年的发展，便在经济总量上能够赶上并超过英国，历史学派的社会经济发展阶段论、民族精神论和政府干预论是具有极强的理论价值和现实意义的。这些思想不但影响了美国 20 世纪 20 年代的制度经济学派，事实上对我国经济学界同样具有重要的启发意义。

耿明斋教授在自己多年的社会主义基本经济制度研究中，一直秉承着以实践为导向的历史研究方法，他所有发表的学术论文、出版的学术著作以及从事的研究课题的选题都来源于我国改革开放的经济实践，并始终坚持立足于我国具体的国情进行研究。他在总结自己的研究方法时谈道："关注社会的命运，就意味着关注自己所能看到、观察到和感受到的社会现象和社会问题，以这些现象和问题为研究的出发点和回归点，寻找能够解释这些现象和问题的理论，并在此基础上完善已有的理论或创造新的理论，再回过头来用更完善的或更新的理论给出现实问题的符合规律的解决方案。这是一条唯物主义的研究路线。"①

（2）逻辑方法有利于以实践为导向的中国经济理论的升华

所谓逻辑方法，就是通过纯粹抽象的形式再现研究对象，以概念、范畴等形式进行判断、推理，从本质上揭示客观事物的内在规律性。经济理论是经济学家对经济现象进行抽象而得出的对其本质、特征、作用或起源的评价、看法或程式，它是经过世代经济学家的努力，经过加工工具提炼出来的知识，既可以把研究者与普通人区别开来，又可以使后来的经济学家继承前人的研究成果。历史上没有任何一位经济学家可以无视前人积累的研究成果而独立创造一套经济理论体系，即使有，也无法在经济学家之间进行交流，因为这是不符合实际的。

耿明斋教授在社会主义基本经济制度研究中不但重视以实践为导向的历史研究方法，同时还特别强调逻辑方法的重要性。对此，他专门指出："强调从现实出发，反对的仅仅是用已有理论来套现实的做法，并不是不要理论，也绝无贬低理论作用的意思。实际上，理论就像一面镜子，现实中的经济现象和经济问题只有放到理论的镜子下面照一照，才能看到事物的各个细枝末节，才能够看到问题的症结所在，也才能从整体上把握事物，所以理论是分析和解决现实问题的最好工具。经济学家和普通的实务经济工作者的最大区别就在于前者有理论。所以在观察和讨论同一问题时，经济学家往往能够见实务工作者所不见，虽然实务工作者往往对要讨论的问题更熟悉。"②

事实上，26 岁才摆脱传统种植业的束缚开始接受高等教育的耿明斋教授，从入学开始就立志进行理论研究，做一个靠思想来影响社会进步的经济学者。

---

① 耿明斋:《中国经济社会转型探索》,社会科学文献出版社,2008 年,第 2 页。

② 耿明斋:《中国经济社会转型探索》,社会科学文献出版社,2008 年,第 3 页。

所以他从未停止对经济理论的探索，并且非常重视向高水平的经济学者学习，用科学的逻辑方法来构建和升华以实践为导向的经济思想。从 1982 年师从河南大学的周守正教授到 1991 年前往南开大学做谷书堂教授的访问学者，再到 1992 年与四川省社会科学院的林凌先生成为忘年交，一直到 2000 年以后前往日本、英国、美国等国多所名校与知名经济学者进行学术交流，他对通过抽象的形式揭示经济现象的本质及其内在规律性的逻辑方法深有体会，并在《经济学的方法——为周守正教授 90 华诞暨执教 60 周年而作》中用洋洋洒洒的 5600 字来专门讨论如何理解马克思的抽象法与如何评价现代经济学的抽象法，以更好地运用逻辑方法进行经济分析。

（3）历史与逻辑相统一的研究方法有利于客观地揭示中国经济发展的规律

作为单一的研究方法来讲，历史方法和逻辑方法都有自己的不足：当经济学家运用历史方法研究经济现象时，如果不经过抽象思维就上升到理性高度，那么经验性的规律就不足以揭示经济现象的本质和发展规律；如果忽视历史单纯地进行抽象，所得出的结论就失去了丰富客观内容，理论本身显得空洞无物，成为“放之四海而皆准”的形而上学。而历史与逻辑相统一的研究方法则要求经济学家主观的逻辑分析要以客观的历史考察为基础和内容，而历史的考察也应该以逻辑分析为依据，逻辑反映的历史是经过抽象和修正的历史发展规律，绝不是对历史的背离。

耿明斋教授运用历史与逻辑相统一的研究方法对社会主义基本经济制度进行研究，对我国的经济理论界具有重要的启发意义。“目前，经济学界虽然还有一些人仍然坚持那种现成理论套现实的研究方法，但是主流已经回到了从现实出发寻求和创新理论的研究轨道。这也是我自己多年从事经济研究的实践所悟出来的并一直坚持的研究方法，我认为这是一条科学的、符合马克思唯物主义的，也是行之有效的研究方法。”①

2. 分析工具和分析方法的科学使用

分析工具、分析方法和分析技巧是经济学方法论第三个层次的具体内容，是经济学家为使经济理论更加精确化而对研究对象进行分析时所采取的具体技术方法，如一般均衡分析、静态和动态分析、结构分析、比较分析、演化分析、数量和数理分析和阶级分析等。这些分析工具是由世代经济学家经过不断淬炼、改进、改造和完善才形成的，它们能够帮助经济学家更便捷、更有效地揭示经济现象的本质及发展规律，就像不能横空出世地创造经济理论一样，从来没有经济学家能不利用前人提供的分析工具来构建经济理论。

耿明斋教授治学严谨，一直努力认真学习经济学有效的分析工具和分析方

① 耿明斋:《中国经济社会转型探索》,社会科学文献出版社,2008 年,第 3 页。

法来提高自己的研究能力。1978 年他入学时中国刚刚恢复高考制度，学习到的经济学知识主要是马克思主义经典作家和来自苏联经济学家的经济理论，他在刻苦攻读马克思主义经典作家文本的同时，更注重研究方法的凝练和分析工具的使用。他在研究生阶段的 1984 年，就运用文献分析法和比较分析法发表了《从马克思关于“自由人联合体”的设想到农业生产责任制的实践》和《价值范畴及其在社会主义经济中的作用》两篇学术论文。1985 年毕业后，他成为少数几个令导师满意而留校工作的学生，有机会接触到当时我国引进的有限的西方经济学文献，便下苦功进行研读。1988 年他发表了《兰格社会主义资源最优配置理论介评》，向国内经济学界介绍了较为陌生的边际分析方法以及兰格通过边际方法论述社会主义资源配置问题，推动了我国学术界的改革理论与实践。1991 年他到南开大学作访问学者时，如饥似渴地泡在藏书量丰富的南开大学图书馆和经济研究所资料室里学习，1991 年发表了《布鲁斯的价值规律作用理论述评》，运用新古典经济学之父阿尔弗雷德·马歇尔的一般均衡分析方法探讨了社会主义计划与市场的结合问题。此后，他一直没有停止学习现代经济学成熟的分析工具和方法，并结合我国改革的实践，陆续发表了《刺激—反应：政企合一的乡镇企业模式之制度分析》（1996）、《乡镇企业的政企合一模式能有效节约交易费用》（1996）、《投资拉动经济增长的实证分析与理论思考》（1999）、《我国股票期权制度实施方案评介》（2002）、《我国农民收入水平变动趋势分析与对策思考》（2002）、《河南国有工业企业竞争力分析》（2004）、《高管薪酬与公司业绩关系的实证分析与对策思考》（2004）、《现代空间结构理论回顾及区域空间结构的演变规律》（2005）、《基于委托—代理视角：中央政府农村决策行为分析》（2006）、《文化纳入经济分析的必要性及其方法》（2007）、《传统农业产业化问题研究——基于新兴古典经济学的思考》（2009）、《后金融危机时代货币政策对资产价格的影响研究——基于中国数据的脉冲响应分析》（2011）、《消费金融需求激活路径及风险服务安全边际分析》（2014）、《县域经济发展融资效率及全要素生产率测度研究——以涉农中小经营组织发展为例》（2015）、《网商银行发展现状 SWOT 分析》（2016）、《县域经济发展融资效率及全要素生产率测度研究——以涉农中小经营组织发展为例》（2016）等学术论文。借助一些经济学的分析工具和分析方法，他丰富了对社会主义基本经济制度的研究内容，更加深入地分析和探索了我国改革实践中各个阶段的典型问题。

需要指出的是，耿明斋教授坚决反对经济分析中的工具主义倾向，他认为经济分析工具和分析方法产生的根本目的是服务于人，因为服务于人是工具的本质，绝不能让人服务于经济分析工具和分析方法，成为工具的奴隶。因此，他使用经济分析工具和分析方法的原则是一定要服务于自己的立场、观点、价值观。他在《经济学的方法——为周守正教授 90 华诞暨执教 60 周年而作》中语重心长地告诉自己的学生，在阅读文献时首先要有自己的立场、观点和价值观，“并对作者的理论体系和其中渗透的作者的立场、观点和方法作认真的评价，你就会渐渐地建立起自己独立的经济理论框架和经济分析体系，从而获得属于自己的经济分析工具”①。

四、耿明斋教授社会主义基本经济制度研究的逻辑轨迹

（一）随着时代脉搏跳动的学术神经

2008年，早已养成善于思考、勤于总结、乐于探索思维方式和良好习惯的耿明斋教授在整理自己过去不同时期针对不同问题撰写并发表的有关社会主义基本经济制度研究论文时明确地谈道：“我越发确认，自己头脑中的这根学术神经，一直是随着时代的脉搏跳动的。而我们这个时代的主旋律就是体制转轨与社会转型。计划经济与市场经济，传统社会与现代社会，就像是按照不同的秩序编织起来的两种极其复杂而又相互隔绝的不同经济社会关系网络，要从计划经济转向市场经济，从传统社会转向现代社会，从一种经济社会秩序转向另一种经济社会秩序，就必须将计划经济和传统社会这张经济社会网络上的‘结’逐一解开或打碎，并在废墟上把市场经济和现代社会这张经济社会网络上的‘结’逐一编织起来。”②

这段话非常清楚地表达出耿明斋教授在其40年社会主义基本经济制度的研究生涯中关注的焦点就是中国经济如何从计划经济模式转向社会主义市场经济模式、中国社会如何从传统农业社会转向现代社会。他的这种拳拳爱国之心、忧国忧民的社会责任感和使命感，正是新中国诞生后的那一代有良知的中国经济学者学术研究与实践的代表和缩影。正是这根与时代脉搏一起跳动的学术神经，让他在中国经济体制改革每每推进到触碰传统经济体制痛处而举步维艰的时候，不惧任何学术压力，勇往直前地进行理论研究并为改革的进一步深入振臂高呼。他早在20世纪90年代初就这样表达：“80年代初，当改革与发展的潮流滚滚到来时，我们这一群莘莘学子还是经济理论队伍中的新兵，我们怀着强烈的社会责任感和极大的热情，一头扎进了理论这块当时还较荒芜的土地，向马克思求教，也向凯恩斯求教，默默耕耘近十载，孜孜探寻改革与发展在哪儿的真谛。”③ 1993年11月，党的十四届三中全会提出转换国有企业经营

① 耿明斋：《经济学的方法——为周守正教授90华诞暨执教60周年而作》，载耿明斋编：《马克思经济理论的阐释与发展》，河南大学出版社，2004年，第85页。

② 耿明斋：《中国经济社会转型探索》，社会科学文献出版社，2008年，第561页。

③ 耿明斋：《中国企业股份和改造实务指南》，河南人民出版社，1994年，第2~3页。

机制、建立现代企业制度是建立社会主义市场经济体制这一项重要内容时，他就在 1994 年出版的《中国企业股份和改造实务指南》一书中明确提出："我国股份制企业的发展过程同时还是传统企业体制乃至整个传统经济体制被破坏的过程，这个过程充满风险和困难不言而喻。中国企业股份制改造过程中会遇到许多新问题，克服许多新困难，要走很长的路。但是我相信，最主要的是在大范围内把股份制搞起来，因为只有有了丰富的实践，才能使问题暴露得更彻底、更深刻，也才能把问题解决得更彻底、更干净，从而使股份制这种现代企业制度在中国生根、开花、结果。"

（二）耿明斋教授社会主义基本经济制度研究的逻辑顺序

回顾、梳理耿明斋教授各个阶段对社会主义基本经济制度研究的文献可以发现，他对社会主义基本经济制度研究的逻辑顺序与我国自 20 世纪 70 年代末进行的从传统计划经济体制变迁到社会主义市场经济体制的经济体制改革高度吻合，充分体现了"在推进中国特色社会主义基本经济制度转型变革的过程中，经济学家的理论探索发挥了积极的作用"①。

1. 对我国农村家庭联产承包责任制改革的研究是耿明斋教授社会主义基本经济制度研究的逻辑起点

1984 年，作为二年级硕士研究生的耿明斋教授发表了自己学术生涯的第一篇论文——《从马克思关于"自由人联合体"的设想到农业生产责任制的实践》。与一般在校学生所发表的简单歌颂型文章不同，这篇文章具有很强的学术性，它从马克思在《资本论》中提出的在未来社会劳动者自主决策、自享劳动成果的基本价值理念和基本模式出发，论证了我国农村家庭联产承包责任制和家庭经营形式符合马克思"自由人联合体"设想，不但不是社会制度的倒退而且是一种进步。

耿明斋教授选择我国农村家庭联产承包责任制改革作为研究对象有着强烈的时代背景：第一，他内心强烈渴望农民能够尽快摆脱传统农耕生产模式的束缚。因为他出生、成长在农村，直到 26 岁才改变农民身份前去象牙塔求学，而每逢农忙时期还要回到家乡帮助亲人在田间耕作。而联产承包责任制是中国改革开放的发端，所以"时值中国改革风起云涌，加之此前我有过长期在计划经济体制束缚下的农村工作和生活的经历，所以特别关注社会变革"②。第二，理论界长期把公有制和集体经营视为中国农业经济发展的方向，而 20 世纪 80

① 钟祥财：《中国特色社会主义基本经济制度的思想史考察》，《广西财经学院学报》2021 年第 4 期，第 30 页。

② 耿明斋：《中国经济社会转型探索》，社会科学文献出版社，2008 年，第 564 页。

年代初家庭联产承包责任制在全国推广的时间并不长，所以这种农村经济改革究竟是进步还是倒退就成了当时争论的焦点，“辛辛苦苦几十年，一夜退到解放前”的顺口溜，就是对当时很多人迷茫困惑的真实写照。“即使是改革开放总设计师邓小平同志也说倒退是为了更好地前进，言外之意是不否认这是倒退。于是我开始对联产承包责任制和家庭经营主体塑造究竟是不是倒退这个问题着了迷。”所以这篇文章不仅从理论上积极探索了我国农业和农村经济社会结构的现代化路径，而且强有力地在学术界回应了我国经济体制改革初期的学术争论，推进了我国马克思主义中国化研究的进程，同时也开启了耿明斋教授社会主义基本经济制度研究的历程。

2. 对我国国有企业改革的研究是耿明斋教授社会主义基本经济制度研究的逻辑枢纽

1985 年，耿明斋教授硕士研究生毕业后，以优异的成绩被导师留在了河南大学经济研究所工作。他以充沛的精力和饱满的热情关注和研究中国经济体制改革实践，1986—1989 年陆续发表了《论我国国营企业工资改革的总体设想》（1986）、《谈谈计件工资制的几个问题》（1988）、《企业产权转让价格问题亟需解决》（1988）、《关于企业产权转让问题的探讨》（1988）、《企业产权转让研究八题》（1988）、《关于股息和红利性质的理论思考》（1989）、《关于企业内部分配制度改革的几点思考》（1989）等学术论文，都是以我国国有企业改革为研究对象。这一阶段是他社会主义基本经济制度研究学术生涯的第一个研究成果高产期。

耿明斋教授之所以将这一时期的研究重点集中在国有企业改革上，有三个重要原因：一是时代发展的要求。1984 年 10 月，党的十二届三中全会提出我国要加快以城市为重点的整个经济体制改革步伐，而增强企业活力则是当时改革的中心环节。因此，“20 世纪 80 年代中期中国改革的重点从农村转向城市以后，我的研究兴趣也随之转向企业改革上来”[①]。此时的耿明斋教授刚刚留校做研究工作，年富力强的他一直关注着我国国有企业改革的进程。他深入河南省开封市、新密市等地的国有企业和集体企业进行调查研究，针对企业利润内部留成等改革领域的热点问题，连续发表了 8 篇学术论文，支持改革实践的进一步探索。二是以国有企业改革为载体深入探索分配制度和计划经济体制改革的路径研究需要。耿明斋教授对国有企业改革的研究并不是简单地跟着社会热点，而是站在中国经济体制如何打破传统的分配和计划经济模式的高度进行研究。他将国有企业与农户一样看作微观经济主体，因此他的研究切入点同样是分配制度改革，通过调整分配制度来提升这个微观经济主体活动效率。但是，

① 耿明斋：《中国经济社会转型探索》，社会科学文献出版社，2008 年，第 565 页。

他很清楚国有企业的效率提升问题牵涉计划经济体制在中国的初始设立背景，绝非仅仅调整分配手段就可以轻易实现，所以他的研究目的是“经过分配、价格、物资、金融、投资和财政等一系列改革，计划经济体制的一扇扇大门被打开，计划体制网络上的一个个死结被解开，市场经济体制的一扇扇大门被开启，市场经济网络逐步被编织起来”①。三是通过研究国有企业改革进程中的难点问题开始探索我国所有制改革的思路需要。耿明斋教授对国有企业改革研究的高度还体现在这一时期开始探索我国所有制改革这个理论界最为敏感的焦点问题，自1988年起他连续发表3篇论文探讨股份制改革，为此后持续深化所有制改革研究奠定了坚实的基础。他在谈到自己这一时期研究国有企业改革的逻辑思路时讲道：“但是，还有一块硬骨头待啃，那就是所有制结构。在企业拥有了独立利益和上述种种自主权以后，其无限扩张的欲望，在公有制骨子里派生出来的预算软约束机制纵容下，演绎出了一幕幕投资饥渴和通货膨胀的悲喜剧，这使人们认识到市场经济的基石要靠微观经济主体的所有制结构再造才能奠定。于是，从20世纪80年代中期开始了一场所有制改革的拉锯战，从承包制到股份制，从局部的股份制到全局的股份制，从体制内的股份制到体制外的私有制，从适应市场经济体制的自然人所有制逐步诞生并成长壮大，微观经济主体再造工程终于基本落幕。”②

因此，耿明斋教授在这一时期对国有企业改革的研究，是他对马克思主义经典作家对未来社会设想的按劳分配和计划经济两个主要特征进行马克思主义中国化的集中体现，同时也是他此后的所有制改革与社会主义市场经济体制构建研究的重要铺垫和基石，这在他整个社会主义基本经济制度研究中起到了重要的逻辑枢纽作用。

3. 对我国市场化改革方向的研究是耿明斋教授对社会主义基本经济制度研究取得的突破性进展

1990年9月至1991年7月，耿明斋教授作为访问学者从河南大学到南开大学师从著名经济学家谷书堂教授学习研究一个学年，谷先生给他布置了“对我国经济体制改革的回顾与思考”的研究题目，并邀请他定期参加南开大学经济研究所的集体学术活动。“接受任务后，我就开始利用南开图书馆丰富的经济学文献，研读了一些令人感兴趣的相关经典著作，如《熊彼特的资本主义、社会主义与民主》等，梳理了到那时为止见诸各类学术刊物的几乎所有有关研究改革的理论文章，基本弄清楚了改革的起因、过程、各种改革举措以及进展

① 耿明斋:《中国经济社会转型探索》,社会科学文献出版社,2008年,第563页。

② 耿明斋:《中国经济社会转型探索》,社会科学文献出版社,2008年,第563页。

情况，对各家有关改革的理论观点的是非曲直也有了基本的把握”①，再加上自己自20世纪80年代初以来一直在追踪有关改革前沿问题的研究，耿明斋教授在我国经济体制的市场化改革方向研究方面取得了突破性进展，并于20世纪90年代开启了他社会主义基本经济制度研究学术生涯的第二个研究成果高产期，共发表学术论文11篇，出版学术著作3部，其中仅仅在1991年就接连发表了5篇学术论文（《布鲁斯的价值规律作用理论述评》《关于股份制企业收入分配的几个问题》《进一步改革国家所有制关系的思路》《经济改革的思考》《对我国经济体制改革的回顾和思考》），并出版1部学术著作（《农村经济发展与结构变动》）。结束访学后，他回到河南大学继续探索我国市场化改革问题，1992年发表文章《论布鲁斯“分权模式”的局限》，1993年出版专著《公有制商品经济中的收入分配》，1994年出版专著《中国企业股份化改造实务指南》，1995年发表文章《公有制与市场经济的矛盾及解决途径》，1996年发表文章《刺激—反应：政企合一的乡镇企业模式之制度分析》和《乡镇企业的政企合一模式能有效节约交易费用》，1999年发表文章《中国股市发展15年：历史回顾与前景展望》和《投资拉动经济增长的实证分析与理论思考》。

耿明斋教授在这一时期对我国市场化改革方向的研究首先是深入持续研究了80年代末国有企业分配制度，进而开始探索所有制改革，转向产权改革和股份制改革，《进一步改革国家所有制关系的思路》（1991）一文的发表，使他完成了对马克思主义经典作家提出的公有制是未来社会最根本特征的马克思主义中国化改造。他在1991年与谷书堂先生合著的《对我国经济体制改革的回顾和思考》一书中回顾了我国改革的历程与种种困难，对未来改革的目标模式和策略选择勇敢而坚决地提出了市场化的改革方向。这是耿明斋教授对社会主义基本经济制度研究的突破性进展，其价值体现在以下两个方面：

一方面是建立社会主义市场经济是我国经济体制改革的目标这个结论，是江泽民同志在1992年10月党的十四大报告中宣布的，而耿明斋教授1991年在谷书堂先生的指导下认真梳理和总结了10多年来中国改革的问题，如“当初为什么要改？是怎么改的？遇到了什么问题？这些问题是怎么解决的？解决了多少？还有多少没有解决？面对遇到的问题，各家都进行了怎样的思考和讨论？提出了哪些思想观点？有哪些分析和争论？应如何对待这些分歧和争论？哪一种观点和思路代表了改革的方向，我们应该坚持和选择什么样的思路和观点？通过对这些问题梳理和思考，为下一步的改革提供依据，积蓄能量，做好理论准备”②，最终，本着“所有问题的对错是非都要放在解放和发展生产力，

---

① 耿明斋：《一座矗立于我心中的丰碑——回忆受教育于谷书堂先生的岁月》，载柳欣、常修泽编：《不平坦的治学路——谷书堂学术经历与学术思想述评》，山西经济出版社，2014年，第334页。

② 耿明斋：《一座矗立于我心中的丰碑——回忆受教育于谷书堂先生的岁月》，载柳欣、常修泽编：《不平坦的治学路——谷书堂学术经历与学术思想述评》，山西经济出版社，2014年，第336页。

放在社会进步的天平上来衡量”[①] 的原则，耿明斋教授得出了中国改革应该坚持市场化方向的结论。

另一方面是耿明斋教授是在当时改革面临着不绝于耳的批判、陷入低潮甚至停顿和倒退背景下提出市场化改革方向的，因为“1987 年党的十三大报告中关于‘国家调节市场，市场引导企业’的表述，把市场化取向的改革提升到了一个前所未有的高度。但继之而来的发展变化，又把改革取向的认识打回到了原点，‘计划经济与市场经济相结合’成为官方的表述。计划经济被界定为体制的性质，市场调节仅仅处在工具的地位。在这一认识引导下，各种改革举措全面停顿，有关改革的讨论全面回潮，经济学界掀起了一股针对市场化取向改革批判的浪潮，某国内著名大学甚至将市场化、企业股份化等十类观点列为要把改革引向资本主义的典型表现，大加挞伐，改革面临夭折的危险”。[②] 因此，时年 39 岁的耿明斋教授在面对充满未知的“摸着石头过河”的改革实践和理论界的巨大压力下，对自己在社会主义基本经济制度研究中取得突破性的进展感慨颇深：“通过该项研究，不仅让我对改革的原因、进程和方向有了更全面、更系统和更深入的认识，对参与改革讨论的各色人等、各类学术观点和思想倾向有了完整的把握，为我日后的学术道路奠定了更为坚实的基础。”

4. 对我国经济社会转型的研究是耿明斋教授对新时代社会主义基本经济制度研究的思考与探索

21 世纪以来，中国在坚持和完善社会主义基本经济制度的过程中取得了令世界瞩目的成就。但由于社会主义基本经济制度的建设和完善是一个全新的课题，并且会随着中国改革实践的推进一直存在并不断出现难以回避的问题，如在基础理论方面的社会主义与市场机制在根本上能否兼容的问题、如何界定政府作用和市场配置的边界、在政策制定方面确定公有制和非公有制经济的比重与相互关系问题、在收入分配方面如何兼顾效率与公平的问题等，这些都需要在理论上给出令人信服的解释和论证。

基于此，耿明斋教授从 2000 年开始将自己对新时代社会主义基本经济制度研究的思考与探索纳入中国经济社会转型的分析框架内，并由此进入他的社会主义基本经济制度研究学术生涯的第三个研究成果高产期。截至 2021 年，他共发表学术论文 29 篇，出版学术著作 15 部，并在《河南日报》发表学术文章 3 篇，其中 2000 年发表学术论文 3 篇（《转轨时期我国政府投资领域的再界定》《政府在西部发展中的作用》《河南科迪食品集团土地“承租返包”模式

---

① 耿明斋:《一座矗立于我心中的丰碑——回忆受教育于谷书堂先生的岁月》,载柳欣、常修泽编:《不平坦的治学路——谷书堂学术经历与学术思想述评》,山西经济出版社,2014 年,第 337 页。

② 耿明斋:《一座矗立于我心中的丰碑——回忆受教育于谷书堂先生的岁月》,载柳欣、常修泽编:《不平坦的治学路——谷书堂学术经历与学术思想述评》,山西经济出版社,2014 年,第 336 页。

研究》），并出版1部学术著作（《区域经济与企业发展研究》），2001年发表文章《论投资、投资体制及其改革的目标模式》，出版专著《转轨时期的投资体制和投资运作方式》，2002年发表学术论文7篇（《有关我国信贷资产证券化的思考》《WTO背景下的两岸三地经贸投资关系》《应该在国有企业中建立起长期激励机制》《股票期权制度的理论基础和激励功能》《我国农民收入水平变动趋势分析》《我国股票期权制度实施方案评介》《股票期权及其长期激励机制》），2003年发表学术论文2篇（《重新认识我国场外交易市场》《我国农民收入水平变动趋势分析与对策思考》），并出版1部学术著作（《国有资本生存边界与管理模式》），2004年发表学术论文3篇（《欠发达平原农业区工业化若干问题研究》《河南国有工业企业竞争力分析》《高管薪酬与公司业绩关系的实证分析与对策思考》）并出版1部学术著作（《马克思经济理论的阐释与发展》），2005年发表学术论文2篇（《欠发达平原农业区工业化道路——长垣县工业化发展模式考察》和《中原崛起与传统农区工业化道路》），2006年发表学术论文2篇（《基于委托—代理视角：中央政府农村决策行为分析》《论城市的功能及“经营城市”的基本思路》），和并出版1部学术著作（《欠发达平原农区经济发展与制度转型》），2007年发表文章《农业区工业化的一般理论分析》，2008年出版专著《中国经济社会转型探索》并在《河南日报》发表文章《农民走向现代化还需迈过哪些坎》，2009年发表学术论文4篇（《传统农业产业化问题研究——基于新兴古典经济学的思考》《传统农区工业化过程中农地产权制度变迁的经济分析》《论我国农业产业化问题——基于新兴古典经济学的思考》《工业化与农地产权制度演进的方向》）并出版1部学术著作（《中国农区工业化路径研究——以欠发达平原农区为例》），并在《河南日报》发表文章《加大经济结构调整力度》，2011年发表学术论文2篇（《后金融危机时代货币政策对资产价格的影响研究——基于中国数据的脉冲响应分析》和《对新型城镇化引领“三化”协调发展的几点认识》），2012年发表学术论文1篇（《新型城镇化——村庄改造和农村社区建设调查报告》）并出版2部学术著作（《产业发展和结构调整——基于传统农区的实践》《城镇化引领“三化”协调发展——理论思考与实践探索》），还在《河南日报》发表文章《跨越中等收入陷阱与传统农区的文明转型》，2013年出版学术著作2部（《改革红利论——全面深化经济体制改革的理论探索》和《人口流动、制度壁垒与新型城镇化——基于实地调查的报告》），2014年出版学术著作《黄河下游农区工业化与社会转型研究》，2015年发表学术论文1篇（《农业适度规模家庭经营的理论思考与政策建议》）并出版2部学术著作（《地方治理体系现代化研究——河南省市县并立体制研究》《中国农业现代化：困惑与探索》）。

2000年以后，耿明斋教授并没有停止对社会主义基本经济制度的研究，而是继续站在中国经济社会发展的高度，探索新时代社会主义基本经济制度的发展和完善。他认真思考后认为，“随着市场经济体制框架和机制日臻完善，以及由计划经济体制向市场经济体制转型的初步完成，由传统社会向现代社会转型问题日益凸显出来”。[①] 他先是透过世纪之交我国农业剩余劳动力跨区域转移现象，研究了农村工业化和产业化以及随之而来的城市化问题，再次将研究视角聚焦于农村以家庭为经济活动单元的小块土地流转问题上，对我国土地所有制度的发展和完善进行了探索；在社会主义市场经济运行过程中，他通过研究城乡的“失业”问题，继续从分配制度入手深入分析了城乡差距的原因，探讨了如何在21世纪更好地发展和完善我国的社会保障制度；在宏观经济运行的层面上，他从传统平原农业区这个最具我国传统农业社会特征的视角出发，对区域经济发展的差异化、财政政策以及地方政府和中央政府之间财权事权划分问题进行了研究，探索了新时代我国政府职能以及政府治理问题。这些研究都说明耿明斋教授时刻在关注中国经济社会发展的命运，希望中国能够更好地实现社会经济稳定健康发展。“总之，随着经济体制和经济结构的现代化，社会制度和社会结构现代化必将成为不可逆转的潮流，传统社会这张网上的各个结正逐一被解开和打碎，现代社会这张网上的各个结则日益被编织和完善起来。”[②]

五、耿明斋教授社会主义基本经济制度研究的重要思想

“经济思想家们的思想具有一种非凡的力量，对人类文明进程产生了非常重大的影响，并以某种方式影响乃统治着现在的经济思想。”[③] 他们提出的经济思想之所以有巨大的影响力，是因为在人类发展的历史长河中，每个时代都会出现自己典型的经济问题，虽然不同时代典型经济问题的表现方式各不相同，但经济思想家们总是能够用自己的思想穿透林林总总、复杂多变的经济现象，揭示出其内在的原因，推理出符合逻辑的结论，预测出经济运行的必然结果。同任何事物的发展一样，我国社会主义基本经济制度的研究思想同样也经历了一个异常艰辛但却令人观欣鼓舞的过程，与其他中国当代经济学者们一样，耿明斋教授所取得经济思想的蹒跚前行与他为探索中国史无前例的改革经济真相所付出的艰辛努力是分不开的。

---

① 耿明斋：《中国经济社会转型探索》，社会科学文献出版社，2008年，第563页。

② 耿明斋：《中国经济社会转型探索》，社会科学文献出版社，2008年，第564页。

③ 吴宇晖、张嘉昕：《外国经济思想史》，高等教育出版社，2017年，第2页。

（一）社会主义经济存在价值规律并且是商品经济的重要思想

如前所述，马克思主义经典作家对未来社会基本经济制度的构想是建立在资本主义生产方式被消灭之后商品生产也随之消失的基础上的，因此，我国社会主义是按照计划经济的要求开始建设的，它从一开始就被确立为社会主义基本经济制度的三大特征之一。我国社会主义市场经济制度的建立经历了一个极其复杂的过程，周叔莲认为“其中最困难的是承认社会主义经济是商品经济”①。因为如果认为社会主义经济存在价值规律和商品经济，剩下的社会主义市场经济建设也就比较容易了。因此，社会主义经济到底是不是商品经济这个问题，是每一个中国经济学者研究我国社会主义经济体制改革不可回避的问题，也是对社会主义基本经济制度研究的逻辑起点。

耿明斋教授发表的第二篇学术论文就是 1984 年的《价值范畴及其在社会主义经济中的作用》，当时他还是二年级的硕士研究生，在洞察到我国经济学者们深受“社会主义等于计划经济”和“商品经济等于资本主义”僵化思维方式困扰后，他在文章中运用马克思主义原理对价值、交换价值、价值规律、商品经济在资本主义生产方式和社会主义经济中的发展形式进行了充分论述，明确提出：“无论在计划经济领域，还是在市场调节领域，价值规律都发生作用。违背了价值规律的要求，生产和流通就要遭受损失。”② 他对理论界将发展商品经济视为走资本主义道路的僵化观点进行了批评：“‘基本经济规律’，从斯大林提出算起，已经三十多年了。可是到目前为止，经济学界对生产目的还争论不休，对于达到生产目的手段的说明，也超出了经济学范围。再如，‘有计划按比例规律’，什么样的计划和怎样的比例才算是正确的，也没有科学界限。我们天天讲比例，年年搞计划，到头来还是比例失调。”③

随着我国市场化改革方向的深入推进，耿明斋教授在 1988 年发表了《兰格社会主义资源最优配置理论介评》，通过介绍 20 世纪 20—40 年代西方经济学界针对兰格模式展开的大讨论，呼吁我国应该重视以市场为基础的社会主义经济运行模式的改革。值得指出的是，1991 年，他发表了《布鲁斯的价值规律作用理论述评》，其中明确指出：“我认为，在我国经济体制改革进行到当前阶段，计划和市场之间的摩擦日益突出，在进一步深层次探索计划和市场最优结合方式日益迫切的情况下，重新研究和介绍布鲁斯的价值规律作用理论是有一

① 周叔莲：《关于中国当代学术史研究的几个问题》，《前沿》2010 年第 2 期，第 5 页。

② 王献立、耿明斋：《价值范畴及其在社会主义经济中的作用》，《殷都学刊》1984 年第 4 期，第 35 页。

③ 王献立、耿明斋：《价值范畴及其在社会主义经济中的作用》，《殷都学刊》1984 年第 4 期，第 35 页。

定意义的。”[①] 他通过介绍波兰经济学家布鲁斯对社会主义计划与市场相结合的研究成果，力求探索我国计划与市场相结合的一种新方式。令人欣喜的是，1992 年的中共十四大提出了社会主义市场经济体制代替计划经济体制，由此终结了学者们对社会主义经济是不是商品经济问题的争论。

（二）社会主义经济涉及市场的物质要素也会创造财富的分配思想

社会主义经济分配问题既是耿明斋教授研究社会主义基本经济制度的切入点，也是他不断深化中国市场化改革研究难点问题的一条重要线索。从他在 1984 年发表的研究生涯第一篇学术论文《从马克思关于“自由人联合体”的设想到农业生产责任制的实践》中大胆提出分配和生产相互决定的观点开始，仅以分配问题为标题他就发表了《论我国国营企业工资改革的总体设想》（1986）、《谈谈计件工资制的几个问题》（1988）、《关于股息和红利性质的理论思考》（1989）、《关于企业内部分配制度改革的几点思考》（1989）、《关于股份制企业收入分配的几个问题》（1991）、《应该在国有企业中建立起长期激励机制》（2002）、《股票期权制度的理论基础和激励功能》（2002）、《我国农民收入水平变动趋势分析》（2002）、《股票期权及其长期激励机制》（2002）、《我国农民收入水平变动趋势分析与对策思考》（2003）、《高管薪酬与公司业绩关系的实证分析与对策思考》（2004）等 11 篇学术论文，出版学术著作《公有制商品经济中的收入分配》（1993），还在《河南日报》上发表了文章《跨越中等收入陷阱与传统农区的文明转型》，在社会主义经济分配制度改革方面取得了丰硕的研究成果。

耿明斋教授对社会主义经济分配制度改革的研究，最早是作为提升微观经济主体效率的手段开始的，因为“从理论和实践的源头上说，打破计划经济的束缚，调动生产者的积极性，首先是调动劳动者的积极性，基本方式自然是按劳分配，这也符合马克思关于社会主义社会分配的理论原则”[②]。他在自己的第一篇学术论文《从马克思关于“自由人联合体”的设想到农业生产责任制的实践》中，从理论上对分配与生产、分配在整个经济活动链条中的作用进行了论述，得出我国的联产承包责任制改革不但不是倒退反而是巨大进步的结论。随后他凭借论文《论社会主义劳动者的双重身份和社会主义个人消费品的双重分配》入选参加了著名的 1984 年“莫干山会议”，他在会上提出的社会主义制度下劳动者收入既要按照劳动支出量计算也要按所有者均等分配量计算的观点引

① 耿明斋:《布鲁斯的价值规律作用理论述评》,《河南大学学报(社会科学版)》1991 年第 5 期,第 57 页。

② 耿明斋:《中国经济社会转型探索》,社会科学文献出版社,2008 年,第 565 页。

起了与会者的极大兴趣。1985年，他立足于分配关系变革能够极大地促进生产力发展的我国农村改革实践，在自己的硕士研究生毕业论文中创新性地提出了在一定条件下分配决定生产的观点。

耿明斋教授研究分配制度改革的目的并不是仅仅提高微观经济主体效率，而是探索中国在启动农村和城市改革之后如何打破僵化、教条主义地解释马克思主义经典作家设计的“按劳分配”制度。为此，他在1989—1991年又发表3篇文章讨论国有企业通过股份制改革来更好地调整内部收入分配问题，提出了企业职工收入应按两种不同的标准，分配为相对稳定和可变动的两部分，其中股息和红利属于产权收入，不能认定为无偿占有的剥削范畴。这些非常有价值的社会主义基本经济制度的分配思想，在当时曾被学术界的一些专家冠以“私有化”的罪名，但耿明斋教授不但没有停止自己对中国市场化方向改革的探索，而且与自己的好友、硕士生阶段的同学蔡继明教授在1993年合作出版了《公有制商品经济中的收入分配》，更为系统地研究了收入分配的理论和实践问题，深入分析了我国当时公平分配观下的分配不公平现状及其根源，提出了根据计划指导下的市场分配机制进行调整收入分配政策的设想。谷书堂先生高度评价了书中的股份制经济中收入分配模型：“这种超前的分析设计与当前的现实可能还有距离，但不能否认它所具有的启迪作用。”① 谷先生专门语重心长地指出：“另须指出，本书内容涉及个别敏感的理论观点和提法，我认为是可以讨论的，并且最终要由实践来做出验证。我期望它的出版会给经济学这块园地增添生机。”② 耿明斋教授在总结自己20世纪90年代对分配制度改革的研究时说：“再往深处讨论，必然会涉及市场的物质要素也会创造财富或者对财富增长具有不可替代的贡献，即所谓‘劳动是财富之父，土地是财富之母’这样一个经济学中争论了几百年的老问题。”③ 果然，正如谷先生所言，1997年党的十五大对社会主义初级阶段的分配关系做出了更加清晰而又具体的描述：要坚持按劳分配为主体、多种分配方式并存的制度，把按劳分配与按生产要素分配结合起来。

进入21世纪后，耿明斋教授通过研究国有企业股票期权制等长期激励机制和农民收入变动趋势，来继续探索社会主义市场经济分配制度的发展与完善，取得了丰富的研究成果，与中国当代一大批有胆识的经济学家一起深化了我国分配制度的改革研究，促进了我国分配制度的不断创新：党的十七大提出要健全劳动、资本、技术、管理等生产要素按贡献参与分配的制度，党的十八大进一步明确要完善劳动、资本、技术、管理等生产要素按贡献参与分配的初次分配机制，党的十八届三中全会又提出要健全劳动、资本、技术、管理等由

① 蔡继明、耿明斋：《公有制商品经济中的收入分配》，陕西人民出版社，1993年，第2页。

② 蔡继明、耿明斋：《公有制商品经济中的收入分配》，陕西人民出版社，1993年，第2页。

③ 耿明斋：《中国经济社会转型探索》，社会科学文献出版社，2008年，第565页。

要素市场决定的报酬机制，党的十八届五中全会又增加了土地这一重要的市场要素。

（三）股份制是改革社会主义国家所有制关系建立现代企业制度的重要途径

与主张中国市场化改革方向的其他学者一样，耿明斋教授深知所有制改革是一块“难啃的硬骨头”，因为有一批学者深受传统的社会主义理论影响，认为改革只能在全民所有制和集体所有制这两种公有制的具体实现形式上进行，而作为社会主义基本经济制度基础的公有制丝毫不能动摇。“有些人把改革国有制和私有化等同起来，见到谁主张改革国有制就断言谁主张私有化。”① 所以“人们在很长时间内是讳言所有制改革的，因为这很容易被扣上否定社会主义基本经济制度的大帽子。正是在这种意识形态的背景下，一些有胆识的经济学家提出了产权改革的主张，试图通过区分‘产权’和‘所有制’概念，绕过‘所有制’这个‘烫手的山芋’，达到优化所有制结构的目的。而这种主张理所当然地受到敏感的保守派的抨击，他们指责这种产权改革论是用‘产权’概念偷换‘所有制’概念，以产权改革为名，行所有制改革之实；以产权明晰为幌子，以推行私有化为目的”②。

周叔莲先生指出：“学术思想的演变决定于社会宏观环境（包括政治、经济、文化等方面），也决定于学者个人的主客观条件和努力。”③ 耿明斋教授对所有制改革的研究开始于 1985 年，他在自己硕士研究生阶段的最后一年发表了论文《论所有制范畴的实质》。文章运用马克思主义原理阐述了如何正确理解作为生产关系综合的所有制对生产力发展的促进作用，并对斯大林的所有制观点进行了重新思考和探索，认为他为了强调社会主义公有制对资本主义私有制的巨大胜利，而忽视了公有制对生产力的巨大影响，把生产资料所有制形式看作起决定作用的东西，“这种理论后来在社会主义各国都产生了不良影响，其表现就是不顾生产关系的现实条件和可能，盲目地追求生产资料公有制的规模，认为越大越公越好，使生产力遭到了不同程度的破坏”④。为了论证我国 20 世纪 80 年代启动的联产承包责任制和国有企业改革是为了解放被“一大二公”的所有制所束缚的生产力，耿明斋教授努力论证了“所有制就其实质来说

---

① 周叔莲:《关于所有制是目的还是手段的争论》,《经济体制改革》2012 年第 5 期,第 6 页。

② 蔡继明:《论我国现阶段基本经济制度的属性》,《郑州轻工业学院学报(社会科学版)》2017 年第 4 期,第 4 页。

③ 周叔莲:《关于中国当代学术史研究的几个问题》,《前沿》2010 年第 2 期,第 5 页。

④ 耿明斋:《中国经济社会转型探索》,社会科学文献出版社,2008 年,第 164 页。

是对剩余劳动的占有"[①] 的观点，认为如果不对我国的所有制"在一定限度之内改变生产资料的归属形式来调整人们之间劳动占有的比例，以适应生产力的发展"[②]，就会"造成劳动者积极性的丧失，或者从根本上危及劳动力的再生产"。

1988—1989 年，耿明斋教授在研究国有企业改革因为所有制结构调整困难而受阻时，连续发表了《企业产权转让价格问题亟须解决》（1988）、《关于企业产权转让问题的探讨》（1988）、《企业产权转让研究八题》（1989）3 篇文章，分析当时的国有企业产权转让遇到的实际困难，同时在《关于股息和红利性质的理论思考》（1989）和《关于股份制企业收入分配的几个问题》（1991）中通过研究国有企业的分配问题大胆提出了国有企业股份制改造的思路。他对自己这一阶段的研究是这样总结的："既然从分配研究引入了所有制改革，就自然产生了将此问题具体化和系统化的愿望，加上 20 世纪 80 年代中后期企业承包制试验的失败，企业股份制成为越来越受瞩目的话题，所以，也是从这时起，我把研究的主要精力逐步转向产权改革和股份化上来。"[③]

为了给股份制改革寻找更为坚实的理论基石，1991 年，耿明斋教授在《论公有制范畴的实质》中通过梳理马克思、恩格斯关于公有制的论述，批评了一些抱有传统社会主义观念的教条主义者阻碍所有制改革的思想和行为："尽管马克思本人在做出以上论述的同时，以及恩格斯在后来都曾不止一次地提醒人们注意公有制产品分配形式，甚至生产资料归属形式可能有的实际变化。但是，这并没有防止后来的社会主义理论家不断地重复马克思在极其简单的关系中关于公有制的论述，并且教条式地把这些论述当作判断社会主义的不变标准，规定现实中这是社会主义，那不是社会主义，等等。也没有防止社会主义的许多实践家不断地去按马克思的简单论述构筑社会主义大厦。"[④] 面对我国当时公有制模式的陈旧以及对生产力发展的阻碍情况，耿明斋教授犀利地指出："在社会主义发展的历史上，我们可以看到苏联早期的军事共产主义、我国 1958 年的'一大二公'共产主义和有些外国党共产主义，就是在苏联三十年代形成的，事实上，在我国一直完好地保存在 1978 年党的十一届三中全会前的所谓两种公有制的模式，也仍然在很大程度上是马克思简单的论述的复制品，它对实践发展的阻碍使我们不得不再次对它进行突破，这就是我国当前所进行的经济体制改革的历史缘由。"在这篇文章中，耿明斋教授对社会主义经济中公有制的内在矛盾做出了深刻分析，为以后研究以股份制改革为主要路径的国家所有制改革提供了马克思主义的理论依据。

① 耿明斋：《中国经济社会转型探索》，社会科学文献出版社，2008 年，第 171 页。
② 耿明斋：《中国经济社会转型探索》，社会科学文献出版社，2008 年，第 169 页。
③ 耿明斋：《中国经济社会转型探索》，社会科学文献出版社，2008 年，第 566 页。
④ 耿明斋：《中国经济社会转型探索》，社会科学文献出版社，2008 年，第 174 页。

耿明斋教授明确提出进一步改革国家所有制关系是中国市场化改革目标下的一条更为妥当的改革途径的观点是在1991年。他在《进一步改革国家所有制关系的思路》中针对当时国企改革的各种模式受阻于所有制改变困难的尴尬情况时指出："在严格的公有经济范围内，财产的低效使用问题是很难找到一个根本性的解决办法的。出路必然是：在坚持公有制为主体的前提下，打破严格的公有制，从公有制中分离出独立的个人所有制主体。"① 为了打消持传统社会主义观念的一部分人担心股份制就是走私有化道路的顾虑，他特别强调："股份制企业是由国家股东、企业劳动者股东和社会成员股东三部分股东构成。由于国家股一开始就在全部社会资产中占有绝对的比重，劳动者股份的增加受到很大限制。因此，不必担心这种股份制会危及社会主义制度。"② 他深知与发达国家相比，中国的股份制企业并不是在市场经济中自我发展起来的，而是在对传统的国营企业、集体企业的改造过程中建立起来的，这种打破国家所有制关系的过程充满了风险和困难。因此，他始终基于我国股份制改造的改革实践进行思考和研究，于1993年出版了《公有制商品经济中的收入分配》，1994年出版了《中国企业股份化改造实务指南》，于1995年发表了《公有制与市场经济的矛盾及解决途径》，尖锐地指出："我国的改革已经揭开了攻坚战的序幕，渐进式改革已经逼近了国有企业和政府自身这两个公有制和市场经济矛盾的领域。只有在这两个领域内取得实质性进展，才能塑造出富有活力的市场经济主体和昌明有力的市场经济的'守夜人'（政府），公有制和市场经济之间的矛盾才会逐步得到解决。"③

令人欣慰的是，随着我国股份制改革的推进，2004年的宪法修正案充分体现了公有产权和私人产权依法受到保护的思想，这意味着以公有制为主体、多种所有制经济共同发展的社会主义基本经济制度在我国宪法中得到最终确认，同时也说明了股份制是改革社会主义国家所有制关系、建立现代企业制度的一个有效途径。

2022年是中国进行改革开放的第44年，也是耿明斋教授进行社会主义基本经济制度研究的第44年。作为与中国改革开放进程同步成长的经济学者，耿明斋教授始终关注中国社会发展的命运，立足于改革实践中的现实问题，以有利于中国社会整体发展利益原则为方法论，本着马克思经济学现代化、西方经济学中国化、中国经济学理论化的原则，研究中国社会主义基本经济制度理论并提供了极具价值的经济思想，与当代其他经济学者一起共同推动社会主义基本经济制度研究的不断深入，为当前我国成功构建"公有制为主体、多种所有制经济共同发展，按劳分配为主体、多种分配方式并存，社会主义市场经济

---

① 耿明斋：《进一步改革国家所有制关系的思路》，《探索与争鸣》1991年第4期，第43~44页。

② 耿明斋：《进一步改革国家所有制关系的思路》，《探索与争鸣》1991年第4期，第44页。

③ 耿明斋、张建伟：《公有制与市场经济的矛盾及解决途径》，《决策咨询》1995年第12期，第20页。

体制等社会主义基本经济制度”做出了自己应有的贡献。回顾与梳理耿明斋教授社会主义基本经济制度的研究过程和研究成果，对于后来的经济学者来讲，不但有利于继承、发展和超越，更能够懂得经济思想的每一次蹒跚而行首先是因为探索经济真相与真理的困难，如果没有耿明斋教授那样“做一个有社会责任感的经济学人”的人生理想和社会角色定位，恐怕是很难真正实现的。

参考文献

[1]周叔莲.关于中国当代学术史研究的几个问题[J].前沿,2010(2):4－5.

[2]耿明斋.中国经济社会转型探索[M].北京:社会科学文献出版社,2008.

[3]顾海良.中国特色社会主义基本经济制度的政治经济学分析[J].政治经济学研究,2020(1):28－40.

[4]马克思,恩格斯.马克思恩格斯选集:第一卷[M].北京:人民出版社,1995.

[5]马克思,恩格斯.马克思恩格斯全集:第42卷[M].北京:人民出版社,2016.

[6]马克思,恩格斯.马克思恩格斯全集:第19卷[M].北京:人民出版社,1996.

[7]马克思,恩格斯.马克思恩格斯选集:第三卷[M].北京:人民出版社,1995.

[8]耿明斋.欠发达平原农区经济发展与制度转型[M].郑州:河南人民出版社,2006.

[9]耿明斋.马克思经济理论的阐释与发展:庆祝周守正教授90华诞暨执教60周年文集[M].郑州:河南大学出版社,2004.

[10]黄少安.经济学方法论的三个层次[J].南京社会科学,1994(3):48－50.

[11]耿明斋.关于经济学研究方法的若干思考[J].经济学动态,2004(1):43－46,96.

[12]萨缪尔森.经济学[M].北京:中国发展出版社,1991.

[13]熊彼特.经济分析史[M].北京:商务印书馆,1991.

[14]耿明斋,等.中国企业股份化改造实务指南[M].郑州:河南人民出版社,1994.

[15]钟祥财.中国特色社会主义基本经济制度的思想史考察[J].广西财经学院学报,2021,34(2):30－49.

[16]柳欣,常修泽.不平坦的治学路:谷书堂学术经历与学术思想述评[M].太原:山西经济出版社,2014.

[17]吴宇晖,张嘉昕.外国经济思想史[M].北京:高等教育出版社,2017.

[18]王献立,耿明斋.价值范畴及其在社会主义经济中的作用[J].殷都学刊,1984(4):32－36.

[19]耿明斋.布鲁斯的价值规律作用理论述评[J].河南大学学报(社会科学版),1991(3):57－62.

[20]蔡继明,耿明斋.公有制商品经济中的收入分配[M].西安:陕西人民出版社,1993.

[21]周叔莲.关于所有制是目的还是手段的争论[J].经济体制改革,2012(5):5－9.

[22]蔡继明.论我国现阶段基本经济制度的属性[J].郑州轻工业学院学报(社会科学版),2017,18(2):1－7.

[23]耿明斋.进一步改革国家所有制关系的思路[J].探索与争鸣,1991(4):42－44.

[24]耿明斋,张建伟.公有制与市场经济的矛盾及解决途径[J].决策探索,1995(12):20.

深耕经典，将文章写在中原大地上

——学习耿明斋教授的治学方法

1992级硕士　郑吉伟

1992年，我进入河南大学经济研究所攻读硕士研究生。我进校以后，才了解到河南大学经济研究所采用独树一帜的研究生培养模式。从1990年开始，河南大学经济研究所当时已经实行个人负责与集体指导相结合的指导制度，即研究生入校后，实行集体指导，博采众家之长，同时又由一位有资格指导研究生的教师负责这一年级所有的研究生。根据这种培养模式，经济研究所1990年级研究生由许兴亚教授负责，1991年级研究生由周守正教授负责，1992年级由貊琦教授负责，1993年级由耿明斋副教授负责。王天义副教授当时在中国人民大学经济系攻读博士研究生学位，他和其他一些老师都参与集体指导。再往后，我听说经济研究所又实行现在一般高校通行的个人导师制。从这个意义上说，经济研究所这一时期的研究生是十分幸运的，因为我们拥有多名指导教师。耿明斋教授便是我在硕士研究生学习期间的导师之一。同时，1992年在中国历史上是不平凡的一年，邓小平发表的南方谈话破除了将社会主义等同于计划经济的观念，中国经济开启了新的历史篇章，经济学界更加活跃起来。耿老师当时正值不惑之年，思维活跃，我们1992级研究生与他接触颇多，受益良多，尤其是在治学方法上。

一、系统掌握马克思主义经典理论，夯实理论基础

耿明斋教授深厚的马克思主义理论功底源于河南大学长期致力于《资本论》研究的学术传统。《资本论》于1867年问世，是马克思花费时间最长、着力最多的一部政治经济学著作，也是马克思主义最厚重、最丰富的著作，它全面揭示了资本主义经济运动规律及危机特征，从理论的逻辑证明了历史唯物主

义、科学社会主义，被誉为“工人阶级的圣经”。1979 年，河南大学政治系设立《资本论》研究室，拥有以周守正教授这样蜚声国内外的《资本论》研究者。1981 年，河南大学获得全国首批经济学硕士学位授予权，培养了巫继学、许兴亚、陆立军、蔡继明、耿明斋、王天义等一批学者，成为 20 世纪 80 年代国内研究《资本论》的重镇。

耿明斋教授 1982—1985 年在河南大学政治经济学专业攻读硕士学位，师从周守正教授。在这一时期，他深入研究了价值范畴问题。他和王献立在《价值范畴及其在社会主义经济中的作用》一文中运用马克思的科学论述，分析了价值形成的历史条件。他们指出，价值并非永恒的经济范畴。人类劳动的存在，是价值产生的自然基础，人类劳动的发展形式、社会劳动的出现，并且耗费在物品生产上的这种社会劳动需要表现出来，这是价值范畴产生和存在的历史条件。他们还引述了马克思在《资本论》中的一些观点，认为价值的实质即人与人之间相互交换其劳动的社会关系，这种关系的神秘化或被物的外壳所掩盖，是经过了一个过程的。价值实质上不过是人与人之间一种相互交换其劳动的社会关系。说价值是被物的外壳掩盖着的社会关系，只有在商品经济中才是这样，马克思也正是在这个意义上对其加以规定的。《价值范畴及其在社会主义经济中的作用》以马克思主义哲学为指导，运用辩证思维分析经济现象的实质和表现形式，并阐述了政治经济学中的基本理论问题。

耿明斋教授在这一时期还深入研究了马克思的“自由人联合体”思想。他在《从马克思关于“自由人联合体”的设想到农业生产责任制的实践》一文中，首先分析了马克思的“自由人联合体”思想的演化过程：马克思在 1848 年发表的由马克思和恩格斯共同撰写的第一个纲领性文献《共产党宣言》中提出每个人的自由发展是一切人自由发展的条件；马克思在《资本论》中分析了未来社会的经济特征，有“几个具有普遍意义的原则”，而这些原则都有一个共同的，也是最基本的前提，即“自由人联合”；在 1871 年发表的《法兰西内战》中，马克思提出想把现在主要用作奴役和剥削劳动的生产资料、土地和资本变成自由集体劳动的工具。“自由人联合”作为社会主义公有制经济的本质特征，所包含的实际内容是生产力的全面发展和劳动者个人能力的全面而自由的发展。马克思认为，自由是一种关系，它有两重含义：人对自然关系上的自由、人对人关系上的自由。关于第一层含义，恩格斯有这样的解释——“自由是在于根据对自然界的必然性的认识来支配我们自己的外部自然界”，这最终归结为生产力的发展。

马克思主义是不断发展的，蕴含马克思主义原理的经典著作也具有鲜明的时代性。习近平经济思想是马克思主义经济学的最新发展。耿明斋教授深入研究了习近平总书记关于经济的一些重要论述。他在《新经济的张力及其对经济增长的支撑》一文中阐述了习近平总书记于 2014 年 6 月 3 日召开的国际工程科技大会上提出的未来几十年，新一轮科技革命和产业变革将同人类社会发展形成历史性交汇，世界正在进入以信息产业为主导的新经济发展时期的重要论述，阐述了习近平总书记于2015年12月18—21日举行的中央经济工作会议上提出的新一轮科技革命和产业变革正在创造历史性机遇，催生智能制造、“互联网+”、分享经济等新科技、新经济、新业态的重要论述。他在《把握农户迁徙规律　有序推进村落改造》一文中，阐述了习近平总书记于2019年3月8日参加十三届全国人大二次会议河南代表团审议时的重要论述，即实施乡村振兴战略的总目标是农业农村现代化。无论是以适度规模经营和效率为基础的农业现代化，还是以宜居空间改造建设和乡村治理为核心的农村现代化，都与农业剩余劳动力持续转移和乡村人口进城迁徙密不可分。

耿明斋教授不仅挖掘马克思主义经典文献，掌握马克思主义基本原理，而且注重研读国外学者的重要文献。20世纪80年代末到90年代上半期，东欧经济学家如科尔奈、锡克和布鲁斯等关于社会主义经济的分析受到国内学术界的关注。波兰著名经济学家W. 布鲁斯是研究社会主义计划和市场结合问题的先驱，他的社会主义经济模式理论曾经引起我国经济学界的广泛兴趣。但是，对于他的社会主义经济模式理论基础的价值规律作用理论，却很少有人进行系统的研究和介绍。耿明斋教授在《布鲁斯的价值规律作用理论述评》一文中提出，在较深层次上探索计划和市场最优结合方式日益迫切的情况下，重新研究和介绍布鲁斯的价值规律作用理论是有一定意义的。耿明斋教授研究国外学者的理论成果，但是他不迷信这些国外学者，他主要从吸收借鉴的角度研究国外学者的理论。

基础不牢，地动山摇。耿明斋教授注重马克思主义经典著作的研读，掌握了扎实的马克思主义经济学基本理论和根本方法，从而在研究经典著作中领悟到了马克思主义理论的精髓。这也是他后来在理论研究、智库研究方面取得重要成就的基础和根本保证。

二、理论联系实际，密切关注现实经济问题，服务于国家和地方经济的主战场

经济学是“经世济民”之学。经济学的重要任务是研究如何发展经济，造福于民。因此，经济学是一门在理论与现实之间打开道路的学科，经济学学者需要保持足够的敏锐力，与日新月异的现实世界接轨，社会责任与学术研究并不抵触，而是平衡与互促。耿明斋教授的学术研究充分体现了一个经济学家的使命和担当，即不忘初心，为人民做学问，将论文写在祖国和中原大地上。

20世纪八九十年代，我国的经济体制改革不断推进，企业作为微观主体，

其经营机制的转变是整个经济体制改革的基础。耿明斋教授敏锐地看到企业改革的重要一环是产权制度改革。他和席春迎老师在《企业产权转让价格问题亟需解决》和《关于企业产权转让问题的探讨》中认为，产业产权转让作为优化宏观经济资源组合，深化经济体制改革的新思路已呈现在我们面前。它对于改造劣势企业、促进优势企业迅速扩张，确实有巨大的功效。现行产权转让价格仍然存在两个比较明显的问题。他们认为当时产权转让价格存在的主要问题：一是产权转让价格的确定基本上是主观的，买卖双方往往是在一对一的谈判下讨价还价，缺乏较为充分的竞争性。这一方面浪费大量人力、物力，影响企业产权转让的进程；另一方面也不能使存量资产流入最具有发展前途的企业。二是把职工因素考虑在产权转让价格之内，增添了价格的模糊性。而且许多买方企业考虑到要接收职工，即便价格降低，也不愿意购买企业。为此，他们提出以后要大面积地推行企业产权转让，必须把市场机制引入企业产权转让中。

在社会主义市场经济体制构建过程中，探索公有制实现形式既是坚持公有制主体地位的客观需要，也是搞活国有企业、增强国家经济实力的重要方面。耿明斋教授发表了《关于企业内部分配制度改革的几点思考》《关于股份制企业收入分配的几个问题》《进一步改革国家所有制关系的思路》等文章，其中在《进一步改革国家所有制关系的思路》一文中提出，“在劳动者、经营者和国家三类主体对公有资产保值增殖的关系中，作为公有财产所有者的国家处在最关键的环节。只有国家对公有资产的保殖增殖切实负起责任，才能对经营者不负责任的行为产生约束，并通过经营者对劳动者不负责任的行为产生约束。所以要改变公有资产无人负责的状态，人们自然首先想到了必须改变作为公有资产所有者的国家对公有资产无人负责的状态。同时，耿明斋教授等还关注了具有鲜明时代特征的乡镇企业的改革与发展问题。他发表了文章《乡镇企业的政企合一模式能有效节约交易费用》，提出产权明晰并非资源有效配置的必要条件，特定的制度环境决定了企业的目标函数，从而也决定了企业的产权结构。政企合一的乡镇企业模式在特定的制度约束中能有效地节约交易费用，从而达到目标总收益最大化。20 世纪 90 年代以后，企业改革中的股份制是社会关注的重要问题。耿明斋教授发表了《关于股息和红利性质的理论思考》《沪深股市走势分析》等理论成果。

进入 21 世纪以后，中国经济不断发展并取得重大成就，2010 年 GDP 首次超过日本，中国成为世界第二大经济体。伴随中国经济的发展，城镇化问题和区域经济协调发展问题成为必然要面对的重要经济问题，引起社会各界的极大关注。耿明斋教授将研究领域也转移到这两个方面。

在城镇化研究方面，耿明斋教授结合我国经济特别是中原地区的实际，发表了《平原农业区工业化道路探索——以开封县为例》《欠发达平原农业区工业化若干问题研究》《农业区工业化的一般理论分析》《工业化与农地产权制度演进的方向》《对新型城镇化引领“三化”协调发展的几点认识》《新型城镇化——村庄改造和农村社区建设调查报告》《河南人口流动与城镇化模式》等重要文章，认为工业化有原生和次生两种发展模式，不管是哪种发展模式，工业化的起点都是农业。耿明斋教授采用高度抽象的分析方法，研究在纯农业的基础上工业从农业分离为独立产业以及由传统手工业转变为现代大工业所需要的各种条件，给出欧洲为什么会发生产业革命而中国没有发生产业革命的综合解释，为研究农区工业化和经济社会转型奠定了理论基础，这对于工业化的健康发展具有重要意义。同时，他还关注农民的收入问题，发表了《我国农民收入水平变动趋势分析》《我国农民收入水平变动趋势分析与对策思考》等文章。

在区域经济发展方面，耿明斋教授结合中部崛起的现状，分析了河南省的经济发展战略。他在文章《现代空间结构理论回顾及区域空间结构的演变规律》《论城市的功能及“经营城市”的基本思路》中提出，区域空间结构是人们经济活动在一定地域范围内的空间反映。按照区域经济活动的稳定与否，区域空间结构状态可以分为均衡和非均衡两种，均衡性是一种理想状态下的空间结构，同时也是有条件的。现代城市是经济活动的载体。“经营城市”就是把创造和提供共享基础设施服务的功能纳入市场化的运作轨道。河南省是农业大省，经济发展既有优势也存在一些制约因素，需要在调查研究的基础上进行科学分析。耿明斋教授在《河南省经济空间结构特点及调整开发秩序的战略思路》《河南省城市结构及城市形态的演进与预判》《河南在中部崛起过程中的地位与作用》《关于中原经济区建设的若干基本问题》等文章中提出，经过新中国成立以来多年的演化，尤其是改革开放以来40余年在市场经济所要求的效率原则推动下，河南经济空间结构已经彻底摆脱了要素在空间上均质分布的状态，加速集聚和极化发展的趋势已经形成，部分地区甚至出现了向多极化网络状进化的迹象。伴随要素集聚和极化发展，经济运行的效率也明显提升，经济发展水平迅速提高。但是，河南经济空间结构中存在的问题也十分突出。

开封市可以说是耿明斋教授的第二故乡，他密切关注开封市的发展。新中国成立时，开封是河南省省会，也是最大的城市，当时郑州、洛阳都没法与之相比。直至改革开放初期，开封的工业实力不管是按总量还是按人均计算，仍然稳居河南前三名。开封城市地位真正的下滑是过去二三十年间的事。导致这一结果的原因主要有以下几个：一是区位条件不是很好，交通不够便利；二是省委省政府搬迁（1954年10月河南省会迁至郑州，开封为省辖市）；三是省内竞争对手洛阳作为国家重点投资城市逐步崛起；四是开封自身在市场经济环境下应变不足。2003年，耿明斋教授提出了“郑汴一体化”的设想。2004年4

月，他的“郑汴一体化”设想作为中原城市群课题研究成果的一部分公开发布。2005年春，河南省政府主管领导主持召开了一系列座谈会，酝酿“郑汴一体化”的框架思路。现在，郑州和开封两个城市能够连在一起，相互借力，共同更好地发展，这不能不说是耿明斋教授发挥专家学者服务社会作用的结果。

“令公桃李满天下，何用堂前更种花。”耿明斋教授在学术研究和服务社会方面都取得了非凡成就，是我们学习的楷模；他的治学方法是更值得我们学习和研讨。

信念与情怀
——贺恩师耿明斋教授经济思想研讨会

1993 级硕士　马全良

我是 1993 级政治经济学专业耿老师主带的第一批硕士研究生，作为一个非科班背景的门外汉，入学之时内心既惶恐又期待。

河南大学经济学科建设由周守正先生奠基，许兴亚、耿明斋、蔡继明老师等嫡传弟子励精图治勉力发扬光大，在 20 世纪 90 年代就已确立了国内一流的学科基地地位，至今更是国内理论界《资本论》及马克思经济学说研究的一面旗帜。进入 21 世纪，在耿老师的带领下，河南大学在经济学科体系建设、成果发布、社会影响、人才培养等方面均取得了令人瞩目的成就。

一、耿老师经济思想理论体系及其对实践的指导意义

马克思主义社会主义经济理论体系博大精深，研究者不经过刻苦钻研无法领会其精髓并形成体系。在指导我们学业时期，耿老师就已展现出了强大的理论功底和学术造诣。耿老师对周先生的思想和核心观点进行了深入研究与思考，经过对其理论精髓的提炼归纳与深化，逐步形成了具有鲜明特色的完整的社会主义经济理论体系，具备开放、发展、务实、创新的理论风格。耿老师以知识报国为己任，积极将毕生所学运用于指导经济改革和社会实践，为河南及中原地区改革发展做出了实质性的巨大贡献。

（一）耿老师深刻领悟了周先生《资本论》研究关于立场的原则性观点，强调立场观点与方法的统一，立场即世界观，用立场统率观点的研究方法

耿老师解决了经济研究中的主观立场（价值取向）与事物的客观走向如何

统一的问题，也是最基本的价值判断标准问题，特别是明确了从人类社会发展广泛适应性角度，社会主义经济理论为谁服务的基础性问题。耿老师明确指出“社会发展的利益是一个正直的经济学者选择立场的最高原则，也是判断立场正确与否的最后标准”。有什么样的立场就有什么样的经济理论，社会主义经济理论的立场就是要站在社会进步的利益一边，这个利益就是“最能代表社会整体利益和长远利益的那个团体的利益，这个集团的利益与社会发展的利益和效率的要求相一致，效率原则是选择立场时放在第一位的原则”。此立场在实践工作中往往体现为对社会财富和社会价值创造者的尊崇与维护，广大劳动者（纳税人）、企业、企业家是社会的主人，是社会发展的推动者，经济理论必须为其权利和发展服务。事实上，耿老师也自始至终将其作为开展研究工作的指导原则。窃以为耿老师在经济理论与实践中的巨大成就恰恰源于此立场及世界观。

（二）对马克思“自由人联合体”理论的准确理解与发展

马克思在《资本论》中更简明地把社会主义和共产主义称为“自由人联合体”，是比资本主义社会“更高级的、以每个人的全面而自由的发展为基本原则的社会形式”，“是新的社会形态”。耿老师高度重视此理论并对其丰富内涵进行了系统研究。社会主义自由人联合体，自由是核心价值观，联合体是组织形式，由此引申出我们要充分尊重独立个体的权利价值和发展的选择权。耿老师从“自由人联合体”理论出发解释了农村集体经济组织变革的合理性，进而引申提出并论证了公有制基础上所有者与劳动者的双重身份和所有权与劳动贡献双重分配原则。“自由人联合体”体现了产权清晰的人格化，个人（自由人）拥有各种方式自由联合而成的新型社会资本关系的产权关系，它为社会主义体制下各种所有制经济体的合法性提供了理论基础。

（三）对马克思主义产权、契约、要素理论的总结与完善

耿老师从《资本论》中产权这一单纯的法律关系出发，对一般产权、资本产权、劳动产权、土地产权系列概念在生产理论、分配理论的理解和运用进行了深入研究，对财产所有权的法律保护，是把个人的经济努力不断引向一种社会性的活动。马克思主义产权理论进行了从商品价值二重性的关系导出价值形态的财产权，反映着资产形态的财产权，是构成社会主义经济体制的基础要素。马克思指出，“商品不能自己到市场去，不能自己去交换。因此，我们必须找寻它的监护人，商品所有者。产权构成包括主体对财产物的所有、占有、使用、收益等权利，在这些权利中，所有权具有排他性，并决定其他几项权利

的存在，所有权的让渡即意味着财产权的丧失。在以货币交换为基础的商品经济条件下，产权丧失必须是价值形态财产权的转移，只要价值形态财产权滞留，财产所有权就不会丧失，但这并不影响财产使用权与收益权的转让，人们可以保留价值形态的财产权"，而转移其反映的资产形态的使用权、收益权等，就是通常所说的投资者的投资。耿老师提出马克思社会主义产权制度的总结与完善在中国的投资与扩大再生产方面具有极大的指导作用，同时，耿老师强调我国的知识与财产的产权保护必须日趋完善，才能构建起有效的商品社会。

（四）运用经济理论指导中原地区发展，汲取改革红利，深度参与系列高端决策咨询，创造了巨大的社会价值

耿老师创造性地提出并论证了欠发达平原农业区的概念，并对其工业化路径进行了系统探索；2003 年年底首倡"郑汴一体化"、建设中原城市群核心区的战略思想，河南省政府积极采纳并付诸实施；2008 年提出河南省应对经济危机的建议，系统论证了经济结构与金融危机及其影响的关系，受到了省委省政府的高度认可；深度参与航空港经济综合实验区等一系列河南省重大战略研究，特别是为中原经济区建设上升为国家战略论证规划做出了卓越的贡献；牵头主持完成了"三化"（农区工业化、农业现代化和乡村振兴及新型城镇化）协调发展及中原经济区战略研究与谋划。

二、严谨、开放的学术标准和治学方法

耿老师明确指出，正确的方法论、严谨的逻辑体系与扎实的理论基础是治学的根本。要求我们首先要高屋建瓴，深刻领会马克思核心方法论的内涵，充分运用马克思主义逻辑学和辩证法，下苦功打下坚实的理论基础，鼓励构筑自己的经济学思想体系架构；其次要兼容并蓄，尽可能多地学习世界经济学思想精华。培养综合运用经济理论独立思考、整体把握、洞察事物本质的能力。

耿老师为我们的成长倾注了大量的心血，积极组织院系名师给我们安排了近乎完美的课程计划。许兴亚教授亲自讲授"《资本论》精读"，魏成龙大师兄带着大家一起研读宏微观西方经济学理论，席春迎老师传授企业管理和产业并购理论，于金富老师的资本论和社会主义经济理论的专题研究，都使我们受益匪浅。

耿老师鼓励我们全面学习各流派经济理论成果，博采众长，从古典经济学一直到现代最新的经济理论，都鼓励我们尽可能地多学习、多讨论。当时正值樊纲、林毅夫、蔡昉等国内名家的创作高峰期，新制度经济学等流派也正在国

内兴起研究热潮，科斯和诺斯的产权、交易费用与企业理论，斯蒂格勒的价格理论，麦金农和肖的金融深化与金融控制理论，熊彼特的经济发展与创新理论，都成为我们平时研究讨论的主题。

三年内，耿老师针对不同类别的经济理论组织专门课题小组进行深度讨论，大家如饥似渴、你追我赶地学习探讨，沉浸在浓郁的学术氛围中。同学们思维活跃，研究成果丰硕。耿老师为我们构建了校内外多层次的交流体系，邀请熊性美、谷书堂等大家给我们作学术报告，面对面地和地区经济专员就实践中出现的经济问题进行交流、讨论。我们也积极参加全国性的各种学术研讨会，积极投稿发言，汲取营养，提升理论水平和思辨能力。

耿老师鼓励我们积极了解经济学研究最新前沿动态，我们是《经济学消息报》国内学界的第一批受众，成龙师兄的三联书店帮助我们及时获取最新的国内外理论著作，当时感觉整个世界的经济学成果如清风般扑面而来，使我们虽偏于中原一隅，良好的学术基因和视野却让我们站在了经济学殿堂的中央。三年的系统学习使我们大都完成了经济学理论知识的系统性储备，同时又具备了视野开阔、思维开放、思辨性强的研究能力。李仁君、于长革、庄宏献等同学先后发表、出版的专业性理论成果，均展示了他们深厚的经济学理论研究功底，印证了河南大学经济学科建设的高水准。以我们这批学生轻松考取国内名校博士为标志，河南大学经济学科建设迅速上了一个新台阶，开启了河南大学经济学科蓬勃发展的新时代。

三、实践出真知，投身实践与社会服务创造巨大社会价值

经济科学是经世济民的学科，再好的理论不能指导改革实践和政策制定也会成为无源之水。耿老师在经济学院带领团队时就明确指出，我们在改革大潮中要有强烈的使命感，在致力于不断深化经济理论研究的同时，要以极强的社会责任感积极服务于地方经济建设。20 世纪 90 年代早期，在理论界还纠结于商品经济性质、现代企业制度权责划定与传统理论的争论之时，耿老师就强调要高度重视市场和股份制的巨大作用，指出市场是无数追求自身利益最大化的交易平台，市场化是观念转变的杠杆和动力源泉，股份制是微观主体创造社会价值的最优企业组织形式。

1992 年年底，党的十四大报告中正式提出“我国经济体制改革的目标是建立社会主义市场经济体制”。社会主义市场经济体制是一种史无前例的体制，也是中外经济学经典中从来没有过的一个概念。

如何建立市场经济体制，中原地区如何在新的体制环境要求下实现乡村振兴，县域经济如何因地制宜地实现特色化发展，区域经济发展规划如何制定，

微观企业改革从哪里入手，如何界定政企关系，等等，各种问题接踵而来，各地市急需正确的理论指导，期待经济专家“出诊”“把脉”，出方案。

耿老师开阔的视野和理论积累为我们投身其中创造了条件。对于政企各界提出的大量需求，耿老师有求必应，应必全力以赴，身体力行，从不计个人得失。耿老师积极组织科研力量，先后主持了淄博股权交易中心和郑州产权交易中心的规划、设计与运行，可以说他是国内第一批证券市场的倡导者和规划者。

面对众多的市政府提出的迫切需求，耿老师带领我们到开封、长葛、新郑等地，在政府部门的安排下，首先深入一线进行了大量的企业调研，整理了翔实、客观、丰富的一手资料，然后才逐一“巡诊把脉”，了解具体需求和困难，寻找对策。对当地特色行业发展和各类企业改革对症下药，提出了许多个性化的可行性方案（很多当初服务过的企业现已成长为全国行业龙头和优质上市公司）。对于我们学生来说，这确实是难得的社会实践锻炼机会。在区域经济和产业发展规划方案的制定和完善过程中，耿老师总会邀请到国内一流专家到现场和大家一起研讨、交流。我们曾有幸接触到林凌先生这样的大学问家，在现场，林凌先生为国家富强、改善民生推动改革的激情和投入溢于言表，我们被其旺盛的精力和风采所深深感染，至今难以忘怀。回想当初，林先生也正是耿老师现在这个年纪，真是印证了惺惺相惜、人以群分之言不虚。

调研归来，耿老师总会第一时间创造机会与广大师生共享研究成果。记得耿老师在学校新建的教学楼会议大厅作“长葛地区区域经济改革与产业发展规划”报告时，座无虚席的大会场气氛热烈，当耿老师报告中提到我收集的资料和观点时，我第一次强烈地感受到经济学研究的价值所在，自豪感油然而生。实践出真知，社会调研极大地提升了我们的思辨与研究能力，这种经历对于我们在学术研究成长道路上的影响和帮助几乎是决定性的。

四、气节为大，反哺中原大地的大知识分子

耿老师一直有一个愿望，即河南区域经济的理论研究对经济实践的指导性，在特色化和领先性上要走在全国前列，为此他致力于引导大家把研究兴趣聚焦到最具河南特点的领域。在经济改革大背景下，耿老师鼓励大家多提整体性、综合性的方案，拿出具有社会效应、具有全国影响的研究成果。在耿老师的最新文章《文明成长的机制》中，他提道：“具备超常人格的少数的创造性行为是人类跃升到新高度的标志，必须要有人站出来做出开创性的实践。”耿老师是这么想的，也是这么做的。

从河南大学经济学院到改革发展研究院，再到中原经济发展研究院，从教

授到中国杰出人文社会科学家到省人大代表，耿老师的身份不断改变，但其初心始终不改。他曾多次放弃金融高管、大都市名牌高校教授的机会，始终扎根河南大地，心系中原社会经济发展，把学术探索与国家、全省重大发展战略相结合，长期致力于河南社会科学研究指导与河南整个经济社会发展。

作为省政府顶级资政，耿老师始终坚持知识分子的独立性，展现了一个大知识分子光明磊落的气节、为民代言的品格和拳拳赤子之心。作为政府官方聘请的高参，剥离非行政职能、制度化改革、要素市场化改革一直是耿老师长期关注的重点。耿老师反复强调，在我国集中统一体制和国情下，政府干部队伍素质和政策的合理性是地方经济发展的决定性因素。在很多公开场合，耿老师一再呼吁解放思想、转变观念、简政放权，对官员的懒政、滥权行为，对政府的短视、守旧、官本位及群体性唯命是从等陋习都进行了无情鞭挞。耿老师作为一个正直的经济学人，能言、敢言、善言，在赢得了广泛尊重的同时，其观点大都能得到官方的普遍认可和采纳。

放眼国内整个学界，没有一人能够在创造性推动民众福祉方面取得如此重大的成就，耿老师对河南经济社会发展所做的贡献，其中任何一项都足以终身引以为傲。更难能可贵的是贯穿耿老师整个事业生涯中，一个普通知识分子发自内心地造福中原的伟大信念和情怀。有耿老师在此，实为中原人民之大幸。

五、教书与育人，我们的人生楷模

教书育人，重在育人。耿老师强调知识分子首先要为人师表，具有正直和健全的人格。耿老师倡导研究群体为社会进步而聚，团体壮大首先有赖于个人的成长。耿老师强调“多元发展、个人优先”，“个人发展是第一位的”，这一点在当今社会着实难能可贵。耿老师为成就学生的成长可谓殚精竭虑、不遗余力，回想起在校时耿老师日常谆谆教导中的一言一行，无不流露出对弟子成长发自内心的关爱。

耿老师不但培养了一对好儿女，和郭师母的伉俪情深在河南大学也被传为佳话。耿老师的言传身教对我们后辈的人生观、价值观都产生了深远影响，众多弟子不仅身正守规，大都具备健全的人格和良好的品质，而且在社会各界各有所成，多有突出贡献和建树。

更难能可贵的是，耿老师在繁重的社会活动和教学工作之外，勤而不殆，研究领域不断扩大，对人类社会未来发展的思考更加深入，广泛涉猎人文、历史、宗教、地理等新领域，常有大作问世。反看自己，已过天命之年仍一事无成，没能跟上导师的步伐不断精进，常常陷入颓废、迷茫与懈怠之中，深感愧对导师的教诲与期望。

今天我们在这里对耿老师的经济理论和思想精髓进行研讨再学习，我倒认为，其经济理论和思想实不过其全部价值的十分之二三，耿老师更大的人生价值在于作为一个顶天立地的经济学人的珍贵的人格魅力和敢于担当的勇士精神，在于其尽其所能地造福民生的坚定信念与博大情怀。耿老师实为我们后辈学习与追随之楷模，在此我谨祝敬爱的耿老师的理想之树枝繁叶茂、福荫众生！

耿明斋教授经济思想的四个特点

——谨以此文献给耿明斋老师70寿辰暨经济思想研讨会

1997级硕士　刘继广

耿明斋老师经济思想的理论基础是马克思主义政治经济学，也借鉴、吸收了一些西方经济学，如新古典综合派的分析方法。耿老师是将学术研究植根于中原大地的经济学家，其经济思想的形成更多的是基于对以河南为代表的中部欠发达地区改革发展的实地调研，通过归纳、抽象，形成自己的观点，一个个观点如星星之火，逐渐汇聚为思想的火炬。本文概括的耿老师经济思想的四个特点一定不够全面，甚至不够准确，权作抛砖引玉，请同学们指正。

一、以探究资源最优配置这个经济学的基本问题为基础

最初，耿老师关于资源最优配置的研究是在以《资本论》为代表的政治经济学框架内进行的。1986年，耿老师在《论我国国营企业工资改革的总体设想》① 一文中指出：调整国家和企业的分配关系是工资制度改革的突破口，让企业直接从它的总成果中支付它的工资总额，把企业工资总额划分为基本工资和利润工资（现在称为绩效工资）两个部分，利润工资的总水平随着企业利润的增长而提高，在国家对企业实现的利润额进行合理扣除后，让企业自主确定利润工资分配。

后来，耿老师逐渐借鉴了西方经济学的均衡分析、边际分析等方法。他在《兰格社会主义资源最优配置理论介评》② 一文中首先提出“社会主义能否实

---

① 耿明斋:《论我国国营企业工资改革的总体设想》,《中国劳动科学》1986年第4期。

② 耿明斋:《兰格社会主义资源最优配置理论介评》,《河南大学学报(社会科学版)》1988年第6期。

现资源最优配置？这是西方经济学家们曾经热烈争论的问题，兰格的理论就是从对这个问题的回答中产生出来的”，明显具有 20 世纪 80 年代的时代感。耿老师关于资源最优配置的经济思想集中体现在他对兰格的评论中：马克思主义经典作家历来都比较重视社会主义资源配置问题，但是，在兰格之前的马克思主义经济学文献中，都把这个问题仅仅归结为劳动分配问题，这就把一个本来十分复杂的问题过分简单化了。兰格运用市场价格制度和现代经济学的边际分析方法，把社会主义资源配置描述为一个由若干经济主体按照一定规则在市场上不断选择，最终达到一般均衡的过程，极大地丰富了这一理论的内容，推动了这一问题的研究；兰格从资源配置的市场规则出发，在社会主义经济学史上第一次设计了一个以市场为基础的社会主义经济运行模式，并且提出了政府和企业、生产资料所有者和生产者相互分离的理论；在强调社会主义经济运行的市场基础时，兰格不但没有忽视，而且特别强调了政府的调节作用。

二、始终站在中国改革发展实践和理论研究的最前沿

耿老师的学术生涯融入社会变革中，开端于《从马克思关于“自由人联合体”的设想到农业生产责任制的实践》[①] 一文。耿老师在该文中指出：“大包干”这种形式是符合农民群众真正地实行自由联合的愿望的，它丰富了社会主义公有制经济内容，因而使社会主义在中国农村大大前进。此文对 20 世纪 80 年代以农村为主战场、以“联产承包责任制”为标志的中国经济体制改革作了较为系统、全面的理论阐释。耿老师关于农村改革发展的思想成形以《传统农区工业化过程中农地产权制度变迁的经济分析》[②] 为标志，这篇长达 2.5 万字的文章系统阐释了中国农地产权制度的变迁，经过承包制、租赁制和物权制三阶段改革，农户耕地产权完整性逐渐强化，但产权权能仍然在上层政府及乡、村、组、户等多个主体之间分割持有，其对工业化和社会转型要求的不适应是显而易见的。耿老师指出：要通过市场转让实现规模经营，提高农村经济活动的效率，并使农户真正拥有土地处置权和收益权，促进农业人口向非农产业和城镇流动，就必须推进以农户私有化为基本方向的农地产权制度改革。这种思想现在来看也是超前的。

20 世纪 90 年代和 21 世纪初期，中国改革的主战场转移到城市，资本市场成为前沿热点。耿老师不仅从学术上研究资本市场，而且以身先士卒的勇气，

① 耿明斋：《从马克思关于“自由人联合体”的设想到农业生产责任制的实践》，《河南大学学报（社会科学版）》1984 年第 6 期。

② 耿明斋：《传统农区工业化过程中农地产权制度变迁的经济分析》，《河南大学学报（社会科学版）》2009 年第 2 期。

筹建地方股权交易市场。1996年，耿老师拿到了他的第一个国家社科基金课题“我国投资体制改革的目标模式及其运作方式研究”①。这期间，他先后发表了《关于股息和红利性质的理论思考》②《中国股市发展15年：历史回顾与前景展望》③《有关我国信贷资产证券化的思考》④《股票期权制度的理论基础和激励功能》⑤《我国股票期权制度实施方案评介》⑥《重新认识我国场外交易市场》⑦等大量文章，从文章题目中就能看出，当年耿老师的思想紧紧地把握住时代脉搏，立于改革前沿。

不仅如此，耿老师进一步开阔视野，在社会总资本运行中研究投融资问题。他在《论投资、投资体制及其改革的目标模式》⑧这篇万字长文中提出：把政府投资和政府支出分开，将政府投资限制在市场失灵的范围内，真正实现上市公司选择机制的市场化，在资本市场融资方面给民营企业以平等待遇，同时实现资本市场的多元化、多层次化和市场中介机构的民营化。耿老师从宏观经济运行、社会再生产的角度看待投资体制、资本市场等现象，试图厘清市场与政府的功能边界，这一时期的研究为他站在更高角度探寻中国经济社会发展路径奠定了基础。

三、基于中国现实探寻经济社会发展路径

2001年，耿老师拿到了国家社科基金重点课题“欠发达平原农业区产业结构调整升级与工业化发展模式研究”，可以说这是耿老师学术生涯的转折点，其学术研究的关注点转战到了欠发达地区的发展问题上。2003年8月，河南省委省政府印发《河南省全面建设小康社会规划纲要》，突出了工业化的首要战略位置，澄清了农区是否需要发展工业化的争论。河南可以说是中国经济社会发展的活化石，把河南的问题研究透了，中国的问题也能说得差不多，而河南面临的首要问题就是农区工业化问题。耿老师发表了大量农区工业化的文章，其中比较有代表性的有《农业区工业化的一般理论分析》⑨《欠发达平原农业

---

① 耿明斋:《我国投资体制改革的目标模式及其运作方式研究》,国家“九五”社科规划基金资助项目(批准号96BJB016)。

② 耿明斋:《关于股息和红利性质的理论思考》,《经济问题探索》1989年第10期。

③ 耿明斋:《中国股市发展15年:历史回顾与前景展望》,《河南大学学报(社会科学版)》1999年第5期。

④ 耿明斋:《有关我国信贷资产证券化的思考》,《经济学动态》2002年第7期。

⑤ 耿明斋:《股票期权制度的理论基础和激励功能》,《经济体制改革》2002年第4期。

⑥ 耿明斋:《我国股票期权制度实施方案评介》,《改革与理论》2002年第12期。

⑦ 耿明斋:《重新认识我国场外交易市场》,《财贸经济》2003年第2期。

⑧ 耿明斋:《论投资、投资体制及其改革的目标模式》,《河南大学学报(社会科学版)》2001年第2期。

⑨ 耿明斋:《农业区工业化的一般理论分析》,《河南大学学报(社会科学版)》2007年第3期。

区工业化道路——长垣县工业化发展模式考察》[1]《传统农区工业化过程中农地产权制度变迁的经济分析》《河南科迪食品集团土地"承租返包"模式研究》[2] 等。

耿老师从历史的视角，将抽象的理论分析放在整个人类文明的发展史中来考察，他在《农业区工业化的一般理论分析》一文中指出：工业化有原生和次生两种发展模式，不管是哪种发展模式，工业化的起点都是农业。该文采用高度抽象的分析方法，从农业剩余、市场空间、组织与技术、自由主体、文化价值观等维度，研究在纯农业的基础上工业从农业分离为独立产业以及由传统手工业转变为现代大工业所需要的各种条件，给出欧洲为什么会发生产业革命而中国没有发生产业革命的综合解释，为研究农区工业化和经济社会转型奠定了理论基础，这对河南省乃至中国欠发达农业区工业化的健康发展具有重要意义。

如何解决土地规模经营与分散的土地家庭使用制度的矛盾，无论在理论上还是在实践中都是亟待解决的重大问题。他发表在《中国农村经济》上的《河南科迪食品集团土地"承租返包"模式研究》一文对此进行了十分有益的探索。文章分析了"承租返包"模式下原土地使用权主体、农业产业化龙头企业（土地承租方）、再承包者收益情况，总结出"承租返包"模式的普遍意义、运行的条件和推广价值。现在，"承租返包"模式已经成为农地规模经营的主要形式。

随着改革的深入，如果河南省没有较大规模和较具竞争力的城市群经济区崛起，不仅难以吸引外部的各种要素向河南省汇集，还会使省内现有的各种资源加快流向周围的"经济增长极"。耿老师在世纪之交提出的"郑汴一体化"战略，成为中原城市群建设的突破口，无论是区域经济理论探索，还是区域发展的实践推动，"郑汴一体化"堪称重要举措。当时河南省在承接发达国家和沿海发达地区产业转移上处于弱势地位，很有可能成为我国中部地区经济发展的"凹地"，人们用"中部塌陷"来形象地概括中部地区经济发展的窘状。耿老师又分别在 2009 年和 2011 年获得国家社科基金重点项目和重大项目"中西部地区承接产业转移的重点与政策研究"。耿老师提出期望上升为国家战略的"郑汴新区"的基本构想，郑汴新区的基本性质是现代化复合式新城区，其基本功能定位是整个河南省经济的核心增长极。耿老师在随后的郑州大都市区建设中提出了郑汴港核心区的概念，厘清了航空经济与临空经济的概念范畴，以及在各种场合以实例实证呼吁河南高质量发展，明确指出了科技支撑、创新驱动的具体路径。耿老师在《论航空经济》[3] 一文中指出：航空经济具有开放性

① 耿明斋：《欠发达平原农业区工业化道路——长垣县工业化发展模式考察》，《南阳师范学院学报（社会科学版）》2005 年第 1 期。

② 耿明斋：《河南科迪食品集团土地"承租返包"模式研究》，《中国农村经济》2000 年第 7 期。

③ 耿明斋：《论航空经济》，《河南大学学报（社会科学版）》2017 年第 3 期。

与全球性、高时效性、高附加值与高技术性及多元性与网络性特征。发展航空经济对于培育新增长极、注入新动力、以开放倒逼改革、推动经济社会的现代化转型，具有十分重要的意义。

四、从现实出发的理论创新

经济学研究的基本任务是探索经济活动的规律。首先要弄清楚现实的经济活动是什么，才能从现实社会中发现问题，进而弄清楚经济活动中都涉及哪些要素，这些要素之间是如何相互连接在一起又相互发生作用的，它们之间相互作用的结果是什么，在现实经济活动可能出现的结果中如何避免不利于发展的结果。耿老师认为，当理论与现实发生冲突时，一定不是现实错了，而是理论错了，或是过于抽象的理论对于具有多重色彩的更为具体也更为丰富的现实缺乏解释力①。通过长垣县工业化发展模式考察，耿老师提出并回答了诸如相对恶劣的区位及自然地理环境为什么能够成为工业化发展的促动因素、人口流动为什么是此类地区工业化发展的突破口、企业为什么会在农村散布而不是向城市集中等问题。他提出了诸如“生存压力和较低的制度成本是欠发达农业区工业化发展的推动力量”“一国范围内的不同地区虽然面临的由国家创造和提供的制度环境是一样的，但由于对宏观制度环境认识水平、执行宏观制度规则的创造性和前瞻性等方面的差异，各个地区在为自己地区的工业化营造微观或中观制度环境方面还是有很大的自主操作空间，从而可以形成特定的区域制度环境。这种区域制度环境如果更适合区域工业化发展的规律，就会对本地区的工业化起到极大的推动作用”等一般教科书上难以看到的观点。

耿老师主张从现实出发来检验、评价既有理论，并寻找、探索更有效的理论。耿老师在研究工作中身体力行，试图从更基本的层面说明已经变化了的现实究竟是什么，若现实和理论不一致，很可能是理论出了问题，因而需要对已有的理论加以修正，使之对现实更具解释力，或者干脆寻找新的更符合现实的理论。耿老师曾经全身心投入丰富和完善工业化、城镇化、农业现代化的发展战略研究和实践探索中去，几乎跑遍了全省 100 多个县，为“三化”协调发展提供理论支撑和实践经验。如果说探讨欠发达地区工业化是试图抬高河南的底部、服务脱贫攻坚的话，耿老师最近十年则是致力于寻找新的增长极，为河南乃至中部地区崛起打破发展的“天花板”献计献策。他试图从真实的现实中发现历史规律和指出未来方向。

---

① 耿明斋:《欠发达平原农业区工业化道路——长垣县工业化发展模式考察》,《南阳师范学院学报(社会科学版)》2005 年第 1 期。

参考文献

[1]耿明斋.论我国国营企业工资改革的总体设想[J].中国劳动科学,1986(4):1-4,7.

[2]耿明斋.兰格社会主义资源最优配置理论介评[J].河南大学学报(哲学社会科学版),1988(6):26-29.

[3]耿明斋.从马克思关于“自由人联合体”的设想到农业生产责任制的实践[J].河南大学学报(哲学社会科学版),1984(6):16-21,30.

[4]耿明斋.传统农区工业化过程中农地产权制度变迁的经济分析[J].河南大学学报(社会科学版),2009,49(2):1-18.

[5]耿明斋.关于股息和红利性质的理论思考[J].经济问题探索,1989(10):29-32.

[6]耿明斋,乔东杰.中国股市发展15年:历史回顾与前景展望[J].河南大学学报(社会科学版),1999(5):28-35.

[7]耿明斋,郑一帆.有关我国信贷资产证券化的思考[J].经济学动态,2002(7):45-49.

[8]耿明斋.股票期权制度的理论基础和激励功能[J].经济体制改革,2002(4):10-14.

[9]耿明斋.我国股票期权制度实施方案评介[J].改革与理论,2002(12):34-36.

[10]耿明斋,邓淑斌.重新认识我国场外交易市场[J].财贸经济,2003(2):72-75.

[11]耿明斋.论投资、投资体制及其改革的目标模式[J].河南大学学报(社会科学版),2001(2):18-24.

[12]耿明斋.农业区工业化的一般理论分析[J].河南大学学报(社会科学版),2007(3):1-11.

[13]耿明斋.欠发达平原农业区工业化道路——长垣县工业化发展模式考察[J].南阳师范学院学报(社会科学版),2005(1):26-35.

[14]耿明斋.河南科迪食品集团土地“承租返包”模式研究[J].中国农村经济,2000(7):31-35.

[15]耿明斋,张大卫.论航空经济[J].河南大学学报(社会科学版),2017,57(3):31-39.

耿明斋教授投资研究述评

1999 级硕士　王赛德

耿明斋教授是一位从实践出发进行理论思考的学者，也是一个不断把理论应用到实际中去的实践者。耿明斋教授经济研究的范围很广，本文主要从市场化投资主体建设、资本市场发展和投资体制改革三个方面介绍他对投资问题的研究。耿明斋教授对投资问题的研究从 20 世纪 80 年代开始至今，其间各种理论思潮起伏，但其研究视角和内在逻辑始终如一，体现了一个真正学者严谨的治学精神和风骨。

起始于 1978 年的经济改革，是一场史无前例的、深刻的社会经济大转型，在这场大转型中，经济体制、社会观念、政府和经济主体在经济发展的角色等方方面面都发生了巨大变化。中国的经济改革没有先例可循，也没有现成的理论可用，一批具有家国情怀的学者在“天下兴亡，匹夫有责”精神的驱使下，从我国的实际出发，紧扣时代发展的重大问题，探寻我国经济社会转型发展之路，耿明斋教授就是其中一位。耿明斋教授不是传统意义上完全待在书斋里进行理论思考的学者，他有着深厚的理论功底和理论高度，但他主张研究要从我国的经济发展实践出发，围绕我国经济社会发展的现实问题进行理论思考。他的经济思想主要来自对经济实践深入思考基础上的抽象。他认为，“现实的合法性来源于其自身，并不需要理论来证明。因此经济研究还有另外一条途径，那就是从现实出发，从实际中我们所遇到的问题出发，先弄清问题是什么，然后再去寻找可以解释问题的理论”。理论从现实中来，最终还要回到实践中去，解释实践中的问题，并为实践活动提供理论依据。耿明斋教授在理论研究的同时，还主动参与了区域经济政策的制定和众多企业的转型升级，使来自实践的理论在实践中得到升华。

一、市场化投资主体建设的倡导者和推动者

改革开放初期，耿明斋教授认识到当时居于绝对主导地位的国有企业并不是真正意义上的企业，而只是政府所属的生产车间而已。如何把“国有企业”改革成真正意义的市场主体和投资主体、提升投资效率，成为耿明斋教授早期主要的研究课题。为此，他对国有企业的性质、目标定位和转型路径作了一系列研究。企业是追求利润最大化的经济组织，正是对利润的追求，使它们不得不持续思考他人现在和将来的需要。正所谓“欲取之，必先予之”。追求利润最大化的企业是把私利和他利完美结合的典型制度安排。作为市场经济主体的企业，不断发现市场机会，进行投资，既满足社会需要又获利；它们为在竞争中脱颖而出必须投资于研发和先进技术设备，改进产品质量，降低成本，进而取得竞争优势，避免在竞争中落败。企业对自己的投资行为负责，它们享受投资成功带来的丰厚财富，同时也要承担投资失败带来的苦果。正因如此，生产要素才会被配置到最需要的、使用效率最高的地方，以推动经济的增长。总之，只有经济体中的企业是真正的企业，社会资源才能实现有效配置。

（一）把国有企业改革成真正的市场主体，是提升投资效率和效果的关键

耿明斋教授早期关于投资的研究主要集中在国有企业改革上，重点是分析国有企业改革的内在逻辑和目标模式，进而提高投资效果和效率。1978 年，我国 GDP 为 3645.2 亿元，人均只有 381 元，因此，如何实现快速的经济增长、提高人民的生活水平就是当时面临的重大问题。现代经济增长理论都认为投资是经济增长的主要源泉之一，而耿明斋教授则注意到现代经济学的经济增长模型是假设企业都是以追求利润最大化为目标的企业。而在改革初期的中国，处于主导地位的国有企业，产权不明，激励机制不顺，它们发现市场机会的激励不足，它们对产品和原材料的价格不敏感。在缺乏真正意义企业的条件下，即使政府向国有企业下放经营权，扩大它们的投资权限，其生产要素的配置仍会扭曲，投资的效果和效率仍会低下。因此，耿明斋教授认为要发挥投资在经济增长中的作用，必须对国有企业进行改革，把国有企业改革成真正意义上的企

业，把国有企业建成真正意义上的投资主体。[①] 正如诺斯所指出的，技术进步、劳动和资本的增长并不是经济增长的源泉，它们是经济增长本身，制度才是经济增长的源泉。[②]

耿明斋教授在1988年就认为国有企业改革的关键在于必须厘清政府与国有企业的界限，必须改革国有企业作为政府附属单位和生产车间的性质，必须明确企业的独立经营实体的地位。[③] 他认为政府是国有企业的股东，企业除向政府缴税外，还必须向政府缴纳股息；企业使用政府的资金，必须考虑企业的负债能力，必须向政府还本付息。他还认为政府应该在摸清国有企业资产总额的基础上，拿出一半作为国有资产，成立专门管理国有企业资产的专门机构，另一半由员工持有。耿明斋教授早期关于国有企业改革的观点在当时是相当超前和富有创见的，放到今天仍具有借鉴意义。比如，他在1986年和1991年先后三次在文章中明确提出在各级政府机构中设立国有资产管理机构和经营机构，并在1991年指出分别应该叫国有资产管理局和资产经营公司，而国有企业资产监督管理委员会在2003年才成立，他提出成立专门管理国企资产机构的时间比国资委成立时间整整早了17年。[④] 他还在1991年提出，为把国有企业改革成真正意义上的企业，应该允许企业和个人投资入股，耿明斋教授是混合所有制改革思想的早期提出者。[⑤]

耿明斋教授在文章《对我国经济体制改革的回顾和思考》和《论布鲁斯“分权模式”的局限》中分析了国企投资中的“道德风险”问题（他在原文中表述了国有企业存在的道德风险问题，但没有用“道德风险”一词）。他认为如果不把国有企业改革成独立的经济实体，企业就会把追求利润最大化的目标放在向国家要投资上来，放在追求企业成员消费收入最大化的目标上来。企业有强烈的投资激励，但又不承担投资可能带来的风险，最后必然降低投资效率。耿明斋教授认为应该改变国家无偿供应资金的方式，把资金投放到市场，把投资选择权交给企业，让企业通过市场化的方式获得资金。这样企业在还本付息的压力下才会把投资效率提高。同时，通过市场化的资金分配方式，让企业通过公平竞争获取资金，也利于筛选出高效率的企业，让资源向高效企业集

① 该部分内容来自文献：耿明斋：《略论社会主义经济体制的目标模式》，载《河南大学研究生论丛》第三辑，河南大学出版社，1988年，第183～196页；谷书堂、耿明斋：《对我国经济体制改革的回顾和思考》，《南开经济研究》1991年第5期；耿明斋：《论布鲁斯“分权模式”的局限》，《河南大学学报（社会科学版）》1992年第3期；耿明斋：《转轨时期的投资体制和投资运作方式》，中国经济出版社，2001年。

② 道格拉斯．诺斯、罗伯斯·托马斯：《西方世界的兴起》，厉以宁、蔡磊译．华夏出版社，2017年。

③ 耿明斋：《略论社会主义经济体制的目标模式》，载《河南大学研究生论丛》第三辑，河南大学出版社，1988年，第183～196页。

④ 该部分内容来自文献：耿明斋、韩建方：《社会主义股份论》，《中国经济社会转型探索》，社会科学文献出版社，2008年，第198页；谷书堂、耿明斋：《对我国经济体制改革的回顾与思考》，《南开经济研究》1991年第5期；耿明斋：《进一步改革国家所有制关系的思路》，《探索与争鸣》1991年第4期。

⑤ 耿明斋：《进一步改革国家所有制关系的思路》，《探索与争鸣》1991年第4期。

中，提高投资效率。[①] 耿明斋教授指出国有企业尚未建立起投资约束机制，国有企业尚不是真正意义的市场投资主体，必须明晰国有企业产权，让投资管理者有足够的激励提高投资效率和做好风险控制。[②] 虽然这些观点都是20年前提出来的，但对当前的国有企业改革仍具有指导意义。在企业所有者和经营者分离的情况下，道德风险问题仍然广泛存在。一些国有企业和民营企业在由国家托底和大而不倒的思想影响下，盲目投资扩张，成功了管理层大获其利，失败了就“甩锅”给国家。企业里的“道德风险”问题扭曲了资源配置，严重损害了投资效率。

（二）股份制改造是把国有企业建成现代企业的重要途径

在学界对国有企业改革的市场化方向逐渐达成一致时，学术界开始思考国有企业改革的具体实践和操作方法。早在1986年，耿明斋教授就著文提出了国有企业改革不能简单进行简政放权，而要从产权着手，对国有企业实行股份制改造，并给出了国有企业股份制改造的理论依据和具体操作思路。[③] 他认为股份制是现代社会化物质生产的产物，是一种社会生产组织形式。股份制首先在资本主义社会内形成，但由于社会主义社会仍然是社会大生产，股份制作为一种制度安排仍然有存在的基础。他认为股份制改造增强了直接融资，有利于推动资金市场的竞争、提升投资效率。他还认为政府应该以试点进行股份制改造，而且中央政府和各级地方政府应成立专门机构负责国有资产和股权的管理，并决定投资方向、投资数量，以及决定转让、购买哪些股份。

国有企业的股份制改造不仅是一个理论问题，还是一个实践问题。在理论探索逐渐明晰的情况下，耿明斋教授作为研究的先行者和实践的先行者，亲自指导和参与了地方的国有企业股份制改造。1995年耿明斋教授在河南省新郑市政府的邀请下策划了该市的国有企业改革。为借鉴山东诸城的企业股份制改革的经验，他专门对诸城市的股份合作制改革进行调研，写出了专门的研究报告。当时，各方面对诸城企业改革的性质存在很大争议，耿明斋教授明确提出股份合作制是公有制的特殊实现形式，具有社会主义性质。当时敢于旗帜鲜明地著文支持诸城的企业改革，不但需要有坚实的理论功底和学术自信，还需要有很大的勇气，体现了一个学者的风骨。他还认为股份合作制应该明晰股东大

---

① 谷书堂、耿明斋：《对我国经济体制改革的回顾和思考》，《南开经济研究》1991年第5期。

② 耿明斋：《转轨时期的投资体制和投资运作方式》，中国经济出版社，2001年，第43页。

③ 耿明斋、韩建方：《社会主义股份论》，载《中国经济社会转型探索》，社会科学文献出版社，2008年，第198页。

会、董事会和监事会的权责地位，完善公司治理，在企业建立现代企业制度。[①]

耿明斋教授的研究始于问题，成于理论，再回到实践，如此循环往复，螺旋上升。在大量理论探索和实践的基础上，他于 1994 年出版了《中国企业股份化改造实务指南》一书。[②] 他在书中系统地介绍了股份制企业的发展历史、中国企业股份制改革的缘起、股份制企业设立、股票发行上市和内部运作的具体事务。该书是国内一本较早系统介绍企业股份化改造实务的书，具有系统性、通俗性和操作性特征。这是一本写给实践者的书，对中国的国企改革起了相当大的推动作用。

二、倡导和推动建立资本市场及其市场化改革，力主发展多层次资本市场

金融市场是现代市场经济的核心，通过金融市场，储蓄转化为投资，对市场机会敏感的企业家获得资金后可把潜在的市场机会变成现实，企业得以定价，资源得以配置。资本市场资金流动的背后是资源的流动，通过资本市场资源实现了跨期配置、在不同行业的配置和在不同企业间的配置，把资源引到最有效率的地方去。一个国家的金融市场的广度、深度、规范化、市场化和国际化的程度，直接决定了这个国家资源配置的效果和效率。

（一）早期建立股票市场和多层次金融市场的倡导者和推动者

耿明斋教授的经济研究基于现实问题，层层递进，一脉相承，内在逻辑统一。当他发现股份制改造是国有企业改革的重要途径时，就提出了发展现代化、规范化的股票市场，建设多层次的资本市场，鼓励企业间的并购重组的建议。早在 1986 年他在分析国有企业股份制改革的条件时就指出，国有企业要实现股份制改造必须建立股票市场，而且要防止股票投机和诈骗行为，必须有周密的制度和法规，实现股票交易的稳步发展。[③]

在证券市场发展早期，国内学界和政府工作人员对证券市场的性质存在争论，对发展市场存疑。耿明斋教授则撰文旗帜鲜明地支持大力发展证券市场，并指出发展证券市场是社会主义市场经济的内在要求，并从国有企业改革、提

---

① 1995 年春，耿明斋应河南省新郑市政府之邀，研究策划该市企业改革，为此曾专程赴山东诸城对其企业股份合作制改革进行了系统调查并撰写文章，发表于《河南大学学报（社会科学版）》1995 年增刊。

② 耿明斋、席春迎：《中国企业股份化改造实务指南》，河南人民出版社，1994 年。

③ 耿明斋、韩建方：《社会主义股份论》，载《中国经济社会转型探索》，社会科学文献出版社，2008 年，第 198 页。

升资源配置效率等角度分析了发展证券市场的客观必然性。他系统地梳理了中外证券市场的发展历史，分析了社会主义证券市场功能及我国建立证券市场的客观必然性，并在分析我国证券市场现状的基础上给出了社会主义证券市场的目标和模式选择。①

在主张建设全国性证券市场的同时，他积极支持发展区域性证券市场和场外交易市场。在证券市场发展早期，各地一哄而上设立了众多的交易市场。耿明斋教授通过研究西方证券市场发展的历史和现状，结合中国实际，提出了应该在经济发达的城市设立较为集中的全国证券交易网络，让全国的企业都可以在这里挂牌上市。② 同时，他认为我国区域辽阔，各地在经济发展上很不平衡，而且企业数量众多、层次不一。1995 年，他极具前瞻性地指出我国应该建立全国统一证券市场和区域性证券市场的多层次证券交易体系。尽管在我国证券市场发展初期，区域性证券市场发生了一系列重大问题，但他从西方国家证券市场发展的历史和现状角度出发，认为发展区域性金融市场不但是现实需要，而且是一个客观规律。他认为发展区域性金融市场有利于区域经济的均衡发展，也有利于民族团结、边疆稳固、社会稳定和中国对外经济联系。③ 他还认为发展包括场外交易市场在内的多层次证券市场是完善资本市场的必然要求，也是满足不同类型企业融资、股权流通和提升公司质量水平的需要，对于促进高新技术产业的发展也有着非常积极的作用。1997 年，一些区域性证券市场因为种种原因被关闭，但耿明斋教授始终坚持自己的观点，从理论和中外证券市场发展的历史和现实出发，论证发展区域性证券市场是证券市场发展的客观规律，也符合中国客观实际，有利于经济发展，有利于经济发展的区域平衡。他积极倡导和支持发展区域性证券市场，体现了一个学者敢于不唯书和不唯上、只唯实的精神。④ 现在全国有 40 家区域股权交易中心，挂牌企业上万家，它们作为我国多层次证券市场的重要组成部分，对于解决经济发展不平衡、中小企业融资、完善企业治理、推动高科技企业发展和优化资源配置起了很大的作用。中国区域性证券市场发展的事实，证明了发展区域性证券市场方向的正确性。

为了给科技创新企业提供投资平台，也为与国际接轨，为在主板实行注册制提供经验教训，2019 年我国在上海证券交易所推出科创板。而早在 1999 年

---

① 耿明斋：《社会主义证券市场》，载《社会主义市场经济论》，红旗出版社，1992 年。

② 耿明斋：《社会主义证券市场》，载《社会主义市场经济论》，红旗出版社，1992 年。

③ 该部分内容来自文献：耿明斋：《发展我国区域性证券市场的思考》，《河南大学学报（社会科学版）》1995 年增刊；耿明斋：《转轨时期的投资体制和投资运作方式》，中国经济出版社，2000 年，第 52 页。

④ 耿明斋：《中国股市发展 15 年：历史回顾与前景展望》，《河南大学学报（社会科学版）》1999 年第 5 期（本文是耿明斋 1999 年 4 月在韩国济州岛举行的东亚经济区国际研讨会的论文）；1997 年春夏之交耿明斋应山东淄博证券交易自动报价系统管理机构之邀，专门撰写《抓住机遇，快速扩容，把淄博证券市场发展推向新阶段》的研究报告，支持区域性证券市场的发展；耿明斋：《发展股票场外交易的思考》，《期货导报》1997 年 8 月 14 日。

和2000年，耿明斋教授就明确提出为了给高技术企业从事风险投资提供一个高效率的筹资场所，应该降低上市门槛，需要一个不同于沪、深市场和区域性证券市场的市场，在沪、深市场内专门设立高科技板块，为高科技企业的融资和定价提供方便。他在研究国外证券市场的基础上，结合中国实际，就我国科创板市场模式和地点选择以及监管和风险控制作了非常系统的研究。[①] 我国于2019年推出了科创板，现实证明了耿明斋教授的研究反映了证券市场的客观规律。

金融衍生品市场是证券市场不可或缺的组成部分。从大的方面讲，金融衍生品市场可以提升金融市场的宽度和深度，提升资源的配置效率；从小的方面讲，金融衍生品市场为投资者提供了规避风险和价格发现的工具，有助于改善市场的流动性和降低市场的波动性。早在2000年，耿明斋教授就提出了应支持交易所的金融创新，尽早推出股票指数期货和股票期权等金融产品，发展金融衍生品市场。他论证了发展股指期货和期权市场的必要性，给出了发展股指期货市场和期权市场的政策设计、具体制度设计和操作流程。[②] 他还著书系统研究了可转换债券、股份回购、期权等，并给出系统的制度设计，推动了我国金融衍生品市场的发展。[③] 回望我国金融市场的发展，不得不说耿明斋教授的分析判断非常具有前瞻性和超前性，他的研究大大领先于实践。我国在2010年才开始股指期货交易，2015我国首个场内期权产品——上证50ETF期权正式上市交易，个股期权至今尚未推出。

（二）中国证券市场市场化改革的推动者

在我国证券市场的发展过程中，行政力量的介入比较深，好的作用是有利于证券市场快速发展，不好的一面是由于路径依赖，各种利益团体牵涉其中，市场化改革阻力大、进展缓慢。耿明斋教授在证券发展的早期就注意到行政过度介入证券市场运作存在的问题，因而积极倡导证券的市场化。

规范化是证券市场市场化的基本特征。耿明斋教授在主张大力发展证券市场的同时，也非常关注证券市场的规范化问题。资本市场是一个资源配置系统，规范有效的市场才能实现资源的有效配置，相反，失序混乱的市场会造成资源配置的扭曲。我国证券市场成立时间短，再加上是在经济和社会转型期间成立的，与证券市场相匹配的制度尚不完善，因而在早期问题丛生，严重影响

---

① 该部分内容来自文献：耿明斋：《中国股市发展15年：历史回顾与前景展望》，《河南大学学报（社会科学版）》1999年第5期（本文是耿明斋1999年4月在韩国济州岛举行的东亚经济区国际研讨会的论文）；耿明斋：《转轨时期的投资体制和投资运作方式》，中国经济出版社，2000年，第119页。

② 耿明斋：《转轨时期的投资体制和投资运作方式》，中国经济出版社，2001年，第52页。

③ 耿明斋：《转轨时期的投资体制和投资运作方式》，中国经济出版社，2001年。

了资源的配置效率。耿明斋教授在 1986 年提出发展股票交易市场时就指出，应该先行试点，前期应该限制股票过度交易，防止过度投机，逐步有序发展证券市场。①

规范化的证券市场一定是法治化的证券市场。耿明斋教授在 1992 年我国证券市场发展早期就提出发展证券市场要立法先行。他认为要借鉴美国证券市场发展过程中的教训，尽快制定《中华人民共和国证券法》《中华人民共和国证券交易法》和《中华人民共和国公司法》等法律，唯有法治化，才能规范证券市场中证券交易所、上市公司、投资者和中介机构等相关主体的行为，才能为监管机构的监督和管理提供依据和保障，实现证券市场的规范化。他提出，证券市场作为市场体系的一部分，与其他市场存在密切关联，应该建立一个隶属全国人大或国务院的综合性、权威性的证券管理机构，对证券市场进行管理、监督和协调。② 规范有效的市场需要严格的监管，对此耿明斋教授提出应该建立统一的监管体系，由证监会对各个地方的证券监管机构实行垂直管理。中国证券监管体系的演进验证了耿明斋教授早期的判断。

市场化要求股票发行的市场化。耿明斋教授是证券市场发展早期股票发行市场化的倡导者，也是注册制思想的早期提出者。1992 年，他认为股票市场大起大落的根源在于上市公司数量有限，股票发行市场与交易市场脱节，应该推动更多规范化的企业上市。③ 1999 年和 2000 年，他指出当时自上而下的分配和审批机制完全是行政计划性的，与市场经济的运作规则格格不入，违背了证券市场运作和发展的规律。在这种机制下，极易造成腐败、造假和逆向选择问题。他主张股票发行市场化，在股票发行和企业上市上不设规模，不设配额，证券监管机构应完全依据企业自身的条件决定其能否上市。应该不论规模大小和企业性质，一视同仁。④ 他还认为，证监会应该下放审核权力给证券交易所，在企业上市程序上发挥市场机制的作用，由强行政管理程序逐步过渡到由企业申请，券商推荐，证券交易所审核批准，证监会登记注册的非行政程序。这种实施注册制的提法击中了企业上市机制的问题所在，指明了企业上市机制改革的方向。

市场化意味着要明确证券市场所有主体的角色地位，发挥所有市场主体的作用。耿明斋教授认为，证券市场中各个参与主体要定位明确，各司其职。政府机构的主要功能是制定规则、做好监管，行政机构要下放更多权力给市场参与主体。扩大交易所在经营上的自主权，鼓励交易所积极进行金融创新，推出

① 耿明斋、韩建方:《社会主义股份论》,载《中国经济社会转型探索》,社会科学文献出版社,2008 年,第 198 页。

②③ 耿明斋:《社会主义证券市场》,《社会主义市场经济论》,红旗出版社,1992 年。

④ 耿明斋:《中国股市发展 15 年:历史回顾与前景展望》,《河南大学学报(社会科学版)》1999 年第 5 期;耿明斋:《转轨时期的投资体制和投资运作方式》,中国经济出版社,2000 年,第 51 页、第 114 ~ 119 页。

新的金融产品。他还认为应该支持和规范区域性证券市场的发展，为各地证券市场的发展提供公平竞争环境。[①]

市场化意味着同股同权。历史上曾有一段时期国有控股企业中的国有股不能流通，耿明斋教授认为同股不同权违背了市场规则，不利于证券市场功能的发挥，而且易造成股价的波动。

耿明斋教授还是证券市场国际化的倡导者。早在 1992 年，耿明斋教授就提出国际化是证券市场的重要特征。1999 年他又提出要积极推动中国股市的国际化进程。一方面要鼓励中国企业“走出去”，另一方面要逐步创造条件引进外资。[②]

（三）积极推动上市公司治理的现代化

上市公司是证券市场的核心主体，上市公司的治理水平事关公司业绩、公司定价、资源配置效率、投资者保护和公司的权益融资成本等，上市公司的治理水平是证券市场健康发展的基石。耿明斋教授作为研究现实问题的学者，从 2015 年开始，每年主持发布《河南省上市公司发展报告》。在该系列报告中，耿明斋教授构建了公司治理评价指标体系，定量分析了河南省上市公司在股权结构治理、董事会治理、经理层治理和中小股东利益治理方面的质量和水平。在数据收集和整理方面做了大量基础性工作，为进一步深入研究创造了条件；同时，他提出的上市公司的治理水平评价指标体系，在理论上具有较大的开创性，该研究报告为促进上市公司治理和证券市场监管提供了事实依据并指明了方向。[③]

上市公司会计信息披露的质量和规范，直接决定了证券市场效率和投资者保护，是提升我国上市公司治理水平的核心部分。耿明斋教授在 2001 年就系统分析了中国会计信息披露对市场有效性的影响，并指出了中国会计制度存在的问题和上市公司在会计制度执行、会计信息披露准确性、充分性和及时性上存在的问题，并给出了改进上市信息披露的具体措施。[④] 在所有者和经营者分离的情况下，管理层的行为直接决定公司的绩效。早在 2002 年耿明斋教授就

① 该部分内容来自文献：耿明斋：《中国股市发展 15 年：历史回顾与前景展望》，《河南大学学报（社会科学版）》1999 年第 5 期（本文是耿明斋 1999 年 4 月在韩国济州岛举行的东亚经济区国际研讨会的论文；耿明斋：《转轨时期的投资体制和投资运作方式》，中国经济出版社，2001 年，第 46 页、第 114 ~ 119 页。

② 耿明斋：《中国股市发展 15 年：历史回顾与前景展望》，《河南大学学报（社会科学版）》1999 年第 5 期。

③ 该部分内容来自文献：耿明斋等：《河南省上市公司发展报告》（2015），河南人民出版社，2016 年 6 月；耿明斋等：《河南省上市公司发展报告》（2016），河南人民出版社，2017 年 8 月；耿明斋等：《河南省上市公司发展报告》（2017），河南人民出版社，2018 年 8 月；耿明斋等：《河南省上市公司发展报告》（2018），企业管理出版社，2019 年 8 月。

④ 耿明斋：《转轨时期的投资体制和投资运作方式》，中国经济出版社，2001 年，第 120 ~ 146 页。

分析了期权制度安排的理论基础，并指出期权制度安排可以在一定程度上解决管理层的“道德风险”问题，实现所有者和经营者激励相容。① 他还在梳理了当时各地试点股票期权方案的基础上，提出了诸多有针对性的建议。他认为要向发达国家学习，让股票期权回归股票期权制度的初心，减少股票期权法案中的行政色彩，扩大股票期权的授予范围。

三、积极倡导和推动投资体制的市场化改革

在改革开放初期，政府在投资上占据绝对主导地位，政府是投资的直接主体。从投资方向到融资渠道，再到项目的实施，都在政府的绝对控制之下。由于政府在投资激励上缺乏效率激励，在信息获取和处理上成本高昂，严重降低了资源配置效率。耿明斋教授一直主张要建立与市场经济相匹配的投资体制，明晰政府在投资中的角色和投资范围，培育市场化的投资主体，尤其要加强民营企业投资主体地位，大力发展资本市场，发挥资本市场在资源配置中的作用。他专门著书详细分析了经济社会转轨时期我国投资体制的现状、存在的问题、改革的目标模式和路径。②

（一）对投资体制的再认识

在市场经济体制下，实务投资与金融投资是统一过程中的既独立又相互联系的两个环节。耿明斋教授认为，在由计划经济体制向市场经济过渡时期，大部分研究把投资局限到实物投资或固定资产投资，把投资体制等同于固定资产投资体制。他认为实务投资体制与金融投资体制是投资体制的两个组成部分。金融市场通过资产定价来配置资金，而资金配置的背后是资源在各个主体间的配置。耿明斋教授认为在计划经济体制下，资源几乎全部掌握在政府手中，所有企业和个体都听从于政府，政府通过计划来实现可投资资源的分配，投资就表现为实物投资。而在市场经济体条件下，可投资资源掌握在个体手中，个体可投资资源要通过金融市场这个中介完成实物投资。他认为要研究我国投资体制存在的问题和目标模式，必须把实物投资体制与金融投资体制在统一的框架下分别进行研究，即研究两种投资体制的内在规律和演变轨迹。③ 当前的一些研究把经济分为实体经济和虚拟经济，并把二者割裂和对立开来，好像要发展实体经济，就要压制虚拟经济，而忽略了没有发达的金融市场，就不可能有实

---

① 耿明斋：《股票期权制度理论基础和激励功能》，《经济体制改革》，2002 年第 4 期。

② 耿明斋：《转轨时期的投资体制和投资运作方式》，中国经济出版社，2001 年。

③ 耿明斋：《论投资、投资体制及其改革目标模式》，《河南大学学报（社会科学版）》2001 年第 2 期。

体经济的繁荣。从这几个角度来看，耿明斋教授关于实体投资和金融投资关系的论述至今仍具有现实意义。

（二）明确政府角色，下放政府投资权力，界定政府投资范围，规范政府投资行为

政府在市场经济体制中所扮演的角色一直是一个争论不休的话题，在投资领域也是如此。耿明斋教授认为，政府无论在社会的实物投资领域，还是在金融投资领域，都处在调控的主体地位，负责规则和政策的制定，并通过规则和政策来间接引导投资活动。政府要弱化对投资的直接控制功能，强化投资的宏观调控功能。他指出，政府在整个社会投资活动中的调控主体地位体现在三个方面："第一，制定并监督实施有关投资活动管理的法律、法规；第二，制定有关投资的产业政策并监督实施，以调节投资的结构；第三，制定并实施货币政策和财政政策，以调节投资的总量。"[①] 他认为无论是在实物投资领域，还是在金融投资领域，政府都应该进一步下放权力，不但各级政府要自上而下地下放权力，而且要把投资决策权归还给市场主体，充分发挥市场的灵活性和经济主体的积极性，提高投资效率。他还认为，只要是国家法律法规和产业政策没有明令禁止的产业和项目，商业银行和企业均可自主进行投资决策，无须政府主管部门审批，这可以说与当前实施的负面清单制度高度一致。[②] 在政府的投资范围里，他认为"凡是市场能够做的就让市场去做，市场做不了的或做不好的才由政府去做"。政府的投资在实物投资领域应该首先集中在铁路、机场、高速公路等交通设施经营性的基础设施项目。其次是高新技术产业项目等推动产业结构调整、提升产业结构层次、培育经济新增长点和形成经济持续快速发展能力的工业项目。再次是供水、供气、供电、通信等领域的具有自然垄断特点的项目。最后是资源开发领域的项目等。在政府投资领域，他认为应该把政府用于固定资产减少的支出和政府投资分开。政府固定资产支出是非营利性质的，应该把它界定为政府支出，称为政府固定资产支出。政府投资不同，它是追求回报的。他认为政府应该建立统一的政府投资主体，让政府投资实施企业化运作。政府在市场化投资体制中的定位和投资范围学术界至今也没有定论，但有一点是清楚的，即必须依法对政府在投资体制中的角色和投资范围做出明确界定，让政府的投资活动有法可依，这样才能既发挥好政府的作用，又充分发挥好市场的作用。耿明斋教授的关于政府在投资体制中的功能研究为后续改革的实践所验证，至今对建立市场化的投资体制仍具有参考意义。

---

① 耿明斋：《论投资、投资体制及其改革目标模式》，《河南大学学报（社会科学版）》2001 年第 2 期。

② 耿明斋：《转轨时期的投资体制和投资运作方式》，中国经济出版社，2001 年。

（三）规范地方政府投资行为

目前，大部分对政府投资行为的研究都没有区分中央政府和地方政府，或隐含假设它们的目标是一致的。耿明斋教授认为地方政府更多地考虑局部利益，地方官员更多地考虑自身的政绩。比如，官员一味地追求地方经济发展、地方财政收入和个人政绩，可能会与中央政府追求的全局利益相冲突。他特别指出在投资领域地方政府存在的道德风险问题。比如，地方政府以各种手段要求商业银行对地方政府的项目进行融资，在投资时不考虑投资项目是否符合经济逻辑，有没有经济效益，最后会不会导致大量的资源浪费和诸多社会问题，而这些问题最终都由中央政府解决。他认为产生上述问题的根源主要是没有建立起与市场经济相一致的投资体制，解决上述问题的途径是要理顺中央政府与地方政府在事权和财权上的关系，明确地方政府在投资上的角色和范围，强化地方政府的约束，这样才有利于建立真正意义上的商业银行，提高投资效率。

（四）实物投资体制和金融市场投资体制的关系

耿明斋教授认为，金融市场是市场经济体制的重要组成部分，而且没有发达的金融市场，就不会有高效的实体投资。早在 2001 年，耿明斋教授就指出计划经济体制下只有实物投资，而在市场经济体制下才会有实物投资和金融投资两种机制。① 两种投资体制有各自的运行规律，但内在紧密联系。金融市场完成资产定价，资金通过金融市场进入实物投资。因此，没有高效的金融市场，就不可能实现资源的有效配置，不可能有高效的投资。现在一些学者简单地把经济划分为实体经济和虚拟经济，将两者割裂开来，一味地强调经济要脱虚向实，说明他们没有理解市场经济体制下金融投资体制和实物投资体制的本质和内在关系。从某种角度来讲，耿明斋教授关于实物投资体制和金融投资体制的实质及其关系的分析至今仍具有现实意义。②

参考文献

[1]耿明斋. 略论社会主义经济体制的目标模式[C]//. 河南大学研究生论丛第三辑. 河南大学出版社,1988.

[2]谷书堂,耿明斋. 对我国经济体制改革的回顾和思考[J]. 南开经济研究,1991(5):3-14.

---

① 耿明斋:《论投资、投资体制及其改革目标模式》,《河南大学学报(社会科学版)》2001 年第 2 期。

② 耿明斋不仅是早期股票市场建设的倡导者和推动者,还主张要大力发展资本市场,建立规范化、市场化、国际化和多层次的资本市场。耿明斋关于发展金融市场的研究在本文第二部分有详细论述。

[3]耿明斋.论布鲁斯“分权模式”的局限[J].河南大学学报(社会科学版),1992(3):53－58.

[4]耿明斋.转轨时期的投资体制和投资运作方式[M].北京:中国经济出版社,2001.

[5]道格拉斯·诺斯,罗伯斯·托马斯.西方世界的兴起[M].北京:华夏出版社,2017.

[6]耿明斋.中国经济社会转型探索[M].北京:社会科学文献出版社,2008.

[7]耿明斋.进一步改革国家所有制关系的思路[J].探索与争鸣,1991(4):42－44.

[8]耿明斋,等.中国企业股份化改造实务指南[M].郑州:河南人民出版社,1994.

[9]耿明斋.社会主义证券市场[C]//.社会主义市场经济论.北京:红旗出版社,1992.

[10]耿明斋.发展我国区域性证券市场的思考[J].河南大学学报(社会科学版),1995 增刊.

[11]耿明斋,乔东杰.中国股市发展15年:历史回顾与前景展望[J].河南大学学报(社会科学版),1999(5):28－35.

[12]耿明斋.发展股票场外交易的思考[N].期货导报,1997－08－14.

[13]耿明斋,等.河南省上市公司发展报告(2015)[M].郑州:河南人民出版社,2016.

[14]耿明斋,等.河南省上市公司发展报告(2016)[M].郑州:河南人民出版社,2017.

[15]耿明斋,等.河南省上市公司发展报告(2017)[M].郑州:河南人民出版社,2018.

[16]耿明斋,等.河南省上市公司发展报告(2018)[M].北京:企业管理出版社,2019.

[17]耿明斋.股票期权制度的理论基础和激励功能[J].经济体制改革,2002(4):10－14.

[18]耿明斋.论投资、投资体制及其改革的目标模式[J].河南大学学报(社会科学版),2001(2):18－24.

耿明斋教授的农区工业化思想及贡献

2006 级博士　宋　伟

我是2006年拜到耿老师门下读博士的。博士期间印象最深的一次课是耿老师讲授的农区工业化专题。在这次课上，耿老师结合长垣案例讲授了农区工业化为什么在相对闭塞和农业生产条件较差的地区率先开始、为什么长垣县在工业化过程中几乎所有的企业都诞生于农村等内容，这些都是正统经济理论无法解释的，但耿老师从长垣具体的区域要素禀赋及其面临的特殊制度条件出发，对其现实合理性给出了令人信服的解释。耿老师这种研究问题的思路与方法对于我来说无疑是醍醐灌顶，因为之前我主要是简单套用正统经济理论来审视现实，现实不符合理论就认为现实不合理（由于工作性质与成长经历，我接触的现实问题较多，但简单套用正统经济理论既难以对其进行合理的解释，更难以产生建设性强且具有实践价值的研究成果，因此我常常陷入困惑）。耿老师这种在实践基础上灵活运用经济理论、基于现实构建逻辑一致分析框架的研究思路与方法让我深深折服，使我的学术认知上了一个台阶，也从此跟随耿老师走上了农区工业化研究道路。我在之后十几年的学术研究中取得的些许成绩，均是沿着耿老师开创的农区工业化研究道路取得的，无不得益于耿老师的思想启迪与持续指导，所以我自认为是耿老师农区工业化思想的追随者、继承者、受益者。农区工业化研究是耿老师40多年学术生涯中最为浓墨重彩的部分，倾注的时间和心血最多，取得的成果最为丰富，做出的理论与实践贡献也最大。对于总结耿老师农区工业化经济思想这一项工作，我感到诚惶诚恐、压力山大，但作为耿老师农区工业化思想的追随者、继承者、受益者，我也是倍感荣幸、责无旁贷。通过重新研读耿老师农区工业化相关论著，结合耿老师多年的耳提面命，我主要从以下四个方面分析归纳耿老师农区工业化思想的主要内容、特点与贡献。

一、率先提出“传统农业区”概念

1996年在《平原农业区工业化道路研究》一文中，耿老师率先提出了平原农业区的概念，并从六个方面概括了平原农业区的特点，即“农业生产条件较好；缺乏矿产资源；农业至今仍是最重要的经济活动；乡镇企业十分薄弱；地处内陆，距离沿海沿江开放地区和经济高度发达的大城市比较远，相对封闭，交通、通信等基础设施建设滞后；意识落后，小农意识仍是占主导地位的意识”，指出平原农业区面临的发展“瓶颈”，即来自外部的现代要素辐射弱、内部可开发资源少（平原农业区没有像华侨投资、矿产资源、大城市辐射等能够促使工业化发展的客观有利条件），且这些地区的经济活动主体对现代生产方式认知低、小农意识浓厚、安于现状，缺乏工业化发展的强烈要求（“长期的、以农业生产为主的，并且是以家庭为基本生产单位的自给自足的自然经济环境造就了这些地区保守、封闭的小农意识，这种意识使这些地区的大多数农民满足于最低层次的温饱生活，留恋比较散漫的农业生产方式。农业以外的精彩世界他们虽有耳闻目睹，但其诱惑力还没有大到随时能把他们吸引过去的程度。不断增加的人口和有限的追求更好生活的欲望虽然也使他们感到了不断增长的生存压力，但这种压力也没有大到使他们感到必须立即进入工业生产领域谋生的程度”①）。

2004年在《欠发达平原农业区工业化若干问题研究》一文中，耿老师再次将农区发展的基础条件概括为五个方面：土地面积广阔而平坦、农业生产条件较好；可供民间开采开发的矿产和渔牧资源缺乏；地处内陆、受海外和沿海经济发达的大城市辐射较弱；农业至今仍是此类地区最主要的经济活动，非农产业十分薄弱；人们的思想意识比较落后，小农意识仍占主导地位。强调欠发达平原农业区是自然经济传统浓厚、产业结构层次很低、经济尚处于低水平循环状态或者刚刚进入螺旋上升状态的地区，基础薄弱决定了其发展工业化的艰巨性。

在2009年为“传统农区工业与社会转型丛书”作的总序中，耿老师在平原农业区概念的基础上对传统农区的特点进行了更加凝练的概括，即“农耕历史最久、农耕文化与社会结构积淀最深、地域面积最大、农业人口最集中”，同时“工业化发展和社会转型最滞后”的地区。

界定“传统农区”这一概念并对传统农区工业化进行持续研究，既与耿老师的个人经历有关——作为土生土长且当过生产队长的农区人和在农区成长起

① 耿明斋:《平原农业区工业化道路研究》,《南开经济研究》1996年第4期。

来的经济学家，耿老师对农区有浓厚的感情、对农区发展有着最为强烈的社会责任感，也集中体现了耿老师坚持问题导向、从现实入手的治学特点——从问题导向角度看传统农区工业化和社会转型是事关整个中国现代化进程的重大现实问题，从现实入手角度看耿老师对农区情况非常熟悉且能够获得第一手资料，最有发言权、最有比较优势，从而能够始终保持处在该领域研究的最前沿。

“传统农区”概念的实质是从现代化视角审视其资源禀赋水平与所处的发展阶段，提出在外部先进要素不易进入、内部经济活动主体缺乏强烈发展愿望的情况下，政府应发挥作用、营造环境，引导适宜的工业要素进入，使传统农区摆脱低水平发展陷阱；强调不同区域的发展不能拘泥于现有发展理论，而应基于不同要素禀赋结构、安排相应的制度、导入合适的生产要素。这与目前林毅夫所倡导的新结构主义——要素禀赋、制度安排、技术选择相互协调，高效市场与有为政府有机结合，有异曲同工之处。

“农区”目前已经成为学术研究与区域经济社会发展实践中广泛应用的概念，对于引领理论界对农区发展开展深入研究、对于各地基于农区概念谋划经济社会发展发挥了重要作用。作为国内最早提出“传统农区”这一概念并清晰界定其内涵的经济学家，耿老师在这方面的贡献是巨大的。

二、坚定地提出“农区工业化”命题

界定传统农区概念的目的是提出“农区工业化”这一命题。2009 年在为“传统农区工业与社会转型丛书”作的总序中，耿老师特别强调“如果传统农区的工业化和社会转型问题不解决，整个中国的现代化转型就不可能解决”。之所以要如此强调农区工业化，是因为实践与理论层面都存在对农区工业化的不理解，甚至反对意见。

实践层面，作为传统农业区，20 世纪 90 年代之前河南工业主要集中在大中城市，当时全省上下对工业发展的重要性认识模糊，尤其对当时仍以农业为主的县域要不要搞工业的思路并不清晰，相当多的干部群众仍持“农业县的优势就是农业，为什么要搞工业”的想法。当时耿老师作为青年学者，在其 1991 年出版的《农村经济发展与结构变动》一书中就提出了“提高乡村发展水平是缩小城乡差距的唯一途径”“我国要实现工业化和现代化，必然要提出农村人口城镇化的要求”“合理的农村劳动力结构，应该是农业中就业的劳动力越来越少、非农产业中就业的劳动力越来越多”等农区应注重发展工业的思路。耿老师等一批学者的呼吁得到了时任河南省委书记李长春（1992—1997 年）的支持，中共河南省委五届五次全会决定选择 18 个县（市）作为特别试点县，支持县域工业发展，开创了“十八罗汉闹中原”的生动局面，逐步使“无工不富”的思想深入人心。所以耿老师在20世纪90年代初期提出“农区工业化”这一命题，在河南、在广大传统农区具有较强的思想启迪作用。

理论层面，不少学者曾经对农区工业化不理解、不以为然。2005年耿老师为申请教育部人文社科重点研究基地而准备一个有关农区工业化的课题论证时，就有一位权威专家对农区工业化的提法提出异议，说“农区就是要搞农业，农区的任务是锁定种植业的产业结构并实现农业现代化，农区工业化是一个悖论”。2008年，我在耿老师的指导下准备撰写题目为《传统农区企业空间演变》的博士论文，论文开题时又有来自北京的权威专家对农区工业化的提法提出异议。权威专家之所以质疑农区工业化的提法，是基于现有产业区域分工格局的理论审视——传统农区没有搞工业的优势，于是按照基于比较优势的产业分工理论反对农区搞工业化。从权威专家不理解甚至反对到现在的广为接受，恰恰证明了农区工业化在理论层面具有创新意义。

三、诠释了农区工业化的丰富内涵

早期学界一些人在理论与实践层面对农业工业化的不理解、不认同是因为不清楚其内涵与意义，目前农区工业化被广泛接受则是因为其内涵与意义越来越清晰。耿老师农区工业化思想的第三个重要内容与贡献，就是从文明演进的历史纵深与现代化的宽广视野诠释了农区工业化的丰富内涵。具体来看，耿老师主要从以下层面诠释了农区工业化的内涵与重大意义。

（一）从全球视野、历史视角诠释农区工业化的内涵

2009年在为“传统农区工业与社会转型丛书”作的总序中，耿老师从全球视野、历史视角审视了农区工业化：全球任何区域在工业化之前均是农区，所以包括18世纪英国产业革命在内的所有最初的工业化都是农区工业化，我国的苏南模式、温州模式乃至整个珠三角的工业化等也都是农区工业化，所以传统农区要工业化也是一种必然。具体到中国，不同时期的工业化模式是不同的，通过总结改革开放以来我国农业地区先后走上工业化道路的三种模式（借助外资大量涌入在较短时间内走上工业化发展道路的广东、福建模式；商业传统浓厚、受上海辐射在较短时间内走上工业化发展道路的苏南模式和温州模式；中西部某些资源比较丰富的地区靠资源开发实现原始积累走上工业化发展道路的资源开发模式），耿老师指出欠发达平原农业区的工业化将是不同于以上三种模式的新模式。

（二）从现代化视角诠释农区工业化的内涵

耿老师始终从社会整体现代化视角来审视农区工业化。他认为工业化是现代化的核心动力，而社会的核心是人，一个区域只有经过工业化和工业文明的洗礼，以工业化促进人的现代化，整个社会才能由传统向现代转化。反之，如果不允许一个区域搞工业化，就意味着不允许该区域的人实现现代化。所以耿老师始终以“涵盖了工业化引领下的农区社会现代化转型”来看待农区工业化。

耿老师多次强调“现代化是建立在技术进步基础上的非农产业组织形式不断革新、效率不断提升、体量不断增大，从而逐步对传统农耕生产方式不断替代和持续改造的过程”①，并对农区现代化实现的具体场景进行了展望，即“在工业化过程中，原属于农业领域的要素（如劳动力、土地及农产品）不断地被非农产业及城市吸纳，农业在经济活动中的比例逐渐被压缩到10%甚至5%以下，非农产业在经济活动中的比例不断增大到90%甚至95%以上。从事农业及生活在乡村的人口也逐步被压缩到30%以下，从事非农产业及生活在城市的人口逐步增大到70%以上”②。这样，农区实际上成为和城区相对应的概念，农区工业化与城镇化成为现代化在农区和城区的不同表现。农区工业化就是随着社会经济结构、城乡结构、生产方式和生活方式的变化，按照适应于现代工业的规则体系对传统农业、农村和农民进行改造的过程。传统农业、农村和农民被改造的程度是现代化水平的标志，被改造的比例越大、程度越高，整个社会的现代化水平也就越高。

（三）强调县域是农区工业化的主战场

耿老师敏锐地发现传统农区的本地城镇化是异地工业化推动的。我国工业化是从东向西次第发展的，先发的东部发达地区大规模吸引后发农区劳动力进入非农领域就业，使得后发农区劳动力在异地实现工业化。由于区域间存在各种人口迁徙障碍，后发农区到先发地区的就业人口短时间内很难落地生根成为流入地永久居民。于是他们在来源地县城购买房产、安置老人和子女，过着候鸟式的迁徙生活，通过在家乡县城置产置业把来源于异地工业化的收入带回家乡，从而推动后发农区县城的快速扩张和城市功能逐步完善，成就了后发农区异地工业化和本地城镇化的发展模式。后发农区异地工业化→本地城镇化和城

① 耿明斋:《以县城为载体带动县域发展和乡村振兴》,《河南日报》2019 年 7 月 28 日第 4 版。

② 耿明斋:《以县城为载体带动县域发展和乡村振兴》,《河南日报》2019 年 7 月 28 日第 4 版。

市功能的完善→本地非农产业的成长→整个县域现代化的推进，为农业留下足够大的空间，通过土地流转与规模经营实现农业现代化，从而使社会进入全面现代化状态。因此，耿老师认为非农产业高度聚集的城市尤其是大城市虽然通过持续吸纳传统农业要素在“三农”改造方面扮演着十分重要的角色，但农业、农村和农民的载体是县域，县域是改造“三农”的主战场，也是农区工业化的主战场。农区工业化其实就是通过县域发展，就地全方位、全覆盖式地短时间内实现对“三农”的改造，大大缩短现代化的时间，提高现代化的效率①。而县城是县域非农产业聚集中心、县域内农村人口吸纳中心、公共基础设施和公共服务体系供给中心，是后发农区整个县域经济的发动机、助推器和绕以旋转的轴心，也是农区工业化的核心。

（四）强调农区工业化的实质是“三化”协调发展

2009 年在为“传统农区工业与社会转型丛书”作的总序中，耿老师强调农区工业化不是农村工业化，不是简单地在农田里建工厂，更不是把所有农田都变成工厂，而是在广大农区某些适合工业发展的空间点上建工厂，将占人口比例最大的农民卷入社会现代化潮流中来。2012 年在《城镇化引领“三化”协调发展——理论思考与实践探索》一书的序言中，耿老师进一步指出“工业对源自农业的劳动力等要素的持续吸收，以及为农产品提供日益扩大的市场，使得农业现代化发展有了足够的空间；来自工业的产品和技术彻底改造了传统农耕方式，使得农业现代化的发展变成现实；工业企业对基础设施共享的要求及其在空间上的集聚，促使人口集聚和服务业的发展。工业化、城镇化和农业现代化应是协调的，是同一个现代化过程的不同侧面”。这些论断进一步丰富了农区工业化的内涵，即农区工业化不仅是农区的工业化过程，还包括农区的城镇化与农业现代化，是农区工业化、城镇化和农业现代化协调发展与社会现代化转型。

耿老师多次从“三化”协调发展的角度描绘农区工业化的未来发展格局：广大的农村之间散布着若干规模大小不一的城市；企业大部分集中在城市；越来越多的农村剩余劳动力和农业人口进入城市居住；农业生产空间大大拓展，农业的规模化生产和产业化经营、商品化销售成为基本的生产经营模式②。

对农区工业化内涵的诠释体现了耿老师一贯的历史纵深感与大局观、透过现象看本质的强大逻辑思维能力与穿透力。从表面上看，农区工业化是农区要不要发展工业的问题，但将这一问题放到人类文明转型的视野里看就找到了农

---

① 耿明斋:《以县城为载体带动县域发展和乡村振兴》,《河南日报》2019 年 7 月 28 日第 4 版。

② 耿明斋:《欠发达平原农业区工业化若干问题研究》,《中州学刊》2004 年第 1 期。

区工业化的本质——处于不同发展梯度区域的次第现代化，从而为农区工业化构建了分析框架，农区工业化的理论研究与实践探索，都应从我是谁（本地禀赋结构与比较优势）、要干什么（现代化）、存在哪些约束（需要哪些现代产业要素进入）、采取哪些措施（制度与政策支撑、市场主体培育）等方面进行分析或者谋划。

四、持续探索农区工业化路径

在 1996 年正式提出“农区工业化”概念之前，耿老师一直在从现代化的视角思考农村发展问题。早在 1991 年出版的《农村经济发展与结构变动》一书中，耿老师就提出了通过非农就业提高农村劳动力利用效率、促进农业农村发展的观点：我国农村有高达 4 亿的巨大劳动力资源，其若能得到充分合理的利用，就会由“包袱”变成财富。但在很长一段时间内，农民被死死地捆绑在耕地上，导致农业劳动边际生产率极低甚至为零，造成劳动力资源的巨大浪费。农村劳动力大量从劳动边际生产率较低的种植业向边际生产率较高的产业转移，意味着劳动力资源获得较为充分的应用，不仅会提高农业劳动的生产率、推动农业发展，也必将增加非农产业以及整个农村经济的社会总产值，推动整个农村经济的发展和农民收入水平的提高。因此，合理的农村劳动力结构是农业中就业的劳动力越来越少，非农产业中就业的劳动力越来越多，使农村劳动力资源得到充分合理的利用。在该书中，耿老师还提出“发达国家的城市人口都大大超过农村人口，我国要实现工业化和现代化，必然要提出农村人口城镇化的要求”。通过非农产业、非农就业和农村人口城镇化促进农区发展，是耿老师一以贯之的主导思想。

正式提出农区工业化问题之后，耿老师主要从以下角度提出了对农区工业化路径与具体政策的思考。

（一）提出观念转变是传统农区经济起飞的前提

在《欠发达平原农业区工业化若干问题研究》① 一文中，耿老师强调，对于欠发达平原农业区来说，最主要的是要摆脱自然经济观念和计划经济观念的束缚。自然经济观念和计划经济观念中不思进取、平均主义等思想意识在传统农区根深蒂固，不思进取与平均主义相结合形成了抑富济贫的人文环境，使张扬的个性、创业的冲动、市场经济的观念和行为方式等往往来不及成长就被扼

① 耿明斋:《欠发达平原农业区工业化若干问题研究》,《中州学刊》2004 年第 1 期。

杀。耿老师明确指出矛盾的焦点是平均主义，要从破除平均主义入手转变观念，出台保障私人财产和人身安全的法律法规，形成鼓励张扬个性、鼓励创新、不限制富裕程度差异的舆论环境。基于对中国传统农业社会的深刻理解，耿老师敏锐、准确地找到了制约传统农区发展的思想根源，不但在当时具有重要思想启迪意义，时至今日仍然振聋发聩。当前思想意识的差距，仍然是我国区域发展差距的重要成因，自然经济和计划经济观念中不思进取、平均主义等思想仍时不时地通过各种形式干扰经济社会发展秩序，仍然对新时代中国经济高质量发展具有较大影响。改变思想意识上的差距仍然是深化改革开放的重要任务。

（二）提出农业工业化的路径由先天客观禀赋与后天主观选择共同决定

通过对长垣县工业化发展案例①的剖析，耿老师发现传统农区的工业化是在相对闭塞和农业生产条件较差的地区率先开始的，这与世界经济发展史上最发达国家的工业化从交通便捷的大江大河沿岸或沿海港口地区开始截然不同，与我国工业化从珠三角、长三角及环渤海等沿海对外交通最方便地区起步也不同。传统农区工业化之所以从相对闭塞和农业生产条件较差的地区率先开始，是因为后发农区普遍缺乏工商业基因，而位置偏远、相对闭塞、资源贫乏、农业生产条件差等恶劣农业生产条件所造成的生存压力引致的人口外流，使这些区域的人们有机会更早接触现代工商业并孕育了一批见多识广的“能人”，在合适的制度条件下这些“能人”回乡创业，启动了当地的工业化进程。另外，区位、恶劣的农业生产条件等特殊自然地理环境，虽然成就了长垣的工业化局面，但并不是只要具备了与长垣县相同或类似的区位及自然地理环境，就一定会走上和长垣县一样的工业化发展道路。长垣县的工业化成就是在改革开放这一大的制度环境下，贫穷导致的人口外流使长垣人较早接触现代工商业，在地方政府创造的微观或中观制度环境下低成本创业形成的，它既得益于长垣先天特殊的区位和自然地理环境，也得益于后天有意无意创造和实施的特殊区域制度环境。由此，耿老师指出一个地区的工业化发展道路是由先天客观的区位及自然地理环境和后天自觉选择的制度环境共同决定的，是两者相互作用的结果。在此基础上，耿老师提出了农区工业化的研究框架：研究传统农区工业化要基于其特殊的区位及自然地理环境，弄清应走何种工业化道路以及这样的工业化道路所需要的制度环境，即哪些方面的制度能够促进工业化进程，哪些方

① 耿明斋：《欠发达平原农业区工业化道路——长垣县工业化发展模式考察》，《南阳师范学院学报（社会科学版）》2005 年第 1 期。

面的制度对工业化的进程起着阻碍作用。

（三）提出政府应在农区工业化过程中起到更大和更为根本的作用

针对传统农区缺乏推进工业化所需先进要素这一根本问题，1996年耿老师在《平原农业区工业化道路研究》① 《平原农业区工业化道路探索——以开封县为例》② 两篇文章中提出，农区要走“政府主导型”的工业化发展道路，其基本理论逻辑是：一个地区的迅速工业化发展既可以靠区域内经济能量的聚集，也可以靠区域外经济资源的流入，或者同时依靠两者来实现。一定时期内一个地区究竟通过哪条途径来实现自己的迅速工业化发展，既和该地区的资源条件有关，又和该地区所处的经济发展阶段和已有的经济基础有关。在同样的资源和区位条件下，不同的发展阶段和经济基础必然导致进一步发展路子的巨大差异。早期的传统农区由于没有外来投资、矿产资源、大城市辐射等能够促使工业化发展的客观有利条件，而本地又缺乏商业传统和商业意识，缺乏具有工业化发展的强烈愿望的经济活动主体，因而难以复制先发地区那些多多少少都带有某种自发性质的工业化发展模式，只能走域内经济能量聚集为主的、“从农业长出工业”的工业化发展路子，走“政府主导型”的工业化道路。政府（主要是县乡基层政府）不仅是处在工业化发展过程之外或之上的单纯的政策制定者、调控者和监督者，而且应是工业化发展过程的主体。政府通过向农民灌输工业化发展的意识、选准工业化发展的切入点、培植支柱产业、教给农民从事工业化生产的技术、建立内生外引的资金筹措机制、推动企业集中化和城市化、引导土地规模经营推进农业现代化等举措，起到更大和更为根本的作用，起到工业化的谋划人、领路人、发动机的作用，推动大量滞留在农业经济领域的生产要素迅速地向最贴近农业的农产品加工业及建筑建材业等转移。现在来看，这些观点虽然存在一定的局限性，却非常符合当时传统农区缺乏推进工业化所需的先进要素，只有政府行动起来强力注入引进现代生产要求，才能在横亘于传统农业生产领域和现代工业生产领域的围墙上打开一个缺口，使这些地区及早走上工业化道路。

---

① 耿明斋:《平原农业区工业化道路研究》,《南开经济研究》1996年第4期。

② 耿明斋:《平原农业区工业化道路探索——以开封县为例》,载《第一届中国软科学学术年会论文集》,1996年12月17日。

（四）提出应注重营造良好的营商环境

2004年在《欠发达平原农业区工业化若干问题研究》[①]一文中，耿老师提出，资本不断积累和积聚是一个地区工业化起步并螺旋上升的前提，但不管是本地资本的原始积累，还是外地资本的进入，都必须有一个有利于资本自我繁殖、自我积累的环境，故从自身安全与有钱可赚两个方面为资本提供和创造良好的生存发展环境是政府最重要的责任。大家都知道，最近几年从中央到地方均越来越重视营商环境，而耿老师早在2004年就根据欠发达平原农区的发展现实，提出了营造良好营商环境的重要性。而且，耿老师提出的"推进机构改革，转换政府职能""削减政府机构，撤乡并镇，瘦身减人，减轻税负，减少管理，提升服务"[②③]等营造良好营商环境的具体对策，其实质就是今天的"放管服"改革。这些无疑都体现了耿老师的超前意识，也说明研究相对落后的传统农区的发展同样能够提出前沿问题。

（五）提出农区市场主体产权形式不能机械套用西方产权理论，而应基于农区特定发展条件逐步演化

在1996年《刺激—反应：政企合一的乡镇企业模式之制度分析》[④]一文中，耿老师通过对乡镇企业的制度分析，指出了农区工业化不能拘泥于标准的西方产权理论，而应基于农区发展面临的特定制度条件，以他一贯的方式丰富与发展了产权理论：按照标准的西方产权理论，产权明晰是市场运作、企业发展的基础，但是以政企合一为基本特征的中国乡镇企业在当时取得了有目共睹的巨大发展成就，这说明在特定制度条件下，产权明晰并非资源有效配置的充分条件。在当时中国农村的政治、经济结构和文化背景等现实制度的约束下，政企合一的乡镇企业模式能有效节约交易费用，更有利于达到目标总收益最大化，而把乡镇企业改造为产权完全明晰的私人业主制或股份制并不一定是最优的选择。这些观点体现了耿老师虽然非常熟悉西方经济理论，但从不被这些理论所束缚的研究特点。特殊现实之所以不符合现有理论，是因为现有理论是建立在其既定约束条件基础之上，而特殊现实的约束条件与现有理论既定的约束条件不同，所以现有理论无法解释特殊现实，但并不能因此否认特殊现实，而

---

① 耿明斋:《欠发达平原农业区工业化若干问题研究》,《中州学刊》2004年第1期。

② 耿明斋:《欠发达平原农业区工业化若干问题研究》,《中州学刊》2004年第1期。

③ 耿明斋:《欠发达平原农业区工业化道路——长垣县工业化发展模式考察》,《南阳师范学院学报(社会科学版)》2005年第1期。

④ 耿明斋:《刺激—反应:政企合一的乡镇企业模式之制度分析》,《经济体制改革》1996年第5期。

应承认现实的合理性，通过比较约束条件的异同构建新的分析框架，对现实做出实事求是、更有说服力的理论解释，以更好地指导实践。当然，这样做也不是否定现有理论，而是发现一般理论与特殊现实之间的对立统一，并据此对特殊现实的演进趋势进行判断，即随着制约条件的变化，特殊现实还是会向一般理论指引的方式变化。所以耿老师在文章中也指出，政企合一的乡镇企业模式虽然符合当时的特殊制度基础条件，但未来向产权明晰的方向变迁也是一种必然，这一判断已被乡镇企业产权演变历史所证实。

（六）提出农区企业空间布局不能拘泥于传统区位理论，而应基于农区特定条件逐步从分散到集中

2005 年在《欠发达平原农业区工业化道路——长垣县工业化发展模式考察》一文中，耿老师提出农区企业空间布局不能拘泥于传统区位理论，而应基于农区发展面临的特定制度条件逐步从分散到集中，这是对产业区位理论的丰富与发展：一方面，基于长垣县工业企业在空间上呈散布状态的现状，耿老师提出农村工业空间布局的集中和分散问题远比抽象理论所提供的结论复杂得多。由于创业者特殊的背景和创业过程所依托的特殊的制度环境（创业人群的习惯、特殊的制度环境、较低的要素成本、较小的企业规模等），长垣县农村工业化过程中几乎所有的企业都诞生于农村并长期在农村发育成长，而且绝大多数企业都没有成长到综合比较成本上城市会小于农村的规模，所以当时长垣县的工业企业绝大多数散布在农村有其内在的社会和经济合理性，企业散布于农村在工业化起步阶段有其客观必然性。另一方面，耿老师也分析了随着产业发展水平的提高，到了工业化的中期，工业企业集中布局的趋势在农区也是不可避免和迟早要形成的。

（七）提出农区应基于自身比较优势，集中资源，发展少数特色产业

1996 年在《平原农业区工业化道路研究》[①] 一文中，耿老师提出农区要选准工业化发展的切入点，不能不顾实际，盲目求大求洋，直接进入投资大、技术要求高的工业生产领域。工业产业是一个复杂的多部门结构，它本身有许多不同的生产部门，对于处在工业化发展起点上的平原农业区来说，由于能力有限，只能首先发展生产经营活动与农业产业生产经营活动较近的少数几个甚至是一两个部门，最合适的切入点是农副产品加工业和建筑建材业。这一观点对

① 耿明斋:《平原农业区工业化道路研究》,《南开经济研究》1996 年第 4 期。

于今天的高质量发展阶段仍具有重要的借鉴意义。因为高质量发展所需的投入更多，中西部地区与发达地区最大的差距恰恰是投入能力不足，如果重点不突出、“什么都想干”，就会落入“什么都干不好”的低水平发展陷阱，难以真正实现高质量发展。

参考文献

[1]耿明斋.平原农业区工业化道路研究[J].南开经济研究,1996(4):3－9.

[2]耿明斋.以县城为载体带动县域发展和乡村振兴[N].河南日报,2019－07－28(4).

[3]耿明斋.欠发达平原农业区工业化若干问题研究[J].中州学刊,2004(1):13－16.

[4]耿明斋.欠发达平原农业区工业化道路——长垣县工业化发展模式考察[J].南阳师范学院学报(社会科学版),2005(1):26－35.

[5]耿明斋.平原农业区工业化道路探索——以开封县为例[C]//.第一届中国软科学学术年会论文集,1996.

[6]耿明斋.刺激——反应:政企合一的乡镇企业模式之制度分析[J].经济体制改革,1996(5):117－121.

耿明斋教授空间经济思想及其在郑州航空港区经济发展中的应用

——谨以此文献给耿老师70寿辰暨经济思想研讨会

2006级博士　刘俊英

2013年，国务院正式批复《郑州航空港经济综合实验区发展规划（2013—2025年）》，郑州航空港区成为中国27个省（区、市）51个城市先后提出的54个航空经济区中唯一的国家级航空港综合实验区，这是全国首个上升为国家战略的航空港经济发展先行区。郑州因此由发展相对缓慢的内陆城市转变为发展航空经济、国际物流中心的新兴城市。从建立至今，郑州航空港区在取得经济发展成绩的同时，也出现了诸多新问题，某种程度上正在遭遇发展的"瓶颈"。如何突破？河南大学耿明斋教授的空间经济思想，赋予了实践期待的理论工具分析和指导。

一、耿老师的空间经济思想回顾

早在2005年11月和12月，耿老师就相继完成并发表了《现代空间结构理论回顾及区域空间结构的演变规律》与《河南省经济空间结构特点及调整开发秩序的战略思路》两篇论文，这两篇论文凝结了耿老师现代空间经济思想的宝贵智慧。2006年，我作为区域经济学博士生，入学后首先拜读的就是这两篇文章。此后，《郑州航空港经济综合实验区年度发展报告》系列相继问世，有力推动并领航了郑州航空港区经济的跨越式发展。

耿老师指出，20世纪90年代以前，我国对空间结构理论进行研究的主要是人文地理学者，他们从人地关系出发，运用综合性的研究方法对空间结构的地域性因素进行分析。20世纪90年代以后，随着区域经济学科在我国的逐步形成和发展，越来越多的经济学家开始将研究领域转向空间结构，他们更侧重于经济关系的分析，从而丰富和发展了经济地理学家们的研究成果，空间结构理论研究出现了前所未有的蓬勃局面。宏观、中观领域里空间结构的研究已经深入到包括区域发展模式、优化区域产业结构、城市经济、城乡联系、农业可持续发展方面；微观领域研究开始涉及企业组织、企业兼并与退出机制以及组建企业集团、跨地区跨行业的联合与合作等诸多经济活动。同时，也从制度创新角度开始研究空间结构问题。随着我国西部大开发和振兴东北老工业基地战略的实施，我国学者运用西方空间结构理论结合现实发表了大量的著述，为区域政府的政策实施提供了有力的理论支撑。

耿老师对空间结构的含义进行了阐释，认为空间结构就是在一个地域范围内，经济要素在不同空间点上分布的状况及变动的趋势。对空间结构内涵的理解应包括以下方面：第一，空间结构的区域性。空间是物质存在的一种客观形式，空间的存在，使得地理事物得以存在；空间的具体化，产生了地方或地区，乃至区域。区域和空间联系在一起形成了区域—空间统一体。区域以空间得以存在，空间因区域而有意义。传统的主流经济学由于忽视了空间的区域性特征而单纯地研究经济事物，导致了其理论在现实经济操作上的苍白，经济规律发生作用离不开一定区域的空间特性。同样，离开一定具体的地域范围而抽象地研究空间特征，也无法对现实经济发挥指导作用。因为地域范围有大有小，这就要求我们在研究空间结构问题时，必须将研究范围固定在一定具体的地域空间内，深入分析影响空间结构形成的因素及其内在联系，以及在区域范围内空间结构变化的规律和特征。第二，区域空间结构中经济要素的作用。研究区域空间结构的目的是以人为本，使人地关系能够得到和谐处理，区域经济得到可持续的协调发展。因此，我们认为在研究区域空间结构时，必须深入探讨经济要素在空间结构形成和变化过程中的作用，并结合区域特征和发展目标，找出区域空间结构变化的规律及其形成的内在动力机制，使区域经济得到可持续的协调发展。第三，空间结构演变与区域经济的关系。一方面，区域空间结构的演化直接制约着区域经济发展的进程；另一方面，区域空间结构又随着区域经济的发展而不断地发展和深化，通过空间配置使经济要素充分发挥作用，使区域中的人流、物流和能量流在经济生产和流通的过程中支出最小化，城乡居民的关联点达到一体化，区域经济从不平衡发展到相对平衡的发展，整体效益达到最优，使区域经济实现可持续发展。

耿老师认为影响空间结构形成的要素主要有六个：自然资源、空间距离、人口和劳动力、资本、技术和制度变迁。一个区域空间结构的形成既有自然的原因，也有经济和历史的原因，耿老师主要分析影响区域空间结构形成的各种经济要素及其内在联系。他特别指出，长期以来制度在正统经济学理论中是一个被忽视的变量，理论和现实已经证明，制度变迁在区域经济发展中起着重要作用。因此，认真探索区域空间结构演变中的制度变迁，将有利于我们正确把握区域经济可持续发展的实现。

耿老师对区域空间结构的演变规律进行了深入研究和总结。他认为，在区域经济发展的不同阶段形成了与其相对应的空间结构类型，大致分为四个阶段：第一，低水平的均衡阶段。在该阶段，社会经济发展稳定、均衡，处在一个低水平的均衡稳定状态，城镇没有形成等级规模体系，区域社会经济的空间组织呈原始状态。第二，极核发展的非均衡阶段。在该阶段，由于社会内部变革的外部条件的变化，社会经济较快发展，集聚与规模经济为经济活动的主要特征。在该阶段，经济发展不平衡已开始出现，社会经济空间组织的二元结构已形成，城镇的规模等级体系也开始形成。第三，扩散的多核非均衡阶段。该阶段是社会经济发展的重要阶段，也是国民经济进入强烈动态增长的时期。科学技术得到快速发展，第三产业开始大量出现，由稠密的交通网深入到区域的各个地区并形成多种运输方式的综合运输体系。在基本生产部门垂直发展为主的同时，前后间联系进一步加深，基本部门体系层次更加丰富。在该阶段，区域发展不平衡程度越来越大，一些经济活动开始向外围扩散，区域增长的均衡问题开始受到人们的关注；区域空间结构为多核结构，各类核心之间的横向联系密切；社会经济空间组织构架完全形成，并出现不同类型的发展轴线。第四，区域空间结构一体化的高水平均衡阶段。在该阶段，整个社会进入后工业化阶段，科学技术得到高度发展，国民生产增长率超过人口的增长率，社会及成员的收入达到很高的水平，有现代化的发达的交通和通信系统，计算机和信息系统广泛应用于生活、工作的各个领域。空间组织形式以均衡、网络化和多中心为总的特征，等级差别小，等级规模结构均衡；整个区域社会经济处在一个高水平的均衡稳定状态。

耿老师提出，将空间要素纳入一般均衡分析框架中，研究各种生产要素的运动规律和机制，并通过这种规律与机制分析探讨经济增长规律与途径。这一空间经济思想为解释当前现实经济现象提供了新的理论视角和分析工具，作为新时代的理论思想体系，其理论与实践发展空间很大，很好地注解与反映了藤田昌久、保罗·克鲁格曼、维纳布尔斯等的空间经济理论体系三大模型：区域模型、城市体系模型与国际模型。区域模型的“中心—外围”模式主要研究的是区域增长极问题；城市体系模型的城市层级体系演化是城市化理论的一个分支体系；国际模型主要是关于产业集聚与国际贸易的模型，以产业集聚为核心。而郑州航空港区的经济发展实践正是循着经济增长极理论、城市化理论以及产业集聚这三大理论体系脉络发展演变的，因此也对空间经济理论体系进行了很好的注解。

二、耿老师的空间经济思想在郑州航空港区经济发展中的理论贡献

（一）空间经济的自组织作用与郑州航空港经济综合实验区

在聚集因素不断由量变的到质变的过程中，多地区和连续空间在一定条件下会产生数量更多、规模更大的集中，经济规模越大，集中趋势越明显。运输成本越低，制造业在经济中所占的份额越大，则厂商规模经济越明显，集聚效应越大。“中心—外围”结构的形成取决于规模经济、运输成本和区域国民收入中的制造业份额。在一定条件下中心区域能够自我维持，而外围区域亦能够相对稳定发展。空间区位优势将产生极其重要的催化效应：当一个新的中心出现时，一般情况下会在这个地区而不是在其他地区形成，一旦中心形成，通过自我强化不断发展并扩大规模，起初的区位优势与集聚的自我维持优势相比就显得不那么重要了，这就是空间经济的自组织作用。以这个概念为基础，在政府政策的大力推动下建设航空港，自我强化的自组织作用便会持续推动航空港不断向前发展。政府角色也由主导建设转化为管理调控，即提供国际贸易和市场经济自我作用的发展环境。当航空港经济规模发展到一定阶段，政府便可从管理调控领域退到服务支持，促使航空经济发展随着国际贸易和行业集聚朝着更为优良的方向自我发展。从客货运输的相关数据上看，郑州航空经济貌似并无明显优势，但从其发展空间、发展潜能、区域影响和引领作用来讲，却是其他城市无法替代的。

郑州航空港经济综合实验区在众多城市航空经济区中上升为唯一的国家级航空综合实验区，其形成过程突出体现了“中心—外围”模型的形成机制。伴随航空运输时代推动着世界发展变化日新月异，航空物流集群在世界范围内聚集加速。客观上，郑州拥有发展航空经济的空间区位优势。首先，良好的空域条件，便于连接主要航线，适宜衔接联程联运，辐射京津冀、长三角、珠三角、成渝等主要经济区，是郑州发展航空运输所具有的独特优势。按照民航平均飞行速度700公里/小时计算，以郑州新郑机场为圆心，1小时航程可通达北京、南京、武汉、太原、石家庄等中心城市，覆盖地区人口4.5万亿，GDP 15万亿元；2小时航程可通达呼和浩特、广州、成都、银川、宁波、贵阳、沈阳、大连、兰州等中心城市，覆盖地区人口12万亿，达到全国人口总量的90%，GDP 43万亿元，占全国总量的95%。其次，完备的地面配套设施与良好的高速公路运输扩散是发展航空经济的重要条件，郑州地面交通网络恰恰能够满足这一要求。

（二）城市层级体系规划与中国（河南）自由贸易试验区

在城市层级体系中，较高级别的城市往往比较低级别的城市包含更多的行业种类。行业间规模经济和运输成本上的差异，使得分散的消费者与已形成的集聚之间的力量互相抗衡，从而可以按次序排列不同的行业。这种行业排序转而引发了一个包括许多不同类型城市的层次体系产生。从本质上讲，城市会自然趋向于形成空间和行业结构上的层级体系。大多数区域性经济体往往是以某一特大城市为中心，周边则是多层级城市群支撑发展。中国（河南）自由贸易试验区（以下简称河南自贸区），是中国政府设立在河南的自由贸易区，位于河南省郑州市、洛阳市、开封市境内。根据规划，河南自贸区以郑州为主，包括郑州、洛阳、开封三个片区，网内网外相结合，一区多片分层推进，总面积140.24平方千米。河南自贸区范围涵盖郑州航空港经济综合实验区、中原国际陆港、郑东新区金融集聚区、郑州新郑综合保税区、郑州出口加工区、河南保税物流中心、国家郑州经济技术开发区、国家洛阳经济技术开发区、国家开封经济技术开发区九个海关特殊监管区域。河南自贸区以落实中央关于加快建设贯通南北、连接东西的现代立体交通体系和现代物流体系的要求为主要任务，着力建设服务于“一带一路”建设的现代综合交通枢纽。显而易见，从郑州航空港经济综合实验区到河南自贸区，并将郑州、洛阳、开封分层而建，城市层级体系规划正式形成。

在城市区位中，枢纽这一因素主要起催化作用。枢纽可以源源不断地为城市带来利益，但其最重要的贡献就是在经济增长使新城市的出现成为必然的关键时刻，使城市所在区位相对于其他地方处于优势地位。航空经济作为郑州城市发展的一个枢纽性因素，促进了郑州航空港的发展从一个点的建设扩展到一个面的涌起，改变了城市的发展方向，开始自发形成不同的城市层次体系。“郑州—洛阳—开封”城市层级体系与“上海—昆山—太仓”城市体系在形成上有异曲同工之处。一方面，郑州航空港的发展需要航空产业经济发展为基础，单独依靠郑州一个城市经济发展动力不足，洛阳、开封两个城市恰好能提供较好支撑。另一方面，当河南现代立体交通体系和现代物流体系的发展达到足够先进和发达的程度时，中国级立体交通枢纽将会取代郑州航空港区，成为发展的新核心。城市层级体系群对拉动经济发展具有强大的带动力，通过城市层级体系间的分工、合作与竞争，国家经济与世界发展格局便随之形成。相比长江三角洲、珠江三角洲、京津冀地区城市群经济增长极，作为第三批国家批复的河南自贸区只有短短一年时间，尚处于起步阶段。但由于极高的开放度，“郑州—洛阳—开封”城市层级体系将快速形成，促使郑州航空港区朝着高端产业集聚、投资贸易便利、交通物流高度通达的方向发展。

（三）产业集聚、国际贸易与郑州国家中心城市

虽然全球各国的经济增长方式各不相同，但典型模式都是先发展某些产业，而后这些产业再让渡给紧随其后的国家并向更“高级产业”转移。整个世界会朝着专业化产业区的方向发展，形成强健的空间结构，进而在区域范围内产生锁定效应。随着贸易自由度的提高，可流动要素的流动性逐渐增强。当贸易自由度达到质变规模，可流动要素便迅速转移至适合区域，即贸易开放的加速导致产业空间的分散化，伴随产业专业化的发展，不同区域将会出现特定产业的集聚。航空经济与国际贸易、产业集聚密切相关，国际贸易使得产业集聚的经济效应跨越国界，实现其最终价值。无论是国际贸易还是产业集聚，均需要有强大的发展动力和平台。2016 年 12 月，国家发展改革委发布《促进中部地区崛起“十三五”规划》，支持武汉、郑州建设国家中心城市。郑州航空港以建设郑州国际航空货运机场为战略中心，国际贸易和产业集聚势必是发展的重中之重。以国际航空物流为发展中心，首先需要国际贸易进出口大宗货物的支撑和航空产业的聚集，更高的发展平台对于一个城市提高政治经济与科技发展水平、打开国际进出口贸易之门有着至关重要的作用。

从国家层面看，贸易自由化既会加剧国家工业在空间上的分散化，又会给某些工业带来空间聚集，使其专业化程度进一步加强。因此，贸易自由能够引发内部经济地理重新组织，进而产生更多的福利和收益。国际经济根本上的不平等、聚集因素的不断强化，会导致地区间工资的差异逐渐由大变小。产业聚集会使厂商之间的联系更加紧密，最终带来实际收入的增加。无论是郑州航空港区，还是河南自贸区，国际模块的发展都将成为重要依托，而国家中心城市的定位则为国际模块的发展提供了有力的政治经济保障。以自由贸易区为基础，不断提升贸易自由度，以国家中心城市为发展平台，实现特定产业的集聚，是郑州航空港必然要经历的发展路径。

三、对郑州航空港区经济发展的空间问题诊断

（一）国际航空网络覆盖面狭小，立体式交通体系发展分散

以郑州航空港区为中心，建立航空经济空间网络，发展立体式现代综合交通网络须考虑两个层面的问题：首先，郑州新郑国际机场本身航空覆盖由点到面的发展，具体分为国内航空网络与国际航空网络，二者并不一定有着明确的边界。国内与国际航空网络的交织发展，离不开诸多国际航空公司的结构搭

建。其次，郑州以国际航空物流中心为战略发展目标，航空、铁路、公路网络的交互式协同发展极为重要，其不仅是连接郑州乃至河南的立体网络，更是连接中部地区乃至全国的立体式交通体系。

当前，郑州航空港航空、铁路与高速公路的立体网络初步显现。围绕郑州新郑国际机场的固定卡车运输的发展已经相对成熟，航空与高速公路紧密结合，更便于集中与分散货物。但是，目前郑州航空港与中欧班列发展相对独立，航空与铁路的联合运输在实践中相对滞后，联运的推广力度不够。如何实现航空、铁路、公路立体空间体系的结合发展，开创航空经济发展新模式，对于郑州航空港的长远发展极为重要。

城市航空经济的发展一方面离不开航空产业聚集的形成，另一方面还需要建立航空网络以保证广泛的航线通达性。当前，主要国际航空公司的全货机航线在郑州的发展深度进展并不明显，而其限制性的影响却不断显现。这在无形中形成了地方壁垒，限制或影响了其他航空公司在郑州新郑国际机场发展的积极性与长远布局。更为重要的是，当前航空经济的发展离不开政府财政政策与税收补贴的大力支持，这是由于航空相关产业发展限制性门槛较高，属于重资产、重资本行业。而当政府大力推动其与卢森堡国际货运航空的合作时，其相关资源与资本能够投入吸引其他更多航空公司上的机会和能力愈加降低，航线产品结构难以有突破性发展。航空通达点的增多，离不开更多的国际航空航线的合作。这就需要政府均衡其对航空公司的投资规模，不可只追求眼前利益而丢掉未来发展。

在稳固当前航线规模的基础之上，调整机场内航空公司的结构与发展规模，将是郑州航空港区发展的又一着力要解决的问题。通过大型航空公司站点的设立，国际通达点将会大大增多，立体空间网络就可以一步步建立。航空航线空间布局与立体国际航空网络的建立，对于我国当前发展航空经济的大多数城市来说都是一个难题，普遍存在国际航线匮乏、机场体系建设与管理保障能力滞后、产业聚集不强的特点，如浙江宁波与台北串飞打造沿海航空城，陕西西安致力于建设国家级航空实验区，江西南昌发展临空经济区，山东济南主力打造机场大型综合体，湖南长沙和株洲建设航空工业园区，等等。航空城与大型机场的热建，由于遭遇现实发展中不断产生的实际问题的阻碍，极易陷入发展停滞状态。这样“一窝蜂”齐上建设的局面，使不同省份无形之间形成了激烈的竞争关系，各自独立发展，比拼发展速度。面临地区壁垒、政府政绩考核、航权关务的复杂与限制等种种压力，要使国内各个城市与国际主要城市通过郑州设立经停点建立航线，尚存很大阻力。

（二）城市层级体系群航空经济发展持续动力不足

城市是现代经济全球化的载体，其作为经济系统中的重要节点，将区域、国家和国际经济有机联系起来。城市不可能孤立存在，而是通过流动进行人、物资和信息的交换而充满活力。空间经济理论认为，城市体系形成的实质是市场主体经济行为的产物或结果，具有自组织机制和动力，即在市场条件下，企业或个人等经济主体追求自身利益或效用最大化的结果，是经济主体互相之间发生作用的自我组织过程。城市层级体系中，通过城市行业聚集不断发展升级不断重复而形成更大更高的城市层级。城市层级是城市空间网络化的发展结果，促进人员、物资和信息的流动交换更加频繁。

河南自贸区主要以郑州—洛阳—开封为一个城市层级体系。洛阳、开封与郑州共同构成河南自贸区的建设发展主力。在河南省范围内，包括整个华中地区，城市群深居内陆，且主要以第一或第二产业为城市传统特色布局，第三产业发展层次和规模有限。整体城市化进程仍远落后于沿海发达地区。开封距离郑州较近，而航空经济的发展却远远滞后。尽管城市层级体系规划明确，但不可忽视的是市场主体的自组织机制，单纯依靠行政手段难以取得成效。洛阳和开封这两座城市各有其特点，洛阳军工、重工业基础深厚，开封旅游人文教育资源丰富，恰好在不同的层次和方面给予了郑州航空港发展以大力支持，但若要作为航空经济城市层级体系的有力支撑，依然存在着较多不足。根据空间经济理论，航空经济产业的聚集与发展，单独依靠一个城市的自身发展是远远不够的。借助河南自贸区这一发展机遇，使郑州—洛阳—开封形成一个城市层级体系是十分必要的。而如何发展航空经济，同时保持洛阳、开封城市经济持续动力，是当前城市层级发展面临的一个重大难题。

（三）产业结构单一，尚未形成成熟的产业集群

以郑州富士康集团为代表的智能终端制造产业，是支撑郑州航空港快速稳定发展的核心。而其一枝独秀的局面注定导致产业结构单一。2014 年 1 月，郑州航空港智能手机产业园提前投入使用。中兴、天宇、讯迈等国内知名手机企业先后入驻，世界五百强智能终端制造业的正威国际集团和其他知名智能手机生产企业亦不断加入。智能终端制造业由一家企业独大的态势开始转变为多家企业齐头并举发展。不仅仅是智能终端制造业，郑州航空经济一直在试图朝着多元化发展，以水果、蔬菜、水产品、肉类等为主的生鲜货物进出口，已成为郑州航空口岸国际货运业务的新亮点。完善的冷链物流体系是确保生鲜货品品质的重要条件，近年来，港区加快推进冷链物流产业发展。这些变化有利于郑州航空港区朝着更加健康的方向发展，但从航空物流角度分析，航空运输是实现运输远距离货物并保证速度和效率的唯一可行方法。发展航空经济离不开区域经济中实体制造业的支撑，电子产品行业、生物医药产业、精密仪器加工业等对航空运输依赖性较高的行业，是维持货机仓位稳定满载的重要依靠。

郑州航空港经济产业发展方面存在过于集中注重智能终端制造业、忽略第三产业、难以拓展其他航空特色产业发展、进口稳定性不足等问题。当前郑州航空港区相关航空经济产业主要集中于劳动密集型的智能终端制造业，由此带动了智能终端配套设备制造业的发展。但是郑州航空港区产业结构较为单一，成熟的产业集群尚未形成。河南丰富的劳动力资源吸引了富士康集团在郑州的生产建设，其本质上仍是劳动密集型产业。以知识密集、人才密集、技术密集等为特点的金融、生物医药、精密仪器等产业，尚未在郑州航空港区及其周边城市层级群中显现。这样的发展态势，极易出现“孤岛经济”。目前，郑州新郑机场出口主要依赖于智能终端业，即郑州富士康的量产维持着大部分郑州国际航班货运的出口货量。尽管其他品牌的手机等终端同时在大量生产，但这些产品真正出口到欧洲和美国的订单需求量依然很少，以国内和东南亚地区为主要市场，而这些地区市场规模有限，对进出口的整体需求相对较小。地方经济与制造业巨头的相互依赖无形中产生出壁垒，反倒影响了地方经济更深远的发展。因此，要思考如何在巩固智能终端制造业的同时形成真正成熟的产业聚群、如何丰富郑州航空港区的高端智能制造产业的种类，将更多依赖航空进出口的制造业巨头吸引至郑州。

四、促进郑州航空港区经济发展的实践启示

（一）调整航空结构，扩大国际覆盖面，发展立体式交通体系

综观全球重要的枢纽性机场，尽管其形成发展的主要推动因素各异，但良好的航空立体网络、丰富的航线资源是其共同特点。“中心—外围”模型中，聚集因素、关键系数的变化积累，均有可能在分岔点上导致失衡，产生区域性的质变。在连续时空中，“中心”与“外围”并不是一成不变的。同样，产业聚集因素、关键系数数量的积累与结构的变化，将会是郑州航空港区航空经济发展的重要推动力量。建立国际航空物流网络并不能一蹴而就，航线产品与航空公司体系结构调整与搭建是根本基础。现有成熟发展模式中，本身基地航空总部的设立是促进国际性航空枢纽建立的重要基础。当然，成熟的国际性航空枢纽并非基地航空一枝独秀，而是众多国际性航空公司共同发展、促进繁荣。

首先，推进基地航空的中转枢纽性功能的实质性发展。以国际航空物流中心为郑州航空港区的战略目标，其发展路径是通过将郑州新郑机场搭建成为亚太区的重要国际航空货运中转站来实现。将郑州建立成枢纽中转站（Hub 点），已是多年来当地政府与航空业的共识。枢纽中转站（Hub 点）在航空运输业中的概念，主要是指各航空公司的不同始发站的进出口货物通过卡车或航空运输

在中转枢纽点进行重新配载、装机，以效率资源充分利用为目标，将不同始发站的同一目的港的货物配装到同一架航班，再飞往各个目的地。这种发展模式对中转枢纽点本身的航空经济实业产业聚集要求略低，而对其本身的地理位置、政治经济文化发展水平、基地航空发展规模网络、机场配套保障服务能力以及人才储备要求极高。其次，发展基地航空的实质性航班资源整合，吸引更多的国际航空公司将郑州作为其航空枢纽之一。多维度地拓展航线资源，鼓励更多的航空公司在郑州长远发展。优先发展与国内城市串飞，这样不仅可以增加航线数量，更重要的意义在于将各地的航空经济产业通过另一种空间维度的方式聚集起来，共同发展。再次，建立与重要国际航空货运机场的合作与联系，学习其先进经验。一方面，与重要国际航空货运机场的通航，能够给郑州进出口贸易带来更多的机会，使其通达点的覆盖面更广；另一方面，有利于提高郑州新郑机场在国际航空货运行业中的重要地位，当郑州的空域资源变得更为稀缺，整体网络便搭建而成，从而带动周边机场的航空发展，创造更多的城市发展机遇。最后，将航空资源与铁路、公路资源相结合，加强互动，实现带动作用。郑州航空港区与“一带一路”发展理念的相同点在于将点串成线，由线覆盖面，以贸易的形式带动经济发展与产业聚集。郑州作为“中国铁路心脏”，又致力于打造国际航空物流中心，将二者有机结合起来所产生的能量将会是巨大而持续的。通过航空网络、铁路网络、公路网路，可将郑州乃至整个中国串联成立体交通网络，错落交织发展，形成现代化立体综合空间网络。

（二）打破区域限制，建立国家城市层级体系群

城市层级体系在经济主体的自组织机制下可自发形成。郑州、洛阳、开封一直都有经济上的合作发展，随着城市航空经济发展需求的推动，三者再次紧密相连。河南自贸区是郑州、洛阳、开封三个城市的九个海关特殊监管区域范围，旨在促进河南的航空经济发展，亦是自组织机制产生效应的体现。城市层级体系本身对城市经济发展有极大的推动力。当前，郑州、洛阳、开封航空经济发展水平与规模较低，持续动力不足，需采取积极的建设措施。

首先，层级体系内部要大力发展航空经济。结合当地实际，通过宏观调控，运用财政政策、税收优惠政策，促进洛阳、开封航空经济相关产业聚集，加快发展洛阳北郊机场，密切其与郑州新郑机场的联系。其次，进一步扩大区域空间范围，打造中西部自由贸易协调发展区。建立空间范围更大的城市层级群，是实现航空经济战略目标的有效途径。与河南同年设立的自由贸易区还有辽宁、陕西、四川、重庆、湖北和浙江，建立城市层级群，打造中西部自由贸易协调发展区将有着巨大的发展潜力。城市群在区域内的一定程度的竞争，既能够相互促进，又可以在竞争中合作，统一进行战略规划，发挥各自资源禀赋，实现协同发展，从

而有利于资源配置优化，催生规模效益。在航空运输时代，经济发展伴随互联网的发展不断产生新的模式，分享型经济模式便是其中一种。如果将航空经济的发展朝着分享型发展经济方向引导，即如果能够建立起国家城市层级体系群，各个城市航空经济产业不断聚集，即便没有国际航班航线覆盖的地区，通过立体交通网络，分享发展机会与平台，依然能够实现航空经济要素的流动，国家航空经济产业空间上的整体分散与某些产业的相对聚集平衡便会形成。由于各个城市层级体系形成不同的产业聚集，城市的功能性分化在自组织机制的作用下亦会开始形成。

（三）宏观调控航空产业集群的聚集，促进对外贸易发展

空间经济理论的一大特点便是区位的发展黏性，极易形成路径依赖。国家应通过宏观调控降低这一外生冲击力，对各个城市的航空经济产业进行布局，根据地方的实际发展情况和特点，使航空经济发展在全国有序进行，使产业聚集群科学合理地分布。这样既能够充分发挥地方经济发展的积极性，把航空经济真正落实到实体经济产业发展中去，促进地方特色持续发展；又能通过宏观调控避免国家资源浪费、重复建设。而“一窝蜂”式的发展既降低了发展的效果，又错失发展机遇，使内部形成不必要的重复竞争。实际情况是往往政府对打造产业集群极具热情，而成功者寥寥，大多发展到一定程度便停滞不前了，如日本筑波的科学城。政府对于产业集群的聚集最主要的作用在于投资和管理。迈克尔·波特认为，公共品和定义广泛的制度安排（如政府机构）是创造产业集群卓越生产力的五大原因之一。对于郑州航空港区的发展来说，政府的投资和管理职能的发挥对于产业聚集有着至关重要的作用，可以从以下三个方面对产业集群进行宏观调控。

首先，郑州航空港乃至整个河南自贸区优先以智能手机制造业和智能手机配套设备制造业为发展核心。集中资源与资本大力发展智能手机制造产业，在郑州航空港形成一个以智能手机生产、研发为特色的国际制造地。其次，在智能手机制造业及配套设备制造业发展稳步成熟以后，要加强对整个智能终端产业及其配套制造业的发展，注重研发。智能终端设备制造业开始聚集形成规模后，更需要强化的是智能设备的研发，仅有制造基础远不能使中国智能制造在郑州稳定发展。最后，在全国范围内进行产业集群的布局，对航空经济产业进行分类分片发展，深挖发展潜力，将智能制造业、人工智能产业等发展深入经济体系内部，形成新的“中国智能制造”。

耿明斋教授学术研究服务社会发展的贡献

2015 级硕士、2018 级博士　柴　森

耿明斋教授在致力于基本经济制度、经济学研究方法、投资与资本市场、农区工业化等经济理论研究的同时，以极强的社会责任感积极投身服务地方经济发展，其中最具代表性的便是“郑汴一体化”等战略的提出。实际上，早在20 世纪 80 年代，耿明斋教授就跟随改革开放的潮流，致力于将经济学理论在决策咨询、社会服务中充分应用，通过在严格的经济学框架下进行对比分析，并结合开阔的视野准确把握区域发展规律，给予不同地区差异化判断，从而形成对区域经济发展的建议，撰写了一系列针对重大现实问题的论著，受到各方关注，从而造就了耿明斋教授近 20 年来在河南智库的主流地位和广泛影响力。

一、深度参与省级重大战略谋划制定

作为省内最知名的经济学者，耿明斋教授主导或深度参与了河南省诸多重大战略的谋划制定，如“郑汴一体化”战略、新型城镇化建设、郑州大都市区和郑州国家中心城市建设等重大战略。

（一）“郑汴一体化”战略的提出

2003 年夏秋之交，李克强总理主政河南期间，对整个河南发展战略思路进行了系统研究和梳理，提出“中原崛起、河南振兴”的发展目标、工业化城镇化与农业现代化(“三化”) 的发展路径、建设中原城市群的战略构想。在 2003 年 7 月出台的《河南省全面建设小康社会发展规划纲要》中，河南省委省政府正式提出实施“中心城市带动，加快中原城市群发展”的战略决策，中原城市

群的概念横空出世。

而在当时的发展阶段，中原城市群最初也只是个概念，“中原城市群该怎么建?”这个问题始终无法得到统一认识。耿明斋教授意识到该问题是战略实施的关键，于是便组织团队进行系统研究。2004 年 4 月 16 日，以耿明斋教授为首的团队在《河南日报》以《中原城市群如何隆起》为题，用整版篇幅发表研究报告，首次系统提出“郑汴一体化”构想，提出建设中原城市群核心区的战略思路，指出城市群建设的基本内容是实现群内城市间的一体化，而一体化的核心是扫除要素在城市之间流动的技术壁垒和制度壁垒，促进人流、物流、信息流在城市之间自由流动，并达到在更大区域范围内实现资源优化配置、提高经济运行效率的目的。但最初提的中原城市群涵盖 9 个城市，面积太大，不可能同步实现，只能从一个突破口率先启动，然后逐步实现整个城市群内城市的一体化。开封是最合适的突破口，“郑汴一体化”概念由此形成，日后遂成为河南省域发展战略的重要组成部分。① 该研究成果很快引起了省内主流媒体的高度关注，受到了广大民众的热烈响应，也成为省内学术界和政府部门各种会议上议论最多的话题，最终被河南省委省政府采纳并写入“十一五”规划，为以郑州为中心的中原城市群建设提供了重要的理论依据与可行的解决方案。以 2006 年 10 月郑开大道建成通车为标志，郑汴之间真正连为一体，对中原城市群核心区的工业化、城市化进程的拉动效应逐步显现。随着后续一系列政策的陆续实施，电信一体化、郑开大道通车、金融同城、郑开城铁运营等，“郑汴一体化”已经取得显而易见的效果，这是耿明斋教授为中原经济区建设做出的第一个重大决策贡献。② 时任教育部副部长李卫红在 2006 年 11 月全国地方高校哲学社会科学科研工作会议上的报告中特别提到，“河南大学的‘郑汴一体化研究’等”为“地方经济社会发展做出了重要贡献”，“成为各地方党和政府决策的‘思想库’和‘智囊团’”。

一体化是城市群及都市圈发展演化的基本趋势，而核心区深度一体化又是城市群及都市圈一体化的原动力，是发动机和驱动器。耿明斋教授正是通过理性的学术分析、扎实的现实情况把控以及对未来发展规律的判断，在尊重规律和顺应趋势的基础上，提出了具有建设性的决策咨询建议。作为最早提出“郑汴一体化”战略构想的学者，其主持完成的有关“郑汴一体化”的系列研究报告曾先后在《河南日报》等报刊发表，就“郑汴一体化”战略提出的依据和实施的意义和方式等进行了系统论证，提出了许多独到见解和政策建议。时任河南省副省长张大卫给予耿明斋教授团队的“郑汴一体化理论与对策研究”以很高的评价：“郑汴一体化的研究对于推动中原城市群核心区发展意义重大，

① 耿明斋:《中原城市群如何隆起》,《河南日报》2004 年 4 月 16 日第 5 版。

② 张清俐:《扎根中原热土进行经济学研究》,《中国社会科学报》2012 年 10 月 24 日第 A03 版。

该研究的重要性在于能够将学术研究和实践紧密结合，对省委省政府的宏观决策起到了重要的参考作用。”

“郑汴一体化”至今已实施了 17 年，其间，耿明斋教授长期跟踪研究郑州、开封发展，谋划郑汴基础设施互联互通、建设郑汴新区、呼吁建立开港发展轴、论证“郑汴一体化”升级版、建设郑州大都市区郑汴港核心区等，很多建议陆续被采纳并实施。时过境迁，2020 年年初，中央财经委第六次会议上，习近平总书记提出要“推动郑州与开封同城化，引领中原城市群一体化发展”，既揭示了事物发展演化的客观规律与方向，又提出了顺应规律积极主动作为的要求和期待，对“郑汴一体化”的前瞻性给予了充分的肯定。

（二）“应对金融危机”分析报告得到河南省各界高度重视

2008 年爆发全球金融危机，河南省与我国沿海发达地区相比，受到金融危机的冲击较晚。当时河南省还处于对经济危机的认识阶段，省内各界纷纷在讨论金融危机对河南的影响程度到底会是什么样。在 2008 年年底省委召开关于以“全球金融危机对河南经济的影响与对策”为主题的年度社科专家与省领导对话会上，耿明斋教授以《把结构调整纳入到扩内需、保增长的战略布局中来》为题作了精彩发言。他在发言中深入分析了金融危机的成因和演化扩散机制，从河南经济结构的特点出发评估了金融危机对河南经济造成的冲击。当时，河南产业结构中资源型产业作为支柱产业的地位是相当突出的，工业增加值中排在前 5 位的行业依次是非金属矿物制品、农副产品加工、煤炭开采和洗选、电力和热力生产供应、黑色金属冶炼及压延等，其中除农副产品加工业之外，其他 4 个产业均是资源型的。包括有色冶金在内的资源型产业增加值占河南全部工业增加值的比重高达 35.33%。由此耿明斋教授推断，河南省以资源型为主的产业结构很难避免经济下行周期所带来的较大冲击，更猛烈的冲击可能还没有到来，未来一段时期可能会面临更严峻的局面，从而提出了调结构、促创新、抓项目、扶企业四项对策。

耿教授有关金融危机问题的真知灼见和切合实际的应对措施受到了时任省领导徐光春等同志的高度关注和赞赏。尤其是在 2009 年 3 月，省委省政府召开全省经济运行电视电话会议，时任省长郭庚茂在讲话中分析了金融危机冲击对河南经济造成的严峻局面之后，向大会推荐了耿明斋教授于 2008 年 12 月提交到徐光春书记座谈会上的《把结构调整纳入到扩内需、保增长的格局中来》一文，并在大会上这样讲道：“我手里有一篇文章，大家可以看一看，是河南大学耿明斋教授和郑州大学李燕燕教授的文章，他们提出一个观点，即在经济扩张阶段，资源能源需求会急剧增大，价格普遍暴涨，资源能源类产业往往会成为最先和最大的受益者，而在经济下行时，往往是由产业链末端向上游传导，由于资源能源类产品是几乎所有产品成本的构成要素，当这些处在产业链底端的所有产品市场都收缩时，它们会从多个点上同时向资源类产品这一个点或少数几个点上传递，使得原来分布在多点上的需求收缩向一点或向少数几个点上集聚，从而使该点上的需求收缩成本，因此资源能源类产业会遭遇更大困难，这也正是我省往往在经济周期变化时尽管回落会慢一步，但谷底更深的原因。这次国际金融危机的整个传导过程也是这样，在危机中我省受到的影响相对晚一些、慢一些，恢复起来自然也会晚一些、慢一些。他们认为我们遇到的困难会更大。在去年12月预见了我们现在的困难情况。这篇文章我看晚了。”

此篇应对金融危机的文章得到了省委省政府主要领导、各地市县级以上党政领导干部高度关注，产生了广泛的社会影响。时任省政协主席王全书在省政协常委会上要求全体社科界政协委员向耿明斋教授学习。

（三）新型城镇化引领“三化”协调发展推进路径研究

2013年春，河南省委省政府开展新型城镇化调研，总结河南省城镇化实践，进一步厘清推进新型城镇化的思路举措，破解城镇化进程中的难题，为召开省委以新型城镇化为主题的九届六次全会作准备。时任省委书记郭庚茂主持的两次新型城镇化问题省委常委专题议事会，耿明斋教授都受邀参加并受命组织团队进行专题调研，认领了6个指导性题目中的3个专题——“城镇基本公共服务常住人口全覆盖”“深化农村改革、建立农业转移人口市民化的促进机制”和“城市的体系、形态和布局”。以耿明斋教授为首的研究团队分别在安阳、许昌、信阳、郑州、开封等地开展调研，形成了若干理论观点，撰写了调研报告《新型城镇化引领“三化”协调发展推进路径研究》，整理出版调研报告集《人口流动、制度壁垒与新型城镇化——基于实地调查的报告》，并提出不同层级城市在新型城镇化推进过程中的作用及相关关系的看法，正式提出启动大郑州都市区规划建设的建议，对河南省推进新型城镇化的切入点、着力点提出了很多具有创造性和前瞻性的决策建议。①

在调研报告中，耿明斋教授首次利用翔实的数据梳理了河南省农村转移人口趋向，并论证了对于河南省新型城镇化的认识，摒弃了完全市场机制下单纯依靠微观主体自由选择的具有盲目性的要素流动与聚集方式，而是以市场机制为基础又吸纳了计划机制合理成分的要素流动与聚集方式，简称有规划的城镇化；其次应该摒弃完全靠行政指令配置的要素流动与聚集方式，而应该是以拆除壁垒和要素无障碍流动为特点的城镇化，简称开放的城镇化；最后提出应以

① 耿明斋:《人口流动、制度壁垒与新型城镇化:基于实地调查的报告》,社会科学文献出版社,2013年,第4页。

提升土地资源使用效率为要素流动与聚集方式的城镇化，简称集约的城镇化，即新型城镇化应该是具有规划、开放和集约三大特点的城镇化。在分析推进新型城镇化的主要着力点中，首先应该加强规划建设，通过研究要素流动与集聚的规律，为城镇体系规划提供科学的依据，引导城市规模层次结构和城市空间结构朝着合理化方向演化；其次，要破除要素流动的体制机制障碍，促进要素自由流动和聚集，要梳理和清理限制要素在城乡之间、区域之间、行业之间流动的各种措施，并在此基础上提出破除要素流动障碍的办法，建立促进要素自由流动的保障体制。①

耿明斋教授率领的团队最终形成了七点重要的政策建议：①把推进新型城镇化的重点放在省辖中心城市以上的大中城市；②确立中原经济区核心区的概念，尽快启动以郑州为中心、以周边若干中心城市为支点的大都市区规划；③加紧扫清农民进城和人口在区域间流动的体制机制障碍；④转变政府职能，强化服务意识，拆除农民进城的玻璃门；⑤提高职工参保率，为农民工进城安居创造条件；⑥强化农村适龄人口的教育；⑦将土地收益与农民身份分离。②

该调研报告是河南省首次提出要把推进新型城镇化的重点放在省辖中心城市以上的大中城市，并确立中原经济区核心区的概念。也是作为省内最早的专家学者系统性地论证分析并呼吁启动建设以郑州为中心、以周边若干中心城市为支点的大都市区。同时提出加紧清理各级政府出台的各类有关促进农民进城和接收外来人口入户的政策措施文件，切实扫清农民进城和人口在区域间流动的体制机制障碍；强化农村适龄人口的教育等领域中极具针对性的建议。

最终该研究成果在省内经济学界得到了广泛好评，受到了时任省委书记郭庚茂、省长谢伏瞻等省委省政府领导的肯定，被省内各职能部门采纳、应用，时任常务副省长李克、时任河南省人大常委会副主任张大卫，均对该报告做出批示并作高度评价。部分思想和研究报告内容被参考和纳入河南省发展改革委起草的《河南省人民政府关于科学推进新型城镇化三年行动计划》和中共河南省委政策研究室起草的《中共河南省委关于科学推进新型城镇化的指导意见》文件中。在后续的河南省新型城镇化推进工作中，做大郑州中心城市等许多研究成果也得到了深刻体现，郑州大都市区建设如火如荼，郑州国家中心城市建设使河南在全国城镇体系中越来越重要。该决策建议为河南省新型城镇化工作科学推进做出了巨大贡献，历史发展验证了此项决策建议符合河南省委省政府近年来的战略部署，对于促进河南做大增长极、郑州与周边毗邻城市融合发展、协调发展具有重要意义。

---

① 耿明斋：《人口流动、制度壁垒与新型城镇化：基于实地调查的报告》，社会科学文献出版社，2013年，第14~25页。

② 耿明斋：《人口流动、制度壁垒与新型城镇化：基于实地调查的报告》，社会科学文献出版社，2013年，第26~30页。

（四）郑州大都市区和郑州国家中心城市建设

自 2016 年起，在时任省委书记谢伏瞻的积极倡导推动下，“郑州大都市区”概念应运而生，郑州国家中心城市建设正式启航。同年 8 月 12 日，谢伏瞻主持召开专家学者座谈会，围绕谋划推进未来五年河南省经济社会发展的重大战略性问题，征求意见建议。耿明斋教授应邀参加，他的以《启动郑州大都市区规划建设郑汴新区　推动郑汴港协调发展》为题的发言，受到了省领导和各职能部门的高度关注。2013 年耿明斋教授团队编撰的《河南省新型城镇化调研报告》中就提出了建设郑州大都市区的初步构思，并连续在省九次党代会、省十次党代会以及省政协座谈会等重要场合上阐释了自己的见解。同年，在完成开封市政府委托的《开封谋建河南省新兴副中心城市战略规划》中，耿明斋教授明确提出郑汴新区、郑州大都市区、郑汴港金三角都市区、中原城市群核心区、开港经济带等一系列概念，其后均被写入河南省“十三五”规划。随后多年来，持续论证并呼吁尽快启动郑州大都市区规划和深化“郑汴一体化”，耿明斋教授建设国家级新区的建议。

近年来，耿明斋教授持续关注郑州大都市区和国家中心城市建设，并给出了众多理论依据和决策咨询建议，多数建议已被采纳并成为施政发展的方向。他首先运用经济学理论分析判断河南省城镇化发展规律趋势，从要素向心聚集发展判断出形成以郑州为中心的“连绵都市区”是必然趋势，因此应该提前启动“大郑州都市区”规划，并对这种趋势加以科学引导，避免低效率重复浪费。其次，在协调解决城市之间某些问题时，需要省级层面协调、科学的统一规划。最后，提出规划对接、交通设施对接、完善并增建城市道路系统、供排水、强弱电系统和景观水系、生态廊道等城市设施对接。① 同时，他在省内较早提出了“大郑州都市区”的概念，并非通常以郑州辖区为边界的“郑州都市区”，而是以郑州为中心，涵盖郑州周边城市辖区（郑汴洛焦新许）、正在形成中的“都市连绵区”，或“组合型大都市地区”，② 该概念也被后续的《郑州大都市区规划》所吸纳。同时，还将相关决策咨询成果发表在此处《河南日报》理论版，刊发《建设郑州国家中心城市应在哪些方面着力》一文；接受《对话中原》节目访谈：“国家中心城市‘郑’当时”；形成了《郑州国家中心城市中心性问题研究及政策建议》多份理论科研报告，递送省委省政府及主要职能部门，并得到了积极响应，也在众多省委省政府召开的专家座谈会和评审会中，提供其关于郑州大都市区发展的决策咨询意见。

---

① 耿明斋：《以大郑州都市区规划推动郑汴港协调发展》，《河南科学》2016 年第 9 期，第 1564 ~ 1566 页。

② 耿明斋：《以大郑州都市区规划推动郑汴港协调发展》，《河南科学》2016 年第 9 期，第 1563 页。

身为省人大代表，近年来耿明斋教授仍持续在省人大会议期间提交了《关于郑州建设国家中心城市及大都市区的若干建议》《建议启动大郑州都市区规划》《关于拓展和提升郑州国家中心城市功能定位的建议》等多份关于郑州大都市区和郑州国家中心城市建设的建议，并被列入省人大重点建议，职能部门在答复的过程中均给予了高度评价，还受到了时任省人大副主任刘满仓的高度支持和关注。

二、积极服务地方经济建设

作为河南省著名的经济学家，耿明斋教授坚持把握自身知识优势和地方经济社会发展实际需要的结合点，以极强的社会责任感服务地方经济建设，积极提供最权威、最科学、最有效的决策咨询意见。自 20 世纪 90 年代初以来，他就一直高度关注地方经济社会发展中所面临的重大现实问题，并能够敏锐地从中捕捉到一些关键性的项目，组织力量进行攻关，及时向相关地方政府或有关部门提出决策咨询报告。20 世纪 90 年代就先后完成了《抓住煤炭开发机遇 重构永城经济格局》《新郑市属工业企业改革与发展研究报告》等数十个区域发展和企业改革研究报告，受到地方政府和企业的欢迎，并成为地方和企业发展政策的重要组成部分，带来了显著的经济效益和社会效益。

进入 21 世纪以来，耿明斋教授先后以政府各类决策咨询平台专家委员的身份参与决策，不断建言献策。多次接受省委省政府及相关部门委托的重大调研项目和决策咨询项目，围绕省委省政府重大战略问题进行专题研究。此类研究主要有省政府研究室委托的《河南省新型城镇化系列调研》、省发展改革委委托的《县域经济高质量发展专题研究》和《“十四五”时期河南省金融支撑经济高质量发展研究》、省工信厅委托的《河南省民营企业发展问题研究》、省建设厅委托的《县级城市、中心镇建设管理和发展研究》、省人社厅委托的《河南省区域人才竞争力评价报告》、省委改革办委托的重大改革事项研究《以改革体制机制促协同、提升郑州大都市区建设影响力带动力辐射力研究》和《以“四路”先行先试为重点创新我省高水平开放体制机制研究》、省社科联委托的《河南省核心农区发展研究》和《当前河南实施乡村振兴战略的难点及破解路径》等，这些研究成果均实现了政策转化。①

近年来，耿明斋教授常被各地市政府（开封市、周口市、商丘市、焦作市、安阳市、济源市、沁阳市、襄城等）聘为政府智库专家，为当地提供咨询

① 赵瑞英、辛静雯:《中原发展研究院:着力打造中原最具影响力的高端智库》,《人大建设》2016 第 S1 期。

建议。开封市人民政府更是多年来持续聘请耿明斋教授为政府智库首席专家，按年度编撰《开封经济蓝皮书》，梳理开封经济社会发展情况，以课题形式分析问题并提出未来发展思路与建议。同时，还受多个市县政府及企业委托承担关系其区域和企业发展的战略研究与规划。此类研究最主要的有郑州市委托的《郑东新区金融城建设规划》和《郑州大都市区空间规划（2017—2030年）——大都市区省市政策支撑体系协同专题》、开封市委托的《开封谋建新型副中心城市战略规划》和《开封在郑汴港核心区中的定位和发展方向》、漯河市委托的《漯河市现代化食品名城专项发展规划》和《漯河市创新之城发展规划》、濮阳市委托的《濮阳市“十三五”工业转型升级规划》以及《吉林省公主岭市城镇化及“三化”协调发展战略规划》《潢川县区域性中心城市发展规划》《灵宝市城市西区经济社会发展战略规划》《河南出版传媒集团发展规划》等，以及新密、项城、通许、获嘉等数十个县及县级市的“十三五”“十四五”规划，这些规划都被委托方采纳和实施。

三、多渠道广泛建言献策

耿明斋教授作为地方性高校的学者，自然首先关心地方经济建设，以学术为基、问题导向、任务引领，聚焦中原发展所涉及的各个方面。自 2014 年起，针对亟待解决的重大及前沿问题，他不定期撰写短篇或政策建议，每次以编撰印制内部参阅资料《中原发展报告》《智库要报》的形式，围绕中原经济区建设相关的经济社会重大问题的研究、国内国际经济动态及重要观点、经济社会发展中热点问题探讨，河南省经济社会运行状况，国际、国内及省内主要专家学者最新研究成果解读，促进河南省乃至中原经济区发展的政策建议等，为政府部门提供决策咨询，实现了学术研究和社会服务的高度统一，提升了高端智库的影响力。《中原发展报告》现已编撰印制共计 140 余篇，寄送或呈送市级以上主要领导，得到了省领导及开封、新乡、信阳等市主要领导的多次批示或口头表彰。

此外，耿明斋教授作为河南省内著名的经济学家，多次参加时任省委书记卢展工、郭庚茂、谢伏瞻、王国生等主持的专家座谈会，相关建议受到省委省政府主要领导的高度重视。先后参加了省九次党代会和十次党代会报告初稿的起草讨论，就新型城镇化引领“三化”协调发展和郑州大都市区建设提出意见和建议，均被采纳。同时还多次接受河南电视台、《对话中原》等栏目就河南经济发展专题访谈。他以人大代表的身份，在每年“两会”期间提交多份决策咨询建议的提案：《关于郑开同城化示范区定位、城市设计和制度设计方案的建议》《关于人才实施强省战略的几点建议》《关于郑州大都市区协同“外部圈层”建设“无废城市”的建议》《建议以郑汴港核心区为基础设立郑州大都市区一体化示范区》《建议规划郑州大都市区三圈层体系》《以郑汴港核心区为基础谋建国家级城市新区的建议》《关于拓展和提升郑州国家中心城市功能定位的建议》《关于郑州建设国家中心城市及大都市区的若干建议》《关于谋建大型国际文化体育艺术中心，做实做强郑汴港核心区，支撑郑州国家中心城市及大都市区建设的建议》等，2019 年被河南省人大常委会办公厅评选为河南省优秀省人大代表。

耿明斋教授以其深厚的经济学理论功底、广阔的学术视野和强烈的社会责任感，对关系到地方经济发展和社会进步的一系列重大问题有着持久和深入的研究，并以中原经济发展为己任，不断提出有重要价值的决策意见和建议，并被省委省政府所采纳，产生了重大的社会影响。同时也表明，面向社会、面向现实、真正解决经济社会发展亟待解决的问题，才是学术研究应当坚持的正确方向。

参考文献

[1]耿明斋.中原城市群如何隆起[N].河南日报,2004-04-16(5).

[2]耿明斋.中原城市群经济隆起带建设与开封经济发展思路[J].企业活力,2004(11):46-47.

[3]张清俐.扎根中原热土进行经济学研究[N].中国社会科学报,2012-10-24(A03).

[4]耿明斋.人口流动、制度壁垒与新型城镇化:基于实地调查的报告[M].北京:社会科学文献出版社,2013.

[5]耿明斋.以大郑州都市区规划推动郑汴港协调发展[J].河南科学,2016,34(9):1563-1566.

[6]赵瑞英,辛静雯.中原发展研究院:着力打造中原最具影响力的高端智库[J].人大建设,2016(S1):132-133.

耿明斋教授对河南大学经济学科发展的贡献

2013 级硕士、2017 级博士　李少楠

除了自身积极投身服务经济社会发展的工作之外，耿明斋教授秉承“崇尚学术、尊重学人、以人为本、合作共赢”的理念，带领河南大学经济学科实现了“从小到大、从弱到强”的发展，并积极搭建集学术研究和社会服务于一体的开放合作平台，广聚各界英才，展现了河南经济学界的智慧力量，有力提升了河南经济学界在全国乃至全球的影响力。

一、开拓创新，带领河南大学经济学科实现跨越发展

率领经济学院发展迈上大台阶。2001 年 11 月，在河南大学乃至整个河南省经济学科发展较为缓慢时期，耿明斋教授辞去同济大学的职位，被任命为河南大学经济学院院长。此时期的经济学院虽有一定的学术基础，但在河南大学院系中仍然属于规模较小、发展缓慢的学院。耿明斋教授到任后即将全部精力投入学科建设和学科发展的事业中，经过是“小而精”还是“大而强”等一系列学院发展的研讨后，按照“发展才是硬道理”的理念，提出了“服务地方经济，做大做强经济学科”的战略思路，坚持把经济学科做大做强。经过 2003 年和 2005 年国家第九、第十两次学位点申报，经济学院一举拿下了政治经济学、国民经济学 2 个博士学位授权点，以及理论经济学、应用经济学 2 个硕士授权一级学科，为区域经济学和马克思主义原理博士学位授权点的获得提供了重要支撑。随后又分别获批应用经济学和理论经济学 2 个博士后流动站，最终于 2011 年牵头成功申报了应用经济学和统计学博士点一级学科。这一系列成就的取得使河南大学成为当时乃至随后的十年中全省唯一一个拥有经济类专业

博士学位授予权的高校。在耿明斋教授11年多（2001年11月至2013年1月）的经济学院院长生涯中，经济学院本科专业由2个增加到6个，且有经济学人才培养模式创新试验区等3个国家教学质量工程项目；硕士点由2个增加到超过20个，二级博士点更是由0个增加到17个，一级博士点2个，博士后流动站3个；教职工队伍从60余人增加到130多人，增长翻倍，专任教师超过110人，2/3拥有博士学位和高级职称；引进了一批取得海外知名大学学位的博士、教授，为学院的进一步发展奠定了坚实的基础；学生总数超过3300人，初步实现了校内一流学院、省内一流学科、国内进入同行前列、国际上有一定影响的目标。河南大学经济学院也正是在耿明斋教授担任院长期间，走到了全国同类高校经济类专业的前列。

搭建河南大学智库平台。早在1994年1月，在耿明斋教授的主导下，中原发展研究院的前身——改革与发展研究院在河南大学成立，成为国内最早、河南首个依托高校搭建专门服务于地方发展的开放型智库平台，吸引了诸多省直部门领导、专家及著名企业的参与和支持。2009年10月，耿明斋教授又致力于搭建中原发展研究院平台，促成了时任省长郭庚茂揭牌，省政府研究室、省发展改革委与河南大学共建，省内首个也是唯一一个政府职能部门与大学共建的智库型研究机构，创造了将高校智力资源引流并聚焦到现实中重大战略性问题研究上来的智力资源配置新模式。耿明斋教授始终秉持着极强的社会责任感，将中原发展研究院定位于聚焦“中原”，以“中原”为基点，全面透析中国社会现代化转型所涉及的各个方面，分析问题、探索路径、指明方向；重点针对中原地区经济社会发展所涉及的重大战略性问题展开研究，给出解决方案并提供政策建议。2012年12月12日，迎着国家新一轮高水平大学建设的春风，以中原发展研究院为依托的“新型城镇化与中原经济区建设河南省协同创新中心”正式获批。为了更好地融合政府、企业、学界各方面的智力资源，作以独立公正的第三方助推中原城市群建设和中国经济社会发展，创新体制机制，真正实现把高校密集优势的学术资源引向解决现实问题中。2013年5月19日，在耿明斋教授的推动下，中原发展研究院理事会成立，《河南日报》等主流媒体以“中原经济区建设有了首席智库”为主题报道了该事件，中原发展研究院的发展从此掀开了新的篇章。2014年10月17日，时任河南省委书记郭庚茂莅临河南大学考察，看到中原发展研究院在研究和破解中原发展问题方面成果丰硕，对其取得的成绩表示满意，并欣然题词“把中原发展研究院办成一流智库”。这既是省委领导对中原发展研究院工作的肯定，也是对中原发展研究院寄予的期待，至此，中原发展研究院也正式踏上了建设一流智库的征程。2015年省委办公厅出台关于加强中原智库建设的实施意见，中原发展研究院被列为重点支持的智库，同时还被国家智库中国国际经济交流中心吸纳为理事单位。2016年被省教育厅批准为重点智库，并入选首批“中国智库索引”来源智库名单，是河南省内高校首批唯一入选的智库机构。在耿明斋教授任职期间，中原发展研究院已经成为河南省经济学界最权威的智库机构，其影响力在国内也进一步提升，省内重大发展战略、市县经济发展的重大谋划都会邀请以耿明斋教授为首的智库团队深度参与。

二、爱生如子，孜孜不倦教书育人

兢兢业业坚守教书育人终不变。耿明斋教授长期坚持在教学第一线，爱岗敬业，教书育人，为人师表，满怀激情、兢兢业业地从事着他所热爱的教学工作，先后开设“投资学”“经济热点问题专题”等本科生课程，及“投资理论前沿”“区域经济理论前沿”“经济学名著选读”“工业化与经济社会转型”“经济学方法”等硕士、博士研究生课程多门。在教学过程中注重培养学生将理论知识与社会实践相结合，针对经济类专业社会经济活动变化快、理论更新快、新问题不断涌现的特点，耿明斋教授早在2001年就提出了加强实践环节教学的理念，积极与证券公司等金融机构合作建立实践基地，聘请实务经验丰富的社会成功人士作兼职教授，增加课堂讨论环节，并使其不断在教学和学生培养中得到深化。针对各个阶段学生的不同特点，因材施教，采取多种科学的教育方法培养学生：在本科生培养方面，通过组织带领经济社会考察、组织读书讨论等方式，培养他们的学习兴趣、爱好及合作精神，提升他们的人际交往能力，引导他们认识社会，增强社会责任感和服务社会的意识，帮助他们形成和树立正确的人生观和价值观；在研究生培养方面，耿明斋教授引导学生掌握少讲多练、精读汲取、问题导向、实践为本的学习与研究方法，形成了自己的培养特色，他的研究生毕业后在政、商、学各界都有较好发展，大多已成为各自领域的骨干。耿明斋教授正是凭借自己对教育事业的无比热爱、对教学工作的一丝不苟、对教育方式的科学严谨，为社会培养了一批大有作为的人才。耿明斋教授教学育人40余载，桃李满天下，春晖遍四方，2011年荣获的“国家教学名师”荣誉称号对于他来说可谓实至名归。

三、搭建平台滋养后辈，立足服务促发展

耿明斋教授始终秉持服务社会的理念，致力于开展基础性研究，积极搭建学术研究和交流平台，发现培养青年学者，不断提升中原学者群体的整体水平与影响力，带动更多有志之士投身社会研究中去，为经济社会发展贡献更大力量。

主持编纂“中原发展研究院智库丛书”。为全面梳理掌握中原经济区经济社会发展现状，透视发展规律和内在逻辑，耿明斋教授牵头编纂“中原发展研究院智库丛书”，力图为更多研究中原问题的学者提供基础支撑。自2011年起，耿明斋教授领导团队围绕“中原经济区”和“郑州航空港经济综合实验区”等国家战略所涉及的重大问题，依托大量宏观数据，从不同角度梳理客观事实，分析经济社会发展过程中遇到的问题，提出解决思路，构成了一个能够反映中原经济区经济社会发展运行状况的完整体系。至今，已经编撰出版了《中原经济区竞争力报告》《中原经济区发展指数报告》《中原经济区金融竞争力报告》《中原经济区财政发展报告》《中原经济区农业发展报告》《郑州航空港经济综合试验区发展报告》《河南省上市公司发展报告》《河南省城市可持续发展报告》等年度发展报告8种28册。该系列丛书已经成为学术界研究中原发展问题最重要的基础性资料，也是政界领导决策的重要参考，成为中原发展研究院的“拳头产品”，并获得了河南省政府发展研究特等奖。

开展“百县千村”人口流动入户调查。耿明斋教授一直非常重视调查工作，对问题研究也始终坚持“只有调查，才有发言权”的理念，以调查的客观事实为依据，分析经济社会发展的一般规律。2014年，在耿明斋教授的主导下，为中国传统农区工业化与经济社会转型研究提供支撑的基础性工程——“百县千村”人口流动与数据库建设调查项目正式启动，明确了以城镇化背景下劳动力转移和人口流动迁徙为主线，结合家庭特征和个体特征，完整记录农区工业化、人口迁徙、城镇化和农区现代化的过程，为研究人口流动和“三农”问题提供宝贵的一手资料。该工程分抽样调查和整村调查两个相互独立又相互补充的部分。抽样调查每年一轮，选派130多名硕士研究生、本科生参与，固定跟踪记录被调查农户每年的状况；整村调查则是每年选择15～20个村庄，对全村情况进行系统摸查。该项目建设既能服务社会调研实情，带动教师为服务地方发展做出贡献，又能通过调研过程激发学生的科研兴趣，让学生将理论与实践相结合。随着多年持续的跟踪调查，经过数据整理、研究分析，已有多名硕士研究生、博士研究生、青年教师利用调查数据撰写了多篇高水平论文，已出版学术成果4本，分别为《整村调查报告（2017）》《整村调查报告（2018）》《整村调查报告（2019）》《整村调查报告（2020）》。该项目影响范围逐步扩大，得到了中央农办以及省级主要领导的高度关注，也受到相关领域专家学者的高度赞扬，耿明斋教授所付诸的心血终显成效。

创办“中原发展研究创新奖”。“中原发展研究创新奖”是由耿明斋教授和河南大学校友、深圳海王集团总裁刘占军博士共同谋划推动，并得到海王集团专项赞助的公益奖项。该奖项是河南省首个民间学术奖项，也是目前在河南省经济学界最被认可的奖项。根据耿明斋教授的想法，设立“中原发展研究创新奖”的主要目的是激励围绕中原发展所涉及的重大课题进行创新性研究，为立志于服务国家和中原发展的青年理论工作者提供一个交流平台，让青年学者们能有机会和渠道为河南发展献计献策，为中原崛起河南振兴贡献力量。自2015年创办以来，该奖已连续举行五届，每届都会涌现出一批青年才俊，并且诸多通过“中原发展研究创新奖”平台成长起来的青年学者已经成为所在领域内的知名专家。

牵头联合主办“两宋论坛”。为了更好地促进开封与杭州、河南与浙江、内陆与沿海之间的学术交流，合作共赢，在相关领导推动和两地政府支持下，以耿明斋教授为首的中原发展研究院作为河南的高水平智库，与浙江知名智库——杭州国际城市学研究中心联合主办“两宋论坛”，搭建学术研究、合作交流的平台，传承和弘扬两宋优秀文化，提升杭州、开封两个城市的国际影响力。截至目前已连续举办六届，论坛开展优秀研究成果征集评选和学术研讨活动，激发了宋史学界的研究热情，引起社会各界对两宋文化的重视，服务两地经济发展。论坛也是展示两宋文化的重要平台，探索出了以“1+X”办会模式，同期举办两宋图书展、两宋美食节、两宋书画联展、开封非遗展示、两宋文物展等系列文化交流活动，为开封、杭州两座城市搭建了全方位、宽领域深度交流的平台。论坛举办以来，得到了徐光春、王国平、张大卫等省市领导的高度认可以及权威专家的积极评价，取得了良好的文化效益和社会效益。

组织主办“中原经济学者论坛”。“小机构、大网络”一直是耿明斋教授建设交流平台的重要理念，通过大网络，会集各界有识之士参与到学术研究和服务社会中来，也是对吸纳人才“不求所有，但求所用”理念的具体实践。耿明斋教授非常重视人才，尤其是愿意为经济社会发展服务的各类人才。2018年，在得知耿明斋教授一直乐于为青年学者搭建学术交流平台、引导服务地方经济社会发展后，河南籍知名学者、中南财经政法大学金融系教授李春涛主动联系，随即与耿明斋教授一拍即合，又联络在国内知名高校任教的河南籍专家、学者，决定共同主办“中原经济学者论坛”，为全国豫籍经济学者提供一个学术交流的平台，吸引国内外著名经济学专家、学者为中原地区经济社会发展建言献策，以实际行动推动“中原崛起、河南振兴”。论坛迄今已举办两届，吸引了越来越多的河南籍各类人才为家乡发展贡献力量。同时，该论坛在提升河南经济学界学术水平、提高河南省经济学科在全国乃至全世界的影响力方面发挥了重大作用。

研究问题，服务社会

——耿明斋教授经济思想实践性感悟

赵继增　杨中贤　邓淑斌*

接到筹备组关于耿明斋教授经济思想研讨会文稿的邀约，作为耿老师的学生又有幸在同一家企业共事的我们都禁不住感叹：岁月不居，时节如流。弹指一挥间，我们离开河南大学、离开先生步入社会谋生发展，最短的也有 20 年时间，最长的则有近 30 年时间。我们三人先后在 1990 年、1996 年、1999 年有幸进入河南大学经济学院，我们的幸运不在于当时考上了研究生，而在于遇到了对我们一生都有深刻影响的导师耿明斋教授、情同手足的同学和在一生从业生涯中能相互支持且共事的同门弟子。

对于我们三人而言，更加幸运的是，20 世纪 90 年代是中国资本市场和证券行业从无到有的萌芽发展阶段，也是先生在河南大学经济研究所作为硕士生导师培养经济学硕士生，并且开始潜心于企业产权研究及与之相关的股票、股市、企业股份制改造实务、区域经济发展探索的阶段。在这一阶段，先生先后发表和出版了《企业产权转让研究八题》《关于股息和红利性质的理论思考》《关于股份制企业收入分配的几个问题》《进一步改革国家所有制关系的思路》《沪深股市走势分析》《刺激—反应：政企合一的乡镇企业模式之制度分析》《中国企业股份化改造实务指南》《风险投资与风险资本》《中国股市发展 15 年：历史回顾与前景展望》《投资拉动经济增长的实证分析与理论思考》《区域经济与企业发展研究》等一系列学术论文和专著。

正是由于先生立足现实问题、与时代同向而行的研究理念和“纸上得来终觉浅，绝知此事要躬行”的求实精神，让我们三人在研究生期间就较早参加了社会实践。1990 年年底 1991 年春，上海证券交易所、深圳证券交易所相继成

---

* 赵继增，1990 级硕士；杨中贤，1996 级硕士；邓淑斌，1999 级硕士。

立，河南区域资本市场也在萌芽起步之时，先生就敏锐地察觉到中国资本市场发展的机遇，并于1992年7月注册成立了河南省海通证券股市咨询有限公司，1990级研究生也由此参与其中，写文章、办讲座、搞证券知识大奖赛，参与企业股份制改造，推动乡镇企业股份合作制试点。可以说，先生是河南资本市场的拓荒者和播种者，是河南证券市场起步和证券知识普及的第一民间推手。1997年先生又注册成立了河南金博投资咨询（和信证券投资咨询股份有限公司的前身），业务范围从证券市场扩展到区域经济发展、政府政策顾问等更多领域。这些平台的搭建，一方面使先生的思想走出了安静的象牙塔，在火热的中国经济改革大潮中得以检验和修正。同时，这样一个营盘，也为一届届流水般的学生提供了及早接触社会、选择就业方向的实习基地。1992—2000年，我们没有统计过到底有多少河大学生从这两个平台的实习中直接受益，但我们三人正是得益于追随先生的社会实践、遵从先生的谆谆教诲、感同先生学以致用的治学理念、钦佩先生服务社会的担当精神，毕业后先后进入证券行业，并有幸共事于一家证券公司。师者，所以传道授业解惑也！

在我们看来，先生之所以不同于一般的教书先生，首先在于他的经济理论的实践性。回顾先生四十多年来的学术研究成果及涉猎领域，可以发现，几乎每个阶段的学术研究与探索都紧扣时代脉搏，先生勇立潮头、搏击前沿的形象不禁在眼前浮现。筹备组将先生四十三年来的学术研究与实践探索大致划分为四个阶段：第一阶段是1978年到20世纪80年代的中国基本经济制度探索阶段；第二阶段是20世纪90年代的中国区域资本市场运作探索阶段；第三阶段是2001—2010年的传统平原农业区经济发展探索阶段；第四阶段是2010年至今的中原经济发展政策探索阶段。用这四个阶段对照中国改革发展的历史进程，可以看出先生的研究与实践始终与时代同行，与家国共命。但若从其理论实践的维度看，我们窃以为，先生的研究与探索还可以分为三个层面：一是微观层面的企业，涉及国有企业、民营企业、乡镇企业、涉农中小经营组织等；二是中观层面的市场、行业及相关要素或机制，涉及股市、投资、期货期权、风险资本、场外交易市场等；三是宏观层面的顶层设计，涉及城镇化建设、传统农业的产业化和工业化、县域经济发展和乡村振兴建设、城市功能与城市经营、区域经济一体化、中原城市群、“郑汴一体化”、中原经济区现代化之路、河南省自由贸易试验区建设、航空港经济、郑州国家中心城市及大都市区建设等。

在我们看来，先生学术研究的实践性应该与他的成长经历有关。先生这一代人的经历是非常丰富的，经历过传统计划经济的大集体时代，经历过新旧体制转换的大阵痛时代，经历过改革开放的大发展时代，其间的痛苦、困惑、思考和探索，是我们后辈想象不到的。在这样的时代洪流中，作为一个具有独立之人格、自由之思想、担当之精神的学者，是不可能，也不应该将与社会发展最为贴近的经济学研究囿于象牙塔中的。因此，遵从其一以贯之的经济理论的实践性，先生对经济理论在宏观层面融会贯通之后，最终将关注点聚集到他生于斯、养于斯的故乡故土，为河南经济社会发展建言献策，这是先生之幸、时代之幸，也是中原之幸。

作为“郑汴一体化”理念的首倡人、“中原经济区建设”的首席智囊，先生立足现实问题做研究、求对策的治学精神，自然得到了各级地方政府部门和省内知名企业家的赞许和认可，并顺理成章地被选聘为河南省人大代表、省人大财经委委员，成为省委书记、省长、市长们的座上宾，也曾先后被郑州宇通客车、平煤股份、许继电器、大地传媒等多家上市公司和中原期货等非上市公司聘任为独立董事。翻开多年来河南经济社会的发展重要规划，河南区域经济发展的重大策划，以及其任职独立董事的企业发展的历史，无不浸润着先生的心血，闪耀着先生思想的光辉。

先生退休后创建了以“研究问题，服务社会”为宗旨的中原发展研究院，仍坚持理论服务实际的理念，躬耕社会，笔耕不辍，经常到各地调研讲学，为政府或企业的发展出谋划策。作为先生同门弟子的我们，既为有如此受社会尊重的导师而自豪，也时常为先生老骥伏枥、志在千里的干事激情而感动。于先生而言，几乎为师一辈子；而于我们而言，当一辈子以先生为师。

当然，先生之所以成为先生，我们感受最深的莫过于其拥有的求实和坚持两大品质。

求实，就是研究问题，探寻真理。求实自然就要追求真实、要务实。纵观先生的研究生涯，无论是从时间上划分为几个阶段，还是从对象上划分成几个领域，都是紧扣时代主题，紧贴现实需求。特别是近十年来，其研究成果多次被纳入各级政府重大决策和区域经济发展规划，产生了良好的社会影响，作为一个读书人，能够实现理论报国，实在是难能可贵。因此，先生于我们谓之老师，是因为师生情谊；先生于学界谓之教授，是因为其学术建树；先生于社会谓之经济学家，盖因先生经济思想服务社会经济的功绩和社会美誉。

坚持，是认定方向后的锲而不舍、认准目标后的孜孜以求。先生的研究过程其实并不总是顺风顺水，早期研究股份制时，就曾遭受质疑。后来研究证券市场时，也曾出现过股市“赌场论”的杂音，但先生始终不为所动，并在深入研究后愈加坚定。事实证明，先生认定的方向是对的，先生的坚持是有回报的。如今的股份制企业遍布祖国大江南北，截至 2021 年年末，沪深股票市场的上市公司达到 4697 家，市值达到 91.88 万亿元。

只是深感惭愧的是，我们离开学校后，由于不在学界，又忙于供职岗位的日常琐事，很难对先生的经济思想进行深入系统的研究，更无法发表什么有价值的见解。这么多年来，虽与先生相距不远，但见面的机会并不多，偶尔见面，也多是聊一些家长里短。尤其是近些年，看到先生含饴弄孙的快乐，反倒更觉欣慰和艳羡。因为在我们看来，先生在学术上已经是站在山巅、俯瞰四野了，老来身体健康，家庭其乐融融，生活本该如此才是。先生大半生辛苦，其实人生之路并不平坦。先生就像一位登山者，在漫长的坡道上执着前行，如今站在山顶，回望来时路上那些起起伏伏、曲曲折折、春花秋月、夏雨冬雪，又何尝不是一道亮丽的人生风景线？况且，一路上还有远远近近、追随先生前行的莘莘弟子。

先生应该会很满足吧！

让我们叫一声先生，道一声珍重！

社会主义市场经济理论的探索与实践

——对恩师耿明斋教授学术理论的学习与思考

1995 级硕士　柳艳舟

重读耿老师的论文收获颇丰，但琐事较多又无法静下心来消化，已经拖延多日才动笔。跟随耿老师多年，自以为对耿老师所取得的成果有一些了解，但等真正执笔时，却深感没能真正掌握耿老师的理论精华，仅从自己的角度做一些思路整理，为以后深读耿老师的成果做一些铺垫，或为师弟师妹们提供一些有关恩师奉献的线索。

一、对社会主义市场经济理论的积极探索

耿老师这代人经历了从社会主义计划经济向市场经济转变的一个历史时期，重读耿老师的论文，可以给我们一个重新梳理或者了解中国经济改革的历史与经济学术发展历史的机会。河南大学拥有师爷周守正教授带领下的全国领先的《资本论》研究团队，他们精通马克思主义经济学基础理论的研究，这也使耿老师等经济学院前辈当时能在全国经济理论研究方面有着领先的优势。从耿老师先后发表的论文中可以看出，他主要研究了农业生产责任制问题、国营企业工资的改革、计件工资、企业产权转让价格问题、社会主义资源配置问题、股息与红利的性质问题、股份制企业收入分配问题、国家所有制关系改革的问题、公有制与市场经济的矛盾及解决途径等问题。研究这些问题时，耿老师都是以马克思主义劳动价值论为出发点，论证了社会主义市场经济中的若干领域的问题。其在 1991 年第五期《南开经济研究》上发表的《对我国经济体制改革的回顾与思考》尤其值得我们再认真学习。在这篇文章中，耿老师总结了我国经济体制改革的历史，并对学术界对于经济体制改革中存在的问题进行

了分析，使我们对当初经济体制改革的历史背景及经济体制改革所取得的成果有了更全面的了解，也使我们认识到今天改革所取得成果来之不易，更应当珍惜社会主义市场经济所取得的历史成就，警惕各种阻碍社会主义市场经济发展的不良思潮。

二、社会主义市场经济的实践

（一）研究中国证券市场

上海证券交易所与深圳证券交易所先后于 1990 年 12 月、1991 年 7 月成立，这标志着中国证券市场的正式成立，中国出现了资本市场。于是耿老师带领研究生开始研究中国证券市场，并在 1993 年第一期的《决策探索》上发表《沪深股市走势分析》一文，分析了当时熊市的成因，给当时的投资人提供了正确认识股市的启蒙。1993 年前后，他帮助新密市政府成立了第一个权证交易系统，这应当是河南第一个区域性的场外交易市场。

（二）为淄博报价系统提供决策咨询

淄博自动报价系统，是 1993 年经当时的国务院全国农村改革试验区办公室、经济体制改革委员会批准成立的场外交易市场，主要为改制成股份公司的乡镇企业进行股份转让服务。1996 年，耿老师建议自动报价系统从淄博向全国辐射，得到了时任体改委主任高尚全的支持，该系统 1997 年达到 60 余家上市公司规模，是当年市场规模仅次于沪深市场的一个地方性的场外股票交易市场。

（三）筹建河南地方性股权交易市场

在耿老师的建议下，河南权证交易中心于 1997 年 7 月成立，为河南省进行股份制改革的企业提供股权（权证）的场外交易平台。为了促进市场的快速发展，耿老师指导学生帮助企业进行股份制改革，为河南资本市场的发展培育了大量的人才。我也是这批受益者之一。1998 年我求职时，因为参与过多家公司股份制改革，当时地方券商山东证券与安徽证券都很愿意接受我的加盟，后来我选择在离老家近的安徽证券工作。

三、平原农业区工业化道路研究

耿老师对平原农业区工业化道路的研究成果很有代表意义，不仅对于平原区农业工业化发展具有借鉴意义，对于我国部分资源欠缺的城市发展也具有相同的指导意义。

平原农业区究竟应该并且能够走一条什么样的工业化发展道路呢？耿老师认为，只能选择“政府主导型”的工业化发展道路。所谓“政府主导型”的工业化发展道路，是指政府（主要是县乡基层政府）是工业化发展过程的主体，是谋划人、领路人，是发动机，而不仅仅是处在工业化发展过程之外或之上的单纯的政策制定者、调控者和监督者。当然，在任何一个地区的任何一种工业化发展模式中，政府的巨大的、不可替代的作用都是不可忽视的。在中国，如果不是20世纪80年代以来政府推行的改革开放政策，农村的工业化发展是不可想象的。而“政府主导型”工业化发展模式，则要求政府在工业化发展过程中起到更大和更根本的作用。

平原农业区之所以必须选择“政府主导型”的工业化发展模式，不仅因为这些地区没有诸如华侨投资、矿产资源、大城市辐射等能够促使工业化自发发展的客观有利条件，更重要的是，作为这些地区经济活动主体的农民缺乏工业化发展的强烈要求。长期的、以农业生产为主并且以家庭为基本生产单位的自给自足的自然经济环境，造就了这些地区人们的保守封闭的小农意识，这种意识使这些地区的大多数农民安于现状，不思进取。

耿老师认为在“政府主导型”工业化道路中，政府应当做到七点：①向农民灌输工业化发展的意识，②选准工业化发展的切入点；③培植支柱产业；④教给农民从事工业化生产的技术；⑤建立内生外引的资金筹措机制；⑥推动企业集中化和城市化发展的过程；⑦引导土地规模经营；⑧推进农业现代化。

耿老师先后为开封、长垣等县的工业化发展提供了指导。但我认为安徽芜湖、合肥市的发展更可以证明资源欠缺的地方经济发展更需要“政府主导型”工业化发展模式。作为长江中游的一个城市，芜湖是有名的鱼米之乡，詹夏来任芜湖市委书记期间，以全市的财力支持奇瑞汽车的发展，并亲自担任该公司董事长，奇瑞汽车得到了快速发展并带动了汽车生态圈的发展。奇瑞汽车生态圈中有不低于10家上市公司，奇瑞汽车生态圈曾一度使芜湖的GDP与合肥不相上下。相较于芜湖的经验，合肥的成绩更值得借鉴。20年前合肥在省会城市中只是处于比较靠后的位置，在安徽省内也仅比芜湖的GDP稍高一点，没有重工业，工业也只有以“美菱”冰箱为代表的轻工业。孙金龙任市委书记时起，合肥确立了“政府主导型”工业化发展模式，政府从电器需要显示器开始，积极进行全球招商引资，最终将京东方引进合肥。随着电器、汽车等自动化程度的不断提升，合肥市政府又不断引进了芯片、新能源汽车等产业，形成了“芯屏器合”的格局。2020年合肥GDP实现了万亿元的突破，合肥市政府也被人们戏称为“最优风险投资机构”。

四、中原经济发展第一智囊

耿老师为中原经济发展提供了一系列的建议与规划，是中原经济发展第一智囊，其最主要的成就有以下几个。

（一）“郑汴一体化”的智慧奉献

“郑汴一体化”由耿老师于2004年4月首次提出并论证了“郑汴一体化”战略，为省委省政府采纳，被写入河南省“十一五”规划并付诸实施。2011年10月7日，《国务院关于支持河南省加快建设中原经济区的指导意见》，首次在国家层面明确提及“推进郑汴一体化发展”，明确将郑汴新区列为中原经济区“三化”协调发展先导区。

（二）中原经济区

中原经济区是以郑州大都市区为核心、中原城市群为支撑、涵盖河南全省延及周边地区的经济区域，地处中国中心地带，是全国主体功能区明确的重点开发区域，地理位置重要、交通发达、市场潜力巨大、文化底蕴深厚，在全国改革发展大局中占据重要战略地位。2011年国庆前夕，建设中原经济区上升为国家战略。2012年11月，国务院正式批复《中原经济区规划》，建设中原经济区拥有了纲领性文件。中原经济区的规划离不开耿老师的贡献。

（三）航空港区

航空经济的研究也是耿老师最近几年的主要研究范畴，郑州航空港区的批复与设立也同样凝聚着耿老师的汗水与智慧。

（四）郑州国家中心城市

2018年12月，郑州市被国务院确定为国家中心城市，耿老师成为国家中心城市规划的评审专家，为国家中心城市的发展贡献了智慧。

这些只是比较经典的案例。近 30 年来，耿老师为河南各地经济的发展贡献了无数的发展规划与建议，无愧为中原经济发展第一智囊人物。河南省政府 2021 年 11 月发文，聘请耿老师为省政府专家 12 人咨询委员会委员。

祝福恩师生日快乐！身体健康！

发展经济学家的中原大地发展情结

1998 级硕士　张良悦

耿老师是我们中原大地著名的经济学家，能够跟随耿老师读书学习是人生的一大幸事，而在工作中还能经常得到老师的教诲、帮助与支持，更是一种幸福奢求！我向耿老师的学习不仅是在校内 3 年的理论学习，更是在校外学术交流、社会调研、政府咨询等各方面跟随老师的干中学。2018 年，我以民主党派的身份提名，被安阳市人大选举为河南省第十三届人大代表，因为学习经济学的缘故，很侥幸地被大会选为本届财经委员会委员，从而得以在财经委员会中和耿老师一起工作、学习（耿老师是连续两届人大代表和财经委员会委员），使我更能深深地体会到耿老师经世济民的家国情怀和知行合一的学人本真。一次会议期间，我和耿老师说，应该把您的理论和思想梳理一下以激励后学者。但耿老师很谦虚地说，更应该向时代学习，向实践学习，向问题学习！我后来也曾想尝试整理一下，但终因学识水平有限和精力不济，更是因为害怕无法精准地把握老师的思想而未能如愿。虽然不能从理论上进行挖掘，但还是可以从感性认识上谈些体会。

在我的印象中，耿老师无论是教书育人，还是社会服务，一直心系中原大地。努力为河南省经济社会的发展贡献智力，是他教学和社会实践的中心目标。可以说，耿老师是基于中原大地成长起来的同时代的中国的发展经济学家，他的贡献不仅在于对经济理论的发展、对经济学人的培养，还表现在对中原经济发展的深层次的谋划。这些谋划既包括对企业改制的指导，也包括对资本市场建设的参与，更包括对河南省发展规划和空间布局的建言。

一、根植于家国情怀学术基因的发展经济学理念

想要理解耿老师对河南大地发展的情结，必须理解耿老师的价值理念和学

术基因。无论是对学生的教育，还是对现实问题的研究，耿老师始终坚持立场、观点和方法统一的学术精神。有什么样的立场，就会有什么样的观点，要阐明自己的观点，就会有相应的研究方法。正是这种学术精神铸就了其指点江山、关注民生的学术基因，而家国情怀的学术立场又注定了其对中国经济发展高度关注的终身追求！耿老师读书的年代正值中国改革开放的起始年代，新旧思想转变、改革实践探索、利益格局重塑，都使得初期的改革显得阻力重重和摇摆不定。因此，如何推进改革就成为经济学发展的现实问题，同时也为那个时代的经济学家提供了成长的土壤和空间。但是，如何投身这场伟大的改革事业中去，不同的学术价值追求就显得极为重要。耿老师从一开始就抱定了其经世济民的学术立场和价值理念，力求从经济理论上探讨改革的现实问题，从现实的改革实践中去思考理论发展的学术规范。在中国经济改革中有几次里程碑式的学术会议，如莫干山会议、巴伦山会议，都为中国的经济改革提供了较好的智库咨询。耿老师是参加过早期莫干山会议的青年学者，足见其改革观点的价值走向。

耿老师的学术耕耘大致可以划分为以下三个阶段：20 世纪 80 年代到 90 年代，耿老师的文章主要是对改革理论问题的研究，包括对农村经济的研究和对企业的研究。农村经济的研究从之初的所有制改革到农村的工业化发展；对企业问题的研究，由所有制改革到产权改革，再到股份制改革，既包括对国有企业的研究，也包括对乡镇企业的研究。2000—2010 年，耿老师的研究兴趣偏向于区域经济学，是以发展经济学的思想去研究区域经济学，可称之为区域发展经济学，主要聚焦于区域一体化和城市化。在区域一体化的研究中，耿老师创造性地提出了“郑汴一体化”的发展思路。在城市化的研究中，他更多地探讨了中原城市群和农村城镇化问题。2010 年之后他又偏向于农村区域经济的发展，包括贫困问题、县域经济发展问题，研究的内容既有区域的比较分析，又有区域的制度分析。需要说明的是，无论是哪个阶段的研究兴趣，也无论是哪个领域的研究问题，耿老师的研究都不是就问题而问题的书斋研究，而是在大量调研基础上的案例研究和理论升华。

二、散而不乱的发展经济学思想

耿老师在一次与学生交流时提出，研究方向一定要聚焦，否则很难出成就。他说，我在这一方面就有教训，由于服务社会的原因，我经常在农村经济发展、区域和城市经济、金融市场等领域转换研究课题。但我认为，虽然耿老师研究的领域比较宽泛，研究课题转换也较多，但是，其整个的研究视野始终聚焦于发展经济学领域。

简单梳理一下耿老师的研究兴趣和成果就可以发现，其研究一直紧紧围绕“社会发展需要”而进行。而这一“社会发展需要的研究定位”随着中国经济改革开放的展开，也大致和发展经济学不同发展阶段的内容相吻合。

发展经济学是二战之后在经济增长理论的基础上，对非工业化国家如何实现工业化进行研究而形成的一个经济学分支，其中心思想是分析说明发展中国家的工业化，主要包括资本积累、经济结构、市场政策、贸易政策、城乡关系、反贫困等问题。这一学科随着发展中国家经济发展的不同阶段和出现的不同问题而不断地丰富和发展。先后由早期的发展经济学到新古典主义的发展经济学，再到发展政治经济学。

早期发展经济学家认为发展中国家之所以落后，主要是由资本匮乏和投资严重不足造成的，制定的工业化发展战略是优先发展工业的“经济起飞”战略，如大推进理论、进口替代战略等。

新古典主义的发展经济学认为影响发展中国家发展的最重要因素不是物质资本积累，而是价格机制或市场机制。舒尔茨和贝克尔的人力资本理论，强调了农业和工业、乡村和城市、实物资本和人力资本在发展中的同等重要性。拉尼斯—费景汉模型、乔根森模型和托达罗模型对刘易斯“二元”模型的改进，从政策上改变了早期过分强调政府干预在资本积累和工业化中的作用，转而重视市场机制的作用。其基本思想从片面强调物质资本积累转而重视人力资源的开发；从片面强调工业化转而重视农业进步；从片面强调政府计划转而重视市场机制；从强调保护性的内向发展转向主张对外开放。

发展政治经济学是指 20 世纪 60 年代以阿罗、奥尔森、布坎南、诺斯、科斯等为代表的新政治经济学对发展经济学的发展。其要旨是把经济学原理应用于政治科学研究领域，研究社会与个人、政治与经济、国家与市场之间的相互联系，并在此基础上研究政策选择、社会发展、经济转轨等问题。其基本分析思路是，经济发展的过程是社会变革和政策调整的过程，任何社会变革和社会政策的调整都会引起利益格局的变化，随着利益格局的变化，各社会经济主体的行为博弈也会随之发生变化，与此相适应的制度安排也需要做出调整，并通过制定激励机制来规范行为主体。

耿老师不同时期的研究内容恰好遵循了发展经济学不同阶段的发展内容，并以这些理论为指导开创了中原经济发展的研究。

首先，对社会主义经济改革理论的探讨是对新古典发展经济学的运用及发展。中国社会主义市场经济的确立是对社会主义计划经济的改革。对计划经济的改革主要是解决资源配置低效和发展动力不足的问题，问题的症结在于产权结构与运行机制。产权结构涉及所有制改革，运行机制则是市场与计划的关系。从发展经济学的角度来看，罗斯托提出的大推进理论与计划经济重工业优先发展有重叠的发展思路，但事实证明，这一发展路径是行不通的。其不仅没有达到工业化的发展目的，还使得“二元”问题更加严重，导致发展中经济的贫困化进一步加剧。1978 年的改革开放在中国既是对计划经济的改革，也是对发展经济学早期发展路径的调整。所以在改革开放初期，从理论上说明发展路径转变的重要性就成为经济学的首要任务。耿老师对产权制度改革、企业制度改革、分配制度改革、资本市场发展的研究，正是对这些核心问题的研究。通过对这些问题的研究来达到市场机制的改革目的。

其次，对投资理论和证券市场的研究主要是解决资本稀缺的现实问题，对这一问题的研究既有早期发展经济学对资本积累的关注，也有新古典主义发展经济学对金融深化的研究。这一研究兴趣和问题导向主要是解决我国社会主义市场经济发展初期资本稀缺的问题。1992 年党的十四大报告中提出了社会主义市场经济改革的取向，为中国经济的快速发展释放了巨大的制度空间。在这一发展背景下，将投资作为经济发展的主要驱动力，再以政府为主导已经不能适应市场经济体制，亟须研究市场经济体制下的投融资问题，资本市场自然就成为必须解决的理论问题。在耿老师的积极努力下，河南大学增设国民经济学硕士点，主要确立了投资理论与证券市场两个研究方向。应该说，这一学科建设非常好地契合了现实需求。在这一时期，耿老师不仅和学生一起研究中国的资本市场（股票和证券市场），还为河南省培养了大量的专业金融人士。

再次，对区域经济理论的研究是对发展经济学结构理论的发展运用。区域经济理论既是对中国现实发展中不平衡、不充分问题的研究，也是对发展经济学中“二元”结构理论和贫困问题的研究，这主要体现在对城市化、农业工业化、反贫困问题的研究。“二元”结构理论表明，经济发展是一个经济体如何由“二元”结构向“一元”结构转变的问题，或者说是由农业向工业、由农村向城市、由不发达向发达的社会结构的转变。城市化研究提出了一体化理论和城市群概念以及就地城镇化的问题，农业工业化研究主要是对县域经济发展的系统研究，反贫困问题主要反映在对脱贫攻坚、城市贫困问题的研究上。

对区域经济问题的研究直接来源于中原城市群发展的委托课题，由这一课题转入粮食核心区，再转入中原经济区，再转入郑州航空港实验区，再转入中国（河南）自由贸易区，以及黄河流域生态保护和高质量发展。其中最显著的成就是被省政府采纳并付诸实施的“郑汴一体化”发展战略，以及中原发展研究院高级智库的挂牌成立。

最后，智库研究主要体现为对发展政治经济学的研究。对发展中的制度问题的研究是更为深层次的研究，也是一个学者思想最为集中的体现。耿老师对现实问题的研究早期主要是案例研究和规划研究，后期则主要转化为智库研究和制度研究。这一研究内容一是体现在中原发展研究院的政策咨询上，二是体现在报刊文章和采访对话上。制度研究既包括经济发展中的制度规则，也包括政府治理方面的制度规则，还包括人才培养方面的制度规则。对智库与制度的研究，体现了对社会发展责任的转变。我的推测是，早期的案例研究主要起到示范和带动作用，政府的规划研究起到推动作用，制度和智库研究则期望起到自觉（内生）发展的作用。

三、发展的情结凝集于十八地市的沃土

耿老师是河南省政府参事，作为专家，河南省在重大的发展规划、发展问题上都会向他咨询。我这几年有幸和耿老师一起参与省人大财经委员会工作，会上会下都会看到各级各部门的政府官员无不对耿老师抱以尊敬的态度。一般人会认为，耿老师作为社会高度赞誉的专家，是因为他是河南大学的经济学家和博士生导师。但真正的原因并不是这一学者身份，而是其将研究做在祖国大地上的笃实精神。作为一名学者，国内外的调研、交流、学习自不用说，几乎人人都可以做到，但是，对于河南省的 18 个地市，他曾多次进行调研、讲学、规划，就难能可贵。如果不是笃定将自己的才智贡献于中原大地的发展，又怎能将各地的发展牵挂于心呢？我目前任教于安阳师范学院，1998 年跟随耿老师和魏老师攻读硕士研究生，毕业之后回学校工作。在我的记忆中，我与耿老师在安阳见过五六次面，遗憾的是，我没能单独请耿老师吃一顿便饭。他每次来安阳都有具体任务，时间安排得非常紧凑，给我留下的时间只能是陪他散散步。但这也不能完全尽兴，还要考虑为他留出读书的时间（耿老师在出差和开会期间都要预留出时间读书）。耿老师对中原经济发展的建言，不是简单地来自书本内容，而是来自对整体区域的全面调研与重点地区的解剖调研的升华。作为一名发展经济学家，耿老师对中原经济发展的谋划是出于他对这片生育养育他的土地的深深的热爱，这才是耿老师对中原经济发展情结的根本所在！

“知行合一”的学者典范，我心中的耿老师

2003 级硕士、2011 级博士　刘　涛

2021 年 10 月，我的手机微信突然闪出一条“耿明斋教授经济思想研讨”的进群邀请，看到自己老师的名字，以及拉我进群的人是我的师弟和师妹（张国骁和刘琼），我自然就进了群。随后又接到师兄王理的电话：“预计在明年（2022 年），河南大学 110 年校庆之际，同时也是耿老师正式退休之时，召集耿老师曾经亲自指导过的研究生开一次座谈会。会议以耿老师学术思想为主题，但不限于学术思想。希望大家踊跃投稿，积极参与。”放下电话，我的心情久久不能平静，从初识耿老师至今已经过去了 20 多年，太多的往事似乎就在昨天。从进群伊始，多次坐在电脑旁，心里有很多话想说但又不知如何表达。不时看到师兄师姐发到群里的关于耿老师学术思想的评述性文章，以及王理师兄的提醒。其间虽然多次想写些东西，但总也理不清头绪。耿老师身上有太多的标签——“资深教授、学院领导，河南大学经济学科带头人，省人大代表，社会活动家，‘郑汴一体化’的首倡者”等，这些“标签”无不印证了耿老师在诸多领域取得的出色成就。资质平平的我不敢奢望去“妄议”耿老师的学术思想。但在这样一个非常有纪念意义的活动中，如果不写一些东西，将来自己都会自责。本文是从一个学生的视角，对耿老师教书育人和学术科研工作的“粗浅”回顾，谈不上对耿老师学术思想的总结。

一、初识

2000 年 7 月，我大学毕业。[①] 当年 10 月参加了开封市事业单位招聘，后来入职开封市社会科学界联合会工作。然而市一级的社科联“似乎”并没有太多的工作，这使我入职几个月后开始迷茫起来。22 岁正是精力旺盛的时候，单位的工作几乎花费不了多长时间就完成了，有大把的空闲时间。很多时候，因为无事可做，我把单位订阅的报纸，哪怕是夹缝里的广告都看了很多遍，以至于都快背下来了。但也不是完全没事做，市一级的社科联每年有一项重要的工作，就是要在年底举办年会，邀请市里的一些专家对一些重要的社科问题进行研讨。2001 年恰好是我国经过了长达 15 年谈判，确定要在当年 12 月加入 WTO 的年份。自然而然，当年的年会主题就是“我国加入 WTO 是机遇还是挑战”。与以往不同，或许是加入 WTO 这件事情在当时受到普遍关注的原因，市里的一个张姓副市长特别关注这次年会，专门给社科联的主席打电话交代：务必要开一个高质量的会议。为此，社科联提前一个多月就开始着手筹备会议。会议成功与否在于作主题发言的专家是否能够带来一场精彩的讲演。当时社科联的好几位领导都推荐河南大学经济学院的耿明斋教授，这是我第一次听到耿老师的名字。后来耿老师的精彩演讲使得会议非常成功。“局部和整体的关系、开放与改革的关系；经济增长的根源、分工与比较优势、绝对优势”，耿老师深入浅出的讲解，让我第一次真正感受到了经济学这门学科的魅力。[②] 会议结束当天，我就下定决心：我要读研，要跟着耿老师进一步学习。当天我就上网查

① 我国自 1977 年恢复高考制度，一直到 1989 年，高校一直都实行统招统分的招生就业制度；1989 年之后开始在部分地区进行试点改革，部分高校开始有了自费、委培、定向等不同的招生方式，这些招生分配方式与统招并行；1996 年，国家发布了《国家不包分配大专以上毕业生择业暂行办法》(〔1996〕5 号)，高校毕业生招生分配进入了被称为并轨制改革的阶段(1996—2000 年)。2000 年，全国除了师范类毕业生，全面取消了就业分配制度。

② 现在看，加入 WTO 对我国经济发展的意义和促进作用已无须赘言，但是从当时的情形看却远非如此。2000 年，我国的经济总量刚过 10 万亿元，人均 GDP 刚刚超过 1000 美元；经过 1997—1999 年的国有企业改革，城市有大量的下岗职工，城镇化率刚刚过 35%（以常驻人口计）；几乎所有的制造业部门都和国外有着巨大的技术差距，以往在关税等贸易壁垒保护下可以生存的企业，如果开放市场，这些企业能否在市场竞争中存活是当时社会各界普遍的担忧。我国加入 WTO 之所以经历了十几年的谈判，也就是在这些问题上始终无法达成共识而不得不进行一轮又一轮的谈判。耿老师从整体和局部、开放与改革、分工与比较优势的分析中指出，这样的担心是不必要的，加入 WTO 在整体上带给中国的收益将远大于局部可能受到的冲击和影响，而且即使有局部的冲击，受到影响的企业也将基于其比较优势上重构在全球经济体系中的位置，然而保护只会割裂企业与全球经济的联系，进而丧失从国际分工、合作中学习先进技术、管理经验的机会，如果这样，整个经济体系只会在低水平状态下徘徊不前(低水平均衡)。虽然我本科专业就是贸易经济，但是当时听完耿老师的发言，我第一次感受到经济学对世界的洞察和判断，也才真正上感受到“知识就是力量”这句话的含义。

阅了耿老师的简历、研究方向等信息，并且第二天就到书店购买了全套考研复习资料。虽说单位没什么事情，可是当你要全力以赴做某件事的时候，还是会发现原来也不是一点事情都没有。随后干脆我就向单位领导请了长假，全力准备考研的事情。高等数学、线性代数、概率论、微观经济学、宏观经济学、英语、政治，以及证券从业资格的六本书①，加起来近两尺高。此时，我大学毕业已经快两年了，很多知识几乎都“还给”了大学任教的各科老师。现在回想起来整个 2002 年，我几乎是封闭状态下的复习备考，遇到不会做的题目，不再有老师的指点和同学之间的交流，沮丧、失落乃至放弃的念头不时地涌现出来。每当这个时候，几乎都是想跟随耿老师学习的向往激励我重拾信心，继续复习。功夫不负有心人，经过一年的备考，我顺利通过了初试，后来又经过复试，2003 年 9 月我正式成为耿老师的硕士研究生。② 现在回想起来，人生确实像一连串的偶然事件，如果不是入职社科联，若不是那次年会，若不是请了耿老师做主题演讲，或许我的人生和耿老师就没有交集。

二、学习

2003 年 9 月大学毕业三年之后，我再次进入大学校园开始了新一轮的学习。与七年前按部就班地上大学不同，读研究生是在我工作了两年后，发自内心地想学习后再次进入校园的。当时河南大学对研究生的管理是两级管理方式，即研究生处负责全体研究生的基础教学、住宿等安排，专业课学习则在各个学院以及不同研究生导师的安排、指导下进行。入学一个月后，我接到同学张丹的电话，她告知我晚上耿老师要和我们这一届 3 个研究生见面。虽然我们 3 个按时到了事前约定的地点（我记的是汴京公园附近的一个小饭店），推门进去却发现耿老师已经来了。第一次近距离地和耿老师交流，我非常激动，难免又有些紧张。不过紧张的心情很快就得到了缓解，因为随着谈话的进行，我发现耿老师是一位非常平易近人的老师。谈话的具体内容我现在已经记不太清楚了，但是耿老师在谈话中着重强调的三件事令我至今记忆犹新：学习上，要

① 当时河南大学经济学院硕士点一共两个：政治经济学和国民经济学。耿老师是国民经济学的学科带头人，招生方向为证券投资。为此我准备的专业课复习宏微观基础理论，重点是学习证券投资的相关内容。

② 2003 年对于很多人来说无法忘记的事情是横行华夏大地的“非典”，而对于备考一年的我却无太多心思关注这场全球性传染病疫潮。若不是当年研究生入学面试时间因此一推再推，“非典”在我记忆中应该不会留下太多痕迹。研究生复试一般都会在三四月份进行，2003 年因为“非典”的缘故，推迟到了 5 月，而且没有安排在校园内进行，而是在明伦校区对面的水上餐厅的一间客房内进行的。面试是我第一次和耿老师面对面说话，其他内容现在记不清了，只记得耿老师问：“平时关于经济学读过什么书没有？”，我回答不上。是呀，除了教材我哪里读过什么经济学的经典专著？不过还好，一起面试的几名同学最终都被顺利录取了。或许因为“非典”的缘故，我们那一届研究生全院两个专业一共招录了 8 名同学。

以经济学领域名家专著的研读为主要方式，不能再以教科书为主。比如，作为初学者首先要认真研读亚当·斯密的《国富论》、马歇尔的《经济学原理》以及凯恩斯的《就业、利息和货币通论》等。读完后和我交流一下读书心得，再做下一步的读书学习计划。做事上，要有始有终。耿老师给我们讲了一个他自身的经历。耿老师说："有一次，周老师（耿老师的研究生导师）让我给另一位专家送一份材料，并叮嘱一定要亲自送到对方手上。我自然很是上心，也很快就亲自登门把材料送到专家手上。当时心里想已经送到了，事情就结束了，就没有和周老师说已经送到了。但是，过了两天周老师又问起此事办得如何了，我才意识到，这件事办得有问题，没有真正意义上做到有始有终。"最后，在和老师的学习沟通上，千万不要因为有时候来找我时，我可能比较忙，没有时间和你交流，就不再来找我。① 第一次见面后，我第二天就到书店购买了耿老师指定的几本书，并在接下来的一段时间内基本就是宿舍、教室、图书馆"三点一线"地正式开始了研究生阶段的学习。②

在此说一些题外话。在一个四线城市想把经济学这样一门显学学科办好其实是非常不容易的。2000 年以后，"入世"带给我国经济发展的巨大驱动力使得社会对经济学各类专业的毕业生有着非常大的需求，很长一段时间经济学院的招生分数总是排在河南大学各学院的前列。客观地说，当时经济学院的师资并不能完全满足研究生专业课程的教学需要。研究生教学必须完成的中高级的宏观经济学、微观经济学和计量经济学等课程，都因为没有相应的师资而未开设。也正如耿老师所言，我们自己培养的硕士都不愿意留下来任教。这就使得专业课的学习主要依赖各个学生的指导老师通过读书等方式各自完成相应的教学。③ 当然，学院也会积极邀请校外专家通过讲座的方式来补齐这方面的短板，同时积极地在全国乃至全球范围内招聘高水平的老师。时至今日，经济学院已拥有海外博士学位的教师十多位，获得国内博士学位的教师更是占据教师总量的 80% 以上。当然这是后话了。

时间总是过得很快，转眼研一就快结束了。其间我每读完一本书，就写下读书心得找耿老师汇报一次。耿老师作为学院院长很忙，但我确实谨遵耿老师当初的教诲，即和老师的学习交流不要因为老师一两次没有时间而放弃。记得有一次，我收到耿老师的短信说如果下午有时间就两点到校医院去找他。当我

---

① 当时耿老师任经济学院的院长，而当时经济学院的学科发展任务非常的繁重，自己没有单独的博士点，硕士点也仅有两个，与全校其他学科相比并不受重视。耿老师有一次半开玩笑地说，我们院提出要申报博士点，递交材料的时候，校研究生院的院长说："你们还申报博士点？"

② 需要提及的一点，2003 年河南大学金明校区正式启用，经济学院从老校区搬到了新校区，而研究生则留在了老校区。当时新老校区之间并不通公交车，同时校车因为数量有限并不让学生乘坐，除非有学院的书面证明因学习等原因需要乘坐校车到金明校区。

③ 其实不仅是经济学院，当时不少学院的研究生教学都是以指导老师为主的教学方式进行的。因为当时研究生的招生量并不大，而且又分成了不同的专业方向，也不容易统一安排课程。

按时到了校医院的时候，看见耿老师正在输液，心里顿时一惊。而耿老师见我进来，连忙招呼我在病床前坐下，接着说：“身体没什么大问题，输点液就好了。最近一个多月一直在忙，也没有见你们，不知道你的书最近读得怎么样了，有什么新的想法没有，给我说说。”说实话，当时我心里颇不是滋味，心想即使有问题怎么可以在老师输液的时候来打搅呢。但耿老师坚持要我谈一谈，我也就把当时心里想不明白的一些问题向耿老师请教了起来。记得当时最为困扰我的一个问题是，斯密提出分工是一个国家经济长期发展的根本驱动力，分工水平不同导致各个国家经济发展水平存在显著差异，而农业受限于自身产业特点，其分工水平远不如非农产业，因此一个国家或地区农业占比越高，其经济发展水平就越低。但是这里面有两个逻辑问题需要解决：一是分工是如何形成的；二是分工如何维持。针对第一个问题，斯密给出了绝对优势理论的解释；针对第二个问题，斯密则提出交易的基础是不同商品包含的劳动时间，也就是后来人们俗称的劳动价值论。换言之，斯密提出劳动价值论是为了在逻辑上完整论述其分工理论，而不是强调只有劳动才能创造价值，或者说价值的唯一来源只有劳动。而当时教我们专业课的许兴亚老师却在其《资本论》的课堂上指出：价值的唯一来源是无差别的人类劳动。我们看到的资本主义国家工人阶级的穷困主要源于其创造的价值很大一部分被资本家以剩余价值的方式无偿侵占。[①] 但问题是，如果价值的唯一来源是劳动而非其他，如何理解生产活动中既需要劳动也同时需要诸如资本、土地等生产要素呢？如果创造价值的唯一来源是劳动，是不是人口越多的国家，越能创造更多的价值？如果是这样，我们国家当时为什么要执行严格的计划生育政策呢？虽然这些问题都谈不上是严谨的学术问题，但是耿老师听完却非常高兴，说：“你没有死读书，有自己的思考，这样很好。”他还给我列了新的书单：熊彼特的《经济发展理论》以及诺斯的《西方世界的兴起》等。我记得那一周，耿老师去校医院输液三天，而每次耿老师去校医院的时候，都把我喊过去汇报读书心得。而每次输完液，耿老师拔下针管，起身就又去学院工作了。

2004 年暑假前，我接到耿老师的电话，他问我暑假有什么其他事情没有，在得知我没有其他事情后，告诉我暑假可以到长垣调研。长垣调研持续了五天，主要以企业调研为主。其间，耿老师讲了他为什么对长垣如此感兴趣。耿老师的老家是安阳滑县，滑县紧邻长垣县，而且耿老师老家所在的那个村就在滑县和长垣县的交界处。20 世界 80 年代中期之前，滑县土地资源相对丰富，而长垣县则恰好地处黄河折弯的地方，这使得长垣县“十年九灾”，加之耕地

① 谈到这里，2008 年之前入校的经济学院的研究生应该都有比较深刻的印象，那就是无论什么专业，什么研究方向，所有研究生一起上的专业课就是《资本论》。当时我们那一届《资本论》第一卷是许兴亚老师讲授，《资本论》第二卷、第三卷是张昆老师讲授。当然《资本论》是一本伟大的著作，我仅仅是作为一个学生在读书时遇到了一些困惑而向老师请教。

较少，人们生活水平普遍不如滑县。耿老师举例说：当时长垣的姑娘都希望嫁到滑县来。但是到了20世纪80年代中后期，长垣经济似乎突然发力，各类企业几乎遍地开花，没过几年，其经济发展水平就把滑县远远地甩在身后。同样地下没矿，也同样没有得到国家的政策支持，为何长垣和滑县的经济发展差距会越拉越大呢？耿老师说，现有的经济理论没有给出一个很好的解释，而这正是学者要做的工作。也正是从这次调研开始，我的人生方向再次发生了改变。原本我研究生报考的方向是国民经济学的证券期货投资方向，而这次调研后就慢慢地变成了欠发达平原农区经济转型和工业化方向。当时一起调研的还有李燕燕老师、王理师兄以及当时经济学院的副书记张文亮老师。调研结束后，耿老师完成了《欠发达平原农区工业化道路——长垣县工业化发展模式考察》一文。在随后的两年中，中原城市群建设调研，登封大冶镇的调研，新密白寨、固始县等地市的调研以及清明上河园企业的调研，基本充满了我的时间，其间我也多次跟随耿老师参加关于“中部崛起”的各种官方、学术界的论坛。[①]

还有一件特别有意思的事情，就是耿老师作为“郑汴一体化”战略的首倡者，受到的一些误解。[②] 最初包括很多政府官员在内的开封各界人士非常不理解为什么要搞“郑汴一体化”，争议主要体现为：①搞“郑汴一体化”，最终开封就没了；②开封的人才、企业现在都被郑州吸走了，搞“郑汴一体化”岂不是更糟？③郑州怎么能向东发展呢，郑州的工业基础在西边；等等。记得我和王理师兄有一次还专门到开封市电台就这些问题作了回复。对此我只想说，如果理解了耿老师对我国加入WTO的讲述，自然也就理解了为何耿老师那么坚定地认为开封的发展重点要向西，要坚定不移地推进“郑汴一体化”战略的落实。后来，耿老师谈起为什么要提“郑汴一体化”战略时说到，之所以提出“郑汴一体化”战略，不是站在开封或郑州的角度提的，而是站在全省经济发展的角度提出来的，因为当时省委提出要搞中原城市群，但是城市群发展战略如何实施一直没有找到很好的切入点和突破口。

---

① 2004年前后，不断有学者撰文讨论中部地区的发展问题，并指出我国东部有沿海开发战略，西部有西部大开发战略，东北有东北振兴战略，唯有中部六省成了不是“东西”的省份，而且2004年前后又成为全国经济增速最慢的板块，中部地区如何发展成为当时中部六省政界、学界、企业界非常关注的问题。

② 我记得在省委确定要实施“郑汴一体化”战略，开始修建郑开大道后，有人在网上撰文说自己才是第一个提出这一战略的专家，但是从未见其拿出什么具体的材料。后来我在整理耿老师以往的各种材料时，发现耿老师在20世纪90年代初期，在给开封市经济开发区做规划的时候就明确提出了开封发展的重点应着眼于向西的构想。当然，关于“郑汴一体化”的构想是耿老师在2004年的《中原城市群经济隆起带建设与开封经济发展思路》一文中具体提出并做了完整论述。

三、知行合一，学者典范

不知不觉在耿老师身边学习、工作已经近20年了，明年（2022年）耿老师也将从河南大学正式退休。耿老师的学术思想我不敢妄议，以下文字仅仅是我个人的感受。耿老师身上有很多“标签”，但最为重要的是学者这一身份。学者的使命是推进人类对某一领域的认知，简言之，就是要创造新的知识。这就涉及一个问题，即知识从何而来?① 耿老师对这一问题的回答是：知识根植于实践。这么多年，耿老师每年带着自己的博士、硕士研究生，花费大量的时间到各地调研；每逢遇到重大问题时，耿老师往往通过调研获取灵感。此外，耿老师对待知识的基本态度是：知识要用来指导实践并被实践检验，即实践是检验真理的唯一标准，而非稳健性检验。这样一种对待知识的态度或许源于耿老师自身的生活阅历。“三年困难时期”带给耿老师和他的家庭巨大的冲击，使得耿老师这一代经济学家往往有着极强的社会责任感，不满足于仅仅发表论文的学术之路，更希望自己的研究能对现实经济社会产生更直接的影响。“郑汴一体化”“三化”协调等对河南经济有重大影响的战略都不是哪个领导率先提出的，这些战略思想的提出无不源于耿老师对现实经济运行规律的把握、判断，后被省委省政府领导采纳而变为了具体政策。基于此，我借用哲学家杜威的哲学思想，总结耿老师的学术思想，即“知行合一”是耿老师学术思想最直接的体现。② 知行合一的“知”就是知识（真知），知识只有在实践中，在“行”中才能获得。知识并非一成不变，会根据实际情况发生改变。知和行必须是同一个主体，别人的“知”和你的“行”是没有办法合一的。或许有人会问，既然如此，何不直接到企业或政府部门中工作而不是在高校做教授，这样岂不是更能体现这样的治学态度和价值观么？我对此的回答是：人生是一系列偶然事件。

最后，祝耿老师身体健康，学术之路长青。也祝愿所有的同门在各自的工作岗位上取得更多成绩。

---

① 或许有人会说，知识是学习而来的呀，学生读书、上课不就是在学习知识吗？无论是上课还是读书、读文献获得的知识都不是这里要讲的知识，这里讲的知识是“新知识”。

② 此处的“知行合一”不是王阳明心学里所指的内涵。这里的知识指“新知识”。

极具战略思维的经济学家

——致敬我的老师耿明斋教授

2004 级硕士　张　跃

我本科在河南大学经济学院就读经济学专业，那时就对耿老师无限崇敬，对耿老师最初的印象是他的资本市场研究很厉害，是大神级的人物。2004 年，我有幸跟随耿老师攻读国民经济学硕士研究生学位，更是能够近距离地向耿老师学习，在学问上、为人处世上获益良多。对于我而言，硕士三年是我人生提升最多、对我人生影响最大的三年。

在攻读硕士学位期间，有幸跟随耿老师参加了不少学术会议和内部讨论，我印象最深刻的是，每次耿老师发言总是能够抓住关键、剖析解理，听后总是让人感觉原来如此、确实如此，而且很有操作性，事后更验证了其前瞻性。那时我就在想，为什么耿老师能够如此举重若轻地有着规律性的认知和精准的判断力？这是我在中国社科院读博期间和工作之后，时常在脑海里回想的问题。时间过得真快，敬爱的耿老师即将过 70 岁生日，也正值河南大学建校 110 周年，亲爱的师兄师姐、师弟师妹们计划举办耿老师学术思想研讨会。借此机会，我试着把我一直以来的思索向耿老师和各位同学作一个汇报。

我在写这篇文章的时候，“战略思维”一词一下跃然心中，豁然发现，这是我一直在找寻的答案，也是最能够描述耿老师学术特质的关键词。在学习李庆春书记发给我的关于耿老师的文章时，我发现李书记也写到了耿老师是一位具有战略思维的大学院长，这更加印证了自己的发现。可以说，耿老师著作等身、荣誉众多、大家风范，有着强大的人格魅力，然而最重要的是，耿老师是中国具有极强战略思维的经济学家，胸怀“国之大者”，把握大势、着眼大事，从大局性、长远性出发来研究经济学问题。

战略思维，是指客观辩证地观察、思考和处理问题的科学思维方式，体现的是一种战略整体观、全局观和敏锐的洞察力、预见性。毛泽东同志强调，作为领导干部，一定要有“战略头脑”，即战略思维能力。毛泽东同志多次讲过这样一件事：红军过草地的时候，伙夫同志一起床，不问今天有没有米煮饭，却先问向南走还是向北走。为什么？因为前进的方向比吃饱饭更重要，在红军队伍里，即便是一名小小的炊事员，也有战略观。邓小平同志曾告诫，“考虑任何问题都要着眼于长远，着眼于大局。许多小局必须服从大局”。习近平总书记深刻指出：“战略思维能力，就是高瞻远瞩、统揽全局，善于把握事物发展总体趋势和方向的能力。”

“不谋全局者，不足以谋一域；不谋万世者，不足以谋一时。”耿老师学术思想展现着战略思维的智慧光芒，体现着全局性和长远性。

“欠发达平原农业区的现代化研究”综合承载了耿老师学术研究的主要内容，是耿老师学术研究的主线。耿老师将学术研究扎根在中原大地上，融入服务建设社会主义现代化国家的战略全局中。习近平总书记指出，“全面建设社会主义现代化国家、基本实现社会主义现代化，既是社会主义初级阶段我国发展的要求，也是我国社会主义从初级阶段向更高阶段迈进的要求”。耿老师立足欠发达平原农业区现代化之路，怀着强烈的历史使命感，运用经济学方法，从企业、资本、区域、人力、产业等各个维度对欠发达平原农业区进行研究，如中原崛起战略、“郑汴一体化”战略等都是耿老师的经典研究成果，对欠发达平原农业区加速现代化进程具有重大意义，产生并持续发挥着重要影响。

1996 年，耿老师在《南开经济研究》发表了《平原农业区工业化道路研究》一文，开始较为系统地提出了平原农业区的概念，并开始回答“欠发达平原农业区通过什么途径走上工业化发展道路”这样一个重大历史命题。耿老师在文中提到的关于平原农业区大致范围是指我国中部包括黄淮平原、华北平原及东北平原在内的广大地区，从行政区划上看包括安徽北部、河南东部、山东西部、河北中南部以及辽宁、吉林、黑龙江的中西部地区。文中指出，这些地区主要特征是人口稠密、土地面积广阔而平坦、大多区域缺乏矿产资源、农业至今仍是最重要的经济活动、乡镇企业十分薄弱、地处内陆、距离沿海沿江开放地区和经济高度发达的大城市比较远、交通和通信等基础设施建设滞后、小农意识仍占据主导地位等。在这种条件下，这些地区如何加快工业化进程、尽快实现现代化，耿老师对此在文章中进行了分析和讨论。在此之前，耿老师在企业、所有制关系、经济体制改革、农业经济、资本市场等方面进行了研究，从经济地理学的角度来看，这都是耿老师怀着对这片大地的深厚感情、寻找如何让这片土地尽快发展起来、让人们尽快富裕起来的理论探索。这篇文章的发表，标志着耿老师已经开始系统地对欠发达平原农业区现代化进行研究了。从给大家提供的部分耿老师学术成果清单来看，在 71 篇学术文章中，标题上带有“农业区”“工业化”“城市”“河南”“中原”“空间结构”“县域经济”“都市区”“城镇化”等直接涉及区域概念的学术文章约有 22 篇，在 72 部著作中，类似直接涉及欠发达平原农业区概念的约有 44 本，在 18 篇报纸理论文章中，类似直接涉及欠发达平原农业区概念的约有 11 篇，《中原发展研究报告》中的 45 篇文章，大多数是直接关于欠发达平原地区的，这些文章能够被收录进《中原发展研究报告》，就说明了这一点。在发给大家的征稿一文中，耿老师的学术研究可分为四个阶段，中国基本经济制度探索阶段、中国区域资本市场运作探索阶段、传统平原农业区经济发展探索阶段、中原经济发展政策探索阶段，这实际上也从侧面反映了耿老师长期从各个维度、各个要素研究了欠发达平原农业区是如何实现现代化的。

2021 年，《求是》杂志发表了习近平总书记的重要文章《把握新发展阶段　贯彻新发展理念　构建新发展格局》，文章指出，“我们建设的现代化必须是具有中国特色、符合中国实际的。我国现代化是人口规模巨大的现代化，是全体人民共同富裕的现代化，是物质文明和精神文明相协调的现代化，是人与自然和谐共生的现代化”。反复研读习近平总书记的这段话，从中我也深深感受到了耿老师在经济学研究上的战略思维。耿老师在研究中提出，“欠发达平原农业区是我国经济发展格局中绝对不可以被忽视的地区，因为它不仅以其丰富的农产品资源和大量的廉价劳动力供给支撑了沿海地区的高速工业化进程，而且就其区位来说，它也是我国工业化由东向西、由南向北推进的第一个接力点，而这包含着众多人口和广大面积地区的工业化势必将我国经济的整体发展水平推向一个更高的层次，反过来说，如果没有这一地区的工业化发展，国民经济整体上的工业化将是无法想象的”。这一学术判断无不彰显着耿老师的全局视角和长远眼光。这里有两个细节令我印象特别深刻，一个是 2004 年，我刚跟着耿明斋老师读硕士研究生，参加了中部崛起的论坛，只觉得耿老师气魄很大，这是国内学者对区域发展的进一步深入探讨，是对东中西传统发展格局的深入探讨，也是面临西部大开发、中部经济发展呈现缓慢现象的深入思考和讨论，在当时争论得很激烈。另一个是，我记得耿老师带的博士研究生最早就是区域经济学专业的。

耿老师的战略思维还体现在其治院思路上。耿老师纲举目张、立足长远，把加强学科建设作为战略目标，紧紧抓住学科建设这一“牛鼻子”，实现了河南大学经济学院经济学科跨越式发展。耿老师经济学功底深厚、对国情省情有深刻的见解、管理经验丰富，在建设经济学科中，采用各种方式激发国内外高水平学者与河南大学经济学院合作的积极性，涌现出了一大批学术成果，同时招入大量高水平教师，如青年学者彭凯翔等，一时间人才会聚一堂，河南大学经济学科进入了发展的“快车道”，河南大学经济学院博士点、博士后流动站实现零的突破，共获批应用经济学、统计学 2 个一级学科博士点，8 个博士点，12 个硕士点。通过学科建设，教师的科研能力和学术水平不断提高，学院科研基地建设快速发展，本科教育水平名列前茅，河南大学经济学院在社会上的声誉和影响力不断提高。

我记得耿老师曾说过一句话，河南大学经济学研究要达到一个目标，无论是谁来研究河南经济的发展，都绕不开河南大学经济学院。我想，这一目标已经实现。

读万卷书不如行万里路，行万里路不如阅人无数，阅人无数不如名师指路。经师易得，人师难求。我很幸运，有幸跟随耿老师读攻硕士研究生学位。对于我来说，耿老师不仅指路给我，更是手把手教我如何治学、如何工作、如何生活。在我人生发展中每一个关键节点上，总是给予我最好的指导和帮助。耿老师把高瞻远瞩的战略思维和细致缜密的组织协调有机统一起来的言传身教，催人奋进又切实可行，让我在工作后迅速成长。现在每当我遇到问题、需要决策的时候，我也尝试着像耿老师那样，尝试站在战略全局高度观察、思考、处理问题，力争透过纷繁复杂的表面现象把握事物的本质和发展的内在规律。

光阴荏苒，岁月如梭。我还清晰地记得刚考上耿老师研究生时那种无比喜悦的心情，正是耿老师的谆谆教导，让我顺利成长。师恩如山！我深深感受到能成为耿老师的学生是何等幸运。

祝愿敬爱的耿老师健康长寿。

立足中原的经济社会发展探索

——“耿”于中原，“明”于社会，“斋”于经济

2006 级硕士、2009 级博士　张建秋

早在读本科期间，听周围老师说到河南省内的经济学大家时，耿老师的名字就经常出现并印在我脑子里，那时我就对耿老师严谨的治学态度和超强的现实责任感充满了敬仰之情。于是，在报考硕士研究生时我毅然决然地报考了耿老师的研究生。从 2006 年读硕士、2009 年读博士，最后留校至今，不知不觉 15 年过去了。感恩 15 年，作为耿老师的学生和追随者，耿老师以经济学研究为主线、以服务中原经济社会发展为己任的大行责任担当精神跃然纸上。

一、坚持潜心育人，师者情怀如暖阳照亮我辈学术前行路

同大多数教师一样，在从教近 40 年的时间里，耿老师坚持用丹心育桃李，将教书育人视为毕生追求。但与大多数教师不同的是，耿老师认为教师的职能不是单纯地教书，而是“传道授业解惑”，并以此为己任而不断追求，耿老师获得的“2011 年第六届国家级教学名师奖”就是对其这种追求的最大褒奖。这充分彰显了耿老师的学者情怀和大家风范，把执着专注、精益求精融入为学生授业的全过程，使学生获得在润物细无声中“传道”、在提高本领中“授业”、在明德新民中“解惑”的启迪。在我跟随耿老师读硕士、博士的 6 年中，耿老师对从现实出发并上升到经济学理论层面的思考无时无刻不在言传身教于我们，可以说我的每一步成长都离不开耿老师心血的倾注。耿老师常常告诫我们，“做学问，脑子中应该时刻装着所想的问题”，“当理论与现实发生冲突的时候，一定是理论错了”，“如果这个结论是正确的，那么就要能够合理地回答如下几个问题”……耿老师用严密的逻辑思维把学者应有的社会责任担当体现

得淋漓尽致，每一句话都浓缩着他对经济社会问题的思考总结。正是在这样孜孜不倦的教诲中，我学会了做学问的初步方法，更重要地是改变了我对经济学理论与现实问题的看法，也使我养成了要对一个事物做出判断首先要反复思考其合理性在哪里的习惯。对于初入经济学研究的学生来说，做学问是枯燥的，耿老师用自身的经历教导我们要持之以恒做好一件事，就要把这件事做精做细，不要抱怨，因为抱怨是懒惰的表现，是要把自己的困难和问题推卸给客观和他人。为了保持对学术的敬畏之心，耿老师说人要永远保持一颗童心，不要泯灭自己对世界的好奇心，不要麻痹自己的求知欲，积极进取是人的生命活力的体现。在耿老师的严格要求和影响下，我从最初只能参与资料的收集，到后来尝试写作，再到后来能独立完成一部分，最终支撑我的博士论文的写作并顺利毕业。耿老师育人的思想指引我在学术的道路上不断前进，使我在整个研究过程中获益良多，并将会成为我今后人生中的宝贵财富。

古人云，师之大者以思想为甘露，呕心沥血，泽被桃李，借翰墨书香树百代国之栋梁。耿老师作为河南省最具名望的经济学家，积极利用自身的影响力，持续号召、激励广大青年学者投入河南经济社会发展的战略研究中，直接受教、受益的群体早已扩散到学生群体之外。再加上耿老师待人宽厚，常以包容万象的心态支持广大青年学者发挥担当精神，找准问题，研究真问题，做真学术，创新理论，提出切实可行的解决方案，成就自我，不做追风者和“鼓风机”，而要做一个有益于社会和服务社会的经济学人。作为长期关注、研究中原发展的经济学家，耿老师怀揣着致力于中原发展研究人才队伍的组织与培养的梦想，不断推动与鼓励更多青年学者积极投身中原发展战略方面的应用研究和理论创新。2012 年秋，河南大学百年校庆期间，耿老师积极协调深圳海王集团等著名企业，与河大联合设立了河南省首个民间学术奖项——中原发展研究创新奖，该奖项主要用于奖励从事河南经济社会发展战略研究的杰出青年学者。截至目前，该奖项已举办了五届，参评作品质量不断提高，青年学者来源更加广泛，研究领域涉及乡村振兴、航空经济、金融债务、自贸建设、创新体系、绿色发展、高质量发展等诸多领域，其中的部分成果相继被有关部门吸收借鉴，形成了广泛的社会影响力。可见，耿老师对人才的培养早已经超越了传统意义上的学生范畴，他自觉扛起了发现和培养立志于服务国家和中原发展的青年理论工作者的大旗，必将推动中原发展研究整体水平的提高。

二、牢记经济本源，坚持从现实出发寻找研究的“问题”

作为改革开放以来最早的大学生中的一员，耿老师既有在农村当生产队长的经历，又亲身见证了中国经济社会的巨大变革，因此耿老师对困扰中国经济社会发展的重大现实问题有切身感受，也有着运用所学知识改造当时传统社会的强烈愿望，时刻以做一名有社会责任感的经济学人的标准严格要求自己。正是由于其独特的人生经历，耿老师对经济理论的研究充满着强烈的现实责任感，他认为搞研究不能只读书，在房间里得出的理论是空心的，经济学家要将己见上升为理论，并且这个理论要对社会有用，就一定要有充分的亲身体验。因此，耿老师学术思想发展的脉络具有高度关注现实的变化与进步的时代特征，特别强调经济学研究要从现实问题出发，并以此为基础向上延伸到理论问题。耿老师经常说，人们总是试图将现实的合法性归入某种理论框架，试图用理论的合法性来解释现实的合法性，这显然颠倒了理论与现实的关系。其实，现实的合法性来源于自身，并不需要理论来证明。因此，经济研究还有另外一条更为正确的途径，那就是从现实中所遇到的问题出发，先弄清楚问题是什么，然后去寻找可以解释问题的理论，并发展相应的理论。

基于此，耿老师为了做好经济理论方面的研究，进行了大量社会调查，走基层、下农村、进工厂就成了耿老师获取学术研究灵感的生动注脚。我最早跟随耿老师深入基层是 2008 年年初对新密市白寨镇进行的经济社会发展调研。当时正值中国雪灾，恶劣的自然条件至今回想起来仍历历在目，但耿老师带领我们几乎走遍了白寨镇的每个角落，白天深入田间地头、工矿厂房等地调研，晚上还要主持召开讨论会，现在回想起来这不就是耿老师长期以来一贯坚持的从现实出发找寻经济学研究问题的方法吗？我现在还清楚地记得刚读博士时，正好赶上河南省“‘三化’协调发展”战略的提出论证阶段。那段时间，为了获取一手素材，耿老师带领团队在公主岭、昆明、重庆、鹤壁、郑州等地来回奔波，持续时间长达半年，在开封的时间合计只有半个月。我有幸全程参与了这一过程，并深刻体会到耿老师从现实问题出发进行经济学研究的极端必要性，这种经济学研究方法深深地启发并影响了我，对于当时还处在经济学研究初级阶段的我来说无疑是一盏照亮学术事业的明灯。耿老师的这种经济学研究方法和深入一线进行实地调研的精神即使过了 60 岁也仍在坚持。最近几年我在陪耿老师深入基层调研过程中，几乎每次都能听到当地党委、政府主要负责同志说“耿老师亲自带团队让我们很感动”等话语，赞誉之词不绝于耳，作为亲身见证并追随耿老师的学生，更是对耿老师肃然起敬，他的这种精神更是值得我们去传承并发扬光大。

幸运的是，耿老师将多年从现实出发寻找经济学研究问题的心得以方法论的形式著书立作，他在《论对〈资本论〉的科学态度》《关于经济学研究方法的若干思考》《文化纳入经济分析的必要性及其方法》等文献中，不仅回答了经济研究中的主观立场（价值取向）与事物的客观走向如何统一的问题，而且更加强调问题意识，主张从现实出发创新理论，反对从书本出发用既定的理论束缚现实。这些经济学方法论的真知灼见，充分体现了耿老师坚守经济学研究的严肃性和本原性的初衷，对于推动中国经济学研究回归经济问题本质起到了非常重要的作用。

三、坚守学术初心，潜心研究经世济民著学问

也许是出生在豫北偏远平原农村的缘故，我对河南农村的落后以及农民承受的二元时代的痛楚记忆深刻，至今回想起来仍心有余悸。但幸运的是，我整个研究生阶段的导师耿明斋教授从20世纪90年代以来就开始长期关注并研究这一区域的工业化和现代化如何实现的问题，形成了丰富的研究成果和稳定的学术团队。更幸运的是，我从硕士研究生开始就一直在享受这一“学术红利”，并在此基础上试图进行力所能及的探索研究。

实际上，耿老师从20世纪80年代就以经世济民的学术情怀，长期关注并研究传统农区的工业化与经济社会转型问题。作为传统农区，在粮食生产方面河南省在全国具有独一无二的优势。在宏观层面上，国家也要求河南省承担起维护国家粮食安全的责任。而河南省面临的最迫切的任务是通过工业化和城镇化来实现自己的富裕和现代化。这两个目标既有一致的地方，也存在矛盾的地方，如何化解这一矛盾就成为耿老师学术研究的主线。为了探索这一典型农业区域的现代化问题，耿老师开创性地提出了“传统平原农区”的概念，并对其工业化与经济社会转型路径及所涉及的一系列重大问题进行了系统探索。同时将其空间范围限定在华北及黄淮平原，为后来突破行政区划限制并上升为国家战略的中原经济区作了理论铺垫。这些创新性见解使农区工业化成为一个新兴研究领域，并被《新华文摘》等权威杂志转摘或转载，同时获批一项国家社科基金重点项目“欠发达平原农业区产业结构调整升级与工业化发展模式研究”（批准号：01AJY002）和一项国家社科一般项目“传统平原农区工业化与社会转型路径研究”（批准号：08BJL040），在学术界产生了较大影响，吸引了众多学者沿着这一思路持续探索河南省的现代化的实现路径。根据国内外产业发展规律和河南省现实省情的客观条件，耿老师敏锐地察觉产业转移将会对河南省工业化和现代化产生重要影响。沿着这一思路，耿老师组织核心团队申报了河南大学第一项国家社科基金重大项目“中西部地区承接产业转移的重点与政策研究”（批准号：11&ZD050）和一项国家发展改革委招标课题“‘十二五’时期促进中部地区承接产业转移和城市群发展的政策研究”（批准号：2009－39－19）。

与此同时，耿老师还敏锐地察觉到，传统农区的发展不能仅仅着眼于产业的发展，并认为国家对河南省特有的粮食安全偏好以及河南省自身工业化现代

化之间矛盾的核心就是土地利用方面的冲突，这就要求河南省承担的国家责任和河南省本身的利益诉求做到激励相容，即河南省发展的基础首要是保证国家的粮食安全。在这种现实约束下，如何使河南省的利益诉求与全国区域发展总体趋势相适应，如何把河南省自己的建设与发展融入全国发展的大格局之中，就成为河南省自身发展战略能否上升为国家战略的关键。在此基础上，耿老师认为解决上述矛盾的核心思路就是“三化”协调，也就是河南省要实现工业化、城镇化、农业现代化“三化”协调发展，通过“三化”协调发展不仅化解了河南省发展工业化对国家粮食安全的威胁，又兼顾了河南省人民实现现代化的迫切愿望，“三化”协调就成为河南省谋求地方发展战略上升为国家战略的核心思想，并成为中原经济区上升为国家战略的重要抓手。而在“三化”协调发展中，新型城镇化的发展能够为工业化和农业现代化提供空间和要素，是破解上述矛盾的关键所在，因此新型城镇化引领“三化”协调发展就成为现实的必然选择。聚焦这一问题，耿老师在学理上进行了大量的探索，并获批了河南省首批社科重大项目“中原经济区新型城镇化引领‘三化’协调发展推进路径研究”（批准号：2012A002）。作为对这一研究传统的延续，耿老师进一步探索新型城镇化实现的微观机制，并对农村劳动力流动与经济社会发展进行了深入研究。在耿老师的运筹下，从 2012 年“百县千村”调查开始启动，掌握第一手的农村、农民、农业的立体数据，可以为精准扶贫和乡村振兴的研究提供数据支撑。2019 年，受省社科联委托耿老师团队开展了“乡村振兴”重大专项课题研究，并在“中原经济发展研究院”公众号上推出了“科学认识乡村振兴的内涵，明确乡村振兴的正确方向”等一系列智库成果。

四、勇于担当时代使命，对事关河南省全局性、关键性的重大战略问题持续贡献智慧

中原地区是中国传统经济社会发展的缩影，因此中原的发展始终受到社会各界的关注。作为中原大地成长起来的经济学家，耿老师始终心系中原经济社会发展，将学术探索与国家、全省重大发展战略相结合。自 20 世纪 90 年代以来，耿老师一直以研究和推动中原崛起、河南振兴为己任，并能够敏锐地从中捕捉到一些关键性的课题，组织力量进行攻关，及时向相关地方政府或有关部门提出决策咨询报告，甚至参与协助操作实施全过程。耿老师作为“十二五”“十三五”“十四五”规划专家委员会委员，主持或深度参与了“郑汴一体化”、中原经济区、郑州航空港经济综合实验区、郑州国家中心城市及大都市区等一系列关系到省域发展方向的重大战略研究谋划。耿老师是“郑汴一体化”的首倡者，这一建议被省委省政府采纳，写入河南省“十一五”规划，并

迅速组织实施。2006 年 11 月，时任教育部副部长李卫红在全国地方高校哲学社会科学科研工作会议上的报告中，特别提到“河南大学的‘郑汴一体化研究’等”，为“地方经济社会发展做出了重要贡献”，“成为各地方党和政府决策的‘思想库’和‘智囊团’”。耿老师还是中原城市群、中原经济区和“三化”协调发展等重大发展战略的核心智囊团成员，在面临 2008 年国际金融危机冲击时，耿老师系统论证了经济结构与金融危机及其影响的关系，受到时任省长郭庚茂的高度赞誉。尤其是近年来，耿老师持续围绕郑州航空港这一国家和河南省重大战略展开系列研究。2012 年，受郑州航空经济综合实验区领导小组办公室委托，耿老师主持了《郑州航空港经济综合实验区产业发展战略规划》课题，为郑州航空港经济综合实验区上升为国家战略提供了重要支撑。2014 年，在时任省人大常委会副主任张大卫的倡议下，耿老师积极对航空经济进行系统的理论研究，并组织编写了《航空经济概论》（人民出版社，2015 年）一书，时任省委书记郭庚茂、国家民航局局长李家祥分别为该书作序，在学术界和航空经济领域产生了极大影响。随着郑州航空港经济综合实验区建设的深化，2019 年，耿老师又组织推动了《航空经济深化研究》，对航空经济运行涉及的相关层面问题进行了深入研究，其中随着发展环境的变化几易其稿，目前书稿已提交出版社。除关注省级层面发展外，耿老师还积极参与地方经济发展研究。以耿老师为组长的专家团队受聘为开封市等地市新型智库，并在许昌、漯河等地市设立政策咨询研究基地。尤其是作为开封市的省人大代表，耿老师在“郑汴一体化”、郑汴同城、开封副中心城市、郑汴港金三角、制造业立市等重大战略问题上认真思考谋划，积极建言资政，并向省人代会提交了《关于以郑汴港核心区为基础谋建国家级城市新区的建议》《关于规划郑州大都市区三圈层体系的建议》《关于以郑汴港核心区为基础设立郑州大都市区一体化示范区的建议》等多份有较强影响力的建议报告。耿老师由于高标准地履行了人大代表的职责，2019 年 9 月被河南省人大常委会评为“河南省优秀省人大代表”。

耿明斋教授经济思想在中原经济区建设中的实践

2017 级硕士　陈明明

耿明斋教授投身经济学研究数十载，在工业化与经济社会转型、资本市场与国民经济运行、企业制度与公司治理等领域建树颇丰。作为一名资深经济学专家，耿明斋教授在做学术研究的同时肩负经济学家社会责任，兼任河南省人大代表、省人大财经委委员、河南省“十一五”“十二五”和“十三五”规划专家委员会委员、省政府专家 12 人咨询委员会委员、中国社会系统工程学会副理事长、河南省经济学会及河南省民营经济研究会副会长等职，他坚持把学术探索与全省重大发展战略相结合，主持或深度参与了关系到省域发展方向的一系列重大战略研究谋划，致力于河南省经济建设。从中原城市群与“郑汴一体化”到中原经济区，从郑州航空港经济综合实验区到郑州国家中心城市及大都市区等，都留下了耿老师的经济思想印记。本人在读研期间，拜读了耿老师的部分科研文集，甚至有幸聆听了他的大都市区建设专题讲座，开阔了视野。本文是从耿老师关于中原城市群与“郑汴一体化”、郑州国家中心城市及大都市区等部分项目的科研思想提取而来。因个人学术水平有限，所写内容未能准确无误地展现耿老师的经济学思想，我将在未来的工作和学习中继续对耿老师经济学著作进行学习研究。

一、“郑汴一体化”建设

（一）“郑汴一体化”的由来

对于“郑汴一体化”的由来，《“郑汴一体化”诞生始末》一文中提到耿老师在研究开封如何走出发展困境这一问题时，提出了“郑汴一体化”的设想。2003 年，河南省提出“中原崛起”的概念，计划建设中原城市群。怎样建设中原城市群，当时没有借鉴模式，缺乏系统性的城市群规划。耿老师及其团队对这个课题进行了深入调研，最后一致认为中原城市群的基本目标之一，应该是区域发展一体化，即中原城市群 9 个城市（郑州、开封、洛阳、平顶山、新乡、许昌、焦作、漯河、济源）发展的一体化，而一体化又不可能同步推进，需要一个好的切入点。研究发现，郑州和开封一体化发展是中原城市群建设的最好切入点，这是因为郑州和开封空间距离不远，彼此间的历史渊源深厚，城市功能互补性强，两地之间经济落差较大，一旦实现一体化后，互相之间的人口和资源可快速流动，城市群效应明显。[①]

（二）开封发展定位与方向

耿老师以经济学理论为基础，结合河南省实际发展现状，提出了“郑汴一体化”发展战略。自“郑汴一体化”战略实施以来，开封无论是经济增速还是其在河南省未来发展中的地位和作用，都有了显著提升，这也为中原城市群其他城市建设提供了可借鉴的模式。针对开封在“郑汴一体化”战略下的发展定位与方向，很多学者进行了研究。我认为在耿老师主编的《中原发展报告》中给出的定位最为合理。报告中指出，开封发展定位与方向应以深度融合为指引，基于自身比较优势，在国家中心城市及郑州大都市区体系中找准位置，以都市区为市场和服务对象，逐步向全省、全国乃至全球拓展。开封应沿着服务引领、创新突破、郑汴新区护航、一体化保障、做强都市区新支点、打造开封发展新格局的发展思路，建设国际旅游文化名城、中原现代服务业之都、郑州大都市区重要的创新中心、郑汴港核心区的重要支点、沿黄地区最具魅力的生态宜居现代化都市，从而实现长期稳定和可持续发展。

在开封的具体发展方向上，报告给出的建议是将现代服务业作为开封的发

① 耿明斋:《中原城市群如何隆起》,《河南日报》2004 年 4 月 16 日第 5 版。

展方向。一方面强调开封服务业最具潜力和前景的发展领域是文化创意产业，即现代服务业；另一方面强调传统服务业的现代化。依托文化景点和商业街区发展旅游、餐饮、住宿、购物等传统服务业，同时也要根据消费者需求变化不断进行现代化改造，丰富服务形式，提升服务质量，提高竞争力。需要进一步指出的是，强调现代服务业作为开封的发展方向，只是说开封要放大服务业的比较优势，深挖其潜力，提升其覆盖面，增大其体量，创造更多就业机会和收入，在开封经济社会发展中起到引领和带动作用，为开封经济社会发展提供更有力的支撑。但这绝不意味着只发展服务业，而把制造业放在一边，尤其是依托现代技术孕育发展出来的高技术产业代表着未来开封增量制造业发展的方向，需要政府部门的大力扶持。

（三）“郑汴一体化”建设

自“郑汴一体化”实施以来，郑州和开封实现了交通、电信、金融、产业、生态同城和资源等要素共享。郑开大道、物流通道、城际铁路以及连霍、郑民高速公路等多层次快速化交通系统，把两个城市紧紧地连接在一起，有了同城化的效果。但是，与“对接、共享、互补、互动”深度融合，最终形成功能强大的巨型都市区及区域增长极的目标相比，“郑汴一体化”发展仍有很大的提升空间。这也是河南省“十三五”规划提出建设开港经济带加快推动郑汴港协调发展的原因所在。耿老师在《构筑交通网络体系　打造郑汴一体化升级版》中指出，深化实施河南省“十三五”规划提出的重大战略，应该从对接规划、谋建郑汴新区入手，以构筑快速化交通网络体系为抓手，带动功能界定和比较优势放大，促进郑汴港协调发展。耿老师结合郑汴同城发展现状，在新时期“郑汴一体化”的发展上给出三条建议：一是规划对接。由于郑州和开封分属不同区域，各自规划只考虑辖区内的需求，很难顾及辖区之间对接需求，这就造成了规划错位。因此，以后的规划应该在河南省发展改革委的主持下，聘请世界级的规划机构，综合考虑各区域规划现状及相应元素，整合出一个统一的“郑汴一体化”发展图，并以人大立法的形式固定下来，严格遵循实施。二是构筑快速化交通网络体系。首先是改造和完善现有轨道交通系统。郑开城际铁路存在开行频次低、间隔时间长、与其他交通工具对接不顺畅等问题。建议将地铁一号线向东延伸至绿博园站，直接连接郑开城际，从而促进郑开城际铁路运营效率。再者是完善并增建城市道路系统。将郑开大道改成快速道路，加快断头路对接和新增道路规划建设。三是功能界定和放大比较优势。郑汴都市区是大郑州都市区的核心区，开封应该抓住建设大郑州都市区的机会，发挥自身比较优势，在与郑州互补的基础上明确其功能定位，促进都市区相关功能向开封聚集，着力放大其服务覆盖范围，使之成为服务整个都市区的功能区。[①]

二、中原城市群建设

地处中原的河南省，在全国经济社会发展中占据着十分重要的地位。河南有近1亿的人口规模，是全国铁路、公路、航空和电信等重要的交通通信枢纽，也是全国重要的粮、棉、油、畜牧生产基地和能源矿产、重化工业、食品纺织、商贸物流等产业基地。特别是伴随我国高速公路网、高速铁路网的建设和航空运输网的完善，中原地区作为国家交通运输枢纽的区位更加明显。中原的崛起，对于维护国家粮食安全和生态安全、解决“三农”问题、加快国家的工业化与城镇化进程、实现区域协调发展、弘扬中华优秀传统文化等，都具有重大影响和深远意义。[②] 耿老师在《河南在中部崛起过程中的地位和作用》一文中指出，要加快中原城市群一体化步伐，形成区域经济增长极。与农业相比，工业的最大特点是其生产过程需要相应的水、电、路等基础设施来支撑，而基础设施只有在共享的条件下才能使单位产品所分担的成本最低。只有众多工业企业在特定空间点上的聚集才能实现共享。产业聚集又对服务业产生了需求，使得第三产业能够依附于第二产业在同一空间点发展，该空间点就成了城市。因此，工业化及降低成本、提升效率的必然结果是促成现代城市的诞生和发展。这就是说，城市的本质是为产业发展提供平台，使产业能够有更高的效率。按照这个逻辑，城市规模越大，基础设施共享就越多，经济也就越有效率。但是现代城市发展的经验表明，城市过大也会增加经济活动的负效应。为了既享受大城市基础设施共享的好处，又避免大城市带来的过高生存成本，由众多规模不等、功能各异的城市相互形成有机联系而构成的城市群就应运而生，并扮演了最具活力的区域经济增长极的角色。一般来说，一个区域的发展总是由其城市群来支撑的。不管是欧洲、美国和日本，还是国内的长三角、珠三角、环渤海地区等，都是如此。河南以郑州为中心，包括开封、洛阳、新乡、焦作、济源、平顶山、许昌、漯河8个城市在内的中原城市群，显然也要承担起区域经济增长极的角色。[③]

国家体系是支撑一国经济社会发展的战略空间架构。完善的城市体系，不仅是一国竞争力的重要源泉，而且是经济社会全面、协调、可持续发展的基础。改革开放以来，我国城市体系获得了快速发展，特别是沿海地区初步形成

① 耿明斋：《以大郑州都市区规划推动郑汴港协调发展》，《河南科学》2016年第9期，第1563～1564页。

② 张涛：《城市群理论研究与实证分析》，武汉理工大学。

③ 耿明斋：《中原城市群经济隆起带建设与开封经济发展思路》，《区域经济评论》2004年第11期。

了面向世界的富有开放性的城市体系。但由于思想观念和体制机制落后等原因，在广大中西部地区，区域性城市体系很不完善，基本上处于割裂状态。中原城市群的形成与崛起，是促进中西部区域性城市体系相互融合，促进人才、资本和资源有序流动的重要力量。在我国城市体系中，武汉、西安、济南、重庆等作为区域性中心城市的地位已基本确立。由于郑州现有的经济实力还显薄弱，从而导致人们对中原城市群的认同度较低。① 事实上，以郑州为中心的中原城市群的快速发展，经济实力不断增强，对周边地区的引领、带动和示范作用日益凸显。加快中原城市群一体化的发展，对于加快中原地区发展、促进中部地区崛起、优化我国城市体系和地域空间结构具有重要的战略意义。

三、国家中心城市建设

2016 年，国家发展改革委正式发布《促进中部地区崛起“十三五”规划》，规划中明确指出支持郑州建设国家中心城市。在耿老师主持编写的《中原发展报告》中，有一篇《郑州国家中心城市中心性问题研究及政策建议》就郑州国家中心城市中心性进行了研究。文章首先从经济学角度论述聚集和扩散是大城市发展的一般规律。一个地区的发展可以分为发达地区和不发达地区两个部分。发达地区的经济增长对不发达地区具有极化和扩散两种效应，发达地区凭借工资收入高、投资收益高、生产条件完善、投资环境较好等优势，不断从落后地区吸引资金、技术和人才，不断做强增长极，从而做大中心城市。发达地区的增长极做大做强后，会通过向落后地区转移部分产业链条、购买投入产品及人员流动等，提高落后地区的生产效率和消费水平，从而辐射和带动落后地区的发展。然后从人口流动角度论证人口向大城市聚集不可逆转，大城市规模无法控制。接着从三个方面论证做大做强郑州是经济发展的必然要求。一是补齐国家中心城市建设突出短板的需要，指出郑州与其他 8 个国家中心城市相比，无论是经济总量还是辐射范围都存在差距。二是建设国家中心城市的现实需求。郑州建设国家中心城市，最大的优势是“区位 + 交通”，最大的短板则是经济体量小、中心性不够强。中心性的强弱对区域经济的发展起着至关重要的作用，也逐渐成为衡量一个区域经济发展的重要标志。郑州市规模小、人口少、实力弱，这些短板已经严重阻碍了郑州市经济社会快速发展的步伐，因此提高郑州的中心性对于郑州经济的快速发展和建设国家中心城市变得越来越重要。三是打造中原城市群的实际需要。城市群的发展需要核心城市的带动和引领，京津冀城市群有北京和天津，长三角城市群有上海，珠三角城市群有广

① 张涛:《城市群理论研究与实证分析》,武汉理工大学。

州和深圳，而中原城市群的发展则需要郑州的带动和引领。最后就提升郑州国家中心城市中心性提出以下建议：①提级——将郑州升格为副省级城市，支持郑州与其他国家城市享有同样的政策。②扩区——通过协调与周边关系扩大郑州市面积，扩大发展的空间规模和实力，提升省会城市的首位度，增强中心性。③提质——加快郑州撤县设区、区划调整的步伐，优化市区结构。

目前，关于支持郑州建设国家城市的所有评论和讨论、对于郑州的国家功能表述，都是围绕"枢纽"和"物流"两项进行。与其他国家中心城市相比，郑州的国家功能显得单薄了许多。耿老师在《拓展和提升郑州国家中心城市功能定位的建议》中指出，未来郑州在两个方面具备发育成为国家功能的潜力：一个是医疗服务中心。河南作为第一人口大省，有最大的医疗市场需求，作为内陆最大的交通枢纽，辐射人群更是成倍放大。郑州医疗服务有较好的基础，同时外地其他优质医疗资源也在陆续向郑州聚集，因此郑州具备国家医疗中心的基础。另一个是文化和体育活动中心。随着收入水平的提高和都市化发展，人们对文化体育活动的消费需求正在呈爆发式增长态势。人口大省和交通枢纽优势注定了郑州会成为最大的潜在市场，应该未雨绸缪，加大谋划、建设和培育力度，为未来文化体育国家功能的形成奠定基础。①

四、郑州大都市区建设

在之前的几十年里，河南省凭借投资和资源开发实现了经济持续高速增长，生产总值稳居全国第五位，跨入经济大省行列。随着中国经济新常态的持续和经济新阶段的到来，河南经济如何找到新动力，在未来 10 ~ 20 年继续保持高速增长态势，再上一个新台阶，这是一个值得讨论的重大课题。创新是实现经济增长的动力源泉，但不可否认城镇化能形成经济增长的巨大推动作用。推动大郑州都市区建设无疑能够大大提高河南的城镇化水平。耿老师在做大郑州都市区建设中指出，郑州都市区的建设应该以郑州为中心，涵盖开封、洛阳、焦作、新乡和许昌形成"都市连绵区"或"组合型大都市区"。

耿老师指出，建设"大郑州都市区"理由有三点：一是形成以郑州为中心的"连绵都市区"是必然趋势。公共基础设施和公共服务体系共享及外部正效应，使向心聚集发展成为空间演化的基本趋势。近年来，随着以机场二期、"米"字形高铁为代表的现代化交通枢纽的打造和固有优势持续强化，郑州的吸引力和辐射力越来越强，要素向以郑州为中心的区域聚集步伐日趋加快，规

---

① 陈颖、任山：《郑州建设国家中心城市要提升国家层面功能——访河南省人大代表、中原发展研究院院长耿明斋》，《决策探索》2018 年第 2 期。

模持续增大。由此而导致的都市化蔓延迟早会超出郑州市辖区的范围，并与周边城市区域对接，形成“连绵都市区”。二是这是“十三五”规划和“政府工作报告”提出的战略布局。《河南省国民经济和社会发展第十三个五年规划纲要》和河南省第十二届人民代表大会第五次会议上所做的《政府工作报告》都明确提出，要“构建‘一极三圈八轴带’空间布局”，“构建组合型大都市地区”。三是目前以行政辖区为基础的规划方式很难达到科学与应有的品位。区域与城镇规划都是以行政辖区为区域单元由不同层级政府主导的，而且即使同在一个大的区域单元范围内，不同层级的区域单元规划，也都是独立做出的。所以在建设“大郑州都市区”时，要有省级层面统一规划，不能任由各相关城市自由裁量，在各自自我规划的基础上随机对接。因此，建设组合型大都市区域、适时启动大郑州都市区规划是必需的。①

参考文献

[1]耿明斋.中原城市群如何隆起[N].河南日报,2004－04－16(5).

[2]耿明斋.以大郑州都市区规划推动郑汴港协调发展[J].河南科学,2016,34(9):1563－1566.

[3]张涛.城市群理论研究与实证分析[D].武汉:武汉理工大学,2005.

[4]耿明斋.中原城市群经济隆起带建设与开封经济发展思路[J].企业活力,2004(11):46－47.

[5]陈颖,任山.郑州建设国家中心城市要提升国家层面功能——访河南省人大代表、中原发展研究院院长耿明斋[J].决策探索(上),2018(2):32－33.

① 耿明斋:《以大郑州都市区规划推动郑汴港协调发展》,《河南科学》2016年第9期,第1564～1565页。

理论与实践相结合的践行者

2010级博士　余　萍

时光荏苒，日子就在不经意间慢慢地度过，直到今年10月师兄王理发起筹备耿老师经济思想研讨会的倡议，才惊觉成为耿老师的学生已超过十个年头。看着微信群不断加入的师兄师弟、师姐师妹们，这些来自四面八方、五湖四海的兄弟姐妹居然人数已超200人，相信耿老师也会于心底感受到多年为人师所获得的“桃李满天下”的慰藉。

会议的主题是耿老师经济思想研讨，作为学生，本应该对耿老师多年学术积淀的成果认真拜读，用严谨的文字表达对耿老师的尊重。但是，在学术上尚未有所建树的我实在不敢去妄议耿老师的学术思想，有时每每思及自己在学术发展上的现状，心底也确实感觉愧对耿老师的培养。耿老师作为我们的老师，虽然教师是他职业的底色，但是，耿老师更是一名全国知名的学者，其对传统农区的理论建构，即便放在中国的学术圈内，仍占有一席之地。除了学术上所取得的突出成就和贡献，耿老师更是一名社会活动家、理论与实践相结合的积极践行者，其首次提出的“郑汴一体化”，不仅契合了城市大都市圈发展的趋势，更是在长达十几年的时间里，直接推动了郑开融城的协同发展。在耿老师即将70大寿之际，站在不同的视角，回顾与耿老师接触的点点滴滴，以此表达作为学生对耿老师的敬意，也祝耿老师身体健康、学术生命长青。

一、学生眼中的耿老师

今年10月，王理师兄振臂一呼，短短几天，耿老师在全国各地、各单位、各行业的硕士和博士马上会聚成了两百多人的大群，直接见证了耿老师作为教师桃李满天下的成果。看到群内活跃的兄弟姐妹们，我不由得想起师从耿老师的日子。

我犹记得，博士面试尘埃落定后，我去耿老师家中表达谢意。耿老师则告诫我，不用客套，读博士的日子，自己好好读书，多阅读经典文献，认真研读亚当·斯密的《国富论》、大卫·李嘉图的《政治经济学及赋税原理》、马歇尔的《经济学原理》、凯恩斯的《就业、利息和货币通论》等经典书籍，要沉下心，不要急功近利，这样才能打下扎实的理论基础。耿老师话虽不多，但是对学生的殷切希望和严谨治学的态度却一览无遗。在师从耿老师的日子里，耿老师一直强调要多看多思，明言在学术研究上提出好问题的重要性。有时候耿老师组织博士生进行学术讨论，其对理论与现实经济问题的深刻认识和把握、高屋建瓴地看待和分析问题的视角，以及短时间内极为凝练且提纲挈领地对讨论问题的概括与总结，无不显示出耿老师在学术积淀上的深厚学养。这些点点滴滴也成为博士期间滋养我进行学术研究的养分来源。在博士毕业论文选题方面，耿老师结合我以前的职业经历和传统农区的研究领域，用启发式的提问引导我关注传统农业企业家形成这一问题。在论文写作与定稿的过程中，耿老师经常听取我在论文写作中的心得，指出研究的方向，指导我开展下一步研究计划。可以说，我能够顺利完成博士学业，离不开耿老师的方向指引和悉心的研究指导。而这一点，不单是我，在上下几届的师兄、师弟、师姐师妹们身上都体现得极为充分，相信这也是所有耿老师学生的体会。

耿老师对学生的教育和培养，不仅是在学习和学术上的指导，还体现为对学生生活上的关心。事实上，我有幸投师耿老师，也正是源于耿老师对学生生活上的关心。2007年，我作为家属随调进入河大工作，为了职业的进一步发展，我打算继续读博学习，但是因为小孩刚出生，外出学习很难兼顾学习和家庭。向耿老师表达投师意向后，耿老师略作思考，同意了我的请求。但是，考虑到小孩刚出生，肯定需要重点照顾小孩，耿老师就建议我推迟二年再读博士，先把小孩照顾好，熟悉熟悉日常的教学工作，等适应新的工作和新的生活后，可以更从容地做好每一件事。而在读博期间，耿老师除了关注我的学习，还经常关心我们的生活。那时候，因为还没有买房子，租的房子与耿老师在同一个小区，好几回耿老师老家来人，带来了耿老师家乡特产道口烧鸡，耿老师都会让师母送来给我们品尝。点滴关爱在心头，这种师生日常交往中的温暖，铸就了耿老师与学生之间的深厚情义。见微知著，在我师从耿老师的日子里，不难体会耿老师对每个学生的教导和关心，这也是耿老师 70 大寿来临之际，众多学生一呼百应、会聚在一起的情感源泉。

二、同事眼中的耿院长

尽管教师是耿老师职业的底色，但实际上，耿老师更是一名成功的管理者。作为河南大学经济学院的院长，耿老师带领河南大学经济学院获得了长足的发展。正是在耿老师的任期内，河南大学经济学院获得了理论经济学、应用经济学的博士学位授权点，为河南大学经济学院的后期发展奠定了坚实的基础。河南大学经济学院在发展中取得的这些成绩，来源于耿老师对时代发展机遇的敏锐把握，也来源于耿老师对经济学院发展的精准定位。耿老师在担任经济学院院长期间，为了学院发展，他大力引进人才，为学院建构起发展的人力储备。在这一过程中，耿老师不拘一格、唯才是用，不以单纯的学历为选拔人才的依据，其中彭凯翔老师的故事至今仍可以见证耿老师唯才是举、慧眼识珠的领导者风范。彭凯翔老师作为从北大肄业、没有获得博士学位的年轻学者，耿老师力排众议，将他引入河南大学经济学院，并在后续的工作中围绕人才发展为其创造一切可能的便利和条件。正是在耿老师的支持下，彭凯翔老师得以获评学校特聘教授。耿老师注重从工作上、生活上、收入上为年轻学者创造条件，保障他们沉静地开展学术研究的氛围和条件。事实证明，耿老师在人才选拔上不以学历等单纯的外在因素为判断标准，确实为河南大学经济学院引入了一批具有一流学术水平的学者。彭凯翔老师在学术圈的影响力也成功地使学术界对河南大学经济学院有了新的认识，并且使河南大学与全球量化历史研究领域的一流学者和学术圈建立了紧密的关系，有效扩大了河南大学经济学院的影响力。

实际上，作为院长的耿老师，不仅是一名优秀的管理者，还是一名出色的领导者和创业家。因任期和年龄的原因，耿老师从经济学院院长岗位退下后，又凭借自己的影响力，在 2009 年与河南省政府研究室联合创办了中原发展研究院。作为一个新设立的机构，耿老师硬是凭一己之力，实现了中原发展研究院从创立到发展的跨越。在这一过程中，耿老师带领中原发展研究院的成员，立足于河南社会经济现实，为各级政府和机构建言献策，使研究院迅速发展成为为政府和企业决策提供理论支撑和实施方案的高端智库型研究机构。中原发展研究院在耿老师带领下取得的辉煌成绩，使该院在 2016 年成功入选首批南京大学中国智库研究与评价中心和《光明日报》智库研究与发布中心联合研发的中国智库索引（CTTI）单位。多年来，中原发展研究院在耿老师的带领下，在中原城市群、中原经济区、城镇化、各地区营商环境评估、政府产业规划、社会发展规划等重大战略决策上做出了重要贡献。

耿老师作为一名管理者、领导者，在开封这样一个三四线城市，带领着经济学院在学术建设、教学管理方面走上了快速发展的轨道，而功成名就的他，仍然老骥伏枥、志在千里，又带领着新的队伍在理论与实践相结合、开创高端智库的建设发展道路上走出了一片新天地。

三、同行眼中的耿老师

耿老师身上有很多“标签”，但是，我想耿老师除了看重教师这一身份，学者这一身份也一定是耿老师所珍视的。耿老师自 20 世纪 80 年代开始，就致力于经济学研究。他先后在《中国社会科学》《经济学动态》《中国农村经济》《经济学家》这些顶级期刊和《光明日报》《人民日报》等权威报纸上公开发表学术论文 150 余篇，在中国经济、社科文献等著名出版机构出版学术专著 15 部，主持包括重点项目在内的国家社科基金项目 5 项。这些丰硕的学术成果，是耿老师作为学者为自己职业生涯交出的一份份出色的成绩表，也是耿老师自青年时代开始，克服重重困难为人生交出的满意答卷。

有时与同事闲聊中，听过很多耿老师求学的故事。幼年家贫，遭受家庭变故的耿老师，早早便承担起家庭的重任。可是，即便是在如此困难的生活环境下，耿老师也没有放弃奋斗。而当进入高校，走上学术研究的道路时，耿老师就将过往的生活经历觉察带入学术研究中。耿老师这一代人所具有的极强的社会责任感，使得他从做学术研究开始，就立足于社会发展的现状，摆脱“两耳不闻窗外事，一心只读圣贤书”的局限。在学术研究上，耿老师实实在在地将自己的研究与现实经济社会相结合，力图为社会经济发展带来正向积极的直接影响。自改革初期从理论上解释农村集体经济组织变革的合理性，到提出并论证公有制基础上所有者与劳动者的双重身份和所有权与劳动贡献双重分配原则，耿老师从来都以其睿智的思想，坚定地支持改革的发展，为改革提供理论上的支持，并用现实经济活动的跟踪来支持、深化理论发展。在地区发展道路的探索上，耿老师提出了欠发达平原农业区的概念，并对其工业化路径进行了系统探索，由此取得的一系列学术成果，有效构建了传统农区经济发展的理论框架和基础。而“郑汴一体化”、郑州航空港建设等近年来对河南地区发展有重要影响的战略举措，相当多的观点和做法都是耿老师基于对现实经济运行规律的把握、判断所提出的观点和政策建议。

所承载的对中国社会强烈的社会责任感、这一代知识分子所拥有的家国情怀和理想主义色彩，使耿老师在学术道路的探索和追寻上尽管充满了挫折和困难，仍然坚韧不拔，沉得下心，受得住苦，最终在学术领域开拓出属于自己的一片天地。这种历经艰苦有所成就的故事，是耿老师作为学者在事业前进道路上为自己交出的满意答卷。作为同行，唯有叹服与敬仰。

说了这许多，仅以自己从 2007 年开始认识耿老师到现在的经历和感受，述说了我眼中不同侧面的耿老师。对于学生，他是学术上严格要求、生活中慈爱如父的好老师，对于同事和下属，他是睿智、有亲和力、能带领大家跨越一个个发展阶段的优秀领导者，同时也是一名值得所有人尊敬的学者。在耿老师即将 70 大寿之际，让我们将内心涌动的温暖、敬仰、关心汇聚成一首首赞歌，祝耿老师在未来的日子里，身体健康、万事如意！

枢 纽

——重塑河南区位优势

2002级硕士 宋 良

临近2021年年底，突然接到柴森师弟的通知，2022年河南大学110周年校庆和耿老师70大寿双喜临门，拟出版《耿明斋教授经济思想研讨会论文集》，特向曾经的学生们约稿。我在感到欣喜的同时，又相当惶恐，自己从商已经十几年，脱离学术圈已久，要写东西有点“赶鸭子上架”的意味。

正焦虑中，欣喜地看到耿老师2021年11月2日在公众号“明斋观察”发表的文章《关键还是转变观念》，心有所感。结合这几年的一些所得和思考，正好可以拓展和呼应耿老师这篇随笔，就当是学生的命题作业吧。

一、这几年河南经济发展较中部其他省份明显较慢

耿老师在文章开头直接指出：“从2021年前三季度全国各省（区、市）GDP总量、增量、增速等指标来看，在普遍暗淡的北方，作为第五大省域经济体的河南尤为让人关注，31个省（区、市）中，河南增速7.1%，排在倒数第3位，仅高于陕西和青海，引起热议。我梳理一下，今年上半年，河南GDP增速排第24位，2020年排第26位。其实，所有事情都不是一蹴而就的，而是长期演化的结果，正所谓罗马不是一天建成的，大清朝从盛世跌落到最终退出历史舞台也持续了不到百年。河南从高位下落也始于10年前，准确地说是始于2008年的国际金融危机，也就是13年前。在过去的13年中，河南GDP增速持续低于中部六省中的南部四省，且幅度较大。大约2015年之后，还时常低于江、浙、闽等沿海发达地区，今天的结果不过是长期积累的显性化。”

耿老师看到的现象，其实与最近10年中国经济的发展变化趋势相一致，

过去我们经常讲中国经济的矛盾是东西矛盾，东部沿海开放地区发展快，内陆中西部地区发展慢。但2008年以后，特别是最近几年，舆论普遍注意到了中国经济发展趋势已经转变成了南北矛盾，准确地说是以长江为界的南北矛盾，最新的全国GDP前十强中，居然只有北京属于北方城市，其余北方大城市全军覆没，南北两边发展速度差距拉大。从东北三省，到华北的山东、河北、山西、河南，发展都或多或少暴露出很多问题，反观原来同样欠发达的湖北、湖南、安徽、江西，发展均呈现出不同程度的活力和亮点，尤其是安徽，在做大做强省会的战略下，合肥的产业近10年发展迅猛，不仅拥有先进的制造业，而且依托中国科技大学的支撑，在高科技领域的发展也是有声有色，在量子通信、可控核聚变等领域更是位居世界前列。

二、河南发展变慢的原因在哪里?

耿老师进一步分析了河南发展变慢的几种表现："一个是说资源型产业比重大，拖了结构调整的后腿，一个是说创新能力不足，新经济新业态没有能够发展壮大。"并进一步指出，两个表象的背后是观念滞后!

耿老师接着又分析了观念滞后的表现以及对经济发展的阻碍作用。

以下部分为我直接引用耿老师的文章内容：

1. 短视。[①]

① 短视表现在两个方面：一是视野的空间尺度小。只看到一村、一镇、一县、一市、一省、一国的人和事，以及自然地理景观和社会景观，看不到村外、镇外、县外、市外、省外、国外的人和事，以及自然地理景观和社会景观；二是视野的时间长度短。只看到眼前和今生今世，看不到过去和未来，没有历史纵深和对未来趋势的前瞻。短视的这两种表现会引出思想和行为上的三种结果：一是不知有变。世界似乎就是他眼前的样子，过去那样，未来还那样，这里那样，那里也那样。既然世界本来就那样，这里和那里也没有不同，那么不变是最好的选择。所以，固化思维、不思进取是短视的必然结果。二是自大和自卑并存。由于看到世界小，不知天外有天，人外有人，稍有成就，立马就觉得自己了不起，比任何人都厉害，所以自大。同样道理，由于不知有变，且在变中孕育改变命运的机遇，稍有挫折，就觉得一切完蛋，永远完蛋，所以自卑。三是容易满足。看到的圈子小，可比较攀比对象少，又不知有变，以为自己不变，别人也不会变，所以，稍有进步，即以为到达顶点，即刻满足止步。无论是国家、区域还是个人，因短视而故步自封、不思进取，而停滞，甚至掉队落后的案例比比皆是。18世纪、19世纪之交已经经过产业革命洗礼，足迹可踏遍全球的大英帝国特使来拜见乾隆时，大清皇帝还以为自己仍是天下第一，然后才遭40年后的败局和100年后的失国，并且拖累中华民族在现代化进程中长期步履蹒跚。河南人凭借交通区位和资源优势崛起为第五大省域经济体，以及郑州靠人口大规模流入和房地产开发而跻身超大城市，带来的满满自豪感尚未消退时，陡然间从顶峰跌落至谷底造成的惊愕，也是由于对历史和未来趋势的短视。

2. “条条”比规律重要。[①]
3. 官本位。[②]
4. 线性思维和纵向排队。[③]
5. 等、靠、要。[④]

---

① “条条”就是各种“规则”“规定”,有些是成文的,有些是约定俗成的。这些“规则”“规定”是社会秩序建立和维持的基础,当然十分重要。但是,仔细分析,这些“规则”“规定”实际上可以分成两类,一类是基础性和根本性的,属于行为底线,必须遵循,另一类则具有随机性、临时性和不稳定性,是随着经济社会演变可能会发生变化的,因此遵循是可以有弹性的。规律是事物演化的方向和趋势,是恒定、稳定和不以人的意志为转移的内在要求,对事物未来走势具有决定性。与具有弹性的“规则”“规定”等“条条”相比,规律是更重要的、坚决要遵循的。观念超前的人更注重研究和认识规律,自觉遵循规律,必要时宁可忽视“条条”,也要依规律要求而行,结果是走在了事物发展的前列。观念滞后的人更注重“条条”,固守条条,不研究甚至故意忽视规律的要求,宁可放弃,也不越雷池一步,结果一定是被甩出事物发展的正常轨道,落在时代后面。这方面经验很多,教训也很多。20 世纪 70 年代末安徽凤阳小岗村数个农民按下血手印“违规”分田到户,开了农村改革先河,是典型的弃“条条”依规律而行案例。固守“条条”忽视规律和趋势多次错失良机,是河南高等教育发展滞后让人痛心的教训。河南两所最好的学校——河南大学与郑州大学,都是 20 世纪 90 年代才拿到的博士学位授予权,其中我知道的原因,就是因为一优势学科资深教授因年龄规定而放弃牵头填表申报,连国家评审组负责人知道后都觉得思想僵化得不可思议。后来的“211”则域于“一省一校”规则而自我选“唯一”,而将人口大省及无教育部直属院校这样最有说服力的理由弃之不顾,结果是教育部直属高校林立的江苏反而有两所省属高校获得“211”资格。更别说 1952 年院系调整弃守唯一一所综合性大学了。至于中国科技大学与河南擦肩而过,则属于“短视”类观念滞后范畴。

② 出自《论语》的“学而优则仕”,虽是学生子夏所言,但多数人认为也是孔子的主张,代表了儒家的价值观,是中国读书人的基本追求,历经数千年而不衰。共产党人从来反对官僚政治,力倡为人民服务,但“学而优则仕”始终根植于潜意识中,官本位传统影响深远,时时处处都有表现。官本位对经济社会发展的消极影响至少表现在三个方面:一是造成优质人力资源浪费。不管是导致更多社会精英心系官场,分散其对科学探索及创新创业的注意力,还是用官位作为对学优者的奖赏,以烦琐的行政事务挤占其宝贵的科研时间,都会导致同样的结果。二是造成群体性唯命是从的思维习惯和行为方式,抑制大众智力发育。三是强化官民隔离,消散社会凝聚力。

③ 人类的思维方式有线性和散发性两种类型,线性思维的特点是思维呈直线,思维只有一个逻辑触发点,它是最高的和终极的,讲究直线推论和决定性与从属性。散发性思维的特点在于“多元”,思维有多个逻辑触发点,相互独立,注重碰撞和平等交流,讲究相互影响和相互决定。短视、“条条”第一和官本位意识必然引出线性思维,行动中,几乎所有的事都习惯于纵向排队,一定要分出一、二、三,等级严密,并成为利益分割和资源配置先后次序和数量多寡的标准,没有竞争机制。结果是前面的总能优先等来,不用努力拼搏,后面的拼搏也没用,因而不用拼搏,社会动力趋弱。

④ 所有上述表现聚焦到一点,就是怠惰和自我放弃。不思考,不进取,泯灭个性,不主动安排自己而等待别人安排,即所谓的等、靠、要。凡事归于客观,不反思主观原因。一个群体性,缺乏个性,不主动掌握自己命运,不释放个人潜能,不激发个人奋斗的社会,结果注定是发展滞后。

三、未来怎么办?

耿老师文章中开出的药方是观念转变，以及四个实现途径。[①] 简单地说，就是开放、改革、教育和市场化。

四、拓展思考

我完全同意耿老师的观点，耿老师的这篇随笔，也给了我交作业的灵感。且允许我在耿老师随笔的基础上作一些拓展性的思考。

（一）大变局时代看河南

中国经济从东西矛盾转变成南北矛盾，从发达地区产业转移和经济辐射角度来看，河南并不占优势，这方面最有优势的是安徽，安徽不光是强省会战略做得好，更重要的是，它天然是江浙沪发达地区产业转移的承接地，无论从地理上还是人力资源上说（安徽去江浙沪外出务工的比例非常高，几十年下来，积累了非常丰厚的各行业人力资源），安徽的优势都远大于中部的河南。但从历史和现实的逻辑看，河南的区位优势依然存在，而且无法替代。

---

① 第一，开放。观念转变的捷径是开放，因为开放可以使人看得更远、更多，从而开阔视野，克服短视。开放是全方位的，不仅是国内外，也包括区域内外。对于一个特定区域来说，最朴素的开放措施和开放方式，就是让更多的本地人出去，更多的外地人进来。出去的本地人可以在外地受到异域观念的熏陶，进来的外地人可以把异域观念带到本地，这两种方式都会通过不同观念碰撞而改变观念。第二，改革。改革的根本指向是通过转变观念转变规则体系，把个体从传统制度框架和规则体系中解放出来，释放个人的潜能，激发个体的活力和创造力，当然也进一步带动观念更彻底地转变。按照构建新格局和畅通内循环的要求，当前，最紧迫的改革任务，是改革城乡之间户籍、社保、医保、土地产权等制度，拆除城乡壁垒，推动城乡要素双向流动，将乡村居民认知水平和观念提升至城市居民的水平，并推动全体居民文明程度和社会的现代化水平提升。第三，教育。教育是增长知识、开阔视野、转变观念最直接、最有效的方式。适应城镇化快速发展趋势，优化教育资源空间配置，推动教育资源和农村受教育对象向城市集中，让更多农村居民子女享受优质教育，是提升基础教育水平的重要途径。避免学历歧视会有助于技能型职业教育良性发展。把大学从单纯民生的窠臼中解放出来，使其经济社会发展的内在有机构成部分融入发展主战场。高水平大学要打造成创新要素聚集平台和基础性创新成果的策源地，引领经济社会前进的方向。第四，市场化。市场是无数追求自身利益最大化主体的交易平台，市场化是观念转变的杠杆和动力源泉。在市场中，所有主体都是独立个体，都必须自我决策，并拥有多元思维和竞争意识。所以，市场是打破短视、“条条”约束、官本位、线性思维及等、靠、要传统观念的最有效机制。

（二）历史的逻辑

从历史角度来看，中央帝国实现稳定统一最大的倚仗就是华北平原以及后来的淮河长江流域，它们都提供了庞大的人力、财力和物力资源。依托中部地区的财富和人力优势，中央帝国才能不断向四周投射实力，控制华南、西南、东北和西北广袤的边疆地区。到了近现代，情况虽然有所变化，但大格局依然没变，无非是财力资源从中部地区转移到了沿海开放地区。和平时期，中央财政的转移，从沿海发达省份向内地转移支付，本质上依然是维持国家稳定统一的手段。如今中部地区的独特作用依旧没有消失，河南依旧是中国的粮仓之一，人口、土地资源丰富，中部地区依旧是整个国家长治久安的重要支柱。中部塌陷，对整个国家的稳定统一将非常不利。因此，支持中部崛起，不仅是河南人自己的愿望，也是整个国家必然的发展要求。

举个例子，中国的东中西大格局中，西部的稳定极其重要，如晚清左宗棠收复新疆的历史事件。当时清廷对要不要收复新疆举棋不定，主要是朝廷没钱，洋务派大多倾向于暂时放弃新疆，集中力量经营海洋，加强海防。左宗棠最终说服慈禧的理由是："重新疆者所以保蒙古，保蒙古者所以卫京师。"也就是说，新疆丢了，连锁效应是北京就危险了，那帝国也就完了。那么，帝国为了成就自身，也必须安顿新疆的秩序，否则帝国甚至无法成就它自己。这不是它能选择的，而是它必须担负起的历史命运。① 另一个历史细节是，1875 年，清廷在经历了长时间的争论之后，在慈禧等的支持下，清廷重臣左宗棠率兵开始收复新疆。在左宗棠的平叛大军中，嵩武军是其主力之一。嵩武军的组成人员中，以河南人为主。他们原是镇压捻军的一支成建制军队，在剿灭了捻军之后，随左宗棠出兵新疆，这也是近代历史上河南人落脚新疆的一大印记。

最后，收复新疆的军费，全部来自清廷向当时以英国财团为主的国际金融市场发行债券的融资所得，而西方财团之所以愿意为了大清打仗出钱，是因为当时清廷以自身的海关关税为还款担保（西方世界支持清廷打仗，还要涉及当时的大国博弈，这里不再赘述。另外，海关关税能作为担保资产，也说明晚清时期，中国的国际贸易规模有多么巨大，中国已经深深嵌入了当时的国际经济秩序里）。

说到这里，我们终于能看清中国东、中、西三大区域相互联系和相互成就的全部真相。西部边疆自古以来对帝国的稳定极其重要，而要有效控制西部，必须整合中部地区的人、财、物资源，并实现有效投送。到了近代以

① 施展：《枢纽：3000 年的中国》，2018。

后，东部地区作为财政资源的重要性日益突出，整个中国成了连接海洋与亚欧大陆内陆地区的枢纽，而中国的中部地区，则是帝国内部的枢纽。

（三）现实的逻辑

西部大开发和“一带一路”中，西安无疑是核心城市，河南则是其大后方。河南的作用也不可替代。这里有两个大的问题：一是对于“一带一路”和西部开发来说，以陕西为主的人口和资源、经济实力显然并不足以支撑，陕西省人口总量4000多万，宁夏、青海等可以忽略不计，因此以河南、山西为主的中原地区，是必须要有的大后方，可为其提供足够的人力资源和经济资源。当然，国家战略下，经济资源也必然要从东部发达地区获取，但河南的枢纽和跳板作用不可或缺。

明显的事实是，新疆建设兵团有大量河南籍的人员，河南人可以说是新疆建设兵团人力资源的来源主力；另外，每年大约有50多万人去新疆采摘棉花，主要来自河南、四川、贵州等地，但是河南人占据了大部分。每年往返于新疆、河南之间也不方便，所以有很多人就开始慢慢定居新疆。当然，这个过程是比较缓慢的，是潜移默化的。但是从第六次全国人口普查数据来看，10年间河南人有21万人流入新疆，位居流入新疆的外省人口首位。

（四）未来的逻辑

在碳达峰和碳中和的大背景下，在新能源战略下，河南的重要性正在与日俱增。河南是西部清洁能源（主要是电力）向东输送的中转站，也是承接地。举个例子，2018年，总投资226亿的青海—河南西电东送项目开工，起于青海省海南藏族自治州共和县，止于河南省驻马店市上蔡县，其中河南境内计划投资就是75亿元，采用了特高压传输技术，完全靠清洁能源自身互补能力独立供电，是全国乃至全世界第一条专为清洁能源外送而建设的特高压通道。新能源要实现从西部到东部的传送，最关键的就是特高压技术，而河南在继电器领域深耕多年，拥有全国领先的企业①，在整个新能源领域里能大显身手，前景广阔。紧紧抓住碳中和这个未来唯一确定的产业机会，实现河南产业升级，这是千载难逢的历史机遇。

---

① 比如平高电气、许继电气等多家河南上市企业，均涉及特高压设备制造。

五、枢纽——重新定位河南

正如耿老师说的那样，重要的是转变观念，才能打开思路，找准定位。

在一个大变局时代，机遇与挑战并存，答案从历史中寻找，在现实中演进，并在未来实现。

河南作为整个国家枢纽的地位无可撼动。河南是“一带一路”西线的枢纽、国家未来能源大格局的枢纽，也是地缘政治的枢纽。

在“一带一路”倡议下，西南向中南半岛方向的核心城市是昆明和成都，西部向中亚方向的核心城市是西安，但我们之前分析过，从人口规模、经济资源等要素看，以陕西为首的西部省份没有能力支撑，必须以中原地区为腹地。河南作为中部地区，具有人口、土地、资源等要素的优势，是东部发达地区向西部投送人、财、物等资源的中转站，也是西部未来新能源向东投送的重要中转站和承接地，河南的枢纽地位，也在这个定位下得以实现。因此，“一带一路”西线的核心城市，西安和郑州作为双子星的定位并不过分，这也是现实需要。而河南崛起的战略机遇，也重新在这个定位下得以实现，只要牢牢抓住这个历史机遇，做好产业布局、城市化统筹发展这篇文章，河南大有希望。

第二篇

良师益友篇

一首小诗

孙新雷*

耿耿忠心醉学海，
明理悟道登高台。
斋堂育得桃李丰，
师德师风传四海。

* 孙新雷教授曾在郑州大学商学院任教，担任过郑州大学副校长、郑州市副市长、河南省人民政府外事侨务办公室党组书记、河南省金融办主任。

小诗两首

卢克平*

（一）

为师高山仰之，
学问贯穿中西。
功业学用一体，
做人清澈见底。

（二）

耿介为人真风采，
明理真知传万代。
斋房庙堂天地宽，
仁寿美满比东海。

---

* 卢克平教授现在河南大学任党委书记。

我的师弟——耿明斋教授

赵学增*

王理约稿，我欣然答允。耿明斋教授是我的师弟，我和他相识已有40余年。提起耿明斋教授，我不由地想起和他初识时他给我留下的深刻印象：不修边幅，蓬乱的头发散落在额头，常常遮挡住他的那双一笑起来就变成一条线的眯眯小眼，吃饭时总让服务员上一盘蒜瓣，满身土气，土得掉渣，浓浓的滑县口音，活似刚从农村出来的身兼生产队长的老塌儿（土包子），很难辨析出他与学者有任何关联。这样，他也就没有引起我太多的关注。随着以后和他的密切接触，才逐渐发现正是在这貌不惊人的外表下，蕴藏着他的那种坚韧、刚毅、执着、淳和、豁达、理智、聪慧、正义等高尚情操与善美灵魂择机欲放的巨大能量，让我惊奇地分享着他偶尔露峥嵘的人生品德彰显轨迹的许多精彩片段，并常常在日后慢慢品味他非凡的传奇式的动人故事中的细节。再回首，历史上的一些才华横溢的大家和旷世奇人，如爱因斯坦、王安石以及民国时期的很多大师也都喜欢不修边幅，不顾仪表，须发零乱。再细端详，耿明斋教授至善灵魂的高端居正与笃实的尊严守正所孕育的内心世界的强大势能与光彩，照亮了他的整个人生。我恍然感悟到充满他低调内敛人格品质的无穷魅力。

在和他密切来往的时间里，有在一起进行学术交流思想碰撞的温馨场景，有在一起日夜兼程奔波各地携手鏖战于河南大学经济学院的学科评估和学科建设事业的风云画面。我大致了解他在这40多年中轰轰烈烈干事业的辉煌轨迹，他满怀激情，敢想敢干，雷厉风行，一腔热血，义无反顾地将自己的全部精力、感情和温度献给了河南大学和河南。

我由衷地钦佩他卓逸不群的开放而严谨的深厚治学功底，善治善能、聪慧过人的旷世领导奇才，锲而不舍、坚韧不拔的执着的敬业精神，当为公能、才

* 赵学增教授1977年师从河南大学周守正先生攻读硕士研究生，毕业后在华南师范大学任教。

大如海的战略谋划智慧，作为理论界的勇敢斗士，始终坚守沃土、力学笃行、勇闯天涯、敢为人先、永葆青春活力而拼搏高尚事业的那种永不言败的傲骨、气魄和韧劲。

当时正值河南大学经济学院理论经济学科转型提升之际，2001 年 11 月耿明斋教授毅然挑起了经济学院院长的重担，他雄心壮志，大手笔地谋划了未来经济学院的发展战略，竭诚致力于优势学科建设，重振经济学院雄风。他精心打造学院学术交流平台，营造风清气正、互学互鉴、积极向上的学术生态环境，重整教学与学术资源，培养学术骨干力量，建设学术梯队，构建对外交流平台，不间断地邀请国内著名专家和学者前来讲学，带领年轻教师参与高层次学术研讨会，组建互动的学术共同体，激发师生的科研热情，大力推动了学院与国内外学术前沿的接轨。经过他的不懈努力，2005 年经济学院荣获政治经济学博士学位授权单位资格，经济学院在学科建设、科学研究、人才培养等方面实现了跨越式发展，发生了翻天覆地的变化。在耿明斋教授的带领下，经济学院于 2007 年就已进入全国同类高校经济类专业的前列，并一跃成为全国理论经济学研究的知名重镇。现在，经济学院既是一个充满爱的教学相长的温暖大家庭，又是一个充溢着浓郁理性的自由的高端学术殿堂。这一切都归功于耿明斋教授高瞻远瞩的战略谋划、矢志不渝的决心、干劲冲天的魄力和无私的奉献。在他领导下的经济学院不断演绎出无数的精彩篇章和惊人的壮举，备受全国高校和理论界专家学者的广泛关注和高度称赞。

耿明斋教授治学严谨且开放。他常说："学者要承担社会责任，就必须把融入社会当作自己的行为规则。"他始终把社会责任当作自己的指路标，走向社会，扎根中原热土，立足于中国经济社会改革发展现实，致力于中原地区经济发展的理论创新，积极推动和服务于地方经济建设事业。

从 1994 年的改革发展研究院，到 2009 年推动河南省人民政府研究室、省发展改革委和河南大学共同组建的"中原发展研究院"及新型城镇化与中原经济区建设河南省协同创新中心，再到 2019 年依托省社科联建设的中原经济发展研究院，耿明斋教授都亲任院长。他开拓性地以发展研究院为基础，广泛吸纳各界学识渊博、经验丰富、具有强烈社会责任感的精英人士，组成关系河南经济社会发展全局性和战略性重大问题研究的强大团队，开足马力，全力开展前沿性的突破性研究。

为了"把脉"河南经济社会发展，寻找新动力，耿明斋教授肩负重任，带领他的团队日夜奔波，踏遍全省各地乡村、企业进行实地调研，不辞劳苦，焚膏继晷。在此基础上，他们以重大调研报告、中原发展报告、智库要报，以及省、市、县、乡等各级地方政府委托的区域发展项目、决策咨询项目、企业委托的发展战略和制度建设及公司治理项目等形式，先后取得了"中原经济区""郑汴一体化""郑州航空港经济综合实验区""三区一群"等一批关注重大现实问题的重磅研究成果，积极建言资政，为省市决策层提供了大量高质量的、备受各级政府一致认可和称赞的政策建议，为河南粮食生产核心区、中原经济区、郑州航空港经济综合实验区等上升为国家战略，促进河南经济的发展做出了卓绝的理论贡献。

耿明斋教授身兼多职，他像一个从不知道有休息概念的高速运转的事业高扬而低调笃行的有呼吸功能的机器，整天忙碌而有序地活跃在社会政治和经济的舞台上，成为深受河南各界认同和信赖的知名风云达人。他频繁地做客电视台，接受媒体访谈，参加省人大提案与宣讲、省市政府专家咨询会，受邀到学校、政府、企业、县镇作学术报告，定期举办两宋论坛、中原经济论坛、中原国际金融论坛、中原崛起高层论坛，并豪情主讲他的精辟的深入浅出的理论主张与政策建言，他的铿锵有力、声情并茂的演讲引起了同行和包括各级领导在内的与会者的热烈反响。

耿明斋教授 2001 年 11 月至 2013 年 1 月担任河南大学经济学院院长，2009 年 10 月至 2019 年 9 月担任中原发展研究院院长，并兼任新型城镇化与中原经济区建设河南省协同创新中心主任。从接任河南大学经济学院院长开始，他拼搏于事业的脚步就从未停下，他取得的充满传奇色彩的事业成功的符号，都成了激励他继续砥砺前行的强大动力，他已经忘记了年龄和身体的不时的提醒。2019 年 9 月他卸任中原发展研究院院长之后，本应给自己留有一个事业的缓冲期和步入正常生活的安排，但他拒绝安逸和休息，没有人拦得住他的执着选择，他又辗转战场，成立了坐落在郑州的中原经济发展研究院。于是，他激情满怀，永葆初心不变，忠诚履行使命，在他所选择的理性的几近疯狂的事业中，作为理论界顶天立地、叱咤风云的富有感召力的勇敢斗士，继续书写着他人生那更加美丽而辉煌的令人震撼的精彩篇章。

亦师亦友亦长者

——我所认识的耿明斋教授

李庆春*

年前，王理博士从广州打来电话，说 2022 年是耿明斋教授七十寿辰，他们几位同学想发起组织召开“耿明斋教授学术思想研讨会”，想约我从其他视角写点东西，以利于更全面地了解耿教授。因为和耿明斋教授的特殊关系，我便欣然接受了任务。

首先，耿明斋教授是我的授业恩师。他 1978 年考入河南大学（当时校名为开封师范学院）政教系，1982 年本科毕业后师从著名经济学家周守正先生攻读硕士研究生学位，1985 年毕业留校任教。我是 1983 年考入河南大学（当时校名为河南师范大学）政教系读书，大三时有幸成为耿老师的学生。他当时给我们年级讲授“西方经济学”课程，上课的地点就在明伦校区十号楼。特别要提的是，我们这届学生是耿老师留校工作后教授的第一届学生。我 1987 年毕业后，留在学校人事处师资科工作，在师资科工作了近 10 年，于 1996 年年底调至地理系，担任系副主任。师资科是一个专门和教师打交道的机关科室，尤其与中青年教师的联系更为密切。在这 10 年当中，我和耿老师交往颇多。离开学校机关后，直到 2004 年到经济学院工作，中间这七八年，和耿老师接触就少了许多。印象中，有几次陪外地来的同学到耿老师办公室见面，或者到他在明伦校区西门外的家中拜访。

同时，耿明斋教授曾经是我工作中最亲密的搭档。2004 年 4 月，经组织安排，我卸任河南大学马列德育部党总支书记，出任经济学院党委书记，和时任院长耿明斋教授一起，共同负责学院的建设与发展。我们朝夕相处，精诚团结，并肩战斗，密切配合，共同见证了学院的快速发展和质量提升。直到 2013

---

* 李庆春老师曾在河南大学经济学院任党委书记，现任河南省郑州电子信息职业技术学院党委书记。

年 5 月，我调往学校党委宣传部工作，才不得不分开。9 年间，经济学院在党的建设、思想政治工作、人才引进、师资队伍建设、学位点建设、学科发展、学术交流、校企合作、服务地方经济社会发展、对外开放、内部管理、学院文化建设等方面都取得了突破性的成绩，跻身国内地方综合性大学经济学科的第一方阵，在省内高校中始终处于领先地位。

光阴荏苒，日月如梭。世界上最宝贵的东西就是时间，你无论花多少金钱都无法把它留下。转眼间，我离开经济学院已经 10 个年头了，其间又调整了三个岗位。不知不觉，我也到了花甲之年，已临近退休。我知道，耿老师大我 12 岁，今年已经是古稀之年。想起最初他给我们上课时风华正茂、侃侃而谈的情形，想起那时才过而立之年的他和大学时代青春年少的同学，不由得心生感慨：是谁把流年暗换，转眼便是三四十年！离开经济学院后的近 10 年中，虽然我很少回去，但视线和情感从未离开。闲暇之余，我常常思考和回忆与耿教授合作时的经历与成长、付出与收获、成功与喜悦。特别是 2018 年 2 月我到学校组织部工作，在校党委的领导下，参与中层领导班子和领导干部换届工作。每当我面对因党政不和而产生矛盾和问题的学院班子时，我便十分自然地想到了和耿院长当年默契配合的点点滴滴，甚至用我们工作中的一些事例启发、疏导和教育年轻的书记、院长，大都起到了良好的效果。

在经济学院与耿教授相处期间，我们的合作是默契的、愉快的，在涉及学院发展的一系列问题上，我们的认识也是一致的。虽然有时候也有分歧和争论，但我们两个从没有因为工作红过脸，伤过感情，往往是经过坦诚沟通和充分讨论，最终会达成谅解与共识。因此，我总是觉得那段时间过得特别快，主要得益于有一个团结和谐的领导班子，有一个充满民主、平等、宽容的人文环境。正因如此，河南大学经济学院才能在很短的时间里得以快速发展，各项事业蒸蒸日上。曾经有很多人问我，为什么和耿院长配合得那么好，为什么经济学院发展得那么快？其实这个问题不难回答，一方面是因为耿教授是我的授业恩师，我像对待长辈一样尊重和爱戴他。另一方面是他对学院建设发展的科学判断、对学科和专业建设的深谋远虑、对师资队伍建设的坚定态度和对学生成长成才的培养理念，以及对融入国家和地方重大发展战略、服务地方经济社会发展的宏观布局等，都令我佩服和认同。例如，当时他力排众议，大规模引进青年博士人才，不惜重金投入学位点建设。刚开始大家觉得不可思议，但随着后来学院发展不断加快，大家也纷纷点头称赞。可以说，是耿明斋教授以前瞻的眼光、独特的判断和果断的措施，为经济学院后来的发展赢得了重要的战略机遇期。

与一般的大学教授相比，耿明斋教授无论是在业务工作、管理工作还是为人处事方面，都具有独特的个人魅力。细细梳理起来，我觉得以下几个方面给我的印象特别深刻。

耿明斋教授是一位具有超前战略思维的大学院长。担任河南大学经济学院院长期间，他十分重视谋划学院发展战略，先后在开封、濮阳、许昌、济源等地召开“经济学院发展战略研讨会”，邀请学校领导、相关职能部门负责人和省内外同行专家，与学院副高职称以上教师代表坐在一起，举行所谓的“神仙会”，就学院发展的重大问题不断碰撞思想、启发智慧、形成共识、凝聚力量。学院成立之初，规模小、力量弱，只有六七十位教职工、七八百名学生，两个本科专业、三四个硕士学位点，在省内外高校及社会上缺乏话语权和影响力。面对这样的现实，当时学院内部存在是做“大而强”还是求“小而精”的激烈争论，耿院长果断提出了“做大做强经济学科，服务地方经济社会发展”的大胆设计。经过十多年的发展，在他卸任院长时，学院教职工队伍已经达到140 人，本科专业由 2 个增长为 6 个，拥有了经济类全部的一级学科硕士点、2 个一级学科博士点、3 个博士后科研流动站，本科生数量多年居全校专业学院第一位，达到了 3400 人。与此同时，在学校的支持下，学院与河南省人民政府研究室、发展改革委联合成立了“中原发展研究院”。时任省长的郭庚茂同志亲自来校揭牌祝贺。目前，中原发展研究院已发展成为雄踞河南、辐射全国的高端智库。

经济学院成立初期，学院师资队伍中年轻教师偏少，学术带头人缺乏，科研氛围不浓，科研实力较弱。为提高广大教师的科研积极性，营造浓厚的学术氛围，树立学术标杆，尤其是把广大中青年教师的积极性和注意力引导到科研工作中来，耿院长提出“崇尚学术，尊重学人”的口号，并号召大家向周守正、许兴亚、于金福、宋丙涛、彭凯翔、郑祖玄等老中青学术领军人物和学术骨干学习，把学术标准作为最高价值标准，给学人以最高的尊重和地位。经过十余年的努力和积累，加之分配政策向科研方面的适当倾斜，经济学院的科研工作后来居上，在全校各学院中的排名一直位居前列。

在一个学院内部，往往存在不同的学科，不同学科之间如何协调发展顺序、如何合理分配资源，往往会成为学院工作特别是院长工作的一个难点。无论院长从事哪个学科，都面临着个体利益与集体利益的选择。所以学院在学科发展布局上最容易产生问题和矛盾，这也恰恰是最能考验院长胸怀和格局的地方。当时，经济学院拥有理论经济学、应用经济学两个一级学科，后来统计学从应用经济学一级学科中独立出来，也成为一级学科。但是，这三个学科发展并不均衡，基础条件差别也比较大。其中，在周守正、许兴亚两位先生的苦心经营下，理论经济学奠定了坚实的基础，是改革开放后全国第一批政治经济学硕士点，在全国影响力较大，并已有政治经济学二级博士点。应用经济学也拥有区域经济学二级博士点，拥有一批年富力强、学术基础较好的中青年才俊，在改革开放浪潮下，应用经济学科得以快速发展，经济社会发展急需相关学科人才。而统计学科人员最少、基础最弱，还需要和数学学院联合建设。面对这种情况，为统筹协调三个学科的建设与发展，耿院长提出了“多元发展、合作共赢”的学科发展思想，倡导和鼓励三个学科交叉融合、合作共建。在全体教师的共同努力下，经过十余年的密切配合，三个学科之间优势互补、齐头并进，先后获得了博士学位授予权和博士后科研流动站。

耿明斋教授是一位善于抓大事、抓主要矛盾的大学院长。他在任期间，河南大学经济学院取得了许多突破性的成绩。在学院各项工作中，他最重视人才引进。他经常说，办大学，最关键的是要有一流的师资队伍。有了一流的师资，科学研究、平台建设、学科建设都会发展起来。他对人才的评价判断和选拔使用从来都不拘一格，重在考查其学术水平和专业态度，这从引进海归博士齐玲女士和青年学者彭凯翔先生就可见端倪。那些年，经济学博士十分抢手、引进难度很大，但经济学院还是接收了几十位博士，其中一些博士其实是被耿院长求贤若渴的诚恳态度所打动才选择了河南大学。目前，他们大都晋升了高级职称，成为学院发展的中坚力量。另外，耿院长十分重视学术交流。当时，经济学院每周都有不止一场名家学术报告，曾经邀请到北大的刘伟，清华的蔡继明，人大的卫兴华、林岗、袁卫，南开的洪银兴，武大的顾海良，厦大的庄宗明，西财的刘锡良，中国社科院的程恩富、王振中、刘迎秋、高培勇、张宇燕等大批国内著名的经济学家，在学院举办学术研讨会或进行学术报告，开阔了广大师生的学术视野，激发了他们的研究兴趣，明确了他们的学术方向，与国内著名高校和研究机构建立了广泛的学术联系，在学院营造了浓厚的学术氛围。

耿院长高度重视科研工作，始终强调科研工作是高校教师发展、学院学科建设最核心的竞争力。当时，作为新建的学院，经济学院引进了一大批年轻教师。针对这种情况，耿院长高度重视对青年教师科研兴趣的培养，想方设法提高他们的科研积极性。每年申报国家社科基金项目时，他都亲自动员、亲自组织，经常帮助年轻教师论证选题、修改申报书。在他的带动下，经济学院当时申报国家社科基金项目的人较多，加之重视前期论证，对填写材料精益求精，所以每年都会获批国家社科基金项目，最多的一年获得了八项，在全国高校经济学院中名列前茅。耿院长还经常邀请《经济研究》《经济学动态》《财政研究》《金融研究》等国内经济学权威期刊，以及中国社科文献等出版社的总编、副总编、编辑来学院讲学，帮助青年教师遴选科研题目、规范学术方法和科研路径。受此影响，广大青年教师的科研水平迅速提高，不少人陆续获批国家级科研项目，在 A 刊或 B 刊上发表了学术论文，进步很快。

学院通过引进大批青年才俊，加强师资队伍建设，营造浓厚的学术氛围，建立广泛的学术联系，广大教师的科研水平日渐提升，产出了一批高质量的科研成果。那几年，经济学院发展可谓捷报频传：相继收获三个一级学科硕士点、两个一级学科博士点、三个博士后科研流动站，还获批了教育部经济学专业人才培养模式国家级创新试验区。学院的一系列突破性的成绩，在全国地方高校经济学科中引起了较大的反响。实践证明，耿院长关于学院建设发展的一系列思想理念、办法措施是科学的、合理的，更是管用的、有效的。

耿明斋教授是一位真正能够打通政、商、学三界的大学教授。他不是一个死读书、读死书的人，而是一个十分重视社会调查、坚持以问题为研究导向的经济学专家。在考入大学之前，他曾在老家担任过生产队长，对中国的“三农”问题有着深刻体察，所以几十年来他的学术兴趣和研究领域始终聚焦于农业的工业化之路、农村劳动力转移、城市化建设、城市群发展等方面的问题。他多次组织师生，利用暑假进行“千村万户”农业调查，受到各级政府和社会的关注与好评。他为省、市、县各级政府提供有价值的理论政策咨询，被省政府及多个城市聘为经济社会发展理论顾问，经常参加郭庚茂省长、张大卫副省长主持召开的河南省经济社会发展战略咨询会，并被指定为重点发言专家，还接受省发展改革委、财政厅、农业厅、教育厅及各地政府的邀请，作为专家论证重大项目或举办专题理论报告，是各级政府信得过的理论咨询专家。

加强校企合作，广泛与企业家打交道，为企业发展提供理论政策咨询服务，为学院发展争取外部资源，这也是耿教授的强项。当时，宇通客车集团总裁汤玉祥先生、肯同国际集团总裁宋海聚先生、深圳海王生物总裁刘占军先生、中国工商银行河南省分行刘卫星行长等一大批企业家和金融业高管，都是经济学院的常客和兼职教授。他们与经济学院签订合作协议，设立奖学金和研究基金，资助学术活动，并为师生提供调研、参观、考察和实习机会。同时，他们每年都来学校参加奖学金颁奖典礼，为大学生作学术报告或励志讲座。通过加强校企合作、促进产学研结合，使经济学这个应用性极强的学科始终和经济社会发展深度融合，开阔了师生的视野，服务于经济社会发展的现实需要。

和学术界同行打交道，耿教授更是得心应手、游刃有余。十余年的院长经历，让他在全国的经济学院、经济学科的知名度和影响力远远超过了学校本身。我们曾多次一起赴北京、上海、天津等地拜访同行，一些经济学界的前辈泰斗，如宋涛先生、卫兴华先生、谷书堂先生，他们听说耿院长来了，再忙也要高兴地见面聊一聊，十分关心地询问河南大学经济学科的发展情况，并表示给予全力支持。那时候，我这个当书记的也和许多大学的经济学院院长、专家成了好朋友。除上述提及的专家外，西北大学经济学院院长白永秀、辽宁大学经济学院院长林木西、南开大学经济研究所所长柳欣等一大批学者都和我们常来常往。有一次，我们邀请对外经贸大学副校长林贵军教授来校参加学术活动，他竟然亲自驾车沿大广高速直奔开封，让我们倍感意外和激动。耿院长当即安排时任副院长宋丙涛驱车到濮阳迎接。双方相见甚欢，传为佳话。河南大学经济学院那些年发展快速，学科平台和基金项目一个接一个地获得，也都得益于耿院长营造了一个在全国范围内友好相助的经济学人朋友圈，让全国的同行专家对我们经济学院高度认可，进而对学院的发展给予大力支持和帮助。

耿明斋教授是一位没有烦恼、不知疲倦、永远在路上的优秀学者。他从小在农村长大，青少年时期家里条件不好，常常吃不饱、穿不暖，所以他始终特别勤奋，惜时如金，总是有做不完的工作。他总是在完成一项重要任务后，来不及休息就又开始考虑下一个目标。在紧张的节奏中，他忘却了工作中遇到的困难和问题、失败和挫折、麻烦与苦恼，总是精神饱满、信心十足地投入工作当中。我曾经问他："耿老师，工作这么忙，困难这么多，您有没有烦恼，觉不觉得疲倦？"他哈哈一笑，轻描淡写地说："过去的就过去了，想那些有什么用呢？"正是靠着这种积极乐观、豁达开朗的性格和敢想敢干、知难而上的勇气，他带领全体师生，以十多年坚韧不拔的努力，使经济学院由小到大、由弱到强，从省内走向全国、全世界，各项事业均取得了巨大成就，在全国高校经济学科激烈的竞争中脱颖而出，走在前列。

耿明斋教授于2013年1月卸任经济学院院长，仍担任中原发展研究院院长。我也于2013年5月离开经济学院，到校党委宣传部工作。耿教授接受学校的聘请，担任经济学院名誉院长。同时，他把办公地点搬到中原发展研究院，将更多的时间和精力转移到对河南及周边省份经济社会发展问题的研究上，就"郑汴一体化"发展、中原城市群、中原崛起、河南小城镇建设、中原经济区建设进行系统的研究。他带领中原发展研究院，连续多年与河南电视台合作，发布中原经济发展指数，对河南省18个地市的经济、投资、教育、城市化率、产业结构、营商环境等指标进行排名，为省委省政府制定河南经济社会发展战略、调整产业结构提供了理论依据和科学咨询，中原发展研究院也迅速成为在全国有重要影响力的高端智库。

几年后，我从媒体上了解到，耿教授倡导发起了"两宋论坛"，旨在促进开封和杭州两市的经贸和文化交流，首期便组织得风生水起。自此，从杭州到开封，宋代两个古都南北呼应、同气连枝。"两宋论坛"的举办，引起了杭州和开封两座城市党政领导的高度重视，每届都有重要领导参加，不仅深化了开封与杭州的经济文化交流，也推动了河南与浙江的多方面合作。前不久，我又看到并关注了耿教授开通的微信公众号"明斋观察"，才了解到如今的他兴趣更加广泛、视野更加开阔、关注的领域更加多元。他不仅在经济研究方面成果丰硕，而且对人类文明演进、世界历史发展等领域颇有心得。当然，他关注和研究的重点仍然是河南省的问题、中原地区的问题。去年河南省第十一次党代会召开后，他很快便对会议提出的河南发展十大战略进行了系统的理论解读。

耿明斋教授生于河南、长于河南，是土生土长的河南人，是河南大学培养出来的经济学家。他的经济思想和理论思考深受中华民族传统文化和中原文化的浸润与影响。作为一名具有独立思想的学者，他无时无刻不在思考，从不人云亦云。无论在任何人面前，他始终不亢不卑，永远充满自信。他以高度的责任感、使命感和紧迫感，用自己的理念、智慧和能力，把河南大学经济学科带上了一个高峰，创造了学科发展的奇迹。作为耿教授的学生、同事、战友和搭档，我发自肺腑地敬佩他。

像记流水账一样，拉拉杂杂地写了这么多，仍觉得意犹未尽，留着以后再叙吧。

祝耿教授身体健康，工作顺利，阖家幸福！

愿耿教授思想之树长青、理论之树长青！

中原学人风格的典范

——我心目中的耿明斋教授

赵新顺*

初次认识耿明斋教授是在 1987 年下半年。当时我在濮阳做监考工作。有一天晚上，耿老师和另外一位老师到我们住的地方看望我们几位年轻老师，以示慰问。当时并没有留下什么印象，只记得有人介绍说耿老师是学校为数不多的研究生毕业后留校的老师，这让我的崇敬之心油然而生。后来，由于我们不在一个工作单位，接触的机会并不多，但总能听到耿老师的一些信息，大致是耿老师又在社会上做了一些引人注目的什么事情，耿老师又申报到什么项目和学位点之类的云云。直到 20 世纪 90 年代末，学校将我们几个经济管理类的系所进行整合成立经贸管理学院，耿老师出任副院长，我们的接触机会才开始多了起来。

一、经济学思想

（一）开阔的经济学思路

耿明斋教授师从我国著名的《资本论》专家周守正教授，受到过严格的马克思主义经济学训练。然而，耿明斋教授不囿于既有的专业学科知识、见解和研究范式，不断学习新的经济理论，具有更为开阔的社会科学理论与应用研究视野。作为马克思主义经济学的正宗学人，他尤其注重西方经济学也就是后来流行的现代经济学的学习与研究，这使得他的经济学理论功底十分深厚，分析

* 赵新顺教授曾在河南大学经济学院任教，现在河南大学迈阿密学院任教。

社会经济问题的视角也更为开阔。这些都为他后来研究中原经济社会问题，尤其是创立中原崛起理论打下了坚实的基础。这种不囿于先入为主的学人素养弥足珍贵，尤其值得我辈学人学习与敬仰。

（二）学以致用的经济学思想

“经济学是致用之学”，这是耿明斋教授的经济学座右铭。国内有许多经济学者偏爱研究国家宏观层面的大的战略性问题，这样影响会比较大，比较容易出成果。当然还有许多经济学者更关注微观层面的具体问题，这样来得更为直接，更容易贴近现实。20 世纪八九十年代以来，中国社会一直处于转型过程之中，区域经济社会发展出现一系列新问题，由此而派生出中央和地方政府政策制定、实施路径等诸多现实需求。这些问题涉及体制、历史和现实的诸多方面，有许多“中国特色”，研究起来颇具挑战性，尤其是用既有的理论研究异常困难。而耿老师不畏险阻，以社会学人的责任为己任，深入社会前沿调查研究，独辟蹊径进行思考，常有创新实用政策建议呈现于世人。“郑汴一体化”方案、中原城市群建设与中原崛起政策建议等就是很好的例证。

（三）倡导“百花齐放”“百家争鸣”的学术精神

经济学研究领域内容繁多、方法不一，彼此之间难免存在差异与争论，各个理论、学说和流派在不同时期各领风骚。学术观点与流派的差异共存，对于经济学研究与发展是有利的，具有重要的积极价值。然而在某些特殊时期，在某些特殊场合，由于方法与视角的局限性，有些理论学说占据主流乃至统治地位，而有些持有该理论的学者往往囿于门派之见、利益之争，对其他一些学说流派进行排斥，更有甚者，对一些不同观点的学派进行批判和打压，尽显学阀作风。而耿明斋教授在坚持自己的学术观点、研究方法和研究领域的同时，不仅不排斥别人的研究方法与学术观点，还常常以欣赏甚至学习的态度来看待一些不同的经济学研究方法和理论流派，倡导“百花齐放”“百家争鸣”。他在主政河南大学经济学院的十余年间，按照“做大做强”的指导方针，逐渐将学院从只有一两个传统专业学科的单薄小院发展建设成为一个专业学科齐全、博士学位授权点全覆盖的、在全国具有重要影响力的高水平经济大院。这些努力与成就也自然而然地奠定了他本人在全国经济学领域中原知名学者的身份和地位。

二、学院治理

（一）不拘一格，访贤求才

学院学科发展中人才始终是第一要素。2001年，新成立的河南大学经济学院人才青黄不接，内外矛盾交织，发展遇到诸多“瓶颈”。耿明斋教授临危受命主持大局。他上任伊始就提出了“崇尚学术、尊重学人、多元发展、和而不同”的办学治院理念。经过认真思考与调研，他提出“做大做强”的经济学院发展战略，即先做大，然后做强，目标是进入国家一流经济学院行列。为了实现这个目标，耿老师不拘一格，广招贤才。

齐玲博士的加盟就是一个很好的例子。作为耿明斋教授亲自引来的第一位海归博士，齐玲博士其实是耿老师在机场偶遇结识的。当时齐玲博士刚刚从日本留学归来，学术功底深厚、倾心学术、为人单纯。她不仅为耿老师为其量身打造的特殊学术与工作环境所吸引，更为耿老师干事创业的真诚、热心和理念所打动。于是欣然接受耿老师的邀请，加入经济学院团队。齐玲博士的加入，不仅实现了学院引进海归博士零的突破，而且迅速改变了学院的学术视野与学科结构，对于学院的学术发展，尤其是对于博士学位点建设具有突破性的里程碑式的意义。

彭凯翔教授的延聘则是另一个绝佳的案例。彭凯翔是北京大学肄业的博士研究生，学术功底扎实、研究特点鲜明、学术人品俱佳。但是由于特殊的原因，他没有获得博士学位，只想寻找一个适合其做学问的单位工作。耿老师得知此事后，不仅没有因为他没有博士学位而犹豫不决，还迅速向学校汇报情况，为他争取特殊的工作环境和待遇，吸引他加盟入职河南大学。事实证明，彭凯翔教授的引进对于经济学院的学术研究和学术氛围的构建、河南大学学术影响力的提升产生了重要而深远的影响。彭凯翔教授关于中国传统社会市场经济与组织结构的研究奠定了中国近代市场经济史研究的基本框架，获得了国内外学术界的一致好评，极大地提升了经济学院的国际学术影响力。

耿明斋教授为了引进人才、留住人才，可谓不辞劳苦，呕心沥血。除了操心对教授、博士们的工作、学术和生活安排照顾之外，耿老师在他们的晋职提升方面也是关怀备至。像齐玲、彭凯翔这样的特殊人才，尽管研究水平很高、学术影响很大，但是按照文件规定的条款计算文章和项目数量却并没有明显优势，甚至不完全符合有关文件规定的指标，按照既定的途径进行评审排序，难免会有一定争议。于是，一方面，在学院内部，耿老师力排众议，极力向学校推举学术水平高的真正优秀的人选；另一方面，在学校层面，他根据各人的具体情况，向学校介绍二人的学术水平和国际影响力，采取灵活多样的办法来解决他们的职称与待遇问题。这些做法不仅得到了学校高层的认可，而且对学校后来的职称评审改革产生了深远影响。

（二）重点突破，均衡发展

耿老师作为院长，上任伊始面临诸多历史问题，如专业单一、学科层次急需提升、人才青黄不接、经济待遇不高、人心不齐不稳、传统学科提升与新兴主流学科建设的关系等。面对错综复杂的各类矛盾，耿老师主要做了以下几个方面的工作。

第一，以博士点建设为重点，各学科均衡发展。历史上河南大学经济学科曾经在河南独领风骚，在全国也有重要影响。然而一段时间以来，由于固守既有的专业学科领域，对新兴学科跟踪不紧，导致学校的经济学科专业与学科建设在河南省都呈落后趋势。为了改变现状，耿老师整合全校资源，首先建全了一级学科硕士点。然而，在建设博士点时，学院产生了两种不同的意见：一种是遵照传统的优势学科基础，主张先建设理论经济学博士点；另一种是先建设应用经济学博士点。而第一种意见很有代表性。耿老师通过仔细分析国内的博士点建设形势，尤其是分析了省内学科现状和学位点建设的战略布局与发展趋势后，结合我校当时的相关学科支撑等校情，提出不走寻常路，河南大学经济学科博士点只能是先在应用经济学领域进行突破，然后带动其他学科发展的观点。耿老师的分析由于有理有据、入情入理，得到学院上下大多数人的赞同与支持。实践证明，耿老师既具有战略眼光，也同样具有高超的战术能力，使学校的经济学科博士点建设实现从应用经济学一点突破，到全面开花，再到欣欣向荣的局面。

第二，提升经济待遇，稳定人心。有一段时间经济学院的经济待遇在全校是比较好的，但是随着情况的变化，经济学院的经济状况明显下滑。为了改变这种状况，耿老师积极与学校沟通，在争取更多资源的同时，开拓市场，多方奔走，与政府部门、企事业单位进行不同层次的横向联合人才培训与培养，一举扭转了经济学院的经济状况。

第三，健全经济学本科专业。起初，经济学院本科只有经济学和国际经济与贸易两个本科专业，而所欠缺的财政学和金融学两个专业，既是热门专业，也是教育部控制专业。耿老师委托学院书记与我亲赴教育部申请，经过一番努力，终于健全了四个经济学本科专业，为学院做大做强奠定了坚实的基础。

第四，建立健全科研奖励政策。经济学院的学术研究以往都是自发的，几乎没有任何组织，更没有任何制度性保障。这就导致研究完全依赖于个人兴趣爱好，研究方向零星分散，团队能力不足，学科专业凝聚力不强。耿老师组织大家讨论凝聚专业研究方向，成立若干个研究机构，制定有关科研管理与奖励办法，极大地刺激了教师们合作研究的积极性，使学院的学术研究氛围变得浓厚。

（三）用人选人的领导艺术与历史担当

付雪成当时是经济学院的主管教学副院长，工作勤勤恳恳。但是由于学院教学任务十分繁重，加之相当数量的年轻教师在外攻读博士学位或进修学习，导致教学工作很难均衡安排，任务较重的教师时有怨言。耿老师不仅亲自做有关教师的工作，减轻教学院长的压力，而且调整政策，加大对教学工作的政策倾斜力度，提高教师授课的积极性。而且他在不同场合公开地讲："学院可以没有我，但是离开付雪成，学院将无法运行。"给予擅长教学管理工作的付雪成副院长以极大的精神鼓励与慰藉。

2012 年，按照规定年届六旬的耿老师退居二线了。谁来接班主持经济学院的发展大局成为一个重要而又十分敏感的话题。耿老师主政河南大学经济学院的十余年，将学院提升到了一个空前的高度。但是在既有高水平的平台之上，如何夯实经济学院内涵发展的基础，迎接更高更大的新一轮竞争与挑战，新院长人选无疑成为关键。据称，具备或有意成为新院长的人选很多。把经济学院当作自己母院的我也十分关注此事，但是又想不出来自认恰当的人选，也只能相信学校和耿老师会选出一个有责任、懂管理、顾全大局、公正无私而又有学术领导力的院长来。当后来听说学院极力推荐宋丙涛博士做院长时，我心头一震："丙涛还不是教授啊！"但随后我就明白了耿老师他们的苦心。除去学术领导力需要在今后的工作中进行检验之外，其他条件丙涛博士一样不缺，而且他还具备弥足珍贵的学术纯粹品格，他不合格谁人合格？经济学院后来的发展说明了一切。耿老师和他们这一届领导班子的历史责任感昭然若揭。

三、为人处世二三事

（一）容人之心的耿老师

大抵是 1999 年，我刚当上系副主任（副所长）就参加了学院领导召开的有十人左右的小型会议，会上人们就某一个问题争执不下。由于是第一次参加这样的会议，我认真听取了每一方面的意见与看法，尽管有自己的判断与看法，但是一直没敢发表。最后实在忍不住了，抽空准备发言，但还没讲上两句就被一位领导给打断了。当时还是副院长的耿老师，不知是出于尊重年轻人的发言权利，还是听出来我的话中有可取的成分，就说道："还是听新顺讲完再说呗。"于是我就又按照所学的数学逻辑范式整理了一下自己的思路，尽量完整地表达了自己对该问题的判断与处理方法。讲完之后自我感觉额头上有些许虚汗冒了出来，很紧张地等大家的批判。一阵沉默之后，还是耿老师打破了平静，说道："看来刚才我们都忽视了这一点……新顺讲得很有道理，我看就按新顺的建议处理这件事会好一些。"后来这一幕不时在我脑海中浮现，也鼓励我经常大胆地讲出自己的看法，不论别人如何看待，做好自己最要紧。

还有一件事是听学院办公室主任王志乾讲的。有一次耿老师与年轻博士郑祖玄等人同行外出，路上他们就某一问题进行讨论，争论到激烈之处时，只听郑祖玄大声说道："耿老师，你顽固不化，不跟你说了！"然后便转身自顾自地前行了，留下一众人尴尬地看着耿老师。耿老师无奈地微笑道："这个祖玄。"然而耿老师仍然经常在众人面前夸赞郑祖玄有思想、有水平、学术态度纯粹。过不多久又力荐其为副院长人选。

（二）靠窗而坐

我第一次坐飞机就是跟随耿老师赴厦门出差。办理登机手续等本来是我这个年轻人的分内应尽职责，但当耿老师得知我是第一次坐飞机时，就主动跟我讲如何办理登机手续及有关注意事项，并亲自示范操作一遍，这让我非常感动。登机后我前后仔细地看了看，位置几乎坐满。耿老师的位置靠在窗口，我与他紧邻而坐。由于是第一次坐飞机，我忍不住勾头查看窗外的景色。耿老师见后就微笑着说道："第一次坐飞机，咱俩换换位置，你一会儿可以在空中看看下面的景色。""中间有些挤，靠窗口舒服一点，不用换了吧？"我不好意思地回答道。"我经常出差坐飞机，也经常坐中间的位置，没事的。"耿老师说完就主动站了起来，我也只好抽身到过道里与耿老师调换了座位。耿老师说得、做得那么自然，又一次深深地感动了我，并暗下决心，今后如有机会也这样对待年轻人。

（三）有思想、有方法的耿老师

中国的大学就是一个小社会，除了纯粹的人才培养和学术研究之外，还涉及许多社会性事务与问题，而后者往往令学校非常头疼。宋纯鹏校长是国际知名的生物学家，在一次谈到学术研究与社会实践及学校管理等问题时深有感触地讲："中国的大学管理非常复杂，涉及方方面面，需要全才可胜任。我们不缺乏能说会道有思想的人，而是缺乏能将理论思想变为现实的匠人。耿明斋老师做过生产队长，读过研究生，培养过博士，指导过企业股份制改造，经常到社会基层考察调研指导工作，是不可多得的理论与实践能力全才。我们学校这样的有思想、有方法的专家太少了！”

补记：

耿明斋教授出生在中原，生长在中原，事业起步于中原、发展于中原，所从事的主要研究也是基于中原，可谓生于中原、扎根于中原并研究中原问题的为数不多的著名经济学家。尽管耿教授在全国经济学领域具有很高的影响力和知名度，但我还是愿意将本文命之为中原学人风格的典范——我心目中的耿明斋教授。

工作中的老师　生活中的兄长

——记耿明斋教授

程怀儒[*]

在几十年的学习、工作和生活中，让我终身难忘的老师有两位：一是我的小学和初中班主任孙眉老师；二是我大学的同事、老师加兄长耿明斋教授。

孙眉老师是我儿时的偶像，那是我上小学四年级时，县里给我们派来了一位年轻的女老师——孙眉老师，并且担任我们的班主任。孙老师个子不高，微胖，为人和蔼，课讲得好，是包括我在内的男同学心目中最崇拜的老师，她的谆谆教诲，始终影响着我。十几年后，我考入河南大学，在一次黄河岸边郊游的过程中，偶然邂逅了一位个子不高、微胖且漂亮的女孩，我眼前顿然一亮："这不就是我寻寻觅觅、孜孜以求的女子吗?"虽然我没能给她丰厚的物质待遇，但却用一斤紫色毛线捕获了她的芳心，使她成了我的妻子。

耿老师是我在大学毕业留校以后相识的最尊敬的兄长。我是河南大学政教系79级的学生，耿老师比我早一届，我们都是周守正先生的学生。从这方面来说，他是我的学兄，我称他的夫人为嫂子。但从另一方面来说，他留校当老师的时候，我还是在校学生，所以我叫他老师也在情理之中，后来他当了经济学院的院长，我还是叫他老师，一是他不让我叫他院长，二是我也叫习惯了，叫院长似乎有点疏远的感觉。河大有师承关系的领导，一般都喜欢别人叫他老师，如教过我们《中华人民共和国史》的河大前校长靳德行教授就让我称他为老师而非校长。这似乎是河大朴实、低调的一种传统，也是河大"崇尚学术，尊重学人"学风的一种体现。

耿老师最大的功劳在于他为河大经济学科的发展做出了不可磨灭的贡献。在周守正先生、许兴亚教授、耿明斋教授等几位院长和经济学院全体教职工的

---

* 程怀儒教授曾在河南大学经济学院任教，后调入广西财经学院任教。

共同努力下，一代代经济学人薪火相传、自强不息，逐渐凝练出“崇德尚能、经世济民”的院训，形成了“勤奋、求真、合作、开放”的优良院风，树立了“服务地方经济，做大做强经济学科”的发展战略。特别是耿老师作院长的十余年间，使经济学院由原来的两个硕士点，发展到今天拥有理论经济学、应用经济学和统计学 3 个一级学科博士点及博士后流动站，理论经济学、应用经济学和统计学 3 个一级学科硕士点及 24 个二级学科硕士点和金融和保险 2 个专业学位硕士点，使河南大学经济学科成为河南省经济学科发展的“领头羊”。

耿老师博学多才、思维缜密、涉猎广泛，学术造诣颇深，特别是对欠发达农业区工业化道路、资本市场企业资本运营、“郑汴一体化”和中原城市群建设等方面都有深入研究，成果丰硕。在我撰写《黄河边的农民》一书时，他赠予我十几本他的专著，并表示愿意与我共享其研究成果，他无私的帮助使我很受感动。他的研究很接地气，充分体现了一个经济学家的责任感和使命感，加上他有省发展改革委与河南大学共建中原发展研究院院长、规划专家委员会委员、河南省人大代表、省人大财经委委员等职务在身，使他的话语更具分量，许多提议都被省委省政府采纳。他的学术研究要接地气、要为地方经济发展服务的做法深深影响了我：在广西，我的一篇《关于在南宁建立中国—东盟农产品集散中心的设想》被政府采纳。一次在越南高平省举行的国际学术研讨会上，越南人文社科大学、越南国家商业大学的教授们在会上发言说：“政府要鼓励农民养猪、养鸡、养鸭，从事家庭养殖。”轮到我发言时，我说中国改革开放初期也是如此，但现在的家庭基本上不养猪、不养牛了，因为家庭养殖规模小、成本高、竞争力弱。接着我介绍了中国的九大种植、养殖、加工带。最后我说越南完全可以越过家庭养殖，直接过渡到规模化养殖阶段。与会的越方学者听了很受启发。休会期间，电视台特别采访了我，并当天就在越南国家电视台播出。这一切与跟耿老师在一起工作受他耳濡目染有很大关系。

耿老师做学问还有一个最大的特点就是注重调查研究。他对平原农业区工业化有很深入的研究，而我又是河南大学为数不多的专门研究“三农”问题的学者，共同的研究兴趣加深了我们的友谊。注重调研是研究“三农”问题的优良传统，20 世纪二三十年代，以梁漱溟、晏阳初为代表的“乡建学派”就曾身体力行，不仅研究，而且亲身实践，发起乡村建设运动，为凋敝的农村寻求出路；著名社会学家、人类学家、中国社会学和人类学的奠基人之一费孝通先生，先后对中国黄河三角洲、长江三角洲和珠江三角洲等地进行实地调查，写出了《江村经济》《乡土中国》等社会学名著，对今天的中国仍有一定的指导意义；与我同年考上大学的温铁军教授更是家喻户晓，他被人们誉为“用脚来做学问”的“三农”问题专家。2004 年，著名经济学家吴敬琏曾在一个颁奖典礼上说：“中国的农民很不容易，我常常觉得，9 亿农民就像希腊神庙里的柱子，他们托起了大厦。农民很多，但是真正关注农民的人并不多，替农民说话的人也不是很多，而温铁军就是中国农民的代言人”。我们虽无法和这些前辈相比，但也会尽量深入农村进行实地调研。记得2003年的暑假，耿老师带着我去周口调研，一周的时间里，我们头顶烈日，冒着酷暑，马不停蹄地走访了金丝猴集团、莲花集团、周口市、郸城县等单位，实地调查、听其汇报并提出了许多中肯的建议，耿老师吃苦耐劳的精神也感动了陪同的官员。尽管在土地所有权等学术问题上我和耿老师有一些不同的观点，但他独到的见解、求真务实、对做学问的执着精神深深地影响了我。2007年，我打算调往广西南宁工作，耿老师知道后专门找到当时的校党委书记关爱和教授，说明了我的情况，尽了最大的努力来挽留我。古人云：“人生得一知己足矣。”耿老师对于我来说，是我工作上的老师、生活中的兄长，许多话愿对我说，许多事愿征求我的意见。所以我对河大、对经济学院、对耿老师的感情很深。2007年5月7日，我作为特殊引进人才正式调入广西财经学院工作，院领导在全体大会上介绍我时说：“这不是一般的教授，这可是河南大学的教授”，为了我这个来自河南大学的教授，他们还专门在那栋著名的“校长楼”上为我装修了一套五室两厅170多平方米的房子。我知道这不仅仅是对我的肯定，也是对培养我的河南大学、河大经济学院的肯定。后来暑假回到河大，回到我朝思慕想的经济学院，和一群老朋友、老同事走到经济学院大楼东头周守正先生汉白玉半身塑像前时，一位当年的好朋友说道：“程教授你走亏了，这块草地本来还给您留了块地方……”我说：我还没资格站在周先生旁边，再说，我还想多活几年，那块地方还是留给你们自己用吧！大家开怀大笑。我走过很多地方，但最让我难以忘怀的还是我的母校——河南大学，以及河大经济学院的同事们！

一般的学者，往往在某一方面学有专长，而在另一些方面有所欠缺，很难顾及全面。例如，有的学者对自己的专业研究很深入，成为该专业领域的翘楚；有的学者能讲，口若悬河，经常活跃于电视荧屏；有的学者靠读了几本威廉·恩道尔的书，到处宣讲“危机论”；有的学者为了出名而不择手段，胡言乱诌，“语不惊人死不休”；有的人郁郁而不得志，牢骚满腹。正像清代诗人丁元英在《卜算子·自嘲》一诗中所说的那样：“本是后山人，偶做前堂客，醉卧经阁半卷书，坐井说天阔。大志戏功名，海斗量福祸，论到囊中羞涩时，怒指乾坤错。”把封建社会酸臭文人的形象描绘得淋漓尽致。

耿老师却不同，他不仅是一位知名的经济学家，而且是一位社会活动家，具有强烈的社会责任感。他既能登大雅之堂，也能俯下身段稳坐小吃摊，他既能“醉眼看世界”，又能始终保持清醒的头脑。他为人忠厚、诚恳，不摆架子。记得我在河南大学工作时，学院几乎每个月都要邀请中国社科院和全国知名高校的教授、博导给我们老师和学生作学术报告，除了给这些专家应得的报酬，还可以报销来往机票、住宿费用，提供接机服务，每顿饭不重样地品尝地方特色美食并带其游览中原名胜。再去京沪等地时，也不忘登门拜访，带去一些中原特产。因此，凡是到过河南的人，无不感到河南人的热情、厚道、勤奋、好学。真正到了需要帮忙的时候，焉有不帮之理！耿老师主政河大经济学院十年间的所作所为，为河大的发展和经济学院教师本人的发展起到了很大促进作用，而且这种作用是持续的，为河大的发展积蓄了广泛的人脉。

特别值得一提的是耿老师非常重视对青年教师的培养。他在担任院长伊始，就在经济学院设立了多所院级研究室。每个研究室配备一室、一桌、一椅、一柜、一电脑，订阅 3 份刊物。“舞台给你搭建好了，戏靠你们自己来演”。我正是在“河南经济评价中心”这个研究室的环境中锻炼出来的。这一时期是我在学术上一个飞速发展的阶段，思绪如潮涌，往往正在写作一篇文章时，另外 2 篇文章也已经构思好了。我在《经济学动态》《农村经济》《农业经济》《农业经济问题》等刊物上发表的文章，都是这一时期的研究成果。2004 年年末，经济学院在天中酒店举行了一次骨干教师聚餐，席间耿老师还特地走到我跟前来敬酒，对我几年来在科研上所取得的成绩给予了充分肯定，他说的话至今还言犹在耳！所以我在担任广西财经学院经济贸易学院副院长的十多年间，也一直强调科研的重要性，“如果你真的关心青年教师，就要帮助他们尽快提高科研能力”。我把耿老师在河大经济学院的一些做法运用到了我的科研管理工作中，使我们经贸学院的科研成果十多年来一直处于全校第一的位置。

耿老师热爱体育运动，特别是乒乓球，他学得很认真，进步也很快。一般来说，人们不太喜欢和领导打球，特别是和打得不太好的领导打球，因为你把领导打败了，会怕领导不高兴，你输给领导了，又害怕领导说你“打假球”。这个度很难“拿捏”——既要让领导赢球，又要让领导看不出来你是“让球”。记得有一次，我去明伦校区办公楼四楼打乒乓球，因为人较多，大家双打，有一对选手打得一般，但所有的选手都被他们打败了，于是我对一个人说：“咱俩上去一定要把他拿下”，结果还是输了。后来那人临走时还专门跟我打了打招呼。他走后我问其他人这人是谁？他们说这是孙培新书记，我很吃惊，因为他上任不到一个月，还未和全体老师见面，故我不认识，这真是“法国人不知拿破仑，美国人不识华盛顿”。可能正因为我是“真打”，才给孙书记留下了好的印象。但和耿老师打球就没有思想负担，他经常告诉我们，“千万不要让球”“拿出你的真本事”“我不怕输，我只要练到能和你们对话的程度就可以了”。他的真诚使得我们放下了包袱，猛打猛冲、毫不留情，有时竟然把他打得很惨，但他从未露出不悦之色，球技也突飞猛进。许多次他都是开车接送我们。一次我问他：“你知道工会俱乐部那些人的球技为什么提高得那么快？”他说不知道。我说：“那都是一碗碗的烩面喂出来的。”他明白了我的意思，后来打球不但车接车送，还管饭。那段日子过得非常快乐。和我们一起打球的有苏科五教授、耿老师的博士生王理等人。特别是王理进步神速，开始他打不过我，后来经过专业教练的指点，5 局我只能赢他 1 局，到后来我彻底甘拜下风。后来听说他是广东金融学院连续几届的男单冠军。后来随着我调到广西、王理毕业、苏科五退休，耿老师就很少打球了，不过他的认真劲儿和良好的心态使我难以忘怀。有机会一定再和他及经济学院当年的球友们再切磋一下球技。

潮平两岸阔　风正一帆悬

——耿明斋院长与经济学科建设二三事

冯海清*

从2004年4月到2013年7月，我在经济学院工作了近10年的时间。记得刚去学院报到时，是和李庆春书记一起去的，方知李书记也是刚被任命为经济学院党委书记的。在经济学院的小会议室里，我第一次见到耿明斋院长，时任党委组织部部长史战芳老师给我们简单地作了介绍，聊了几句，就去一楼会议室和学院全体职工见面。当时耿院长刚五十岁，看上去精神矍铄、精力充沛，很亲切的感觉。真是白驹过隙，转眼间耿院长今年已经70岁了。听说耿院长的几位学生（由当时耿院长的博士生王理牵头），也是我当时在经济学院的好朋友正在筹划给耿院长过70大寿，让我写几句感言，我也就欣然答应由感而发了。

我想还是立个题目，叫“潮平两岸阔　风正一帆悬”。因为我在经济学院给耿院长当助手、合作共事近10年的时间，这10年正是经济学院快速发展的10年，也是经济学学科及建设日臻完善的10年。这10年可以回忆的事情太多了，值得纪念的事情也太多了，但其中有一条主线贯穿于耿院长的经济学思想，那就是紧盯河南大学经济学学科建设不动摇，围绕建设国内乃至世界一流学科，凝心聚力抓大事、谋发展，引领河南大学经济学科不断取得突破性成就。锚定这个目标，付出了很多，经历了很多，对很多事情的过程和结果、固守和执着、努力和收获、艰辛和喜悦，至今仍历历在目，难以忘怀。我把它作为一段宝贵的工作阅历珍藏在心里，夜不能寐的时候还常常泪湿眼眶。这10年坚持这样做，换来了经济学科的大发展，经济学院在河南大学、全省乃至在全国的地位得以提升，取得的成就得到了业界认可，这是最令人自豪和欣慰的。所以

---

* 冯海清老师曾在河南大学经济学院任副院长，现任河南大学商学院党委书记。

以此为题，便于聚焦主题，通过对部分片断情节的回顾，和读者一起分享耿院长的经济学学科情缘，同时我们也可能会从中得到些许启发。

不夸张地说，经济学科有今天的发展，耿院长功不可没。2004 年，当时的经济学院只有两个硕士点——理论经济学和应用经济学，耿院长当时已经是博士生导师了，但招生是在环境与规划学院区域经济学的博士点上。从我到经济学院的第一天起，耿院长就一直在抓学科建设，10 年来，一以贯之，笃定前行。无论是学院的大会小会还是个别交流谈话，他总是三句话不离学科建设，讲学科建设对学校、学院发展的重要性；讲同类高校的经济学科发展现状；讲我们的经济学科如何建设，到下一轮学位点申报时应该达到怎样的层次和水平。在院内，当时有博士学位的年轻教师很少，他不断地给他们加压，带领他们申报课题，发表文章，探讨前沿学术问题。在他的倡导下学院建立了“间周学术报告会制度”，给了年轻博士一个汇报研究问题、交流学术思想的机会。据说这一制度延续至今，取得了很好的效果。他很重视人才队伍建设，求贤若渴，我当时是分管人事的副院长，在对每位求职的博士面试时，无论再忙，他都挤出时间亲自参加面试，并且注重对应聘者学术背景、学术素养和学术发展前景的考察。记得当时接收彭凯翔老师时，他更看重的是彭凯翔老师的学术背景和学术潜力，他说对这样有学术素养、学术潜力、受过规范学术训练的人要不拘一格。他直接找到校长和人事处，在学校层面呼吁引进人才要因学科而异、因人而异。彭凯翔入职经济学院后，为人正直，兢兢业业，心无旁骛，潜心研究，在国内外学术界产生了一定的影响。特别是他在明清粮价方面的研究堪称国内领先，得到著名经济学家陈志武的认可和赞扬。后彭凯翔被破格晋升为博士生导师和教授。事实证明，接收彭凯翔老师是经济学院人才引进的成功范例。

在校外社会层面，耿院长利用一切可以利用的机会，宣传河南大学的经济学科。当时他的理念是，我们不能固守“酒香不怕巷子深”的老思维，河南大学地处开封，不在省会，外面的专家本来了解得就少，再不去宣传，就更不会了解，不了解怎么能关注和支持呢！他十分重视培养青年人才，只要是知道国内有重要的学术会议，他都带上几位博士生去参加，而且还要求在会上发声，发出河南大学经济学科的声音。当他意识到有的博士生在出席高层次的学术会议上不敢发言、缺少自信时，他多次鼓励，再三强调要有自信，要通过不断的发声，让国内外同行了解河南大学的经济学科，了解河南大学还有一帮学者在潜心做研究。为了提高申报课题、发表文章的数量和质量，他利用一切机会结识交往国内同行专家，和他们交朋友联络感情，把他们请过来进行学术交流，以了解学术前沿、开阔学术视野。记得有一次，为了拜见一位专家，三伏天他从上海赶到北京，到了北京又得知这位专家去西藏开会了，他顾不上休息，简单地吃点饭，买了机票又飞往西藏。在我的印象中，耿院长没有节假日和星期天的概念，见到的总是他忙碌的身影。他当院长时是学院学术交流、学术报告最频繁的时期。2005 年申报博士点，一举拿下了应用经济学和理论经济学两个博士点，10 月 26 日我第一时间得知这一喜讯，心情十分激动，高兴地写下了一首打油诗：“时辰已晚，楼空少人转，忽接北京来电，获批博士点；回顾几年奋战，付出非同一般，内育外引聚才，得来学科发展。”2008 年学院获批了应用经济学博士点一级学科（后来统计学博士点一级学科从应用经济学一级学科中分离，成为独立的一级学科），2011 年又获批了理论经济学博士点一级学科，至此，已经全部拥有了经济学科的 3 个博士点一级学科。可以说耿院长为奠定后来经济学科发展的基础做出了特殊的历史性贡献。

学科的建设与发展要和当地的经济社会发展紧密联系在一起，服务地方经济建设和回应重大社会需求。对于河南省地方经济的发展，作为一位土生土长的河南人、学习于斯成长于斯躬耕于斯的河大人，他时刻不忘重任在肩，使命重大。他带领应用经济学团队到郑州、许昌、焦作、济源等地进行调研，一住就是一二十天，指导撰写调研报告，为当地经济社会发展提供政策咨询和智力支撑。2004 年他首次提出“郑汴一体化”构想，在此基础上相继参与论证了“中原经济区建设”“郑州航空港建设”“郑汴同城”等重大决策。当时他经常谈到河南的宇通集团如何发展、中原经济区如何布局。他多次被邀请到全省各地做报告，解读河南省经济社会发展规划，成为当时的河南省省长郭庚茂的座上客。可以说今天郑东新区的拔地而起、开封西区的快速发展，都凝聚着耿院长的智慧和心血。

要想尽快发展经济学科，急需有高层次的科研平台作支撑，耿院长多方论证后，下决心成立“中原发展研究院”。他去省里找省长、省政府政研室和相关部门支持，去学校找书记、校长支持，从研究院发展定位、人员编制、经费核拨，到办公地点，他都做出顶层设计和精心谋划。经多方运作，2009 年 10 月，研究院正式挂牌成立，邀请时任河南省副省长的张大卫、宇通客车董事长汤玉祥等为顾问，时任省长郭庚茂亲自到河南大学为“中原发展研究院”揭牌。研究院定位为省内首家高端智库型研究机构，围绕河南省经济社会发展的中心工作，充分发挥高校人才智力和政府机构的政策信息优势，组织开展关系河南经济社会发展全局性和战略性重大问题的研究，为领导决策提供有关的政策建议。至今研究院已经发展成为河南省政府的重要决策咨询机构和高端智库。耿院长任省人大代表、省人大财经委员会委员期间，在讨论省政府的工作报告时，不仅谈河南省的经济如何布局、如何发展，还坚持呼吁把河南大学的发展列入省政府的发展规划，争取政府对河南大学更多的支持。据耿院长讲，当时为了把河南大学的发展列入河南省的发展规划，在征询意见讨论时常常争得面红耳赤。作为一位学习、工作、成长在这座百年老校的河大人，耿院长为河大的发展也是够拼的。

耿院长还注重发挥班子成员的作用。因工作需要，他平时经常在外搞调研，参与学术活动，院里的事情多安排给班子其他成员。当时学院党委书记是李庆春同志，长时间两个“一把手”之间达成了一种默契，甚至成为后人的不可逾越的不成文的分工，那就是耿院长主要抓学科建设和学术活动，李书记主要抓学院内部的党务行政事务，耿院长学科建设搞得好，李书记党务行政工作做得好，两位主要领导的和谐堪称学院级的典范。

剑磨十年出锋利，水滴百载穿磐石。经过10年的孜孜以求，经济学院整体水平得到了显著提升，学科建设从2003年以前的学校内不入流，到2013年拥有3个博士点一级学科、两个博士后流动站、两个硕士点一级学科，教工由70多人发展到130多人，师资队伍经过“内育外引”，有博士学位者已占近60%。在校生人数3500人，从本科生、硕士研究生、博士研究生到在站博士后，已经形成了完整的培养人才体系。学院的内部建设得到了改善和提升，为老师们营造了宽松和谐的学习、生活、工作环境，师生们言谈中无不流露出对学院发展的喜悦和自豪。2012年跨入学校遴选的9个研究型学院方阵，可以说经济学院已经进入30多个二级学院的第一方阵。耿院长被推选为“全国教学名师”，当时河南大学只有王立群教授和耿明斋教授两位老师获此殊荣，学校第九次党代会上李庆春书记被选举为党委委员，是当时唯一一位当选党委委员的学院书记。

2001年，学校进行人事分配制度改革，教职工绩效工资的发放下放到二级学院，给二级学院的创收和分配带来不小的压力。我当时分管财务，想办法增加创收提高职工待遇是我的一项重要任务。当时学院办的有自考辅导班、函授成教学历班、各种培训班等，学院创收分成得以不断增加。后来民生学院、国际教育学院、欧亚学院招生分成逐年增加，学院的经济形势年年向好，教职工的待遇也得以逐年改善，不仅对学科发展是一个有力的补充，老师们也共享了发展的成果。耿院长对平时具体的财务收支和账目细节能做到铭记于心，每年年终我向他汇报年终创收和分配的基本方案时，他对学院的大致收入和可支配的老师们的福利经费都了如指掌，这说明他在抓学科建设的同时，把学院的财务工作和老师们的福利待遇也时刻挂在心上。

时光荏苒。2013年，耿院长退出院长岗位改任名誉院长以来，又一个10年过去了，因工作需要，当时的班子成员虽各有去留，但对经济学科的感情、对耿院长的敬重、对那段经历的怀念丝毫没有改变，成员之间时常相聚，每每谈论往事，都能情不自禁、声情并茂地娓娓道来。适值耿院长70大寿之际，谨以此文祝耿院长身体健康！阖家幸福！也愿在经济学院工作的这段历史永远珍藏在我们心间！

我心目中敬重的耿明斋教授

王志乾*

2022年春节前，经济学院校友王理博士打来电话，说今年是耿明斋教授70寿辰，同学们正在自发地筹备召开“耿明斋教授经济思想研讨会”，考虑到我和耿明斋教授一起工作时间长，让我写几句感言，我欣然答应了。

1996年7月，我从图书馆调入经济系（独立建制，相当于现在的学院级别）时就认识了耿明斋教授，当时，耿明斋教授在改革发展研究院工作。1997年1月，原来的经济系、财金系、贸易系和改革发展研究院合并，成立经贸管理学院，1999年4月，经贸管理学院一分为二，成立了工商管理学院和经贸学院，我和耿明斋教授都在经贸学院工作。当时许兴亚教授任院长，耿明斋教授任副院长，张玉枝老师任行政办公室主任，我任院党总支办公室副主任（主持党办工作）。2001年，耿明斋教授任院长，我任院党办主任，在耿明斋教授的建议下，经贸学院更名为经济学院。大概是2003年年初，张玉枝老师调入数学学院任副院长，我任经济学院党委办公室主任兼行政办公室主任。2003年7月26日，经济学院从明伦校区搬迁到金明校区12组团。我于2008年12月调入化学化工学院任党委副书记。屈指一算，在耿明斋教授身边工作近13年。

光阴荏苒，当月如梭。耿明斋教授任经济学院院长时不到50岁，转眼间已到古稀之年。耿明斋教授在为人做事、尊敬师长、为人师表、学院治理、科学研究、学科发展、引育人才、为地方经济服务（“中原城市群”“郑汴一体化”“郑汴同城”）等方面，有数不清的成绩、有说不完的故事，更有令人终身难忘的感受和记忆，对于我来说受益终身。只因本人文笔拙劣，写不出系统总结耿明斋教授的文字，我只选几个片段，谈一谈“亦师亦友亦长者”的耿明斋教授。

* 王志乾老师曾任河南大学经济学院党办主任兼行政办公室主任，现在河南大学保卫处任处长。

一、尊师的楷模，为师的典范

周守正教授是全国著名的经济学家，也是耿明斋教授硕士研究生的授业老师。我到经济系工作时，周守正先生年事已高，行动不便，身体状况不佳。耿明斋教授作为周先生的学生，无论工作再忙，几乎每个星期都要抽出时间到河大教授院周先生家里，向老师嘘寒问暖，汇报学院的学科发展情况，在很多方面请教老师。周先生重病期间，耿老师想方设法请医术高明的专家来为周先生诊治，三天两头到医院看望并询问病情。从耿老师的表情和眼神里可以看出，他多么期盼周先生好起来。后来周先生逝世，耿明斋教授伤心地哭了几场，足见与老师的感情之深。马超然老师是周守正先生的夫人，在周先生去世以后的日子里，耿明斋教授对师母马超然老师的关心无微不至，无论是生活起居、就医陪护，还是探望拉家常，耿老师都像一个儿子一样对待自己的师母，使马超然老师晚年生活过得很温暖、很幸福。

南开大学谷书堂教授是国内著名的经济学家，也是耿明斋教授早年在南开大学访学时的指导老师。时值谷书堂教授80寿辰的2004年，南开大学举行了隆重的“谷书堂教授经济思想研讨会”，得此消息，耿明斋教授甚是激动，打算去天津为老师庆寿。当时经济学院的经济状况较差，为给学院节省钱，耿老师决定开自己的汽车（广本飞度），由研究生王理当司机，我和耿老师一起长途驱车去南开大学。谷书堂教授在国内学术地位高，影响力大，桃李遍天下，所教的学生在国内经济学界精英、社会名流众多（记得到场祝贺的将军都有四五个）。谷书堂先生见到自己的学生耿明斋教授亲自开车来为自己祝寿，别提有多高兴，除畅叙师生情谊外，还详细了解了河南大学经济学科的发展情况。谷先生还不失时机地把河南大学的经济学科和耿明斋教授推介给各位来宾。现在想来，当时谷先生免费给河南大学经济学科做的宣传，为后来学院博士点和学位点的申报奠定了厚实的人脉基础，像南开大学的柳欣教授，中国社科院的王振中教授、李扬教授、蔡昉教授、刘迎秋教授等一批国内知名经济学家，他们对河南大学经济学科的发展都给予了极大的帮助和支持。

以上两个事例足以说明耿明斋教授尊师如父，堪称楷模。耿明斋教授1978年考入河南大学政治系学习，1982年毕业留校工作，在河南大学任教整整40个春秋，教的本科生、硕士研究生、博士研究生桃李遍天下。在40载的教学生涯中，他治学严谨，教书育人，以高深的学术造诣和高尚的师德，影响着一代又一代河大经济学子。耿明斋教授的夫人郭老师经常讲，耿老师关心、热爱学生，对家庭经济条件差的学生尤为关注，经常带他们到家里吃饭，做好吃的给学生增加营养，拿出钱物接济贫困学生，甚至替个别学生交学费。耿明斋教授在教学过程中诲人不倦，十分用心，既注重书本知识的传授，又注重实践能力的培养，积极组织学生走出校门搞调查研究，利用课余时间组织各种学术沙龙和研讨会，培养学生学以致用的能力。2001 年，耿明斋教授任经济学院院长，在全校率先提倡并实施了本科生导师制，让学院的每个教师对应负责指导若干个本科生，以帮助学生们更好地完成学业和顺利成长，可谓教书育人的创新。耿明斋教授作为院长，不仅关心学生成才成长，还特别关心学生的继续深造和就业，对于愿意考研考博的学生，精心指导，主动联系其他学校和研究机构，亲自写推荐信；对愿意就业的同学，耿老师利用自己的人脉资源，为很多毕业生推介就业。耿明斋教授平时非常注重与经济学院校友的联系，重视校友工作。我陪同他出差的机会多，每到一地他总要抽出时间联系从经济学院毕业的校友，召集大家一起吃个饭、聊聊天，了解一下校友们的发展情况，联络联络感情，总是会把母校母院的发展情况向校友们作一个介绍，希望校友们自己发展好，更希望校友们关注支持母校的发展。40 年教书育人呕心沥血，40 载视生如子殚精竭虑。耿明斋教授于 2011 年被评为国家教学名师，他是我们作教师的典范。

二、为学院和学科的发展，舍小家顾大家

经济学院从当年只有 1 个硕士授权点，发展到现在拥有 3 个一级学科博士授权点的大院，在这个过程中耿明斋教授功不可没。记得在经贸学院时期的一段时间里，耿明斋教授被上海同济大学作为高层次人才引进，还在上海同济大学安家工作，当时他的女儿耿云也在复旦大学读书，可以说对家庭、孩子和自己的专业发展极为有利。河南大学党政领导高度重视经济学科的发展，更舍不得像耿明斋教授这样的高层次人才流失，派时任组织部部长孟庆琦去上海做耿老师的思想工作，劝他回河南大学工作，把经济学院发展好，把经济学科发展好。耿明斋教授对河南大学有着深厚的感情，也想把经济学科做大做强，便说服家人舍自己的小家、顾河南大学经济学院的“大家”，毅然决然重返河大工作。记得当年是我去上海同济大学耿老师家中，帮助收拾了一应俱全的家用物品，打包用箱托运回了开封。后来，经济学院在耿明斋教授的带领下，学院各项事业有了飞跃性的发展，一举成为学校的一个大院。耿明斋教授为了河南大学经济学科的发展，舍上海的小家，放弃在上海的发展机会，这种舍己为公的高尚精神令人敬仰。

三、思贤如渴，引育人才

学院和学科的发展必须要有高层次人才。耿明斋教授任经济学院院长期间，高度重视高层次人才的引进，可以说是思贤如渴，挖空心思地广揽人才。齐玲博士和彭凯翔博士的引进，可谓成功的范例。为引进齐玲博士，耿院长多次去北京做工作（仅我陪同耿院长见齐玲就有三次），找齐玲本人做工作，找齐玲的丈夫做工作，找齐玲的工作单位做工作，邀请齐玲和她丈夫来河南大学实地考察，除为其在明伦校区南教授院安排了一套住房外，耿院长还把学校给他安排的省特聘教授工作室让给齐玲使用，并积极向学校争取给齐玲学术荣誉和经济待遇，最后，他的诚心打动了齐玲博士，使其加入了河南大学经济学院。齐玲博士的加入，为经济学院第一个博士点的成功获批做出了巨大贡献。耿明斋教授还慧眼识英才，成功引进了彭凯翔博士。彭凯翔是北京大学肄业博士研究生，学术功底扎实、研究特色鲜明，耿老师向学校汇报了他的情况，并打破惯例，为他争取到了特殊的工作环境和待遇，吸引他加盟入职河南大学。对此，赵新顺教授评价道："彭凯翔教授的引进对经济学院的学术研究和学术氛围的构建、对河南大学学术影响力的提升产生了重要而深远的影响。"事实证明，赵新顺教授的评价是非常准确的。

耿院长不仅善于引进人才，而且更注重培养和留住现有人才。当时学院拥有博士学位的教师少，拥有硕士学位的青年教师多，耿院长想方设法鼓励青年教师考博，提高他们的学历层次，为以后学院和学科的发展作人才储备、奠定基础。对于博士毕业的青年教师，他采取了一系列暖人心措施，以留住他们安心在学院工作。在当时学院经济条件不好的情况下，凡是博士毕业回校工作的教师，每人配备一台笔记本电脑（这在当时很让人羡慕）、博士毕业论文由学院出资出版成专著、提供博士工作室、聘为硕士研究生导师等。耿院长这种对高层次人才思贤如渴、引育兼顾的思想和做法，为经济学院和经济学科的发展奠定了坚实而厚重的基础。

作为耿教授的学生、同事，我由衷地敬佩他、敬仰他。

祝愿耿老师身体健康！工作顺利，阖家幸福！

我眼中的耿老师

郑祖玄*

初次听说耿老师还是在读博士的时候——河南大学经济学院的耿明斋教授要出任同济大学经济学院的院长了！那时我想：这个耿明斋教授得有多厉害，竟然可以从一个内陆地区地方院校出来受聘为上海滩名校的经济学院院长？最后虽然因故未能成行，也让人颇有仰慕钦羡之感。

一、经济学家的学养

2007 年，我入职河南大学经济学院才算正式认识了耿老师——一位颇有包容之心的长者。彼时，经济学在中国正在发生翻天覆地的变化。新一代受过数理逻辑及计量经济学训练的年轻学者渐次地开始看不上早一代的经济学家，唯技术而论且自命不凡，缺乏学养又不能自知。我也多少沾染了这些个习气。庆幸的是，耿老师以其醇厚扎实的学养以身示人，教导青年学者读名著、厚基础、明事理。在其言传身教下，我逐渐明白穿透历史迷雾的洞察力才是一个经济学者最应该具有的素养。经济学家不是玩弄技术，而是明辩事理。

耿老师最看重以学理之逻辑洞察纷纭复杂之现实、以思辨之链条贯穿观点与事实。这说来容易，施行之下又何其艰难。因而，每当耿老师要面试入职的青年学者，抑或要攻读博士学位的学生时，总是爱问：除了学习期间读过的教材和论文，可曾阅读过经济学的经典名著？新一代的青年学者或学生往往不免羞愧，皆因当前的教育过于重训练而轻学养，学生们忙于通过技术手段、统计方法来证明命题，却没能留出时间思索经济与社会发展的规律和逻辑。这正是

---

* 郑祖玄副教授现在河南大学经济学院任教。

所谓“学而不思则罔”，更遑论读经典、厚根基了。正如马歇尔的《经济学原理》，看似其讨论的内容在当今的初级经济学教材中都已经阐述过，但不读这些名著，就难以理解今天被视之当然的一些原理在历史上是如何被争论和明确的。现代的学生对均衡的理解可能只是不动点定理的必然结论，但当我们把思绪放回那个年代，才能理解价格与价值之间的争议、效用和使用价值之间的纷争……

也正是受到耿老师的影响，我后来认真研读了瓦尔拉斯的《纯粹经济学要义》，厘清了政治经济学与纯粹经济学的分野，学会如何去区分观点和事实。通过研读那些经典名著，会发现在厚厚的书页当中，隐藏着当年那些大师们会心的微笑。

二、经济学家的责任

上一个时代的经济学家与我们还有一个重大的差别，那就是他们往往背负着经世济民的责任。耿老师并不单纯是一位学者，同时也谋求将经济与社会发展作为经济学家的责任。改革开放以后，“孔雀东南飞”一时盛行。上海滩的知名学府同济大学也曾力邀耿老师加盟。虽然我不知道最终耿老师何以权衡，最终未能南下，但我知道耿老师致力于研究欠发达地区的经济与社会发展的情愫当是重重砝码之一。耿老师生于河南，长于河南，目睹了这片热土在改革开放的进程中落于后位，自觉有责任、有义务为河南经济与社会发展贡献自己的力量，这正是一位经济学家的责任。

耿老师主编有一套“欠发达地区工业化文库”，以河南为对象，讨论欠发达地区如何实现经济增长与社会发展。这一文库组织了一批发展经济学和区域经济学的研究者，视河南的发展为己任，为欠发达地区的人民寻求发展的道路，而今已经取得了诸多成果。天下兴亡，匹夫有责。耿老师作为一位经济学者，更是自觉有其责任。2009 年，耿老师筹建了中原发展研究院，这是一个河南大学与河南省政府研究室共建的智库机构，主要服务于河南省委省政府的重大战略决策。对于研究院的建设，耿老师劳心费力，事必躬行，一心想为河南的发展贡献经济学家的力量。研究院建立以来，积极参与了河南省一系列重大战略决策，如“中原经济区上升为国家战略”“郑州航空港经济综合实验区国家战略”“郑州市国家中心城市战略”“河南省直管县”等诸多战略。在这个过程中，中原发展研究院也慢慢成为在全国具有一定影响力的智库机构。所有的这一切，都离不开耿老师自觉肩负经济学家责任的拳拳之心。

一位经济学家的研究内容，反映了其对社会的关注与思索。在一些人眼里，研究欠发达地区的工业化似乎“土”了一点，距离主流经济学“偏”了一点，但这却反映了耿老师对这片故土深沉之爱意。新一代的年轻学者们常常更青睐研究金融、货币、数字经济等，似乎这才更为“主流”和“现代”。殊不知，耿老师也曾经是研究证券的专家，并且参与过河南省的证券交易市场的建设。我想，耿老师所研究的一切，莫不牵扯着河南省这个欠发达地区的发展，这份经济学家的责任亦伴随耿老师一生，如今虽然退休却不赋闲，他依然活跃在河南省经济与社会发展的一线工作中。于是我想，当年耿老师何以不像他人那样“孔雀东南飞”？难道不是放不下心中的这片热土吗？

三、经济学家的态度

什么样的学者才是真正的经济学家？只有研究真问题的学者才配得上经济学家的称谓，而研究真问题才是一位经济学家应有的治学态度。耿老师就是一位专门研究真问题的经济学家。随着“主流经济学”日益占据有话语权，不少学者的研究内容和研究对象日益向欧美经济学家靠拢。当越来越多的研究主题来自文献而非中国社会发生的事实，新一代的中国经济学人也越来越缺位于中国的经济研究，越来越表现为“黑板上的经济学”。这也引起了大众对所谓的经济学家的非议。耿明斋老师则是深深地扎根于中国现实问题的经济学家。

记得某次夜间，我们共乘一辆汽车，穿行于中原大地的高速公路上。其间，耿老师发人深省地发问：一个地区城市体系的建设究竟应当以何为依据？是人口追逐着城市的发展而流动，还是城市依托人口的流动而发展？我当时一时失语，但我深知这一问题的重要性：中国的发展模式完全不同于西方社会，政府掌握着经济与社会发展的重要公共资源，基础设施的布局是我国各级政府的重要职责。这一职责行使的效率如何会十分关键地影响一个地区的经济与社会发展。耿老师关注的这一问题在主流经济学中并没有现成的答案，却是我国社会真正存在的关键问题。也正是基于对这一问题的思索，在中原发展研究院的建设过程中，耿老师特别强调一定要脚踏实地，摸清欠发达地区工业化进程中走出农村的劳动者的所思所想。他们会去什么样的城市，他们会从事什么样的工作，他们是如何走出农村的，他们要追寻什么样的生活。这些个问题看起来细碎和烦琐甚至无关轻重，但汇流成河却是施政者进行重大决策的依据所在。这次谈话深深地刻入我的记忆中，我私下里将其记为“公路夜谈”。

“公路夜谈”之后不久，耿老师领导中原发展研究启动了“百县千村入户调研”工作。每年暑假，中原发展研究院都会组织一百余人的队伍深入河南农村的数千个家庭，了解每个家庭中劳动力的就业和流动、家庭经济决策和家庭金融活动等内容。这一调研的目的就是了解正在发生的事实，考察中国经济与社会变革在欠发达地区的表现，从而为发现和研究真问题服务。

从实践中来，到实践中去。研究经济学的正确态度当暗合王阳明先生的“知行合一”。耿老师的研究为我们这些受过现代主流经济学教育的学者上了一课，让我们知道真正根植于中国的经济学应当是什么。而后，我开始在耿老师的带领下参与编撰了《中原经济区竞争力报告》等一系列年度研究报告，其目的就是首先深入地了解国情和省情，从中发现真问题，解决真问题。这对于我个人的发展也益处良多。

而今，时值耿老师正式退休之际，作此短文以志纪念，意在感谢人生得老师指路前行。是为领导，是为良师。

兼容并蓄的开拓者：与耿明斋教授交往侧记

彭凯翔*

初识耿老师是在河南大学经济学院的面试会上。那时，耿老师作为院长正在力推人才引进。记得当时我在台上试讲，台下坐了好几排学院领导和老师，更像是一个气氛友好的课堂。在此数年前的一个秋天，我曾孤身探访河南的登封、许昌、漯河等地，中原大地给我留下了深邃朴茂的印象。但这次来开封是雨季，穿行于微凉的湖影间，流连于“止于至善”的牌坊下，多了份柳七的温柔空明之感。面试后，耿老师单独请我到办公室，主要是想了解我学位方面的问题。在我说明情况后，他一拍桌子，叫了声“好”，当即表态“我们欢迎有个性的人加入”。随后我提到需要有时间和空间上的自由，他亦抚髀赞赏。这一点我后来又写入了与校方所签的合同里，作为补充条款，其中耿老师的支持自然是不可少的。

一般的人对于学者的个性多以能包容即为开明，不过，我的感觉是，与其说耿老师是出于惜才而宽容他人的个性，毋宁说他对个性本身也是持欣赏态度的。除了引进我，他还曾让我留意，如果有因为个性而际遇不洽的朋友，不妨为其推荐一下河南大学经济学院。我入职后，参加过耿老师主持的多次工作会议。他在学院早已有难以撼动的威望，但在每次会议上，他都是发动大家各抒己见，并不执定我见。即使偶尔争得面红耳赤，也很快杯酒言欢。记得有一次耿老师开车带着我，和我聊他正在做的一些调研，兴之所至便问我为什么不投入部分精力来研究现实经济。这本是一个很正常的问题，我研究经济史的兴趣本来也与历史对当下的意义分不开，但在当时，我立即回了句“我思故我在”。回想起来，这不是一种交流的态度，实为拒绝讨论的清高。不过，耿老师一拍方向盘，叹了口气，倒像是有几分惺惺相惜的意味。这之后，我们的交流并未

* 彭凯翔教授曾在河南大学经济学院任教，现在武汉大学经济与管理学院任教。

产生芥蒂。耿老师依旧支持我的研究，也依旧咨询我对他的现实课题的意见，但从来没有向我摊派过任何会干扰我个人研究的任务。用耿老师的话来说，学院是一个平台，我们个人的发展就是学院的发展。在受耿老师带动的氛围里，无论老师还是同学，在言论上的一时失检，抑或举止上的偶有出格，大家似乎都一笑而过，不会太在意。耿老师总是能够看到每个人的长处，很少在乎其短处，更不介意细节上的冒犯，这种胸襟使我深为佩服也自叹弗如。

一般的单位领导对年轻人或因其单纯而有所包容，但耿老师对年轻人的爱护、培养是由衷的。我刚踏上工作岗位时，还是学生的生活状态，经常不修边幅。耿老师对此应该是不嫌弃的，因为在学院大会上，他曾动情地感慨，看到会场里年轻面孔的增加，他就打心里高兴。可有一次耿老师也比较郑重地对我说，他觉得知识分子还是要有过体面生活的条件。我立即想起了亚当·斯密说的——衬衫和皮鞋即使对当时的英国底层民众也属于体面生活的必需品，而耿老师对斯密的著作是熟悉的。我想他所说的体面就是这层含义上的。耿老师并不只是随口说说，他为此做出了很大努力。对此，我有切身体会。高校里各种待遇都是和职称挂钩，可我既不积极参加职称考试，在硬性条件上也有与规定不符之处。耿老师在学院和学校都做了很多说服工作，最终解决了我的职称问题，也使得我有了分房和带博士等方面的资格。这些幕后的工作耿老师从未向我提起，我也只是从同事那才偶有所闻。我当时对待遇之类并不怎么在意，也的确不知道怎么表达谢意，不过，耿老师还没等我开口就向我表示，他做的这些工作并不是为了我个人的利益，而是出于学院发展的需要，希望我能理解并予以配合。事实上，耿老师也的确没有向我提过什么私人方面的要求，我们的相互理解完全是基于公义。所谓“识其天性，因而济之”，耿老师于我可以说是有知遇之恩的！

在和耿老师交往时，我有时会想起金庸说他在华北接触到的地方官员颇有豪侠之风，又想起张五常所说县域经济中富有活力的能人，在外地访学时遇见为学科建设而风尘仆仆的耿老师，甚至会想起柳青《创业史》中的情节。借用经济学的术语，耿老师可以说是富有企业家精神的院长。无论是对人才的不拘一格，还是在学院、学科发展上的勇于进取，抑或他永远向前看的思维方式，都可为证。不过，我相信，耿老师极其鲜明的风格更有其思想上的渊源。他任院长时虽然致力于社会服务，但因为有深厚的古典政治经济学基础，他亦习惯回到本源来理解经济学。正因如此，耿老师一方面鼓励年轻学者融入主流经济学，使用前沿的经济学方法；另一方面也注重经济学的思想而非技术，由此使得学院的学术氛围更加开放、多元。在耿老师的周围，有醉心于探究文明兴衰者，有致力于拓展剑桥学派者，亦有服膺奥地利学派者，还有像我这样关心长期变迁者。受此影响，河大经济学院内在某种程度上曾形成了一种传统，即大家重视在交流中所呈现的思想深度超过论文发表等正式的评价体系。这在当今流行量化考核的国内学界，可以说是独树一帜。耿老师在任内还曾组织过几次务虚会，让大家畅所欲言，各种流派、不同风格的发言均能得到友好对待。我当时不是特别理解，觉得难以形成对话，交流的效率有限，但如今来看，又不能不感慨其可贵。在临退休之际，耿老师还曾和我聊起，说在郑州亦有他的几位政界、学界同龄人，有意不定期地举办座谈，完全务虚，探讨一些基本理论问题。看来，耿老师那辈学者不仅是中国改革开放大潮中的实干家，也始终保持着一份那个时代独有的理想主义情结。

也正是因为对思想的看重乃至追求，耿老师欣赏有思想的人，亦能欣赏学者因其思想而在为人处世上呈现出的特立独行。犹记得刚来河大时，学校里流传一句顺口溜——“行政真牛，教授算球”。耿老师故此在经济学院一反其意，提出“尊重学人”的口号。当时行政人员对这句话颇有些微词。行政人员和教师在人格上自然是平等的，在相处时应该互相尊重，耿老师集学者与院长于一身，对此肯定是不会怀疑的。然而，他特别提倡“尊重学人”，一方面是为纠正学者受行政束缚太多的时弊；另一方面则是因“学人”有独立的思想和人格，难免有不同于流俗的地方，值得特别的理解与尊重。一个证明是，耿老师在倡导“尊重学人”时，还提出对学术、对思想的敬畏。我想耿老师之所以能有特别宽广的胸襟，除了他不凡的天性、丰富的阅历，这种思想上的渊源也是极其重要的。记得耿老师组建中原发展研究院时，曾有意组合几个研究团队，促进年轻学者的成长，但我们几位老师却认为人才是自己长出来的，团队应该自发地形成。这显然是一种不合时宜的论调，也不适于现在的一些科研管理方式，可耿老师却能认同其中的逻辑，即使不能依此定策，也不以为怪，还特地去读新译过来的米塞斯《人的行为》等奥地利学派著作。他的学人本色，可见一斑。

记得我刚到河大时，经济学院主要是教学型的，甚至中高级的经济学专业课还很难开齐，但在耿老师任内，教学和科研两个方面都有了质的飞跃，为后续的发展打下了良好的基础。他是河南大学经济学院当之无愧的开拓者。很荣幸能在这个阶段与耿老师共事，见证他的事业与河南大学经济学院的成长，也期待不久又能有机会与耿老师切磋论道！

第三篇

教育教学篇

受人尊敬和爱戴的老师、兄长、朋友和榜样

1992 级硕士　汪松涛

这么多年过去了，我在92级同学中从最大变成最老，白发越来越多，专业全丢完了，关于经济学专业方面，再攒劲儿也憋不出一点招儿来。那我就简单写几句，表达一下内心的感谢吧！

1992年初见耿老师，那时他在河大还是中青年教师，给我印象最深的就是，与其说他是老师，不如说他是我们的朋友和兄长，因为他不但指导我们学习书本知识，他还亲自带我们去进行社会实践。

不管我们离开河大校园多少年，我们92级的经济学研究生恐怕都不会忘记，是思维敏捷、善于探索又朴素热情的耿老师带着我们六个小年轻真枪实弹地去到外地的一家企业搞调查、做研究。一个特别棒的地方在于，我们不但学习了东西，开阔了眼界，更重要的是，我们学得很开心，我觉得这是我在河大三年收获的最宝贵的大礼。

耿老师为人真诚，没有架子，他的心一直很年轻，所以跟我们这些学生能打成一片，成为一个受人尊敬和爱戴的老师、兄长、朋友和榜样。

认识耿老师快30年了，虽然我们毕业后大家各忙各的，彼此很少有交集，但耿老师的精神以及当年给予我的教导一直在积极地影响着我，所以说，不管耿老师有多高寿，不管耿老师学术造诣有多高，名声有多响亮，对社会发展的贡献有多大，我都毫不吃惊，因为我相信总是一身正能量的耿老师，凭他的好人品、大智慧和真才能，以及对事业的热情和专注，耿老师值得拥有人间的一切美好。

有幸遇见，成为耿老师的学生，我们也因此而感到非常骄傲和自豪！

最后祝耿老师及家人新年快乐，身体健康，幸福美满！

祝 2022 年的大会圆满成功！

祝各界师弟师妹们身体健康，事业有成！乐活人生！

感谢师弟王理，因为有了他的用心和大量工作，才有了我在此表达爱和感谢的机会！

一篇论文

1992级硕士　屈桂林

回想起30年前在河南大学经济研究所读研的经历，感慨万千，不由得想起自己曾最露脸的事情——经导师指导，在1995年第一期校学报上以第二作者身份发表了一篇论文。在短暂的小窃喜之后，我便复归平静，因为我清醒地知道，能发这篇论文并非自己有什么功力，很大程度上是因缘际会，是两位导师的修为共同促成的。

1994年大概10月的一天，耿明斋教授突然对我说："桂林，过两天在复旦大学举办全国高校社会主义经济改革研讨会，我临时有更紧要的事情没法去了，你去吧！"我当时一愣，心里嘀咕：我一个刚读二年级的研究生，还没学到什么知识，去参加这样顶级的全国性学术会议，够资格吗？会不会给导师和学校丢脸？当即迷茫地问："我去行吗？"

耿教授似乎早就洞悉了我的心思，三言两语就打消了我的顾虑。他说："这是一个高规格的学术会议，如果不是事发突然，我和其他老师都去不了，哪会轮到你？机会难得，你去了可以见到国内经济学圈里的大师，看看人家是怎么做学问的，你参会时只管听不用发言，有什么可怕的？另外，吃、住、行你也不用操心，一切都安排好了，我已经托人把去上海的火车卧铺票都买好了，你直接去拿票就行了。"

那次上海之行，给我留下了难忘的美好记忆。

报到后，我入住会务组安排的酒店，住同一间房的是山西师大的一位副教授，三十四五岁的样子，一交谈发现他很有学术修养，为人温厚随和。得知我的研究生身份后，他很是惊讶，感慨道："你应该是这次会议中唯一正式参会的研究生，你们河南大学竟然派个研究生来，够大气！"在随后的几天，这位老师如师如友，在会议活动的每个环节都在及时提醒、引导我，使我免于尴尬；回到酒店房间，还多次向我传授研究选题、参考资料收集、刊发文章等方面的经验及注意事项。很快，跟他的交流交往驱散了我的生疏和拘谨，感觉他就像和自己相处两年多的母校导师一样。仅仅遇此人，我便感到不虚此行。我想，所谓的谦谦君子、温润如玉，大抵如此吧。

那次会议来了不少国内经济学界的大家、名师，我以前只在经济学教材和学术刊物上见过他们的名字，这次得以亲睹真容，满足了不少好奇心。不少学者的论文发言引经据典、理论性很强，让我领会起来颇感吃力，因此印象不深。倒是两位年轻学者的发言甚入我耳，一位是复旦大学的教师张军，另一位是厦门大学的博士生黄少安。他们两人的主题都围绕国有经济体制、国有企业改革展开，现实性、实践性大于理论性，也是热点，大多数内容我都能听懂。更难得的是，两人演讲时意气风发、激扬文字、舍我其谁的气势很有感染力，听得我神情激荡。当时，我心里就萌生了一个念头：以后要把国有经济及国有企业改革也当作自己读研期间关注的重要方向。

从上海回到河大后，我找耿老师汇报了参加会议的情况，并把会议资料（主要是与会者提交的论文汇集）交到资料室，以为此事便画上句号了。

回来后不到一个月，导师貊琦教授讲授的社会主义经济理论暂告结束，给我们几个研究生布置了作业，写一篇关于社会主义市场经济体制改革的论文，题目、方向自拟，不少于5000字。我经过思考，想起在不久前在上海参加研讨会所受的启迪，便自然而然地选定国有企业改革作为论文主题。随后，我便经常去资料室，在重温了上次研讨会相关论文后，又浏览了不少资料室的期刊、书籍，慢慢理出文章的切入点：借鉴国外国有企业管理成功的体制范式，探索国内国有企业改革的方向模式。由于资料收集、准备得比较充分，我很快就完成一篇8000多字的作业论文。

完全出乎我的意料，交完作业大概两周，在一次刚上完课后，貊老师单独把我留下来谈话。我很忐忑，心想是不是我的作业太敷衍了，要挨批评，因为那篇作业其实就是把收集的资料概括糅合在一起，根本没有精雕细琢。哪知貊老师一开口却是表扬："你那篇作业我看了，不错，有新意。最近咱们学校学报经济学方面的文章不足，编辑向我约稿，我想把你的这篇作业好好改改拿给他们看看，你把文中参考资料及引用数据列一个清单给我，其他就甭管了。"

我颇感吃惊，实在抑制不住疑惑和好奇，问文章"新"在哪儿。貊老师便耐心解惑：文章先是介绍国外几个发达国家国有企业管理模式，然后指出国内国有企业管理体制现状及弊端，这两部分都是引述别人的观点，确实没有新意，在最后部分的国有企业改革建议部分，在重塑后的国有企业体系中，除了宏观（国资委）、国企（微观）外，指出还应构建中观环节国有投资控股公司（类似新加坡淡马锡控股），这一点很有新意，至少目前在公开学术刊物上还看不到有这样的提法。搞研究、做学问时，哪怕是在前人观点的基础上先人一步有一点不同，那也是创新。

随后，貊老师问及我写这篇论文的思路，我便一五一十地讲了整个过程，强调这在很大程度上得益于那次去复旦大学参加研讨会。貊老师说："你们几个名义上虽说是我的研究生，可最近一段时间跟耿老师出去搞实践活动的时间都快超过在校内上课的时间了，我真有点担心你们心跑野了，荒废了学业。不过，这次他安排你去参加研讨会倒真是件好事。"他一边说，一边露出微笑。

这次谈完话，我其实半信半疑，并未对发表文章寄予希望。大约过了三个多月，想不到那篇文章真的在学校学报上发表了，我收到期刊后才发现，刊登出来论文改动很大，字数从8000多字删到3600字左右，内容上主要保留了原文的第三部分，文风和语言也做了很大的改动，通篇结构清晰简洁。看完文章，汗颜混杂着感动顿时涌上心头。

研究生毕业后我一直从事实务工作，再也没有继续学术研究。1995年发表在《河南大学学报》上的论文，成为我迄今为止在学术刊物上发表的唯一一篇文章。每每想起，心中便充满温暖和感动，感谢母校导师们所馈予的宝贵精神财富，曾照亮我的人生！

耿明斋教授的“知行合一”与我的人生探索之路

1993 级硕士　闻有虎

西方哲人伊壁鸠鲁说：“幸福就是肉体无痛苦，灵魂无纷扰”“最大的善来自快乐，快乐是生活的目的。”追寻着幸福真谛的我，先后在河南、广东、上海、山东、江西、海南等省份学习或工作，历经乡镇、县、市直、省直等层级，从事过中学老师、大学老师，企业、经济综合行政部门管理等工作，在“知行合一”中快乐地学习、生活和工作。回顾人生之旅，我的人生探索之路无不深深地烙印着我的导师——耿明斋教授的“知行合一”思想。

一、人生思路：践行耿明斋教授的“知行合一”

1993 年 9 月，我开启了我的河南大学经济研究所的读硕生涯，对于我这样一名来自农村的中学教书匠来说，开封绝对算得上是大都市。在这里的两年，除了学习到丰富的经济学知识外，耿明斋教授的社会实践课题更是启蒙了我对社会经济管理的认知。1994 年暑期，耿老师带队深入郑州新密的一家企业“振中实业”去调研企业股份制改造事宜。几周的实践里，我不仅狂补了涉及股份经济的相关理论知识，更是让我接触到了企业、接触到了政府管理部门，这为我以后的大学教书工作奠定了“知行合一”的基础。

1995 年 6 月，我提前一年从河南大学硕士毕业后，进入广东韶关大学任教，实现了从中学老师到高校教师的华丽转身。1995—2000 年任教韶关大学期间，我一方面专心教书，积极撰写学术论文。我的授课中涉猎经济学科大多数课程，力求做一个学生喜欢的老师，并获得经济学副教授职称。我先后发表了《摆脱我国财政困境的宏观分析》《试析收入分配中的公平与效率问题》《浅论香港证券市场》《试析分税制下培植我区财源增长的战略导向》等文章。另一方面我积极参与社会实践活动，参加了广东省活力啤酒人力资源管理师培训，获得“韶关大学年度社会实践积极分子”光荣称号。虽说韶关不是广东改革开放最前沿阵地，但在这里，我的视野得以开阔，人生思路更为清晰，那就是坚定不移地走耿明斋教授的“知行合一”之路。

二、学无止境：践行耿明斋教授的“知识改变命运”理念

无论是在读硕期间，还是在平时工作之余闲谈的时候，耿老师都现身说法地告诫我们，他自己是如何通过不断学习来改变命运的。他常说即使是在生产队时期，他也是通过自己不断学习，成为当时当地有名的专业技术人士。耿明斋教授“知识改变命运”这一教诲，激励着我实现了学业上的第二次飞跃。

2000 年 3 月，我考入上海财经大学，师从程恩富教授，攻读西方经济学博士学位。读博期间，我如饥似渴地学习有关西方经济学的专著，积极撰写学术论文，相继发表了《利他主义稀缺与政府调节》《也谈坚持劳动价值一元论的科学性》《论新经济人范式》《个人行动——集体选择互动理论初探》《社会主义市场经济的制度分析》《腐败现象的制度经济分析》《经济全球化的经济学分析与中国的对策研究》《郑州市城市化进程结构变动及趋势预测》数十篇论文，其中《也谈坚持劳动价值一元论的科学性》一文被人大复印资料转载，《利他主义稀缺与政府调节》等十余篇学术论文在国家级刊物上发表。完成了 10 余万字的题为《政治决策与经济福利》的博士学位论文。在博士期间的最后一年，我积极融入经济的前沿腹地，受聘担任山东里能集团总裁助理职务，经济管理知识与企业管理实践得到了有机融合。

三、学而优则仕：践行耿明斋教授的“学以致用”

耿明斋教授始终坚持一条原则：经济学科与实践联系非常紧密，这是我们学科的特点和性质决定的。因此我们要潜移默化地把社会的需求带进来，成为我们学科文化基因的组成部分，让老师理解社会、企业、政府部门的运作机制，发现社会的需求，找到自己研究方向和社会服务的结合点。一方面，应尊重学术研究自身的规律，保持学术应有的独立特性；另一方面，应注重对社会民生、战略发展的重大问题的探索，为国家富强、社会发展提供必要的思想和理论支撑。

“学而优则仕”是古今世人所追求的目标。正是在这一信念的驱使下，

2003年4月，适逢郑州市引进一批博士从政这一时机，作为人才引进，我担任郑州市统计局副局长一职，并同期在《河南日报》发表题为《郑州市“引博从政”的经济学分析》一文，作为从政的开场白。我参与研究的“郑州市物流业供给与需求发展研究”课题获得郑州市人民政府的三等奖；主持的“郑州城市化进程的结构变迁和趋势预测”这一课题获得郑州市统计学会一等奖，为郑州市经济社会发展做出了应有的贡献。2005年2月，我调往河南省发展改革委担任规划处副处长，参与编制《河南省“十一五”国民经济和社会发展规划》《中原城市群发展规划》以及主体功能区规划编制的前期研究工作，并参与省委《新农村建设规划纲要》的起草工作。先后发表了《关于河南产业结构调整的若干思考》《总部经济与郑州经济发展》等学术论文，用理论有效地指导实践。2007年10月，作为河南省国资委综合与政策法规处副处长，结合河南“三新”大讨论实践活动，我撰写了题为“继续解放思想，推动国有经济又好又快发展”的调研报告，并在全委进行交流；结合“学习实践科学发展观”活动，撰写了题为“以搞活国有资本为核心，统筹国有四资运作”的调研报告，获得省委“学习实践科学发展观”领导小组的奖项。我多次被评为省国资委机关优秀共产党员。六年的经济综合行政部门工作，使我的理论与实践得到了有机结合，更好地发挥了专业知识的作用。在处理公务的同时，我一直兼任河南大学区域经济专业硕士生导师，指导学生撰写硕士毕业论文、指导学生参与各种社会实践活动等。

四、上下求索：践行耿明斋教授的“调查研究”理念

耿明斋教授常说：了解社会其实是比较辛苦的事情。你要改变这种在小圈子里很安逸的生活方式，真正深入农村、深入基层调查现实，才能了解这个社会。在经济学领域，领导关心的都是真问题，如果你讲的都是书本上的，与现实不搭，领导就不会重视。学者们认为自己委屈，觉得写的东西领导没有重视，但是我们领导也委屈，因为我们费很大力气也找不到有用的东西。

2009年5月，通过公开选拔方式，我来到了江南小城——鹰潭市，担任中共鹰潭市委政策研究室主任，开启了仕途上的新征程。作为鹰潭市委政研室主任，我较好地履行了起草文稿、调查研究、传递信息“三大职能”。围绕全市重大决策部署，积极为市委献言献策，全年形成受市委主要领导重要批示的综合性调研报告10余篇。2010年5月，我调任鹰潭市余江县，先后担任县委常委、常务副县长、县委副书记，由机关走入了行政管理工作的最前线、最基层，在基层得到了锤炼。我始终坚持理论指导实践，撰写了多篇心得体会，我撰写的论文《余江融入鄱阳湖生态经济区建设之思考》曾在《鹰潭日报》论

苑专栏发表，并成为余江经济社会发展的重要文献。同时，受聘为中共鹰潭市委党校客座教授，为公务员授课，多次开办学术讲座，做到教学相长、理论与实践相得益彰。

总之，无论何时何地，我始终以耿明斋教授为楷模，注重在学中干、干中学，坚持深入群众，在群众中了解民情、汲取民智，在实践中增长知识、增长才干。“非淡泊无以明志，非宁静无以致远。”农村起点的我，坚守着那份淡泊与平静，保持“宠辱不惊”的洒脱，一次次超越自我。

耿明斋教授助我圆了博士梦

1993 级硕士　李仁君

1993 年 9 月，我考入河南大学经济研究所攻读政治经济学硕士学位，当时耿明斋老师是三位指导老师之一。耿老师除了给我们讲授社会主义经济理论专题课之外，还带着我们做了很多实践调研的课题，以及探索区域性的资本市场运营。这些活动印象特别深刻，多少年都难以忘怀。耿老师当时还是为数不多的能把理论和实践很好地结合起来的老师，记得耿老师还创办了河南大学改革发展研究院，为学生们提供了强大的实践教学平台。

在耿老师的指导之下，我三年的学习收获满满。1996 年 6 月毕业的时候，同学们面临各种选择，有的直接去工作了，因为当时硕士研究生毕业就可以找到很好的工作；有的选择继续深造去考博士；也有选择去做公务员的；还有选择留校的。对于我来讲，最希望的还是去考博士，这是我多年的梦想，但这对于 1996 年的我来说却是可望不可及的事情。因为在 1995 年上半年，我父亲去世，下半年我儿子出生，这些大悲大喜的家庭变故，使得我在 1996 年考博士非常不现实。所以眼看着不少同学都考上了博士，我的心里百味杂陈。我只能先找工作，当时有几家单位都有意向，初步接触了以后，这些单位都不希望我一入职就去考博士，由于我心里还惦念着读博士的事情，也迟迟没有下决心签就业协议。在这个节骨眼上，耿老师跟我谈话说，来我的研究院工作吧，我这里别的条件没有，就是一个“蓄水池”，你可以随时考博士。耿老师的这个提议立马打动了我，于是我就没再犹豫，什么条件都不提，就冲着这个随时可以考博士的待遇，果断决定留校，在耿老师任院长的河南大学改革发展研究院工作。由于耿老师的帮助，我留校的过程非常顺利，学校直接把我的档案从研究生处调到人事处，我就算入职了。

当时河南大学改革发展研究院已经取得了国民经济学的硕士点，所以有研究生培养的任务，我留下来以后从助教做起。当时院里缺老师，按照耿老师的要求，我要赶紧通过进修学习提升自己，以便早日承担起带研究生的工作。于是我就主动提出，为了给学校节约经费，不如我去考一个定向的博士生，三年时间学成回来以后就可以上讲台了，耿老师欣然应允。于是 1996 年下半年到了报名季，我第一时间填表，做体检，报考南开大学的博士研究生。

结果在去学校盖章的时候，卡在了人事处，人事处的领导说入职协议上都写了满两年才能考博士，所以不能批。于是我赶紧解释，这里有特殊情况：一是我当时入职的时候没有签协议，所以也不知道这个规定；二是我当时留校的时候，我的导师也是我的单位领导，明确地给予了我随时可以考博士的待遇；三是研究院没有本科生，如果我不尽快提升的话，我就上不了讲台，单位领导支持我尽快以考博士的方式来提升自己，而且这种方式还能给学校节省经费。可是人事处拒绝了我。我没有其他办法，只好向耿老师汇报，希望耿老师能去做做工作。耿老师听了我汇报后，马上亲自到人事处协调，并从工作需要的角度希望学校支持，但是仍然没有结果。眼看报名时间即将截止，我的报考材料却盖不了章，真是心急如焚！

好在天无绝人之路，或者说“山重水复疑无路，柳暗花明又一村”。还是仰仗耿老师那颗智慧、善良的心，找到了一条出路。到最后，耿老师对我说：“我支持你考博士，可以盖我们研究院的章，你看行不行?”我内心十分感谢耿老师的创意和担当！怀着忐忑的心情，终于在报名截止时间之前，向南开大学递交了报名材料。报名材料是否能接受，我没有把握。幸运的是，报名材料投出去后，直到临近考试，都没有受到质疑，我甚至打电话到南开大学招生办公室询问报名材料是否收到、是否合格，在得到肯定回答后，我终于对考试资格放下了心。

1997 年春季是考试的时间。幸运的是有耿老师的支持与鼓励，考试过程如有神助，最后经过初试和面试，我以总分第一名的成绩入围南开大学经济研究所西方经济学专业博士研究生拟招生名单。短暂的兴奋之后却是更大的惆怅，因为下一步被录取就要转档案，河南大学人事处那边还没有协调好，经过几次接触得到的反馈，档案肯定是不给转的。时间一天天过去了，转眼到了 7 月，1997 年 7 月 1 日，香港回归祖国，我的心情异常复杂。一方面和大家一样喜庆香港回归；另一方面我内心却愁云密布，不知能否拿到入学通知书。

结果幸运再次降临。不久，一封来自天津的信件让人情不自禁有所期盼：会不会是《录取通知书》? 打开一看，果然是南开大学的博士研究生入学通知书。由于考的是计划内全国统分指标研究生，随通知书还有向原单位调档的函，但这个档案始终没有调出来，不过只是影响了每月博士生助学金的发放，其他方面并未有影响。三年后我如愿拿到了博士学位，圆梦之时，最忘不了的就是耿明斋老师的培育和帮扶之恩。

努力成为耿明斋教授的跨界好学生

1994 级硕士、2013 级博士　赵　晔

静静的夜里，我坐在茶桌边，沏一杯西湖龙井茶，伴着西子湖畔温柔的春风，欣赏着杯中上下翻飞的舞者，不知不觉，我的思绪也就此开始了“穿越”，又回到了开封，来到了河南大学，在耿明斋教授的指导下学习与成长。

一

20 世纪 60 年代出生的我，率直、独立性较强，1989 年步入河南大学外语学院读书。毕业前，我经过再三思考、请教和比较，最终选择报考河南大学经济研究所硕士研究生。1994 年我如愿以偿，实现了小目标，开始攻读硕士研究生学位。更值得庆幸的是，我成为耿明斋教授的学生，他的主要研究领域——区域发展与城镇化、工业化与经济社会转型、资本市场与国民经济运行等是我非常喜欢的。我有幸在耿老师门下学习三年，他因材施教，引导我研究喜欢的课题，为我的未来提出了战略性、可实施与最适宜的指导。

时光荏苒，三年一晃而过，我毕业拿到了学位，不舍地离开我的老师，离开河南；签约、毁约，去深圳、北京，最后，我还是来到了当时的女朋友、杭州大学在读研究生，现在的夫人，浙江大学博士、教授马晓俐身边。朋友相聚，席间无意中的闲话——“一家上市公司正在招聘你们专业的人才，过去试试”。由于朋友介绍，我得从直接与公司 HR 部长面谈，并顺利地通过这家国有大型企业的各项面试。1997 年 6 月，我正式加盟东方通信（股票代码600776），我在公司业绩还行、人缘不错，公司分房时我是唯一一个全票通过的中高层管理者。履行完与公司的八年协议后，我谢绝了公司领导的挽留，谢绝了多家大公司的邀请，同朋友合伙创办了浙江大学茶业科技股份有限公司。

全身心投入，兢兢业业，三年付出可圈可点，初见成绩与规模。而由于观念的差异，我不得不放弃在当时乃至今日是最有可能在茶业企业中依靠主营业务上市的公司。当我稍有迷茫，或者小有成绩时，想到和读到最多的就是耿教授和他的著作——《中国经济社会转型探索》《转轨时期的投资体制和投资运作方式》《国有资本生存边界和管理模式》等。

二

机会是多方面的，我们必须审时度势，抓住机遇。在我正徘徊、思虑的时候，巧遇高人，他邀请我筹建“中国国际茶文化研究会禅茶研究中心”（以下称禅茶研究中心）。出于对茶的热爱、对信仰的追求，我几乎没有思考就同意了。基于多年企业工作经历，我提交的报告很快就顺利地通过了审批，并在他的指导和支持下非常快地运作起来。这位高人正是时任杭州市佛教协会会长、杭州佛学院院长、中天竺法净禅寺的主持释光泉法师。当然，他现在有了更多头衔和称谓：光泉大和尚、灵隐寺方丈、浙江省佛教协会副会长、中国佛教协会副秘书长、慧延的师父等。

禅茶研究中心，在大德、高僧的指导下，在领导、专家、朋友的关心下，在秘书长赵晔的运作下，取得了飞速发展。已在茶学界、佛教界、文化艺术界有了一席之地。禅茶文化产品——“禅茶文化论坛”“云林茶会”等，受到国内外专家学者、元首及宾客的高度认可与称赞。茶叶品牌——“法净禅茶”享誉海内外，已经到了“一泡难求”的地步，并成为“中国禅茶”的代名词；在知识产权保护方面，禅茶研究中心拥有商标、茶具发明专利、包装外观专利等近 10 项。跨界小有成绩，但与耿教授取得的成就可以说是天壤之别！他乃河南省人大代表、省人大财经委委员、河南省“十一五”“十二五”和“十三五”规划专家委员会委员、中国社会系统工程学会副理事长、河南省经济学会及河南省民营经济研究会副会长，曾任郑州宇通客车、平煤股份、许继电器、大地传媒等多家公司独立董事等职。

三

二十多年的杭州生活，我几乎已经习惯了江南的一切。初来杭城，不像现在，可以做自己想做的事情。当时是举目无亲，只有努力工作，还有就是时常打扰耿教授，请教指导。视公司如家，早出晚归，以获取升迁的机会，工作之余总觉得“来杭州是一个错误”。后来，随着时间的推移、工作的变化、文化的理解，我对杭州、对江南的认识也发生了根本性的变化。通过耿教授的引荐，我认识了浙江大学公共管理学院的姚先国教授，他是享受国务院政府特殊津贴的浙江大学文科资深教授，兼任中国劳动经济学会副会长、中国工业经济学会常务副会长、浙江省公共政策研究院院长、浙江省人才发展研究院院长等职。姚教授对耿老师的评价是："你老师的学识等多方面才能都比我强，已经取得有目共睹的成就，只是平台和环境受到了一定局限，否则更加不得了。"

杭州已有2200多年历史，曾被意大利旅行家马可·波罗赞为"世界上最美丽华贵之城"，创下了一大批"世界之最"。杭州有着活跃的多元化经济和发达的文化教育，享有"世界最佳易居城市""全国安全城市"等称号，更是互联网时代的翘楚。佛教文化也是杭州历史文化的不可缺少的重要组成部分，古刹林立、高僧云集、佛学兴盛，享有"东南佛国"之美誉。我与杭州有着不解之缘，注定有着必然的联系。我在信阳毛尖的浸润中长大，到杭州又是喝着西湖龙井茶在工作，维系这两个城市与我之间关系的媒介，是茶，更是大宋文化。还有，我读书学习是在河南开封，古谓汴京，是北宋国都；而我现在生活又是在杭州，古称临安，是南宋国都。不知道是巧合，还是必然。我的公司叫"杭州两宋文化传播有限公司"，我将工作室称作"双宋堂"，既是堂号也是商标。

2016年11月5日，首届"两宋论坛"于杭州召开，耿教授是论坛的重要发起人之一。开封与杭州、汴梁与临安，因为一个朝代——宋，而结缘。两宋文明不仅深远地影响了中国历史的发展，对世界的影响也举足轻重，其经济、文化居于当时世界主导地位，推动"海上丝绸之路"达到古代极盛。宋王朝的历史经验和文化积淀，对于推进全球化发展和"一带一路"倡议实施，具有重要的借鉴意义。2021年10月，第六届"两宋论坛"于开封举办。论坛将探索学术+活动+文化产业的模式，扩大"两宋朋友圈"，深挖宋文化内涵，充分展现开封、杭州、绍兴等地作为华夏历史文明——宋文化承载地的独特魅力，使传统优秀文化更多地融入现代生活，走近寻常百姓的生活。中共开封市委书记高建军在开幕式上表示，在开封与杭州一年一度轮流举办的"两宋论坛"，旨在推动开封与杭州两市、河南与浙江两省乃至中原与沿海及南北区域之间经济文化交流，促进两地经济文化共同发展。此次活动致力于将"两宋论坛"打造成国际国内知名的宋文化交流平台，成为传承弘扬中华优秀传统文化的重要载体。打好"两宋"牌，研究和讲好"两宋故事"，讲好"杭州故事"，这是贯彻落实习近平总书记"杭州是历史文化名城，也是创新活力之城"的实际行动和重要抓手。而大宋的遗风雅韵，已深深嵌入两座城市的骨髓之中，为我们留下了一个王朝不灭的烙印。

四

我在读书和企业工作时，一直喜欢饮酒。那时候，茗饮之甘只是“时而不时”，粗鄙的舌尖只分得出酒意。酒与茶亦无优劣之别，但是它们都代表着中国文化的一种，分属两个样态，如此而已。像颠张狂素那样的淋漓大草，非饮酒不可；而如赵松雪和董玄宰的雅致精巧，必然需香茗陪伴在侧。茶酒之后，静下之时，我总想到耿老师，他自20世纪80年代初以来，一直立足于我国经济社会改革发展现实，致力于经济学的基础研究和应用研究，获得了丰硕的科研成果，而我们只做了这么一点点工作，与老师的成绩相比，真是太难看了！固不敢松懈，减少应酬，并时常以此来督促自己。

罗兰·巴特说：“茶是英国人的‘图腾饮料’。”然而像欧洲人那样对待茶，未免有失华贵尊严的仪式感，缺少了一份含蓄典雅的慰藉。我对茶是有几分偏执的：我最爱绿茶，喝信阳毛尖和西湖龙井最多。不知是出于对两个故乡的热爱，还是茶品确实独具风采，我对茶的爱始终如一，风雨无阻。周作人先生的话或许是对我之“感觉”的最好呼应——“加糖加奶的红茶没有意味，喝茶以绿茶为正宗”。我爱上茶，不仅是家乡信阳产好茶[①]，也是蒙父母长辈嗜茶习惯的熏陶。做了多年“茶客”的我，也曾多次激动于茶的美感之下，却至今未能领悟真正的茶道。有时候，喝茶，就成了一种精神寄托，抑或是一种心情。就是不渴，也要沏一杯，看那袅袅的热气升腾，一缕清香，随着微风，飘荡着、漾开来。一杯浓浓的、荡着缕缕香气的热茶，便成了我记忆深处，学生时期奋斗的画面定格。从此，便对茶有了依赖，茶也因此走进了我的生活，成为我生活中不可或缺的伴侣，成为我有事没事时的挂恋，并且渐渐成了我的一种精神食粮，君不可一日无茶。

五

茶，让君喜欢的理由很多，茶道是其一，自古以来茶道便被认为是修身养性的一种方式，通过沏茶、赏茶、品茶来修心美德。中国的茶道吸收了儒、佛、道三宗的思想精华，佛教更是强调以茶助道、以茶礼佛。茶，无非是世间一种极其普通的植物，经得高人识之而今进入爱好者的生活。不同的品尝者得出的是不同的味道，同一种茶在不同的境界品尝时，也会得出不同的味道，它

① 见《茶经》“淮南茶，光州上”。

所反映的其实是饮者的一种心境。茶，作为我国传统文化的象征，如今已遍布世界各地，为不同国家、不同种族和肤色、不同宗教信仰的人所享用。它带动不同的心灵去感受，引领欣赏它的人到达它那幽深的境界。追求它的人以平和的心态与它相融。河南大学是一所国内外知名的百年大学，如果没有像耿教授这样的知名学者，或许，它就是一所普通的高校，正因为有了像耿教授等一大批专家学者的甘于付出、积极创造、乐于奉献，河南大学才得以持续发展、厚积薄发、永立潮头。

茶的味道、禅的境界、人生真谛，纵横蔓延，无时间和空间的概念，被世人追寻着。这其实是心中对美好的向往，是心中那份希望的寄托，更是百味人生中的我们对其真味的探求。就像我常和朋友们所说，我的老师，他是河南大学经济学院名誉院长兼河南省政府研究室、省发展改革委与河南大学共建中原发展研究院院长、国家教学名师、国家社科规划项目评审专家、国家社科基金重大项目首席专家、中国杰出人文社会科学家（中国校友会网 2011 年第三届入选）、省级特聘教授，应用经济学博士一级学科及博士后流动站牵头人、国民经济学和区域经济学专业博士生导师。先后担任河南省“十一五”“十二五”“十三五”规划专家委员会委员，河南省人大代表、省人大财经委委员等。我相信，河南大学就是耿教授心中的殿堂，而在我的思想境界里，始终有一个执念——不能给老师丢脸！

六

很多人都听过“茶禅一味”，说到茶与禅的结合，其实还要更早一些。唐代以前，僧人饮茶处在养生、保健、解渴、提神等药用和物质功能阶段，而从唐代开始，随着佛学的发扬光大，可以说僧侣已将茶看作禅心育德、悟道修身之物。饮茶也成为禅林的制度[①]之一。以茶助禅，正是将茶理与禅理紧密结合在一起。唐宋以来的禅宗里，禅不仅仅是指“禅定”，更是指修为的方法、修为的见地，甚至是修为本身。此乃“心、术并行处，常显一味也”。寺院里喝茶的人很多，是不是佛门弟子喝的茶就叫禅茶了呢？我想并非如此。禅茶所要传递的是一种“禅定”的内涵与境界。师父们泡茶时传授给别人的，应该是一份“禅定”，让喝了茶的人心中能够安定下来、欢喜起来。自己泡茶、喝茶时也同样能感受到内心的平静与快乐，或者体会到人生的乐趣与价值，这才是“禅茶”的境界。耿老师的修为在于师德和孝道《薪火相传、师道长存：周守正教授纪念文

① 见《禅苑清规》。

集》[①]《马克思经济理论的阐述与发展——庆祝周守正教授90华诞暨执教60周年文集》[②] 耿老师为纪念恩师，主编出版了两部纪念文集。周守正教授是耿明斋教授的老师。耿老师之举，不是所有教授都能做到的，不是所有教授都能笃行的耿老师以其“禅心育德、悟道修身”之实际行动证实了。

七

中国茶产业的现状是消费混乱、行业自律性差、品牌意识模糊、缺少文化传播力度。每年新茶上市之时，全国各地举办的茶展达上千次之多，各地政府组织茶商，聘请专家和名流参加，搞得轰轰烈烈，一点也没有茶道的清净和庄严。就像有些人说的，“他们都是在捣糨糊”，事实上，专家忙于走穴奔命，茶商疲于上下沟通，政府累于形象工程，所谓发展地区茶叶经济，到头来多是形式主义、麻木不仁。我们应该静下来，想一想中国茶的前途和出路在哪里，到底该怎么走。但有时候想想，我还是老老实实当我的门外汉吧，还是站在局外来得轻松，来得自然。

茶界是比较封闭的，人们都在面壁，却无人问津破壁。茶文化的传播缺少人才。但现在存在一个悖论：懂茶的人不懂外语，因此无法让茶文化全球化传播；懂外语的人不懂国学，自然不能悟道，也翻译不出茶文化的精髓。说到底，茶还是中国文化的魂。外国人主要喝红茶，偶尔喝到的绿茶，档次也不够高。因为即使是好的明前雨前，也鲜有人领会得出其中的真妙。连国人尚且疏忽的茶学，又怎能指望他人熟谙？可是，我常读老师的《中国农区工业化路径研究》《改革红利论——全面深化经济体制改革的理论探索》《航空经济概论》。只有不断学习，开拓思路，寻求创新，才会持续成长与发展，实现自身的保值、增值。

八

耿教授的公众号“明斋观察”，我期期必读，微信置顶，同步关注。时而与朋友分享耿老师的“观察”，点赞的非常多。清华大学经济管理学院教授、中国工程院院士有效候选人陈劲博士对“明斋观察”就非常关注，比如《关键还是转变观念》《实施乡村振兴战略需要关注的几个规律和趋势》《中国经济学理论演

① 耿明斋主编，社会科学文献出版社，2009年。

② 耿明斋主编，河南大学出版社，2004年。

化的新趋势》《南北经济差距为何越来越大?》《转换赛道，构建河南高质量发展新格局》《高标准打造河南科创高地——中原科技城规划建设若干思考》《法国大革命与圣神同盟——近代欧洲及世界秩序的第三次轮回》等文章。陈劲教授是清华大学经济管理学院教授、博士生导师，教育部人文社会科学重点研究基地——清华大学技术创新研究中心主任，教育部科技委管理学部委员、中国技术经济学会技术管理专业委员会理事长，以及学术期刊“*Int. J. of Innovation Studies*”的创始主编，“*Int. J. of Knowledge Management Studies*”的主编，《清华管理评论》的执行主编。其主要研究方向为技术创新管理与企业管理。陈劲教授还是《系统工程学报》《管理工程学报》《管理学报》《科学学研究》《科研管理》《研究与发展管理》《创新与创业》《中国地质大学学报（社会科学版）》《武汉理工大学学报（社会科学版）》《技术经济》等杂志的编委，“*International Journal of Technological Learning, Innovation and Development*”的编委，“*International Journal of Manpower*”的客座编委，“*International Journal of Technology Marketing*”的副主编以及“*Journal of Technology Management in China*”的学术顾问等。在加入清华大学经济管理学院前，陈劲教授是浙江大学本科生院和竺可桢学院常务副院长、浙江大学第二批求是特聘教授、浙江大学科教发展战略研究中心（教育部战略研究基地）主任；中国科学学与科技政策研究会副理事长、中国工程院第三届教育委员会委员、中国技术管理协会 CAMOT 的执行委员会委员、全国青联社会科学工作者联谊会副会长、中国系统工程学会系统动力学专业委员会副主任、中国技术经济研究会理事、浙江省委政策研究室特约研究员。

陈劲教授是这样评价耿老师的：“耿教授是传统经济学理论的继承与创新发展的践行者，是将理论创新并能指导社会实践的经济学家”，“其近年来的论文充分体现出了引领新时代东方哲学与人文精神复兴的经济学思考”，“旨在推动哲学与经济的结合，关注实践智慧，弘扬中华文化”。

九

窗外雨下了一天的光景，暮色徐徐降临。此时，我又清楚地记起耿老师来杭时请他品茗前，我翻阅了他的一些经历，老师曾先后赴南开大学、日本国日本大学、英国卡迪夫大学等国内外知名大学访问研究或进行学术交流，并受聘为上海同济大学教授。最不能忘记的是，我陪老师在西湖边喝茶时，茶室中的一副对联引起了我们的话题：“俗人多泛酒，谁解助茶香（皎然）。”耿老师说：“多喝茶，少饮酒，身体最重要。”我说：“感谢老师的关心，现在的我，不可一日无茶，哈哈。”老师也是大笑，说道：“我站在山外，看的不是山。你坐在茶中，喝的不是茶。是路漫漫其修远兮!”那一刻，所有的烦恼与困惑都被这微凉的茶香所洗涤，心在大自然的包裹下坦然了，真正进入了一种空灵、静穆的状态。

最后，引用河南大学娄源功校长来杭州参加河南大学浙江校友会“祝福河南大学百年华诞”活动上的讲话，作为我自述的结束语。“你导师耿明斋教授，是河大的大牌教授，很了不起”，“耿教授在致力于经济理论研究的同时，以极强的社会责任感积极服务于地方经济建设。2003 年年底首倡‘郑汴一体化’、建设中原城市群核心区的战略思想，2008 年提出的河南省应对经济危机的建议受到了省委省政府的高度认可，是中原经济区建设上升为国家战略论证规划的专家组核心成员，深度参与航空港经济综合实验区等一系列河南省重大战略研究，多次以学者身份受邀参与河南省委省政府专题议事会”。听完娄校长对老师的高度赞扬后，我的回答是：努力成为耿教授的跨界好学生。

我人生路上的领路人——耿明斋教授

1997 级硕士　董栓成

我今年已经 58 岁了，深深地感受到“夕阳无限好，只是近黄昏”，退休日子近在咫尺，再回首，深感读万卷书，不如行万里路，行万里路不如追随成功者脚步，追随成功者脚步不如贵人相助。首先父母是我人生路上的贵人，给了我宝贵的生命，哺育和陪伴我成长；其次是我的老师。一个人一生当中会遇到许多老师，随着岁月的流逝，也许你连他们的名字都记不起来了，但是，有两位老师让我终身难忘：一位是教我初中数学的张根生老师，是他的无私帮助让我实现了人生路上第一次成功转型，由农村娃成为大学生，从偏远农村来到县城，成为吃皇粮的人民教师；另一位就是恩师耿明斋教授。遇上先生，是我人生第二次成功转型，从中学老师成长为大学教授。

我 1987 年 7 月毕业于河南大学数学系，当时被分配到尉氏县教师进修学校，成为一名光荣的人民教师，进修学校的任务是培养全县小学民办教师，那里没有升学压力，工作比较轻松。闲暇之余，我萌生了考硕士研究生的念头，也受到同事张信磊的启发（当时他已经考上了硕士研究生），于是 1991 年我报考了浙江大学政治经济学硕士研究生。此后，一年又一年，屡试不中，各种艰辛只有我自己知道。1996 年硕士研究生考试结束之后，我倍感煎熬，在旅社与考友尹建军（后来我们一同考上了 1997 年硕士研究生）闲聊中得到消息，河南大学耿明斋教授申请获批了 1997 年招收投资经济学硕士研究生资格。他提议，我们别考浙江大学了，明年是一个机会，估计知道的人不多，竞争会小一些。回家以后我就下定决心，投奔河大。说来也巧，当时我们学校培训任务已基本结束，老师们基本没什么工作，我求学心切，就申请去河大进修学习，得到了单位的支持。借此机会，我听了先生的硕士研究生课程和魏成龙老师的西方经济学课程。

1997 年硕士研究生考试，我成功上岸，有幸成为先生的首届投资经济学硕士研究生，三年研究生学习，聆听先生教诲，场景历历在目。有一次先生上午在郑州开会，为了不耽误下午研究生的课，中午没有顾上休息，自己开车往开封赶。结果快下高速的时候，出了事故，受伤严重。一天晚上我去陪护先生，夜已深，先生醒来看到我，问了我近期学习情况和研究计划，然后先生给我讲了他的求学经历，讲了周老先生的治学之道，列举了柳艳舟、许多、胡晓鹏等同学的学习特点，探究怎样学才能走得更远。

第二天，师母告诉我，由于昨天晚上我们聊得太久，白天老师身子疼得厉害，刚做完开胸手术，医生交代不让多说话。每每想起此事我都深感内疚，也为先生治学之严谨、工作之认真而感动。同时也敬佩先生治学之精神——对学生严谨之中蕴含着宽厚。先生强忍着疼痛，询问我的研究计划及学习方法后，深感忧虑，但并没有批评我，而是耐心地教导，从他自己求学经历到周先生治学，再到其他同学的学习方法，一步一步在引导我，为的是让我能够尽快进入研究轨道。

我从 2000 年硕士研究生毕业留校任教，至今在河大工作已 20 余年，和先生朝夕相处，亲身经历了河大经济学院在先生的带领下，由当初的仅有两个硕士点发展成为了理论经济学、应用经济学、统计学三个一级学科博士学位授权点和三个博士后流动站，由当初的小“老鼠”（研究生处对经济学院的评价）成长为河大首批重点建设学院，见证了先生为学院发展呕心沥血的历程，桩桩件件难以言表。我记得 2003 年，先生接任经济学院院长后不久，为了学院发展，支持年轻老师继续深造，当时我们几个考取了西安交通大学博士研究生，这时学校层面已经有所限制。后来我们几个去人事处办手续，人事处师资科长抱怨说：上午学校已经研究过了，结果耿明斋教授一说，下午就变卦了。原来是先生听说学校限制以后，立即找校长理论，从学院及学校长远发展角度，要求支持年轻教师提升，学校及时采纳了先生的建议。而我们这一批提升的教师，正好赶上了 2007 年教育部本科教学评估。

人的一生，其实就是一场动态博弈。人与人、人与自然、人与社会皆如此，聪明人做的是完美信息动态博弈，具体来说，对博弈的每个阶段他都清楚，不仅如此，他还能够正确预判下一阶段对手的最优反应，行动上表现为具有超前意识，主动迎接机遇而不是坐等机遇，其博弈结果是关键时刻决策的正确性；愚钝之人做的是非完美信息动态博弈，对博弈过程不清楚，更不用说正确预判下一阶段对手的反应，行动上表现为机会来临时还在优柔寡断，其结果是坐失良机。愚钝之人常见，而聪明之人少有，人们往往把聪慧归结为天赋之差异、与生俱来，其实这都是愚钝之人自我安慰罢了。读万卷书能够使人聪慧，行万里路能够使人聪慧，先生就是既读万卷书又行万里路之人。他一直教导我们学术研究要走出“象牙塔”，接地气，服务社会，于是组建了中原发展研究院。他身体力行，踏遍中原大地的山山水水，为中原发展出谋献策，先生提出的“郑汴一体化”后来为河南省委省政府所吸纳。

先生是我人生路上的领路人，时时激励和鞭策我不断进步。即便如此，我也难以追赶上先生的脚步，别人都以学生为荣，我是以恩师为傲。想来有几人能够达到先生的高度？此生得先生之教诲足矣。

我的老师——耿明斋教授

2001 级硕士　曲三省

2001 年，我非常幸运地考取了耿老师的硕士研究生，从此与老师结下了不解之缘。尽管我从小学、中学、大学到硕士研究生所经历了多个阶段的学习过程，有多位老师给我留下了深刻印象，但从学业、思想、人格等方面对我影响最大的，当属我的硕士研究生导师——耿明斋教授。

一、宝贵的学习机会

1982 年本科毕业后，我被分配到行政机关先后从事统计、计划工作，20 世纪 90 年代被下派到企业负责经营管理工作。因国有企业长期以来按照计划经济模式运作，效益不高、负债过多、包袱过重，加之推行国有企业改革，大批国有企业破产倒闭，我所在的企业最终也未能幸免。彼时的我，再次走到了人生的十字路口：是回到机关继续自己不太喜欢但稳定的工作，还是寻求新的突破？一次出差机会，我回到了母校，老师和同学们得知我的情况，纷纷为我出谋划策，鼓励我攻读硕士研究生学位，帮助我摆脱困境；并结合我的工作经历，推荐我报考耿明斋教授的硕士研究生。在老师和同学们的关爱、鼓励和大力支持下，我全身心投入硕士研究生备考，终于在 2001 年考入河南大学，攻读国民经济专业硕士研究生，时年 39 岁。耿老师了解了我的情况后，表现出更多的关爱与仁慈，不曾嫌弃我这个大龄学生，愿意招收为其名下的研究生，我深感老师给予的学习机会来之不易。

二、老师的爱与严

我大学毕业后长期从事经济或企业管理方面的工作，因此硕士研究生报考时选择了国民经济学专业。当年该专业导师组成员只有耿明斋和魏成龙两位导师，尽管两位导师指导学生时有一定的分工，但在我看来，两位导师对待我们这届13名研究生都是一视同仁，不分彼此，同学们也都把两位导师看成自己的直接导师，师生感情非常深厚。研究生学习的三年中，两位导师以及当时承担研究生课程的许兴亚老师、张昆老师、于金富老师和赵志发老师等在同学们身上倾注了大量的心血，生活上关心，思想上沟通，学习科研方面严格要求，可以说导师们的大爱点滴在心头，难以一一言表。

我至今仍记忆犹新的是耿老师对我硕士毕业论文的精心指导与严格要求。虽然我过去从事经济管理方面工作多年，但与经济方面的学术研究区别很大，加之本人年龄偏大，又不是经济学科班出身，一下子进入一个新的领域，有时感到信心不足。耿老师针对我这个特殊学生，在百忙中给予了更多的关爱，一方面从思想上、精神上给予我鼓励，增强我的信心；另一方面帮助我选题，多方面帮我联系论文前期调研相关事宜。我的论文初稿形成后自我感觉良好，自认为任务完成得不错，交给耿老师后就跑回家了。哪知刚到家就接到老师亲自打给我的电话，让我抓紧返校，A4打印纸上密密麻麻地写满了两张关于论文修改的意见。我逐条认认真真地看了老师的建议，感到了来自老师的压力。接下来的一段时间里，我思考论文写作不敢有丝毫懈怠，晚上睡觉总是睡不稳，满脑子都是论文，在论文题目、内容、结构等方面都进行了较大的调整。第二稿出来交耿老师审阅后，老师还是不够满意，再次提出了修改建议。面对如此严师，我只能按照要求不断补充、完善论文内容。有了前两次的经验教训，第三稿送交耿老师时，我心中忐忑，自然也不抱多大希望，直到看到老师批阅论文过程中脸上不经意间露出的笑容，才感觉到论文差不多有希望过关了。之后进行论文答辩，因同学们都有点紧张，负责组织答辩工作的老师或许考虑我年龄大一些、阅历深一些，答辩排序时就把我排在第一位。因为有了耿老师的精心指点，总体上我能够正确回答答辩委员会提出的问题，比较顺利地通过了答辩，并受到答辩委员会主席的肯定和表扬。

硕士研究生毕业后我选择了留校，在耿老师（时任经济学院院长）的领导下从事教学科研工作。当然，全新的工作对于自己来说又是一个考验，能否很好地胜任教师工作自己也没有把握。记得刚留校后见到耿老师，老师也表示了这方面的关切，并告诉我做教师的第一步是要先站稳讲台；科研工作需要长期持续地抓，要能坐得住几年“冷板凳”。老师的告诫饱含着爱与严，关键时刻老师的关怀、鼓励给予了我战胜困难的信心。我当时已40出头，心想像我这样年龄大又从事教学科研的新兵，尽管想做出点成就为老师争光有困难，但最起码本职工作要做好，工作上当认认真真、踏踏实实。留校以来，在耿老师和其他院领导、老教师的关怀和帮助下，以及师兄弟们的大力支持下，我很快胜任了本职工作，教学态度端正、爱岗敬业，效果良好，2014年、2015年连续两个学年被毕业生评为“我最喜爱的老师”；科研方面在《经济经纬》《河南大学学报》《统计与决策》《经济体制改革》等学术期刊上发表论文 20 余篇；参编省级教材《计量经济学》1 部；主持省、厅级项目 8 个。2008 年晋升为副教授，2009 年被遴选为硕士生导师。当然，我这点拿不出手的成绩与老师的要求和期待存在不小的差距。

三、老师博大的胸怀

不论是耿老师的学生还是同事，只要与老师相处时间较长，都会感受到耿老师身上的一种最大的人格魅力——博大的胸怀。

（一）作为导师的胸怀

耿老师不仅学识渊博、思想解放、见多识广，是学生们称职的学业导师、思想导师与人生导师，更加宝贵的是，老师具有博大的胸怀。在指导学生的过程中，他总是通过循循善诱的方式，让学生们打心眼里接受，从不把自己的思想观点、认识或想法强加给学生。因此，老师的一言一行对学生们的影响常常能发挥潜移默化、润物无声之效果。记得硕士研究生学习期间，我和一位同学与老师谈到关于经济学实用性的话题。当然，在老师看来这是一个无须争辩的话题，老师的学术生涯本身就是经济学与实践结合的典范，但这位同学认为经济学理论比较空洞，实践上没什么用，不如会计学实用，甚至对未来的职业取向也曾产生过动摇。面对学生思想认识上的波动，老师没有以权威自居提出批评或给出自己的判断，而是让这位学生自己认真思考成熟后再作决定，充分尊重、包容学生的认识和想法，只要对学生的发展有利，老师都会尽力支持。我们 2001 级硕士研究生学习期间，耿老师的研究方向逐步开始转向区域经济，可老师招收的这一届硕士研究生入学前选择的都是国民经济学专业的期货与投资方向。入学后他有意动员部分学生转学区域经济，这些学生表面上同意，但内心还不是很接受，最后在毕业论文选题时仍然选择了金融与投资方面的题目，老师还是一如既往地尊重、包容学生的意愿与想法，并全部授予其国民经济学硕士学位。导师的关怀体贴让学生们铭记在心，学生们也会想到向老师表达感激之情，如有时送上一束鲜花、几包点心等小物件，或把老师请到校门口附近简陋的小餐馆吃饭，如此简单的表达方式就足以让老师开心、满足。老师理解学生们没有收入来源的生活状况，从没嫌弃过学生们近乎寒酸的表达方式。老师胸怀博大、宽广，不会在意，更不会计较交往细节方面别人可能出现的不周。与老师相处让人舒适，能与老师结缘，的确是我们的幸运。

（二）作为领导与学者的胸怀

老师在学术上思想解放，坚持“百花齐放、百家争鸣”，能够尊重、包容每位学者的思想、观点，包括与老师存在某些对立的思想观点，只要在某一领域有一定影响，对学院学科建设有所助益，老师作为经济学院院长都会从各方面提供全力支持；从来不会把自己的思想观点强加于人，更不会打压与自己学术观点不一致的学者。曾有学者在大会上公开对耿老师的学术思想提出批评意见，老师亦能够泰然处之，坚持“有则改之，无则加勉”，不曾出现过因对老师提出批评意见而受到打压或排挤的现象。老师作为学者的博大胸怀大家有目共睹，这在经济学院是公认的事实。正是由于老师的学术胸怀，经济学院这些年人才济济，聚集了许多个性各异的人才，学术成果和学科建设成效显著，老师担任经济学院院长期间成功申报了三个一级学科博士点。

耿老师任经济学院院长 10 余年，坚持民主作风，不搞“一言堂”；坚持五湖四海，不搞小圈子；老师曾说：“当院长是让你做事的，不是让你耍权威的。”我认为老师这句话较好地诠释了老师作为领导者的胸怀，这不是一般官员（包括职务较高者）能够达到的高度和境界。

老师身上还有太多的闪光点值得学生书写、记录，如拼搏进取精神等，老师年届七旬仍笔耕不辍，可谓“老骥伏枥，志在千里”。老师为学生们树立了一个人生标杆，让我们在漫漫人生路上不会迷失。大爱、大恩不言谢。在这里我对老师道一声珍重！祝愿老师身体康健！生活开心快乐！持续发光发热！

我心目中的耿老师

2001 级硕士　蔡胜勋

我于2001年到河南大学国民经济学专业攻读硕士学位，师从耿老师，自此结缘，毕业后留校，跟随老师多年。屈指算来，我与老师相识已有20多年的时间，要用一两千字概括我心目中的老师实在是难事，因为关于老师值得写的东西太多了，老师的心胸、学识、为人均值得我敬仰。

老师非常平易近人。我的性格偏内向，初见老师时心情非常忐忑，但老师并没有我想象中的高高在上和异常严肃，而是一见面就招呼我们坐下。老师语速平缓，普通话非常标准，也有点出乎我的预料，因为在我的印象中，像老师这样年龄的人，一般普通话都说得不好。老师和我们聊起学习和生活方面的诸多事情，说到高兴处哈哈大笑，这让我紧张的心情放松下来，感到了老师的亲切。

老师主张从现实出发研究问题，对许多事情有自己独到的见解且善于表达。在开会或者与人谈论问题时，老师从不以语速、语调吸引人，但总能以经济学原理解释问题，且逻辑思路清晰。听老师对一些问题的分析和看法，总能给人一种眼前一亮的感觉，让人豁然开朗。老师解释问题并不拘泥于书本上死板的理论，而是通过现实中的案例进行解释，让人感到心服口服。老师总是秉承从现实出发研究解释问题的态度，从20世纪80年代的价格改革、90年代的农区工业化，到21世纪初的“郑汴一体化”“中原城市群”概念和理论的提出，无不如此。

老师是一个非常忙碌且精力充沛的人。老师长期担任行政职务，又要承担教学和科研任务，所以非常繁忙，但他总能在诸多工作中找到平衡，这得益于其充沛的精力。印象中，老师经常开会或者出差，偶尔在学校办公室，也总是接待一批又一批的客人和来访者。在跟随老师调研的过程中，我们能够感受到其旺盛的精力，在与被调研单位座谈时，老师经常一谈就是一上午，中间没有任何休息，甚至连喝水、上厕所都顾不上，这让我们这些年轻人都深感佩服且难以望其项背。但也希望老师多注意身体，您真是太辛苦了，一定要注意休息，随着年龄的增长尤其如此，毕竟健康才是最重要的。

老师是个大气、心胸开阔且毫不矫揉造作的人。老师学识渊博、见解独到，又有较强的社会活动能力，为学院和我们争取到不少机会。最让人佩服的是老师的大气和开阔心胸。在学习和生活中我们总会出现一些错误和问题，甚至有时候耍小性子，老师从不把这些放在心上，更不会记仇，只要能够帮到我们，老师总是毫不犹豫。让我印象深刻并经常在脑海里浮现的都是老师爽朗的笑声。

除了工作上的事务在办公室与老师接触之外，和老师接触较多的就是在饭桌上。与其他老师在饭桌上的一本正经和讲大道理不同，耿老师很少在饭桌上讲大道理和非常严肃的话题，一般都是比较轻松的话题，让人心情舒畅。如果你对讨论的话题不感兴趣，也不用随声附和，只管大块朵颐地吃即可，绝对不用担心在老师心中留下不好的印象。因此，和老师一起吃饭不仅让人轻松愉快，还可以学到许多新知识和新事物，可谓物质和精神双丰收。

除了在学业上给我们指导之外，老师更是教给我们做人做事的道理。做学问要“实话实说”、待人接物要“不卑不亢”、做事情要“无愧于心”等，这些教导虽朴实无华，但体现了一个老师对学生的期盼和希望，同时也体现了一个学者难能可贵的品质、独具人格的魅力和感召力。感动于老师的真诚和善良，我对老师的教导一直铭记于心。老师不仅是这些理念的教导者，同时也是践行者，认真观察老师的一言一行，无不遵从这些理念和准则，这尤为让人心生敬佩。

老师对学生很好，虽然平时各种繁杂事务缠身，但对学生的学习生活非常关心，总是在第一时间指导学生的论文和课题研究，至今还记得老师对我硕士论文的修改可谓认真仔细，大到论文逻辑结构，小到标点符号，都一一给予订正。老师对学生的生活也非常关心，平时遇到了，或者逢年过节去看望他时，老师总是问起我们生活得怎么样。即使毕业后遇到事情时给老师发信息，老师也总是能在较短时间内给予回复，这让我一直很感动。

对老师我有太多的感动、感激和感谢，但千言万语也难以书写心中之情。即将迎来老师的 70 岁大寿，在此衷心祝愿老师身体健康、家庭幸福、万事顺遂。也希望老师能够适当放缓工作步伐，您的健康才是最宝贵的，也是我们最希望的。

永远的先生

2001级硕士　邢军峰

这里，是沃野千里的河南，千百年来贴的都是农业文明的标签。我的老师耿明斋先生就诞生于这方沃土。

先生早年求学于河南大学，顺利完成学业后留校任教。几十年治学育人，在致力于经济理论研究的同时，先生以极强的社会责任感积极服务地方经济建设。1996年他首先提出“平原农业区”的概念，并就其现代化发展的特殊道路进行了系统的理论与实证研究；2003年年底首倡“郑汴一体化”、建设中原城市群核心区的战略思想；2008年提出河南省应对经济危机的建议受到了省委省政府的高度认可，是中原经济区建设上升为国家战略论证规划的专家组核心成员，深度参与了航空港经济综合实验区等一系列河南省重大战略研究。2021年年底被聘为省政府专家咨询委员会委员。

长期的积淀让先生在收入分配、农村经济、产权交易及证券投资等领域，自成一家，成果丰硕。就我的感觉来说，先生对农村的关注、对农业的关怀可谓持之以恒，倾尽心血!

几十年前，有学者判断，从基层来看，中国社会是乡土性的。生于斯、死于斯，土头土脑的乡下人就是中国社会的基层。时至今日，这一判断（尤其对于河南）仍不失其现实意义。人多地少是我国的基本国情，根据公开数据，我国人均耕地面积为1.35亩，河南省人均耕地面积为1.27亩。先生筹建的中原发展研究院组织了“百县千村万户整村调查项目”，以周口市太康县、许昌市襄城县和新乡市获嘉县三个案例村的数据为例，证明农民能够来自土地种植的人均收入微薄。所以即使解决了“耕者有其田”的问题，以现有的人均土地占有量，农业劳动效率只能处在极低的水平上，依靠种地无论如何也无法解决收入提升的问题。要增加农民收入，光靠农业增产是不行的。从而得出如下结论：“现代化及现代农业最基本的要求和标志，是农民要能够通过农业种植和土地经营获取与其他劳动或经营活动大体上同水平的收入。这就是为什么说提升农业效率是乡村振兴所要解决的焦点和难点问题的原因。”接着，先生从非农生存空间拓展到就业迁徙衍生问题的解决层面，指出越来越多的农民生存空间由土地依赖转向非农产业依赖，农业剩余劳动力大规模地向非农产业转移及农村人口大规模向城市迁徙的现象，得出“当前中国发展已经进入现代化后半程”的判断。并明确指出“我们已经完成了由农业国向工业国的转变，完成了由农民和农村为主体的社会向以非农人口和城市为主体的社会的转变。顺应这种变化，整个国家宏观发展战略和政策方向理应跟着调整，比如，现代化起步阶段是以农补工、以乡支城，现在应该转向以工补农、以城扶乡”；先生特别关注农民工群体，说他们“在城市是漂泊者，在乡里是候鸟”，并在稳定就业、固定住房、父母养老和子女教育等方面为农民兄弟多方呼吁。

先生已近古稀之年，他继承了古代知识分子的优良传统，志于道，明道而守道，以中国知识分子特有的社会责任感、历史使命感积极响应国家号召。通过对乡村振兴“产业兴旺、生态宜居、乡风文明、治理有效、生活富裕”二十字方针的认识以及对“产业”“宜居”和“富裕”三个核心概念的提炼解读，主要从以下几个方面着手发力：一是调整农业补贴方向，促进土地流转，培育家庭农场，实现职业农民致富；二是推动县域非农产业聚集发展与链条延伸，实现兼业农民致富；三是破除城乡制度壁垒，加快农民工进城步伐，实现离农群体安居致富；四是提升留守老幼就学和养老保障标准，解除进城农民的后顾之忧，鼓励城乡双向流动，提高农村人口素质；五是澄清举家迁徙方式，把握迁徙规律，分类施策，渐进式完成特殊存续村落修复保护和普通存续村落改造。

他把准了河南发展脉搏，切中河南省发展的突出矛盾和重大关键问题，为我们决胜全面建成小康社会、让中原在实现中华民族伟大复兴的中国梦的进程中更加出彩指明了前进方向，提供了根本遵循。

曾几何时，当我们向外界介绍河南时，多用“厚重”来为自己寻找自信。如今，先生就是我们的自信！这份自信源于先生对这片土地及生民的满腔赤诚，深沉眷恋；源于先生始终驻足泥土，求真务实而踏遍县乡村落；源于先生对民生福祉孜孜以求，永不懈怠；源于先生对现实问题上下求索，夤夜苦读；源于先生品行高洁，阔达爽朗，虚怀若谷；源于先生对事业追求锲而不舍，矢志不移，久久为功。先生的论断都是基于万里路、万卷书，因地制宜，不落窠臼，自然带有乡土的气息和浓郁的人文气质，当然，没有从书本到书本的书生气，更没有适用于各种问题的模式化方案。的确，先生来自这片土地，朴实如泥土，当然明白泥土的可贵，但又不囿于乡土，而是植根于脚下的大地，眺望着远方，仰望着蓝天。

当历史的车轮隆隆驶入21世纪的时空，当高速发展了近40年的中国经济换挡调速时，我们再来重新审视中原大地——这个中华五千年文明的出发点，悄然改变的不仅有昼夜不息的黄河水，还有中原城市群、中欧班列、郑州航空港、“郑汴一体化”、河南自由贸易试验区，以及日新月异的新农村！

师恩长沐

2003 级硕士　张立恒

人的一生，会遇到很多老师，接受的教导不胜枚举，当然从中受到的启发也颇多，使人受益匪浅。对我人生影响最大的就是我的研究生导师耿明斋教授。金秋时节，空气中弥散着收获与感恩的气息。听到耿老师的 70 寿辰将至，总想着借此说点什么、做点什么，以表达对耿老师的感恩之情。

一、先生是一位精神矍铄、宽厚仁爱的长者

我的思绪总是忍不住回到从前，想起那些师从先生的日子。2003 年夏天，我只身北上，来到开封这座千年古城，开始自己的又一段求学生涯。那时，心怀学术梦想却尚显懵懂稚嫩的我，并没有意识到即将开始的三年研究生生活对自己今后人生的重要意义和丰富启示。

初见先生，先生当时担任河大经济学院院长一职，尽管每天工作繁忙，但仍然抽出时间督促我们学习、关心我们的生活。犹记得第一次和先生吃饭，是在河大对面的饭店，先生说学校生活苦，要给我们改善生活，然后他给刘涛、张丹和我三人各点了一盒酸奶。他拿起其中的一盒酸奶，示范道：“先把左角伸开，再慢慢拉开，这样里面的酸奶不容易溢出，你们照着我的做法做一次。”他慈祥地朝我们笑笑，这时的先生俨然是一位父辈在教孩子学做事。当时我心中一股热流涌起，先生每天日理万机，经手的事情何止千万，这样细小的事还教我们如何做，真是关爱学生的细心之人。毕业后，我也成为一名老师，当讲台下那些年轻而纯真的学生抬起头来，用他们亮晶晶的眼睛注视着台上的我时，他们眼中那种全然的信任和诚挚都会深深地打动我。每次想起这些，我都告诫自己，一定要更加努力，孜孜以求，耐心细致、认真负责地对待自己的工

作，只为了讲台下那些求知若渴的学子。我想，很多年前，当我坐在台下聆听先生讲课的时候，也一定是相似的情景吧！先生那么严肃认真的教导，在我心中悄悄地埋种了使命感！

先生还经常教育我们，作为经济学人，要有自己的立场和世界观。每个人对重大经济问题都有自己的真知灼见，要凭着自己的学术良心，选择最能代表社会整体利益和长远利益的观点和事情，“把效率原则作为第一原则，把社会发展的利益作为最高原则”。教育我们要做一个正直的经济学人，把从事诚实劳动的农民的立场作为自己终身的立场。先生一生致力于“三农”问题研究，是助推“三农”发展的先行者。他通过调研发现我国农民收入呈阶段性变化——“高速增长—缓慢增长—停滞增长—恢复增长—停滞增长”，城乡居民绝对收入差距越来越大。这主要是因为城乡分割的管理体制，以及生活资料供应制度、劳动就业制度安排、社会保障制度和财政投资体制安排上的“城市偏向”。在此基础上，他提出了“城镇化、一体化”“欠发达平原农业区工业化发展、启动城市化进程”等富有远见卓识的观点。

二、先生是一位聪明睿智、见识卓越的学人

先生每次授课，针对纷纭复杂的经济乱象，总能直指要害，抽丝剥茧、条分缕析，其思路清晰、逻辑严密的讲解十分引人入胜。记得他的上眼皮略微有点下垂，但每当他有新的观点和看法时，他的上眼皮会突然上抬，露出一双炯炯有神的眼睛，闪耀着智慧的光芒。正是先生这种洞察事物本质的能力，才有了“郑汴一体化”“中原崛起”等宏伟战略格局的产生。2003 年，河南省委省政府以郑州为中心的中原城市群经济隆起带的战略尚处于构想阶段，先生就认为这是开封经济发展的一次重大的历史机遇，认为开封处在中原城市群的核心部位，必然带来政策和措施的倾斜、资源集聚，成为经济主体的落脚点，因此提出了“郑汴一体化”战略。2004 年春天，河南省委邀请 20 多位专家验证这一提法的前瞻性。先生的这种洞察一切的能力，是靠日积月累、点点滴滴积累的，他每天都坚持读书、做笔记。他还经常鼓励我们“要多看书，要多看原著，要仔细做笔记，要关心政策”，而当时很少看新闻、只对肥皂剧感兴趣的我，竟错把政策理解为政治，先生严厉而又耐心地给我解释：“是政策而不是政治。作为一名经济学人，不能闭门造车，要学以致用；从实践中来，到实践中去。”每隔一段时间，先生就把我们三个召集在一起，检查我们近期的学业，让我们汇报近期所读的书和一些前沿的理论研究，每个人都要发言，阐述自己的观点。每次我都是担心至极，希望刘涛和张丹能多说点。但是先生总能洞察我的小心思，“社会科学要进步，需要人们能够独立地思考，自由地研究，要

善于发表自己的观点和看法”，由于先生的鼓励和刘涛的榜样作用，我在研究生三年里把萨缪尔森的《经济学原理》（原著）看了3遍并做了厚厚的一本笔记，这本已经发黄的笔记时隔20年，如今还保存在我的书柜里。

三、先生是一位深入实际、融入社会的直人

称先生为直人，主要是因为先生执着坚持的行事理念。先生曾言：“我是一个从来就不服输的人，有一种不达目的誓不罢休的精神。”正是这种不懈的努力让评委认识了河大，为河大而感动，使河南省首批两个经济学类博士点成功落户河大，这也是先生和他带领的团队为百年河大做出的重要贡献之一。先生始终践行“从现实出发、从问题出发”的理念，关注身边那些看起来渺小但对整个中国的现代化进程有深远影响的事情，一直持续探索。先生也经常告诉我们：“从现实当中我们所遇到的问题出发，先弄清楚问题是什么，然后去寻找可以解释问题的理论。”从最早的长垣县工业化发展模式到鹤壁现代化城市形态发展战略，从“十一五”规划到“十四五”规划，从南到北，这些地方的发展都留下了先生的足迹。先生通过实地考察调研，梳理每个细枝末节，通过更基础的层面把握经济和社会演进的方向，为地方政府提供科学的决策建议，为经济学研究提供有价值的思想素材。

弹指间，我已经毕业16年了，这16年中，见到先生、聆听先生教导的机会屈指可数。随着自媒体时代的到来，“明斋观察”“中原经济发展研究院”拉近了我与先生的距离。先生年近古稀，仍践行“心中有担当”“心中有三农”。先生几乎跑遍了河南省100多个县，为“农区现代化改造”提供科学的决策依据谋划和理论研究。“市县域发展巡礼”系列中，先生通过自己独特的观察、独立的思考，向人们诉说另一个不一样的家乡：这个家乡农业县的形象、这个家乡工业化的程度、这个家乡的资源开发、这个家乡的技术和创新、这个家乡的交通情况、这个家乡的人居环境等。关于这个家乡的优势与劣势、这个家乡的发展与困惑，“明斋观察”可以使我们更清楚地了解我们的家乡，激起我们为其发展的斗志。为了寻求处在价值链和技术链低端、产业和产品链末端，属于被带动的区域——郑州发展模式，先生在非常繁忙的情况下安排出一周左右的时间，专门赴长三角核心区的苏州、无锡、常州三市进行考察和调研。先生通过观察长三角这个中国经济动力源的变化态势，来判断中原地区经济运行的状态和未来前进的轨迹，进而提出了“以产业集群培育为抓手推动县域就地实现现代化改造”，“中原农区可从引进域外资本和企业以捷径快速进入工业化状态，但要靠本地资本和本地企业行稳致远”等论断，这些论点在《苏锡常考察纪行》《苏锡常考察思考》中有记载，为河南省县域经济发展提供了样板和路径。

毕业之后，数次想给先生和师母打电话，想在电话中听听他亲切的话语，问问他们的近况，但又总是害怕先生问及我的学术、事业（惭愧的是自己毕业多年仍没有进展）。每思及此，我总会想起“师恩长沐”这个词。尽管我已离开河大，但我一直沐浴在师恩下。今生何其有幸，能得先生教诲。我唯一能做的，恐怕也就是好好做人做事，做一名“有理想信念、有道德情操、有扎实知识、有仁爱之心”的好老师，为发展具有中国特色、世界水平的现代教育，为培养社会主义事业建设者和接班人做出更大贡献，不辜负先生的栽培之恩。

我经济学研究的领路人

——记耿明斋教授

2006 级硕士　宋振平

2006 年，会计学专业毕业的我基于两个原因考取了河南大学国民经济学专业硕士研究生：一是本科就读的是东北的石油院校，找工作最可能的就是在东北区域的石油勘探类企业，而这无论自己还是家人都是不愿接受的，况且在当时就业形势下，即便是愿意接受条件艰苦的石油勘探类企业，也未必能够顺利就业，于是考研就成了必然选择；二是抱着考回河南的目标，我开始查找河南省招收经济学和管理学硕士研究生的院校，最终在为数不多的经济管理类招生院校中看到河南大学国民经济学专业有机构投融资和证券投资两个方向，和自己的专业及兴趣比较接近，于是就决定报考河南大学国民经济学专业。虽然我的英语成绩仅仅达到河南大学经济学类的最低分数线，但最终比较幸运地如愿被录取到了河南大学国民经济学专业。

面试前我只身一人第一次来到河南大学，找上一届师兄了解面试和专业导师情况，得到的建议就是国民经济学专业导师只管选择耿老师就行，所以面试结束后，录取名单公示后我就见了耿老师，第一次见面也没有深入交流，只是把个人基本情况和关于读研的想法和计划简单地给耿老师汇报了一下。没想到 9 月开学后再见面时，耿老师就能准确地说出我的毕业院校和本科专业。在河南大学三年的研究生学习期间，我感觉收获最大的就是导师对经济学研究的方法。读研期间，我的研究方向仍侧重于企业投融资，而耿老师当时的主要研究方向已经侧重于农区工业化和区域经济研究，但每次耿老师与我们的交流以及授课中所强调和传授的关于经济学研究基本范式还是深深地影响了我。从耿老师的言传身教中我领会并深刻认同这样的观点：“在经济学研究中，当你试图用一种理论去解释现实中的某种经济学现象，发现理论和现实不一致时，要么是现实条件与经济理论的假设不一致，要么就是该经济理论存在改进之处，这也就是你研究的切入点。”可以说从耿老师身上我学到了作为一名经济学人如何用敏锐的眼光观察经济现象，用经济学理论进行研究、指导实践。

毕业后，我进入高校先后从事学生管理、行政管理工作，特别是规划管理工作，参与学校事业发展规划编制、实施后，对耿老师在担任经济学院院长期间，带领经济学院全体师生将学院从本科专业由 2 个增加到 6 个、硕士点由 2 个增加到超过 20 个、二级博士点更是由原来的 0 个增加到 17 个、一级博士点 2 个、博士后流动站 3 个等一系列成绩感到由衷的敬佩。联想读研期间学院每年至少召开 1 ~2 次全国性学术研讨会，频繁邀请国内外顶尖高校、中国社会科学院知名专家学者到校作学术讲座，吸引海外知名大学博士、教授加盟学院，筹建智库研究机构，促成省政府研究室、省发展改革委与河南大学共建中原发展研究院，邀请时任省长郭庚茂亲自揭牌，从中也领悟到一些耿老师关于学科专业建设、办学的独特思路。2015 年前后我回学校，有幸在中原发展研究院和耿老师见面交流。交谈中，耿老师得知我在地方本科高校工作，就如何对接地方经济社会发展需求、选择研究方向、如何从地方产业着手、如何开展研究等提出了指导建议。

作为导师，教授学生经济学理论和研究方法；作为学者，潜心研究，用经济学理论服务地方经济建设。这两件事看似简单，似乎很平常，任何一件事情能够做好，并且得到大多数人的认可，都不容易，但这两件事耿老师却都做得很好。耿老师为我们树立了标杆，值得我们学习，也值得学生骄傲！

随 笔

2007 级硕士 秦 洁

这几年诸事繁杂，很少静下来心来回忆过往。两周前，接到师弟电话，获知2022年是河南大学建校110周年，还是耿明斋老师70大寿……放下电话，往事历历，恍然惊觉，光阴荏苒，已近15年了。15年前初入学校，初见导师，长者风范，谆谆教导，一言一行令人心生敬佩，3年硕士生涯，却是毕生难忘。

想起刚入校时，老师在新生见面会上介绍河南大学经济学院的历史和现状，使我们既了解了就读的学校学院，又增强了对学校学院的自豪感；老师讲三年硕士研究生学习要达到的目标，即初步具有独立科学研究能力，具体要做两方面的事：一方面要具备系统坚实的专业知识；另一方面要学会写文章，写好学术文章，并告诉我们怎样做到，即通过读、思、写、说，对研究的对象清楚，对相关领域文献熟悉，找要做的点，最终写出来。字字句句，记忆犹新，授人以鱼不如授人以渔，大抵就是如此了！

回忆老师给我们上的第一节专业课，跟我们讲要打好专业基础，途径是听课、读书、听报告，读书要会读，即有精读有泛读，重点是精读，读经典名家名作3～5本；告诉我们要学会写文章，即独立完成学术论文，能被同行认可或发表。教我们如何做到：一是找到问题，即通过观察现实，发现现象与理论的不一致之处，再分析为什么不一致，针对不同人对同一经济现象的不同看法，找到自己的支持理由。二是掌握文献，收集并梳理，论文中1/3的篇幅是文献综述。三是勤于写作，读书要写读书笔记，抄录原文，写自己的见解。四是注重交流，包括与同学、与老师交流，博采众长，抓住与名家接触的机会，关注现实，不要死读书，树立“理论是要解决现实问题”的思想。谆谆教导，循循善诱，尤在昨日，使我从初入学时的懵懂混沌到渐渐有清晰的思路架构。

再忆那时老师布置的精读经济学经典名著的作业。从亚当·斯密的《国富论》到马歇尔的《经济学原理》，从凯恩斯的《就业、利息和货币通论》到哈耶克的《自由主义与经济秩序》，再有诺思的《经济史中的结构与变迁》。“《国富论》是第一本系统经济学著作，是经济学的根，《经济学原理》讲述微观下的均衡价格论，《就业、利息和货币通论》则是宏观代表，哈耶克是新经济自由主义，诺思则是从制度分析看待经济。”“精读的要求是逐字逐句，注意其篇章结构及逻辑结构，要熟悉作者的主要观点、基本立场，找出原因，作批判性评论，你对其赞成或否定，原因是什么，他与前人有哪些联系，哪些可以继承和发展，最后讲一讲自己的认同度、收获、感想，理论的现实意义在哪儿。”老师的话语响在耳边。彼时愚钝，不能深刻领悟其中的妙处，多年后才明白何为根基，才知晓自己是多么幸运！

15 年后回忆导师所教所授，点点滴滴涌上心头，选取其中三个片段以纪念那时岁月，亦感谢老师传道授业解惑。师恩长在，铭记于心！

献给恩师

——我与耿明斋教授

2010 级博士　刘岱宁

您轻轻抖落调研路上的风尘，
风开始变得凌厉了，叶子蜷缩在大树的怀抱，
冬，就这样着一身素衣缓缓而来。

昨日，我还在将梦里的诗仔细推敲，
昨日，我还在惦记冰打残叶，梅斜疏影，
昨日，我还曾泪眼朦胧望不见头上的月亮，
昨日，我还是一个孩子，剪着时光的碎片。
我未曾经历狂风暴雨波浪滔天，
我未曾途经花海古刹农区平原，
我未曾仰望斯密的精神高塔，
我未曾聆听哈耶克的梦中呢喃，
我的羽翼未曾丰满，
我的脚步多少蹒跚。

可命运温柔地将我送来这里，
中原腹地，黄河奔腾，
您像一道光，照映在象牙塔里，
晨钟暮鼓，蒲草如磐。
我仰望着、追随着——
您风尘仆仆的身影，
您炙热如诗的情怀，

您高屋建瓴的思想，
您海纳百川的胸怀，
忽然就找到了，
找到了灯塔，
找到了船帆，
找到了航道，
找到了无数日日夜夜驱走寒冷与黑暗的火光。

冬岭有松，傲然屹立，
它是大地的守卫，也是冬秀美与坚定的化身。
今日，我已脚步轻快，不负韶华，
今日，我已手持火把，照亮门楣，
今日，我已站在这里，斗志满怀，
今日，我已怀揣感恩，继续前行。
我愿牵着您的衣襟，学行那奇特的中原路，
我愿挽起您的手臂，领略五岳起伏的峰峦，
我愿借助您的智慧，描绘美好和谐的愿景，
我愿立于您的潮头，扬起奋发远行的风帆。

在最前方引路的您笑着，
无怨无悔地高举灯塔，
在暗黑的迷茫里，
您伟岸的身影引领着一船星辉，
勇往直前，一路高歌——
唯我们，值得您倾尽一生的火把，
唯您，不负我们万水千山的盛情。

师恩难忘

——记授业恩师耿明斋教授

2010 级硕士、2014 级博士　沈　琦

光阴似箭，岁月留痕，转眼间距离博士毕业答辩已经过去了整整 4 年。回想 3 年半的博士学习，对经济学知识的不断积累、思考与探索成为此阶段的主旋律，大海不择细流故能成其大，泰山不择细土故能成其高，为了完善知识框架和体系、不断打造自我，为了不断追求卓越，也为了追逐心中的梦想。

2014 年的我，背负着工作和家庭的双重压力，当我犹豫彷徨时，恩师耿明斋教授的厚爱和鼓励促使我下定决心，毅然决定报考并攻读博士学位，才能有幸再次师从恩师继续攻读博士学位。每当我感到疲惫之时，老师的话语就不断警醒自己：为了梦想不服输，再苦也不停止脚步！

老师以亲身经历和言行，告诫年轻人只有勤学、下苦功夫，才能求得真学问，知识是树立核心价值观的重要基础。要扎扎实实干事，踏踏实实做人。要注意道德修养，树立正确的道德认知，注重道德实践。要保持积极的人生态度、良好的道德品质、健康的生活情趣。他谆谆教导年青学子要树立正确的理想、坚定的信念，要树立正确的世界观、人生观和价值观。

时至今日，当年的情景仍历历在目……

记得博士入学初期，耿老师就给我指定了 3 年博士阶段的阅读书目。在老师的悉心指导下，我对国民经济学专业有了更深层次的认识，耿老师直接为我打开了经济学认知的另一世界的大门。

每个周末，耿老师在百忙之余都会抽出时间为硕士生和博士生上课。每每这个时候，河南大学图书馆八楼会议室就能响起耿老师抑扬顿挫又略带磁性的声音：“你们做学问，不论提出哪种观点，首先要能够自圆其说，在逻辑上站得住脚……”

特别是在我的博士论文撰写期间，耿老师更是加班加点地为我修改并提出

建议，对于一位年近古稀的老人来说，具备如此蜡炬成灰的奉献精神实在是我辈青年学习的榜样，耿老师于我“一日为师，终生为父”。在博士论文初稿写完后，耿老师多次为我修改论文至深夜。我的数理功底不好，耿老师又让齐玲老师对我的论文模型建立给出了宝贵意见，如若不是耿老师和齐玲老师，我论文中的模型真不知从何下手。每当我论文遇到问题时，不论多晚给耿老师打去电话，耿老师总是耐心地予以指导，在他的帮助和指点下，我才厘清了头绪，有了拨云见日般的感觉。师从耿老师，是我一生的幸运。临近毕业答辩之时，耿老师又让高保中、郑祖玄两位院长对我的论文提出宝贵的修改建议，进一步对论文进行完善和润色，最终顺利完成答辩。您的恩情学生永不忘!

老师不仅指导学问，还教导我们扎实干事、踏实做人。我硕士期间就师从耿老师，所以老师对我并不陌生，在10余年的接触和交往中，老师对我的栽培、鼓励、支持和帮助，使我永生难忘。老师对学生总是语重心长、循循善诱，勉励我们多读书，扩大知识面。他要求我们，做学问不仅要有实事求是的作风，还要有锲而不舍的精神。他还多次告诉我们，要多读原著，认真领会原著原意；不要图省事，不要直接照搬照抄网上那些“二手”“三手”的文章。老师的这些教诲，至今仍激励着我、鞭策着我。

老师说过，他喜欢真性情、说真话的人。我作为学生和晚辈，深知老师的脾气和性格，所以在他面前有什么说什么，从不隐瞒自己的观点和看法。尤其是2018年下半年我去鹤壁浚县挂职以后，时常会把在县区的一些所见所闻和对县域治理以及经济运行的一些看法汇报给老师，有时讲错了，老师也不怪罪。临近挂职期满，老师还多次询问我今后的个人意向。老师对学生如此关爱，使我热泪盈眶，感激之情难以言表，师生之情如山似海，唯有师恩留心间。

我有时曾斗胆幻想：当年那个从豫北小村走出的少年，通过自己多年的刻苦，努力站在了河南大学的三尺讲台；30多年过去了，一届一届学生从您面前毕业，随着时间的流逝，您华发渐生，皱纹爬上了您的额头；您当年眼中的“孩子”一个个也已经成家立业、事业有成……我们长大了，您也老了。说实话，真怀念当年坐在教室里听您意气风发讲课的模样。

谨以此文，再次感谢我的恩师，感谢您多年的支持和帮助，您的鼓励是我前进的动力，愿岁月静好，老师安好!

十年已往，长忆师恩

——忆师从耿明斋教授往事一二

2011 级硕士　王延资

距 2011 年慕名求学于耿明斋教授，已然 10 载有余。10 年间，我已为人师、为人母，但提及老师仍会陡然心生炙热——虽然为人师者常承载着学生的年青回忆，但老师于我绝非仅仅如此。

不似他人金榜题名时，当年获得保送入学资格时，我怀揣的是关乎“理想还是面包”的抉择。忐忑、怀疑，在我不谙世事的世界观里挥之不去。我需要意义。入学后，老师便给了我意义。在中原发展论坛上，亲历学者们就区域发展问题争论得面红耳赤，我懂得了何谓“真问题”；在系列《中原经济区竞争力报告》的编著中，从各市、区（县）发展的统计数字里，我窥见了家乡发展的格局与痛点；在历次对郑州航空港、经开区和开封市的调研中，我听到了来自政府、企业和老百姓的难处和期许。追随老师奔走于传统农区经济和社会发展的前沿，稚气、狭隘的“小我”悄然蜕变成了拥有格局和视野的“大我”。毕业离校多年，曾经透过蒙昧洒向我的这一束光，仍在指引我走向“真问题”，走向解决“真问题”。

除却开蒙之恩，老师还身体力行地教予我为人之道、师者之风。2014 年毕业之际，我曾因求职之事请老师为我指点迷津。老师在百忙中仍耐心倾听当下我的诸多纠结，并特意嘱咐于我：若在外工作不顺可随时回去，参与中原经济发展数据库的筹建工作。老师给我的这个“最后的选择”，最终成了我最大的底气，让我能够在坎坷的求职路上敢于选择、敢于放弃。2014 年年底，我进入南阳理工学院工作，囿于资源、团队、家庭和个人的各种因素，我尝试转向其他研究方向，并渐渐失掉了原有的科研习惯。2017 年春天，我随单位出差特意回校看望老师，在等候之际听到老师提及“学者的品格”，我才恍然发现自己已然迷失。在与老师的面谈中，老师仍似当年般充当倾听者，并建议我正确定位自己的家庭角色以平衡家庭与事业的关系，且再次提议我回到团队中继续学习和工作。我终于明白，我该重新出发了，去继续追求成长、独立，去继续追求“真问题”。2018年秋，儿子进入幼儿园，我开始全身心备考，并于2019年如愿考上中国地质大学（武汉）的博士研究生。犹记得得知成绩的第一时间，我顾不上与家人分享，便向老师汇报了这一喜讯。我知道，不论我走得多远，老师都是送我出发的人。

师门人才济济，我本不才，仅得老师所传一二，却已觉受用不尽。如今，追忆往事，不觉已热泪盈眶。谨祝老师身体康健，期待不久之后的下次相聚！

言传身教、无私育人：我的导师耿明斋教授

2012 级硕士、2015 级博士　张国骁

时光荏苒，不觉间我已有幸追随耿老师学习近 10 年，这 10 年的经历让我受益匪浅，耿老师无论在为人、治学还是做事上都不断地指导我成长，是我学业和人生道路上的导师。即将举行的耿老师学术思想研讨会将是一场盛会，我作为耿老师 2015 届博士研究生联系人联系了本届的同学，大家得知这一消息后都非常期待并着手编写相关的文章，我自然也是如此。近日来，我屡屡打开电脑却迟迟没有敲下键盘，只因耿老师给我留下了太多值得铭记的记忆，而本人文笔拙劣，总感觉无法充分表达自己对耿老师的感激与尊敬，然而交稿时间日益临近，我也顾不得文章结构笔法，只得平铺直叙地写出我内心的感受。

我自 2012 年起跟随耿老师进行硕士研究生阶段的学习，说来惭愧，4 年的本科学习后我对经济学仍旧一知半解。研究生入学后第一次见到耿老师是在新生交流会上，当时耿老师便提出让我们在完成专业课程学习任务的同时，一定要注重对名家名著的学习，这其中吸纳名家的观点只是一个方面，关键是要通过阅读名著学习名家思考问题的逻辑过程。后续耿老师更是开设了读书课，带领我们系统地学习经济学领域不同时期各重要流派的代表性名著。我记忆最为深刻的是读书课一开始，耿老师便带领我们利用三次课时进行了关于“价值”的深刻讨论，一举扫清了我之前脑海中不同学派零碎观点之间的混乱，开始真正步入西方经济学的大门。随着后面课程的开始，我更加折服于耿老师深厚的经济学知识储备，新古典学派、奥地利学派、凯恩斯主义等耿老师都能深入浅出地将核心观点和整体逻辑的演进过程娓娓道来。后来随着接触的增加，耿老师一针见血地指出我最大的短板是需要建立自己的逻辑体系，而不是将相关的观点囫囵吞枣吸收，经济学的研究往往要透过现象凝练到最基本的是与非的二元判断上。我也多次感受到耿老师在学术讨论和课题研究时迅速抓住要点、把握问题本质和清晰表达自身想法的深厚功力，对于这一点身边其他人也都感同

身受。之后我在学习之中时刻牢记耿老师的教诲，尽管自身天资愚钝，但对经济学的理解也较以往获得了显著的进步。

“师者，众也”，作为省内最为出众的经济学者，耿老师同时也肩负着院长、人大委员等方面的责任，日常工作已无法用简单的“繁忙”二字来概括，然而耿老师始终能够挤出时间读书积累知识。自我接触耿老师起，无论何时何地，耿老师的手提包中总少不了两样东西：一是用于工作的电脑，二是近期在看的书籍。后来我听华林说起过耿老师的故事，以往过年耿老师回到滑县老家之时，家中的亲戚和同龄友人饭后晚上总爱聚在一起打牌放松，而耿老师却是一人在屋中青灯黄卷、笔耕不辍，可见耿老师确实是将读书作为一件乐事的。耿老师不仅将读书作为自己的微信名，也一直发挥榜样的作用影响着我们积极学习。同时，耿老师面对工作同样充满热忱。我自研一下学期开始担任耿老师的助研，有了更多的机会接触耿老师，跟随耿老师参与了许多谋划地方发展的工作。当时的第一感受就是耿老师的精力远超我这个二十多岁的小伙子，而且耿老师出于自身内心的准则，对待课题总是尽心尽力，日常深入一线的调研和细致的内部讨论是常态。令我记忆犹新的一件事是2014年编制开封市新兴副中心城市规划时，我作为课题秘书在内部规定的时限前一天，很晚才将汇总的稿件提交给耿老师，而耿老师为了不耽误第二天的工作进度，竟然于凌晨四点多将修改备注后的稿件发给了我。当时我一觉醒来，看到耿老师的微信便深受震撼。后来更令我感到愧疚的是，之后耿老师便感觉不适，不久后检查发现心血管狭窄度已达70%，好在经过一周多的治疗耿老师恢复了健康。医生的结论是日常过于繁忙所致，出院之后要多休息、放松，而耿老师经过短暂的休养之后又一如既往地投入工作中。每每想起耿老师，我总是自惭形秽，自己必须努力才能不愧为耿老师的学生。

追随耿老师的10年，除了学业的进步，我感觉自身在处理事务工作中受耿老师潜移默化的影响，得到了更大的进步，从一个不谙世事的毛头小伙儿到如今能够协助老师、师兄们处理一些工作。这些都是源于耿老师时常以自己过往的经历教导我们年轻人在工作中要勇于付出，并且耿老师至今也是始终坚持如此，在工作上从不掺杂功利心，以贡献社会为己任，这从耿老师组织的旨在为研究河南问题提供基础支撑的“百县千村”人口调查和创立发掘省内青年学者的“中原发展创新奖”便可见一斑。这两项工作每年都需要投入大量的人力、物力、财力，但其目的是为大家提供一个平台，为了更多的人才能够更好地研究河南，我想这也是为什么我接触到的人都对耿老师充满崇敬之情的原因之一。同时，耿老师还时常耳提面命地教导我工作中要注意的细节和应当运用的方法，耿老师在推进工作中总是能够在把握全局的同时注意到关键细节，对相应的工作进行妥善部署，使我在工作中能够不断地积累新的经验。

除了工作学习上的指导，耿老师在生活和个人发展上也同样非常照顾学生，耿老师家中的小院种有一藤葡萄树，每到初秋耿老师便会让我和少楠、柴森前往家中摘葡萄，我们三个也总是厚着脸皮连吃带拿。对于学生们的个人发展，耿老师更是尽其所能地提供帮助，我身边的许多同学在进一步深造和工作上需要推荐介绍时，耿老师总是有求必应。耿老师认为我适合从事公务员的工作，因此在和有关部门和领导同志的接触中总是有意带上我去参加，每每如此，种种细节总让我深感耿老师的爱生如子之情。每个人的一生中都会遇到很多老师，接触到很多的人，然而其中总有对其一生影响最大的一位，耿老师就是对我影响和改变最大的人，是我学业和人生道路上的导师。再多的言语也无法说清耿老师对我的如山师恩和我内心对耿老师的感激之情，我想自己所能做的唯有在今后的日子里紧跟耿老师的步伐，不断向我心中的榜样靠拢。

最后，还是借此机会由衷地感谢耿老师，书不尽意，谨颂教祺。

我与耿明斋教授的师生缘

2012 级硕士、2021 级博士后　石琳琳

一、懵懂少年求学，奔前程择经济

我出生在河南一个普普通通的小县城，在上大学之前，我生活的半径不足方圆 20 公里。我也不知道什么是经济学，高考报志愿还是托一个远房的表舅帮着出的主意。表舅是我们县教育局的，在父母眼里他已经是学识的天花板，经过一番指点，他告诉我就学经济吧，学经济出来好就业。我也不知道他对经济学的自信从何而来，他儿子也学了经济学，后来进入了中国银行总部。可能县城人对经济有一种朴素的印象，那就是银行，银行当然是钱多的地方，去那里准没错。就这样，我的大学生活开始了。

初入校园，刚从高考的枷锁中挣脱出来，我犹如脱缰的野马，迷茫又焦灼。我依然不知道这个专业是干嘛的，我学习这些课程最终是要获得什么样的技能。除了按部就班地上课、考试，我没有认真地思考过这些问题，或者说，我在浅薄的知识储备中并没有找到答案。这时，我对经济学的认识仍然是懵懵懂懂的。

二、幸得老师指点，步入经济大门

机缘巧合，我回到母校开始了硕士研究生学习，研究生可以有导师了。我当时对选择哪个导师也没有概念，但作为一名经济学院的“老生”，还是从学长学姐们那里获取了一些“内部信息”，在导师和学生双项互选中抢到了耿老师这边为数不多的席位。到这里，我与经济学的相知才真正开始。

耿老师对学生的管理是开放式的，他没有从哪门课程、哪项成绩出发，而是从经济的思想和逻辑层面，从让我们学会读书开始。硕士研究生期间，耿老师为我们开设了一门课程，就是“经济名著导读”，正是由于这一课，我才真正厘清了经济理论演化的脉络，知道了经济学是从哪里来的、是要解决什么问题的。不管是亚当·斯密，还是李嘉图、马歇尔、凯恩斯、萨缪尔森，那些在经济学发展史上留下姓名的大家，无非要解决什么是财富、如何增加财富的问题，这与县城人对经济学朴素的认识不谋而合。

从哪儿来知道了，要到哪儿去呢？那几年，城镇化问题成为政府和学术界关注的焦点。农村人口到底流向了哪里？农民进城到底需要什么样的成本，遇到了哪些阻碍？城市的体系、形态和布局到底应该是什么样子的？很多学者都说城镇化成本很高、难度很大，公共服务的提供面临很多困难。到底是不是这样呢？2014 年，我跟随耿老师开展了一系列的调研，特别是当年夏季，“百县千村”数据库项目开始启动，学院集全院数百师生之力深入农村一线，从一个个农民、一个个打工者口中得到一手数据，记录农区工业化、人口迁徙、城镇化和农区现代化的过程。这一项目持续数年，也为学者更好地研究提供了有力支撑。从这些调研和走访中，我不仅了解了我脚下的这片土地，还得到了一些问题的答案。经济学不是枯燥的数字、深奥的公式，而是现实社会中一个个鲜活的问题。经济学家可以从经济数据中解释经济现象，透过现象看本质，在社会上发出自己的声音，推动社会进步。我想，学习经济学就是学会运用经济学的理论和方法认识这个世界。这时，我想我对经济学的认识已经从“近视 1000 度”，变成了“近视 500 度”。

三、传承师门传统，做好一生学问

当然，经济学科博大精深，不是三年两年、十年八年能够学好或者有所建树的，穷尽一生可能也未必有能被人看到的成绩，但是老师教给我们的学习品质，却可以伴随我们做好一生学问。

孜孜不倦。老师的才华有目共睹，但老师的勤奋不是每个人都能看到。记得那是 2014 年冬天大年初六，我为了考驾照提前去了学校，考完试没事就跑到办公室取暖。一进图书馆八楼的大门，办公楼空无一人，我惊讶地看见耿老师办公室的门开着。走过去一看，老师正在办公室看书，印象特别深，看的是华生的《城市化转型与土地陷阱》，后来老师还说这本书特别好，让我也拿回去看看。至于耿老师的工作时间超长，这些估计受到过耿老师指导的学生都应该知道，虽然那个时候对于写论文的我们来说，一大早看到老师邮件的修改建议是一种压力，但是老师这种孜孜不倦的治学精神也滋养着我们，成为一种精神财富。

求知若渴。毕业之后，听到老师教导的机会少了，但好在借助现代化的工具，耿老师也时常在我们学生的微信群里分享自己的心得。令我印象最深的一段话是：“我觉得我们对于这个世界知道的太少了，世界的知识存量太大了，知识的饥渴感总是如影随形。正如鲁迅所言：‘局限于一隅，所知有限’，人要有点情怀，经济学者更不能短视。”在看到这段话之前，我也时常有着模糊的认识，总觉得每天被四面八方的信息裹挟，但自己真正掌握的知识却不多。老师鼓励我们要尽可能吸收更多，有更广的视野。我想学经济的人是有一种社会责任感的，正如马克思所说：“人只有为自己同时代人的完善，为他们的幸福而工作，他才能达到自身的完善。”虽然与老师前辈们相比，我知之甚少，思虑尚浅，但我想跟随老师学习的经历将永远伴随着我、影响着我，在有限的时间里更多地学习知识，思考问题，努力拉近自己与世界、与真理的距离。

值此110年校庆之际，我要感谢我的母校，感谢我的恩师。如果说30多年前呱呱坠地是我生命的起点，那么进入河大、遇见恩师就是我人生的起点，我人生第一步所学到的都是在河大、在老师那里。从这里出发，唯有铭记师恩、努力进步，为人为学开放包容、读书做事放开眼界，才能将这份幸运延续下去，跟随老师不凡的治学路继续前进。

为往圣继绝学　为后学垂风范

2012 级硕士　刘依杭

我的恩师耿明斋教授，中等身材，衣着朴素。2012 年，我报考河南大学区域经济学专业研究生，在研究生复试期间初次与耿老师结缘。那次面试，也许是耿老师看出了我的紧张，儒雅而又风趣地说："借这次面试机会我们要多和年轻人交流学习呀！这样我们老一辈才不会拖现代化发展的后腿。"笑声一片，化解了当时我内心的忐忑。

后来，我有幸成为耿老师门下的弟子。在求学路上，我一直被他严谨的治学精神、对教育事业孜孜不倦的追求以及他的人格魅力所打动。记得耿老师在讲经济学史的一堂课上，给我们学生带来了巨大的精神享受，以至于其他专业的学生下课后也纷纷来我们阶梯教室听他讲课。课堂上他渊博的学识、敏捷的才思、风趣的谈吐令学生如醉如痴。下课后，我紧随耿老师一路探讨我对不同学派经济学发展的理解，深怕课堂上讲授的内容逃之夭夭。也许正是耿老师这种严谨的学风和对为学至高价值的追求，指引着我今后做学术的初心和使命。

硕士研究生毕业后，我留在了省社科院工作，很幸运还能一如既往地追求自己的科研理想。但当时对于如何开启自己的学术人生，我还很迷茫。所幸的是当时经常与耿老师联系，于是也少了很多彷徨。与耿老师聊天谈的大多都是"三农"方面的问题，很多研究内容也是源于和耿老师讨论的问题而形成，由此我撰写了不少学术论文。记得 2019 年年初，我参加一个学术论坛时与耿老师再次相遇。那时他一如既往妙趣横生地跟我说："做科研就是做自己喜欢的事，而且还不会被挨吵……我看了你之前写的文章，有自己的观点和创意，要继续坚持下去，认准一个研究方向，坚持做下去。"这些教诲也一直伴随着在我日后的工作和学习中。

回想起来，能与耿老师成为师生，也许是上苍对我的眷顾，实乃三生有幸。如今，已经 70 岁高龄的老师正在享受着人生的消闲阶段，课堂上行云流水的讲述已成为许多人难忘的记忆，而且耿老师精神矍铄、思维敏捷，关注当今、笔耕不辍，还开通了公众号，在一篇篇精彩的推文里继续展现自己对社会发展的认识和见解。这些点点滴滴也无时无刻地为我们学生树立了榜样，在今后的学术道路上，我愿继续跟随耿老师的步伐，在科研的道路上继续前进，不辜负老师的期望。

不懈探索，必见辽阔

2012 级硕士　周秋明

我很早就接到了举办耿老师经济思想研讨会的通知，因为年末忙于工作，一直未能成文。此刻窗外大雪纷飞，思绪终能安定，回想起10年前接受耿老师教导的那段时光，仍历历在目。

2012年9月，恰逢河南大学百年校庆，我进入经济学院国民经济学专业攻读硕士学位。当时对耿老师并没有特别多的了解，作为一个毛头小伙儿，就觉得院长肯定是最厉害的，所以就毫不犹豫地选择了时任经济学院院长的耿老师为导师，自此开始了一段人生的精彩旅程。

犹记得第一次师生见面会，耿老师就给我们布置了读书任务，给我们指定了书单，并要求在会上谈读后感。那是耿老师给我们上的第一课——读书。时至今日，读书仍是我一直保持的习惯。耿老师以此为微信昵称，也体现了他对读书的爱好。翻开手机相册，从筹备协同创新中心到中原发展研究院理事会成立，从举办中原国际金融论坛到参加产业集聚高峰论坛……这些学术活动，开阔了我的眼界、提高了我的认知；参与《中原经济区竞争力报告》《改革红利论》等著作以及多份区域性研究报告的编写工作，使得系统规范的学术训练铭刻心中。犹记得与耿老师一起连夜从郑州出发，凌晨12点多到达南阳参加学术活动；犹记得与耿老师在鹤壁撰写课题，耿老师深情自述“胸怀天下、立足自身、跟上潮流、融入社会，问题导向、学术为基、及时发声、引领方向，以思想改变世界”；犹记得与耿老师一起在上海参加完师生宴后，我问老师：“这些师兄们为什么这么优秀?”老师回答：“只要努力、专注，不懈探索，一定会成为优秀的人。”

直至今天，我仍感念在耿老师门下求学的日子，感恩耿老师的悉心教导，老师的一言一行已是我人生的宝贵财富，在未来的日子里，也是激励我不断前行的动力。

相信，不懈探索，必见辽阔！

经世济民，学术人生的引领者

2013 级博士后　李　颖

记得在2004年我刚来经济学院工作时，时任院长耿老师给我最深的印象是平易近人、学识渊博、才思敏捷和高瞻远瞩。耿老师不仅理论功底深厚、实践经验丰富，而且有悲天悯人的情怀与高度的社会责任感。他长期致力于经济学的基础研究和应用研究，不但时刻关注和研究国内外区域经济理论前沿，更为注重的是，如何把经济学领域最新研究成果应用到我国经济社会改革发展的现实之中，立足经济实践中出现的现实问题，敏锐地洞察到研究对象，积极服务地方经济建设，为河南省经济发展建言献策，他以丰富的学术成果为推动区域经济的发展做出了突出的贡献。

求学路上，耿老师给了我极大的帮助和支持，对我的学术研究有很大影响。我非常荣幸于2013年师从耿老师做博士后研究，能遇到耿老师这样的人生导师是我一生中最值得庆幸的事。在耿老师细致、耐心的指导下，我获得了博士后特别资助项目，并参与了他主持的国家社科重大项目，撰写了著作中的一章内容（有关中西部承接产业转移的选择研究）。在耿老师的指引下，我也逐渐将自己的研究与河南当前的经济发展结合起来，积极承担主持了河南省高校哲学社会科学应用研究重大项目和河南省高校科技创新人才支持计划项目、河南省社科规划项目、河南省软科学项目等，关注产业结构调整与区域经济效率提升，竭力为推动河南省经济高质量发展做出贡献。

耿老师治学严谨，他亲自带队实际调研，对问题深入浅出的分析与独特精辟的见解，常常使我惊叹与羡慕，促使我更加热爱学术研究，并引领我在这个领域里孜孜以求、不断前进，做新时代的冲浪人。从耿老师身上我体会到了那份发自内心的经世济民的学术情怀和那份孜孜不倦的科研执着精神。很感恩跟从耿老师的指导做研究的那段难忘时光，常常去实际调研收集一手资料，虽然辛苦但我的科研态度、学术水平和研究能力都得到了“质”的提升。

耿老师对学术的执着与热情点燃了我、启发了我，很感恩能够在对区域经济学需求很大的新时代，进入这个领域并充满幸福感，我将传承师恩育桃李，演绎出精彩丰富的学术人生！

对人类高质量男性的观察

——记我的导师耿明斋教授

2013 级硕士、2016 级博士　刘　琼

每朵乌云都镶有金边。过于愚钝以致博士毕业延期使我难得更长时间地跟随导师进行学习，一晃已 8 年。借耿老师 70 岁的契机，可以写下文字，记叙我进行的这场人类高质量男性观察，与大家分享，深感荣幸。

人生苦旅，每个人都在这旅途中收获与失去。途中遇到的优秀灵魂犹如夜空中的璀璨星光照亮暗夜。于我而言，耿老师是这夜空那轮皎洁的明月。他对经济社会客观规律的独到见解，深植于真实世界中的真问题，建构于坚实的政治经济学知识体系之基，于学科理论的发展中不断更新。耿老师因富有同理心而海容，因学识阅历厚积而通达，因结友甚优而心悦。独立且开放的思考，让他能够穿透世事的纷繁构筑缤纷的精神世界。他心态包容、与时俱进，时刻保持学习和思考的状态与耐心，乐于并享受与不同的人进行平等交流。对知识具有广泛的兴趣，又博闻强识、思考深入。

第一次见到老师是在研究生入学考试面试中。当时的我由于各种原因已在这苦旅的低景中跋涉挣扎了数年，身心疲惫。对未来，对本科书本学习以外的事情知之甚少，视线模糊，思想闭塞。在中原发展研究院会议室里，大约 8 位老师组成的强大面试团阵容的 C 位，一位体态丰润、略有银丝的教授，上身斜依，下巴微抬，用与小朋友交谈的和蔼又不失严肃的语气提了关于城镇化的两个问题。当时，我并不知道这位老师就是日后有幸跟随其进行全面学习的导师——耿老师。

精力过人是几乎每个人与耿老师初识时对他的第一印象，我也常常惊异于此。经常性地连续两三天辗转外地调研，需要体力和脑力持续满负荷在线，正是青年的学生们都会有些吃不消，但老师却毫无疲态。他的记忆力也相当惊人。记得 6 年前我和老师到濮阳化工区调研。大概是在蔚林厂去往下一个调研

地点的路上，一个丁字路口的自南向北方向，司机师傅没看清对方单位领路车拐的方向，凭感觉要选一个方向拐过去。坐在后排打着电话的老师突然说："方向错了，应该是另一个方向才对。"从随后的交谈里，我得知他 10 年前曾来过这里调研，记得这条路。

人与人之间精神平等。耿老师更令人难忘的是他对人的尊重与包容。不会因为对方是"小学生"而轻视、不民主。印象深刻的是，刚读研一时，一次搭老师的车去郑州，老师开车，我下意识地坐到了后排中间靠右的位置。一路与老师聊天到了郑州。下车时老师问我为什么不坐在副驾，我不假思索地说："汽车座位的交通安全性里后排更安全，副驾最危险。"老师只微微一笑。后来随着见识的增长才逐渐意识到当天那样的落座和回答有多莽撞。每每想起深深汗颜，但当时老师却没有直接指出，也未加批评，真的是极其善良、包容。时常感觉这几年自己能有所成长，全靠老师的包容。这也许是老师对"自由人联合体"之精神深刻理解后的内化。

耿老师人情练达，对细微的体察能使他在百忙中觉察到门下学生内心的挣扎，并给予及时的开导。在跟随老师学习的第 5 ~7 年，我跌入前所未有的迷茫期。与多个角度的矛盾苦痛遭遇，被人生本无意义的怀疑吞噬，深陷是否将这被动收货的人生主动退货的彷徨中，几乎放弃存在。耿老师及时发现了伤痛中蜷缩于角落中的我。用他通达的人生观，给予我坚定的支持与指引，将我从无底的黑暗中拉了出来。难以想象，一位年近古稀的知名学者听一个"小学生"倾吐"人间不值得"。

耿老师是老师，也是珍贵的朋友。他闲暇时间最大的爱好就是读书，涉猎广泛，从经济思想、中外历史文学到哲学，且乐于分享。你可以与他分享读到的好书和写的文字。他不仅真的会读，甚至会分享他的阅读感受。他的体会又远超涉世未深的我们，总让人有一种"赚大了"的感觉。记得一次跟着老师散步。斗胆和老师分享我对生命、生存和生活的思考："生命，生下来是一种命；生存，生下来后如何使命存续；生活，生下来考虑怎么活。我们已经命定地被生下来了，需要考虑怎么活。"老师当即给我讲了他对这三者的认识，落脚于"人活着态度应该更加积极，在尽可能认识社会、认识自然的基础上认识自我，让自己的生命活动更加自主和自觉。"

耿老师对大家的教导更多的是言传身教、润物无声。他对"读书与教育本身的初衷是培养一个健全人格的人，培养一个享受知识带来的最单纯愉悦的人"有着深刻理解。他始终认为学习不仅要"读万卷书"，更应该到真实世界中"行万里路"。他不吝给大家学习与实践的机会，愿意尽可能地带大家参与各种活动，到全省、全国各地调研学习。耿老师不论工作多繁忙，每天都坚持散步。我想这也许是他保持身体康健的关键，便在不经意体重放飞后，养成了定期锻炼的习惯，受益匪浅。每隔一段时间，你就会惊讶地发现老师又学会了新的电脑或手机操作技能。对一些手机应用的使用，他不是很明白，会要求不要帮他操作，要“授之以渔”，请大家一步一步讲。他会按大家写的操作说明进行操作，操作不成功时，会进一步提问，直至解决。有一次，耿老师提到早上散步用微信读书听书真是不错。没过几天，我就收到了老师发来的微信读书组队链接。微信读书组队的规则我之前是费了番劲儿才明白。老师对新事物的接受速度、开放态度和耐心让我明白了与时俱进的精神内核。

耿老师拥有一个坦诚的灵魂，秉持坦荡的行事风格，拥有对世事的通达态度，是学生们一生的精神导师。借用王小波的表达：耿老师“精神上的健美给予了我宝贵的滋养”。我有幸在和老师的交流、相处中，习得了关于学习、人生的许多，开阔了眼界，丰富了知识，积累了经验，有了自己对这场苦旅的新思考。

卓越的人总是惺惺相惜。耿老师是一扇窗，透过这扇窗，可以欣赏到这世界上的众多高质量男性。他们同样通达厚积、深入实践、不断思考，是与耿老师志趣相投的心灵相交之友。他们同到各地调研座谈，讨论对河南至全国经济社会发展的观察和思考，收获增益新知的快乐。

旁听耿老师与王永苏老师聊天，欣赏两颗积淀了广博学识、经历了岁月打磨的智慧大脑的交流，对于我这样平庸的学生而言是一种审美享受。曾有位老师说，在一线工作有很多感受，希望能和耿老师这样有思想的人交流沟通。过往几年去北京开会有幸跟随老师和他的朋友们用餐，聆听他们就餐中对经济、社会、学术的碰撞交流，是一种近观“华山论剑”的享受。绰约灵魂围炉夜话的酣畅，与北京的冬天绝配。

通过对耿老师和他的朋友们这群人类高质量男性的观察，我发现他们精力旺盛，因为已高度内化的自律下经年不辍的锻炼；他们才思敏捷、实事求是、与时俱进，因为对新知孜孜不倦的探求热情。

我时常想，他们大概就是真正参透了人生要义的人。而我在年纪尚轻时，能与这样的人中明月相遇，并观察思考他们的人生与选择，这一切为这苦旅增添了意义。作为一个灵魂平庸的女性，有幸接触到这么多人类高质量男性并驻足欣赏他们为人治学处世的艺术，是这人间的奢侈享受。但弊端在于，如此这般的人类高质量男性，在人群中实属小概率事件，远远偏离于均值，扎堆出现会影响一个饱含主观感情的观察者对总体分布的判断，进而影响对其他样本乃至对年纪尚轻的同龄样本的评价。对此我萌生了一个大胆的想法：希望此去经年，男学生也有机会对他的异性老师和她卓越的同性朋友们的神仙友谊发出和我现在一样的由衷感叹。

王安石在《游褒禅山记》中有言：“而世之奇伟、瑰怪，非常之观，常在于险远，而人之所罕至焉，故非有志者不能至也。”人生之境亦如是，愿这旅途大家都能与有趣的灵魂结友。

文笔拙劣，才思不佳，要意不达，愿观者海涵。

——谨以此文祝愿拥有健美灵魂的耿老师平安、健康、喜乐！

一朝沐杏雨，一生念师恩

2013 级硕士　张　明

转眼间，毕业暂离母校和恩师，距今已有 5 载。这 5 年从鹤壁到武汉，从中国人民银行地市中支到分行营业管理部，从一个刚入职的小菜鸟到业务骨干，我成长了很多，也取得了一些工作成绩。回忆起这几年的成长历程，3 年硕士研究生生活，成为老师的学生，在他身边学习，是我人生关键的转折点和事业的起点。老师学识渊博，治学严谨，诲人不倦。借助每次和学生相聚的机会（如开会聚餐），他都会把自己的宝贵经验和正确的经济学方法传授给学生，寓教于乐，用心良苦。

我是 2009 年进入河南大学学习经济学的，那时耿老师已经是我们学生心目中德高望重的老师了，本科阶段很少有机会聆听耿老师讲课。因此当时硕士入学后，我得知学生能“双向选择”导师时，无疑是激动、期待的。久仰老师的师德和学术声望，当时很多学生都选择耿老师作研究生导师，可名额是有限的，还进行了面试，最后有幸成为耿老师的学生。硕士研究生这三年，如果用一生的时间去衡量，时间并不长，但对我有很多正能量的触动。像河流一样，随着时间的流逝，打捞出的几点收获却在我的意识中越来越清楚了，使我终身受益。

一、做事情要有严谨认真的态度、独立思考的能力

读研期间也曾有同学羡慕我们师门自由、学习氛围宽松，觉得耿老师平时事务繁忙，经常四处开会调研，难以有充足的时间来监督学生。其实不然，在学业上老师对我们的要求是外松内紧。他对我们的要求不是以具体的、定量的计划来体现的。在学术交流、经济学名著研讨、课题讨论时，他展示出的深邃

思想、活跃思维和清晰思路，都给我们带来了外松内紧的学习氛围和学术压力。耿老师的风格就是“放养”，不要求学生的发展方向，希望每一个学生都能知道自己想要的是什么，有清晰的目标，做出踏实的努力。他总是强调，不能靠老师推着去学习，要自觉主动地挖掘自己感兴趣的东西，这样的学习才是有效的，并且能锻炼独立思考、独立创新的能力。作为学生，既有罩在导师光环下的自豪，也感受到他学术成就的巨大压力。于是，我们师门的人都非常刻苦，取得了骄人的成绩。已经工作的同门中，百花齐放，有政界要人，有商界新秀，有出色的金融才俊，也有学术新星。

二、经济学人要有经世济民的情怀、厚生惠民的立场

“经济”一词的出处是“经世济民”（整治天下，拯救民众），是日本思想家福泽谕吉对英文“economy”一词的翻译。可见，“经邦济世，强国富民”是历代中国有志向、有作为的知识分子的崇高思想境界。老师经年研究的丰硕学术成果正是这一理念的最好注脚。老师在经济学研究方法“经济学家之间为什么会有分歧”中提到，立场是理解经济学家之间观点差异的一把钥匙。作为经济学者，应该选择最能代表社会整体利益和长远利益的那个集团的利益，因为这个集团的利益与社会发展的利益和效率的要求是一致的。社会发展的利益是一个正直的经济学者选择立场的最高原则，也是评判立场正确与否的最后标准。回顾老师40多年的学术研究和社会实践，从深化国有制改革到传统平原农业区经济发展探索，再到利用经济学思想和理论更好地改进中原地区经济发展政策，都诠释了一个经济学者以探求经济运行规律为己任，将个人的知识、能力奉献给社会，对中原经济发展的澎湃热情。

毕业后，我进入中国人民银行，从事货币信贷工作。当初在《宏观经济学》课本中学到的货币政策工具开始“变现”了。我工作的职责之一就是充分运用再贴现再贷款工具，加大对经济领域薄弱环节的信贷支持。尤其是近两年，受新冠肺炎疫情暴发和经济下行压力冲击，小微、民营企业生存艰难。犹记得2020年年初，新冠肺炎疫情在武汉暴发。我们克服交通管控、居家办公的困难，第一时间落实党中央国务院决策部署，为银行发放防疫再贷款，积极与疫情防控企业对接，督促银行机构尽快落实贷款发放，及时为企业送上应急钱；立足本职岗位，战疫情、稳经济、促发展，在应对大战大考中贡献自己的一份力量。“经世济民”，是经济学人不懈追求的目标，即将个人的成才抱负融入为最广大人民造福之中。

三、做学问要有系统科学的方法、专注深入的探索

师者，所以传道授业解惑者也。现在导师的职责不仅在于传授知识、提高学生的学问水平，还在于传授学生学习方法。正所谓“授人以鱼不如授人以渔”，有些时候这些往往比专业知识更重要、更有用。毕竟随着时间的流逝，具体的知识会模糊淡忘，但经济学研究方法却是历久弥新。老师用了多年的时间逐步深化认识、总结思考经济学方法论，并用来进行经济学研究实践，学术成就斐然。他能将现实中碰到的经济和社会问题加以分析，切中要害，使得高深的道理浅显易懂。听他对某些事物的分析、对一些问题的看法，总有豁然开朗、眼前一亮的感觉。老师曾对经济学方法论有着详尽完整的著述，我目前所领悟、使用的只是其中的点滴，结合这几年自己工作的感受简要梳理几点：

一是大量阅读，广泛涉猎各家各派经济学者的文献，了解各种不同的观点。

二是与时俱进，紧跟学术前沿。当今社会呈加速度进步，在经济领域新的现象层出不穷，若不对这些新增现象保持关注和阅读，就无法站在社会和思维发展的前沿进行思考。

三是选择一个合适的领域。经济学的研究分支越来越多，人不可能有精力和足够多的知识储备支撑把每一个领域都做好。如果都想插一手，大概率结果是成为一个所有领域都略懂皮毛的“杂家”，无法成为一个领域的行家里手。

在工作之初，面对各种各样的经济研究领域，我也曾贪婪地想在几个领域试水。但后来查阅资料时发现，要想吸纳某个领域知识体系的精髓并初步形成自己的见解，要耗费大量的时间和精力。作为一个普通人，知识基础和智力有限，还是要将自己的研究锁定在一个领域。说到这里，有一位同事令我印象深刻。这位同事在工作后，对利率市场化改革这个领域非常感兴趣，持续地关注利率问题，已经研究了五六年，并准备长期在这个领域耕耘。我刚开始不理解，总觉得一个利率而已，不就是资金的价格，有什么好研究的，怎么就花费了这么久的时间。这位同事是按照专题研究进行的，每次选择一个较小的分支或一个分支的某个研究阶段作为切入点不断展开，研究领域不断拓展。从分析整理数据、资料开始，借助数量经济学研究方法，提出自己的观点和见解，对市场化改革的方式路径做出了自己的贡献，供决策层参考。

四是加强调研和实践。老师一直强调做学问不能与现实脱节，要研究现实问题、解决现实问题。他有一句话令我印象非常深刻，“现实的合法性来源于自身，并不需要用理论去证明”。直到现在，老师还依旧保留着花费大量时间调研的习惯，他在河南农村长大，锻炼出健康的体魄，磨炼出坚韧不拔的意

志。虽然繁忙，但对调查研究总是事必躬亲、精力充沛，总能掌握第一手的调研资料。我们常说他有六十多岁的年龄，三十几岁的身体，二十几岁的心态，让我辈年轻人汗颜。近些年，老师聚焦中原地区经济发展的现实，针对其经济社会发展所涉及的重大战略性问题展开研究，从中凝练科学问题，进行理性科学的分析和解释，形成有效的有现实意义的政策建议。《中原经济区竞争力报告》《郑州航空港经济综合实验区发展报告》等系列年度出版物、“中原发展论坛”等成果透视与中原发展有关的各个侧面，在学术界有着越来越大的影响力。

饮水思源，师恩难忘。感谢老师如此地精彩耀眼，给予我们前行的光。衷心祝愿老师身体健康、家庭幸福！也祝愿各位同门兄弟姐妹事业辉煌，快乐平安！

承蒙老师恩情　照亮前行方向

2013 级硕士　武文博

2020 年，学长们组建了“耿明斋教授经济思想研讨”群，我感觉自己又找到了组织，看见学长学弟们分享着与老师的日常，顿时感觉回到了大学校园，回到了河大图书馆，回到了老师身边。2008 年刚读本科时，我就久闻老师大名，不仅仅因为他是我所在经济学院的院长，更因他是“郑汴一体化”的首倡者，是河南经济学界的泰斗级人物。读研后有幸申请到老师区域经济学专业的研究生，拜入耿老师门下，顿觉此生无憾。由于是一边读研一边工作，向老师讨教的机会不如其他同学多，但在与老师接触的日常点滴中，仍能感悟到老师身上蕴藏的巨大能量，能领悟到老师治学治事的精神力量，这些能量、力量也为我读研后的人生指明了新的航向。

耿老师让我重新定义了“读书”。老师对“读书”的看重，正如老师的微信名。记得硕士研究生刚报到时，老师中肯地说道：“文博，你要多读书。”简单的一句话，饱含老师对我的期望，同时，读书也是老师这么多年耕耘在一线科研、教学领域始终坚持做的一件事。前段时间还听同学李少楠讲，每月老师都要将他的在读学生集中起来举办“读书班”。2021 年 12 月 26 日，我关注了公众号“明斋观察”，发现老师仍然坚持读书并撰写读后感。七旬老人尚能如此坚持，我辈年纪轻轻却不知纸张味道，实在汗颜。当时，我扪心自问了几句话：“有多久没有看书写作？有多久没有静心思考？有多久没有学习提高？”新年伊始，我又重新定下了学习读书计划，决心跟随老师的脚步，重拾年少时的梦，用“读书”的方式重新定义人生。

耿老师让我的人生重新定义了“求实”。考研之前，我对所谓的“实事求是”的理解仅仅停留在字面上，停留在马克思主义哲学和中国特色社会主义思想的学习层面，停留在教室的口号上，直到遇见了老师。2013 年，耿老师的中西部承接产业转移专项计划中，我主要负责承接食品产业部分的撰写，跟随耿老师在河南省漯河市临颍县开展了3天的调研活动。这次调研是我人生意义上第一次认真开展的调研，我们参观了南街村、当地食品企业，和当地政府部门进行了深入座谈。那次调研给我的感觉是，耿老师事必躬亲、深入基层。那几天临颍下着小雨，老师和我们学生一道奔走在田间地头、奔走在企业车间，与我们一同掌握第一手消息。我总感觉若是换成其他人，任务布置下去，最后看一篇调研报告即可。可老师不一样，他比学生都更专注、更细心、更严谨。这件事对我工作影响颇深，工作后我参与相关工作调研时，始终能回忆起老师认真的样子，满头白发的老人踩在泥地当中，信息就在那不经意的瞬间获取，对临颍承接食品产业转移的成绩与问题就在那一刻有了直观印象、心里有了底，确实是“没有调查就没有发言权”。

耿老师让我重新定义了“严谨”。与耿老师相伴的研究生3年，老师严谨的学风让我体会到：无论何时，身在何方，都要严谨认真，这既是求学的态度，更是做人的态度。回想起毕业论文指导时，老师对我的论文悉心指导、字字推敲、句句斟酌，甚至在不起眼处发现了一个数据问题。当时对老师的固有印象瞬间反转：以前总觉得老师忙，管方向不管细节，后来才明白，细节才能决定成败，细微处才能看见伟大，而这些都源于一个人的严谨。耿老师之所以能达到这样的高度，就源于他的严谨。对一个词语、一个标点符号、一个句式，都要有严谨的态度，否则就不只是闹一个笑话，有时候可能会是一场败仗，于学习适用，于工作也适用。

2013—2016年，老师对我始终是批评大于表扬。羞愧于当年的“顽皮”，凡事总是“得过且过”，在学术上没有造诣，没有达到老师的要求。现在回想起来，老师的批评是对我最大的疼爱。感恩老师的批评，让我当时认清了自身的差距；感恩老师的批评，让我在浑浑噩噩的青春岁月能及时反省；感恩老师的批评，让我在30多岁的年纪想起20多岁的自己时羞愧难当。今天是2021年的最后一天，回想起与老师在一起的日子，既有对青春的蓦然回首，更是通过回忆老师身上的光芒，让我对未来重拾希望。2022年，耿老师即将步入古稀之年，再次致以最崇高的敬意，师恩厚重，没齿难忘！

老师，您好！

2014 级硕士　谢雅玲

“有你老师啊！”看到这条微信消息时，我有点震惊，有点激动，有点思恋，更有点担忧，还有点后悔，又有点庆幸，还有点什么情绪，我说不清、道不明。我半天回复了一句：“真的吗？他头发又白了吗？”

2014 年 9 月，我考到河南大学经济学院选择了金融专业。在各位师兄师姐的帮助下，我知道选择导师很重要，我在初步了解了各位导师后，就对耿明斋老师充满了好奇，是的，我想选他当我的导师，虽然那时还没能见上他一面。我记得那时我们选导师是互选的模式，即我选的导师，他也得选我才可以。幸运的是，我成了耿明斋老师的学生。我知道我在老师的众多学子中算最不起眼的，但老师却是我心目中最了不起的。

初见，便是受教。耿老师真的很忙，他有各种会、各种学术研究、各种讨论，可是因为想见他，我还是给他发了短信，没有想到他那么快就回复了我，并约我在经济学院一楼休息厅见面，他正好有个会议在那里举行。我激动啊！早早地在那里等候，拿着他的照片看了一遍又一遍，生怕自己认不出他来，后来才发现自己的这些举动有多多余，耿老师那自带光芒的身影，使他永远都是最亮眼的那个。会议中场休息十分钟，他一出来我便一眼认出了他，有点灰白的头发，不算高大的身躯，和蔼可亲的神情，我所有的紧张都没有了，我不由自主地走过去。“老师您好，我叫谢雅玲。”“我知道，你给我发信息了不是，来吃个橘子。”我接过橘子，心中无比感动，对，这就是我心目中的老师。他跟我聊学习的目标，想考博还是想工作，还有什么我都不记得了。可是那时的我真的目光短浅，我只想见他一面，却没想过要聊什么，刚开学的我也没想着毕业后的规划，可是老师却在提醒着我，学无止境！短短几分钟的谈话，却能让我受益终身！

回到宿舍，我开始思考我研究生毕业后的去向：是继续深造还是早早工作？其实，我想了不久，也没怎么纠结就选择了工作。我那时候给自己的理由是，我不想再学习了，我想工作，想独立自主地生活。现在回想起来，跟耿老师说这些的时候，他应该很失望吧！后来的工作也无时无刻不在证明着，我那时的想法有多幼稚。我的每一份工作都在证明这一观点：学无止境！

跟老师表明自己的想法后，我还是认真地完成了自己的学业，跟着老师与学长们去参加一些会议论坛，每次看见台前最中央的老师，都感觉他光芒万丈，因自己是他的学生而感到骄傲，同时也因是他的学生而感到惭愧，因为自己辜负了他的一番心血。

毕业后这 5 年里，我一直在默默地关注着耿老师的动态，但是没想过再重逢会是什么情形。直到 2021 年 12 月 14 日，开封市发展改革委组织开展第二期政企投融资沙龙活动，工作中的些许交集让我内心激动不已！可惜，我却因为工作时间排不开没能参加，当看到同事给我发的信息时，我心中各种翻江倒海的滋味说不清、道不明，却只能问出："他头发又白了吗?"打开活动现场的照片，一眼看到最中央的那位头发有点花白、年近古稀仍然为中原经济发展贡献自己智慧与力量的老师，我心疼，更敬畏，千言万语，只凝结成一句话："老师，您好！"

最后，在您 70 大寿来临之际，您最普通的徒儿想祝福您生日快乐！愿您健康长寿，福寿绵延！

我与我的恩师耿明斋教授

2014 级硕士　陈　翔

耿明斋教授是我人生道路上重要的指导老师，对我学术思维的养成、工作干事能力的提升有着重要的作用。每次与耿老师交流都是一次灵魂的净化、知识的洗礼。能够成为耿老师的学生是我一生的荣幸。

一、郑开大道的沧桑剧变

我知道耿老师是在我初中的时候，记得那是 2005 年，耿老师提出了“郑汴一体化”。这使出生在郑州、老家在开封、儿时经常往返两地的我产生了极大的兴趣，那时的我就对耿老师产生了仰慕之情。那时去开封，要么从二马路的郑州火车站坐火车到中山路的开封火车站下车，要么从老郑汴路（后来又迁到金水路）的郑州汽车东站坐汽车到迎宾路的开封汽车西站下车。当时的郑汴路道路不宽、不平，道路两旁是一望无际的田野，偶尔会出现几座村庄。坐火车也是晃晃悠悠，冬冷夏热。

2010 年，我进入河南大学经济学院读本科，那时候郑开大道已经通车，第一次行驶在郑开大道上瞬间感觉颠覆了我儿时从郑州到开封的印象，宽阔笔直的大路，让我的视野瞬间开阔。原来的长途车也被郑开公交所取代。2013 年，郑开城际铁路通车，到开封的交通更加快速、便捷。交通的变化，让我感觉到两个城市如此之近。

我也见证了“郑汴一体化”的变化。从 2010 年读本科，到现在在河南大学攻读博士学位，11 年过去了。郑开大道两边的建筑设施可以说“一年一小变，三年一大变”。在耿老师的精心谋划和布局下，现在郑开大道两边已经高楼林立，真正实现了“一体化”。作为一个老家开封、一直在开封上学的郑州的“开封人”来说，我成了最大的受益者。

耿老师的贡献是巨大的，他改变了郑州和开封之间50多公里的城乡面貌，郑州向东，开封向西，牵手相连。在2021年河南省政府工作报告中，“郑汴一体化”的升级版“郑开同城化”呼之欲出，耿老师围绕“郑开同城化”又开始了新的规划探索。

二、为河南经济社会发展呕心沥血

耿老师已经年入古稀，目前仍然奔波于全国各地，开展调研工作，为河南的经济社会发展呕心沥血，他在用自己的实际行动践行着为国为民的责任与担当。每每想到耿老师，身上都有使不完的劲儿，成为我工作学习的不竭动力。

耿老师也是我遇见的人中最能够将理论转化为实践的专家，而且讲话深入浅出，很容易让人理解。记得每次陪耿老师外出调研，无论与地方主政官员，还是与企业负责人调研座谈时，他总能够用通俗的语言将经济学道理表达得淋漓尽致，并结合地方或企业实际提出发展建议。

耿老师能够对一个地方发展、企业运行提出深刻的见解，不仅是因为他有渊博的经济学、社会学、政治学知识，还因为他长期从事实践调研工作，对河南省每个县的情况都非常了解。他经常说：“只有通过调查，才能够发现‘真问题’，解决‘真问题’。”因为经常跟着耿老师外出调研，我也养成了调查研究的习惯。目前我从事的是学生管理工作，我也习惯性地深入学生开展交流座谈，了解学生的“真问题”。

三、学习、工作、生活的恩师

耿老师不仅是我学习上的恩师，还是工作上的导师、生活上的良师。在听耿老师的课程中，与耿老师交流和陪耿老师调研的过程中，自己的各项技能得到了很大的提高。

跟随耿老师学习的3年里，我的经济学知识水平有了很大提高，经济学视野更加开阔。耿老师经常让我们读书，特别是读经典名著，他列出书单让我们阅读，还将他的书赠送给我，让我研读。我从本科阶段只知道经济学流派，到研究生阶段系统掌握经济学流派的发展和主要思想，并形成了自己的经济学思维。

在耿老师的指导下，我的写作功底有了很大的提升。记得我本科毕业时还只是写作菜鸟，经过研究生3年的历练，已经能够掌握写作的基本要领，并能够用书面语言将要表达的意思写出来。工作后，面对各种繁重的文字材料写作任务，也能够下笔从容、游刃有余地高效率完成。

在生活上，我原本是一个粗枝大叶的人，由于在耿老师课题中多次担任秘书工作，在与各方对接的过程中自己的统筹协调能力也有了很大的提高。耿老师对我学习工作中存在的问题经常进行细致的指导，对每一个细节都过问很多，对我养成认真细致的习惯帮助很大。

在耿老师经济思想研讨会召开之际，撰写恩师的文稿，我倍感激动，老师对我的帮助已经化作我人生无穷的动力，激励我朝着未知的领域进发，去探索更多科学前沿。

我尊敬的导师——耿明斋教授

2014 级硕士　申法贺

2010 年，我很幸运地考入河南大学经济学院的国际经济与贸易专业。我清楚地记得，在新生开学典礼上我第一次见到了耿教授，他头发已经夹白，从耿教授对新生的短短几句寄语中我感受到了他的博学和睿智，后来得知他是我们经济学院名誉院长，更是“郑汴一体化”的首倡者，并得到了论证和省委省政府的高度评价及采纳。本科在读期间，我也学习翻看了耿教授的《中国经济社会转型探索》《中国农区农业化路径探索——以欠发达平原农区为例》等多部著作，受益匪浅。

2014 年，我在河南大学经济学院就读硕士研究生，方向是金融学，同时很幸运地成为耿教授的学生，在读期间也收获了来自经济学院各位老师的授业和教导，专业知识得到了更进一步的巩固和提高，在校外实践中，院里推荐我们专业的几人到中国人民银行开封市中心支行实习，我们收获了在实际工作中专业知识的运用。后来写毕业论文、就业的问题都多次找耿教授求解心中的疑惑，耿教授每次都会在百忙之中抽出时间细心教导。临近毕业求职时，耿教授还推荐了合适的工作，我非常感激。

这段求学经历奠定了我在学业甚至人生道路的基石，让我知道了自己想要什么、想走什么样的路、想成为什么样的人。硕士研究生毕业后我来到上海求职，第一份工作在某国有银行，后来跳槽到某融资租赁公司，现在已扎根上海，我在从事的行业领域也有小小的收获，职位有晋升，未来可期。只是在上海这个快节奏的城市生活还是会想起家乡，想起开封这座古城，想起母校河南大学，想起尊敬的耿教授和所有教导过我的老师，想起可爱的同学。

写在 2021 年的最后一天，希望我的导师耿明斋教授在新的一年里身体健康，开心快乐，持续为中原经济发展建言献策。

敬耿老师大学家，创中原经济学派

2015 级博士后　许广月

原本安阳青年，深扎中原沃土，创一流研究；
身肩社会重任，心系河南发展，谋大局要策；
国内外广交流，各界交口称赞，成名流大家！

回忆两三事　师恩永难忘

2016 级硕士　李川川

光阴荏苒，岁月如歌，我们在时间的巨大洪流里追风逐浪，在踽踽独行的日子里迅速成长，并距离最初启程的地方越来越远。得知耿老师 2022 年就要 70 大寿，我感觉有点难以置信，总以为耿老师离古稀之年还很远很远，毕竟记忆中的耿老师总是思维敏捷、身体硬朗，精力和工作劲头也远超年轻人。谁曾想时光匆匆，岁月无声。时间总是以未曾感知到的速度快速消逝，让人猝不及防。

我是中原发展研究院招收的第二届硕士研究生，能够成为耿老师的学生也是我之前未曾想象过的事情。因为参与耿老师开设的名著阅读课和科研课题，我得以有更多的机会聆听耿老师的教诲，至今回忆起来都觉得那段岁月恍如昨日，无数的场景和画面历历在目，像一帧帧电影片段在脑海中回放，我想那应该是我硕士期间最幸福的时光。

耿老师作为著名经济学家，以地区的经济发展为研究重点，以社会责任为前行方向，从在河南大学任职到退休，直到现在，耿老师为中原地区经济的发展和崛起奉献了毕生的心血和才智。耿老师不仅有着深厚的经济学理论功底、广阔的学术视野、敏锐的现实洞察力和强烈的社会责任感，而且严谨务实的治学精神、平和谦虚的为人态度和朴实无华的智者品格也在深深地影响了一届又一届的学生，他是我们学生永远学习的榜样。记得开学伊始，为了鼓励大家读经济学原著，耿老师特地给我们列了详细的阅读书单，有亚当·斯密的《国富论》、诺斯的《经济史中的结构与变迁》、哈耶克的《个人主义与经济秩序》、凯恩斯的《就业、利息和货币通论》等。还为博士生开了两周一次的名著阅读课，我们硕士生也常常旁听师兄师姐的读书分享和耿老师的点评。每次上课前，我也会提前读一遍，但对于经济理论功底相对较差、根本没看过多少原著的我来说，还是晦涩难懂，有的即使读完了也很难理解。然而在读书课上，耿老师对师兄师姐读书笔记的点评和自己读书的分享往往是言简意赅、一语中的、深入浅出，几句话就能够准确、清晰地揭示作者的思想脉络和主要观点，让人恍然大悟、豁然开朗，顿时增添几分对原著的兴趣和感悟。耿老师还会结合作者的经历和所处的历史背景对其经济思想的演变进行精彩分析，让我们不得不佩服耿老师学识的渊博和见解的独到。当时我对读书课的理解还只停留在表面，但这种对经济学原著的研读和读书课中耿老师的一次次点评及分享，潜移默化地将其独立思考、分析问题的视角和探讨事物本质的方法论嵌入了我们的认知中。如今想来才觉得名著阅读课的价值远大于当初所想。硕士期间读的书也更多地集中在那段时间，后期因为种种缘故名著阅读课渐渐停了，但是读书和读经济学原著带来的启发却根植于内心，也更让我明白了读原著的价值。

耿老师创办的中原发展研究院不仅是一个为政府提供决策咨询的高端智库型研究机构，更为关键的是，它在硕士生培养的过程中形成了独具特色的人才培养机制。研究院通过提供助研岗位、科研课题和实地调研的参与机会，强化科研训练，培养学生的实践能力，弥补了传统高校在硕士生培养过程中偏重理论学习而缺乏实践能力和科研训练的弊端。在硕士生的具体培养过程中，一方面，依托经济学院丰富的教学资源和完善的课程体系，使研究院的硕士生得到完整系统的理论层面的学术训练；另一方面，根据研究院承接的课题与开展的调研项目，组织各年级研究生直接参与到课题研究和实地调研中，在这个过程中，学生们得以走出校园，接触社会，深入实践，独自承担相应的科研任务和应对调研过程中出现的各种问题，不仅能够将课本中学到的理论知识在实践中进行检验，而且能够发现问题的本质，更深刻地理解书本中的理论内涵。同时，学生理论联系实践的能力和综合素质也会得到很大的提升，这恰恰是传统高校在硕士生培养过程中所欠缺的。

此外，值得一提的是，中原发展研究院给学生带来的最直接和最大的好处和“副产品”，就是通过大量的实地调研和科研训练为我们的就业和考博提供了强有力的竞争优势。我也是最大的受益者之一，在竞争激烈的考博过程中顺利考取了南开大学博士研究生。据我所知，后续几届师弟师妹们也都在考博升学和公务员、选调生等就业竞争中表现优异。总体来看，研究院培养出来的学生比同届学生进步更大、竞争力更强、出路更好。我常在想我们研究院的硕士生为什么能够在入校成绩相对同届学生并无优势的情况下，而在就业和考博过程中脱颖而出？归根结底，是研究院培养学生的机制更为贴合实际需要。学生在校期间为更多元的学业和科研任务所驱动，时间得到了更充分的利用，能力得到了更为全面的锻炼。这些都要感谢耿老师不辞辛苦地亲自推动和付出，没有耿老师创办研究院和带领我们大家做科研，就没有我们这一届届学生的成长。

耿老师平常事务繁忙，不仅有大量的科研课题需要花费精力完成，而且有很多学术会议和调研需要参与。可以说，这些科研课题和学术研究几乎排满了耿老师的日常生活。但只要是与学生和教学相关的事情和安排，耿老师总是记得清清楚楚，只要学生有事情找他，耿老师总会给学生腾出时间。可见耿老师对学生的关心和重视。耿老师对学生无微不至的关怀也体现在生活的诸多细节中。在我的记忆中有很多这样的事情。记得有一次我跟耿老师在郑州开会，主要汇报县域经济课题相关的进展情况。下午会议结束后，因为还有些事情没有讨论完，我得以有幸和耿老师在郑州一起吃晚饭。等饭的间隙，我请耿老师为我的毕业论文把把关。耿老师拿着打印稿一页页仔细地翻看，小到错别字、标点符号和语病，大到文章的二级标题、三级标题，都进行了批改和标注，还给出了多处修改意见。修改后，当我拿到了有很多问题标注和批改意见的论文时，甚是羞愧，总以为自己已将论文校对了许多遍且自我感觉良好，但还是出现了很多不应有的低级错误，同时也深刻感受到自己仍然有很大的提升空间。这一处处的圈圈点点和批改标注，体现了一位大师对学生的负责和对学问的严谨务实。吃完饭大概九点左右，我需要回开封学校，就准备打车去郑州东站。耿老师觉得时间太晚，执意要送我到车站，这让我一个大小伙儿倍感温暖。路上耿老师细问“带没带身份证?”“现在还能买到票不?”等等，可见耿老师对学生如自己孩子般的关心和呵护。这或许就是大师的风范，既能在学术研究中让人高山仰止，又能在生活的微小细节中让人感到无微不至的关怀和温暖，如沐春风。那天我很快就买到了回开封的车票，坐在返程的城铁上，我不禁感慨，正是耿老师提出“郑汴一体化”战略，才使得郑州与开封间的连接更为紧密，当日往返的跨城通勤更加便捷，也使无数的加班族和夜归人能够买到当天的票，踏上回家的路途。

临近毕业，硕士期间大量的科研训练让我逐渐对科研产生了兴趣，于是我毫不犹豫地选择了考博，在查阅了大量的备考资料后，报考了南开大学和社科院农发所。南开大学的初试成绩出来较早，我报的导师意外地出现了扎堆报考的情况，导致我虽然成绩不错但排名靠后，而其他有近十几位导师却没有考生过线。当时，我内心焦灼不安，因为天津和南开大学对于我来说非常陌生，在那里没有认识的亲朋好友或老师，很担心在调剂中被淘汰。我把这个窘境告诉了耿老师，耿老师特地给他在南开大学的老朋友张志超老师打了电话，尽管张老师已经退休多年且不再参与学院相关工作，但耿老师还是在电话里特别嘱托他多帮我推荐几个有调剂名额的导师，并把张老师的联系方式推送给我。到天津后，在南开大学八里台校区西门口的沁香园饭店我见到了张老师，一如耿老师那般的和蔼可亲，张老师详细地问了我的科研成果及考博成绩，对我的专业水平表示非常认可，并同意为我推荐几位导师，但也不能保证调剂成功，如果真的想读博也要做好来年再战的心理准备。吃完饭，张老师执意结了账，说怎么能让耿老师的学生付账，而且还是第一次来，当时我瞬间感动得不知道说什么好。感谢耿老师的引荐，使得我即使身在近千里外的天津也能感受到阳光般的温暖。其间，有好几位导师看了我的简历，也都联系了我，最后我也成功被南开大学经济研究所录取。拟录取名单出来后，我第一时间就给耿老师报喜，耿老师嘱咐我要珍惜机会努力学习，也要做好传承。当时并不知“传承”其意，后来才得知耿老师30年前曾作为访问学者在南开大学经济研究所求学一年，那时的我还未出生。可如今30载光阴匆匆而去，我有幸追随着耿老师的足迹来到南开大学求学。我想那时的南开校园肯定没有今天这样漂亮，那时南开经济学院的14层高楼应该尚未建起，但30年前的耿老师肯定是在图书馆的某个角落夜以继日、如饥似渴地汲取着知识。而当我在南开校园踏着耿老师可能也曾走过无数次的路，看着校园里“允公允能，日新月异”的校训和墙上的容止格言，我瞬间悟到了耿老师说过的“传承”，应该是踏实刻苦求学精神的传承，是严谨务实求知态度的传承，也是对我也能像他一样在南开收获更多知识和更大进步的冀望。

有时候好的运气总是出乎意料地接踵而至。在从天津返程的火车上，我收到了社科院农发所复试通知的邮件。这对于我来说非常意外，因为当时考完社科院，我几近崩溃，对进复试已不抱希望。我立刻查询了复试相关信息，没想到初试居然考了第一，而且进入复试的考生很少，这意味着我被录取的概率很大。其实起初复习备考时，我是把社科院作为第一志愿的，因为社科院在帝都北京，同时也是全国人文社会科学研究重镇，所以当时的心情非常复杂。回到开封，我也把这个消息告诉了耿老师，耿老师一方面欣喜于我能考出这样好的成绩，另一方面似乎也察觉到了我内心的纠结，他毫不犹豫地告诉我：“既然已经被南开拟录取，社科院复试就不要参加了，不要给对方增加麻烦。”当时我心里尚有些许不甘心，但因已被南开录取，就没有再说什么。最后我还是放弃了去北京参加社科院复试的念头。现在想想，当时的抉择十分正确，选择南开是我最不后悔的决定。虽然现在也有少数考生出于自身利益考虑放弃已录取的学校而选择更好的学校，但南开以宽广的胸怀和极大的包容收留了我，出尔反尔就有悖诚信了。耿老师在生活中就常常告诫我们，做学问前要先学会做人，要讲诚信，尤其是在人生重要的转折点，一定要恪守做人的底线和原则，不能只图眼前私利而打破底线。“人而无信，不知其可也”，我想智者之所以为称为智者，在于他不仅能洞察世事运行的规律和本质，润物无声地将知识的种子播撒在人们心中，还能通过一件件小事、一次次的抉择教会我们做人最基本的原则和道理。即使毕业多年，我仍然被耿老师的这种大智慧、大格局观念所深深影响。这段经历也让我体会到了做人永远比做学问重要。

虽然已毕业几年，但也未曾忘记耿老师和研究院给予的恩情，一直关注着学院的公众号和动态，每次公众号推送耿老师的新文章，我都会认真拜读、学习。十分庆幸，能够在求学生涯中遇到耿老师。师恩难忘，耿老师的教诲和精神也将一直激励我在学习和工作过程中不断钻研、努力奋进。桃李不言，下自成蹊。在耿老师70大寿之际，作为耿门弟子，学生谨祝耿老师身体健康，福寿满堂！

博学、博爱、博担当的耿明斋教授

2016级硕士　李　加

我一直相信人与人之间是存在缘的，无论是主动的、被动的，还是机缘巧合的。因为没有缘在，是要擦肩而过，不能有共同经历的。很幸运能有与耿老师结缘的3年求学路，每每回望这段来路，总能给人以温暖、让心顺安。只是得说，我实在是个不太“合格”的学生，多少辜负了耿老师的期望，平添了许多麻烦，对于这些，我心里一直是有愧的。现在耿老师70大寿在即，又欣逢母校河南大学建校110周年，可谓盛日不常、盛筵难再，在这特别的节点能有幸为耿老师“70寿辰及经济思想研讨会”贡献绵薄之力，写一篇“耿老师经济思想”方面的文稿，实在是理所至焉、义不容辞的。只是像前面提到的——多少是辜负了老师的期望，所以耿老师经济思想的专业梳理文稿还是待“学术”的师兄弟们完成吧！抛却纯学术上的桎梏压力，专写我日常生活和学习中接触到的耿老师，也算是在“价格歧视”中尽了所值。能借此机会在轻松愉悦中回顾整理3年里的点点滴滴，可谓人生中的幸事、快意事。

一、我所学习的耿老师是博学的

耿老师的博学体现为声名远播。“所谓大学者，非谓有大楼之谓也，有大师之谓也”，耿老师就是这样一位经济学大师，他是河南大学的一块“金字招牌”。由于耿老师的名声很大，我初次与老师的“结缘”是在别人的称颂里。那时候我刚进入河南大学经济学院，参加了一些社团，在社团里自我介绍来自经济学院时，旁边其他学院的学生说：“你们经济学院在河大很有地位，学院里的耿明斋教授很牛，全校都知道!”人生的际遇往往很奇妙，2016年9月，我发去请求耿老师做我研究生导师的信息，没想到耿老师当天便回了信息，之后便有幸忝列门墙，与老师结下了不解之缘。之后的研究生时期，一位山东籍的同学在知道我导师是耿明斋教授后，亦是一脸钦羡的表情道：“在本科时我就知道耿明斋老师了，他去过我们学校作讲座，那时候我就记住他了。”

耿老师的博学体现为兼容并包。耿老师“官方”的研究领域是工业化与经济社会转型、资本市场与国民经济运行、现代企业制度与公司治理等。但那些是出于回应社会需要及个人研究旨趣所在罢了，只是耿老师经济学术思考研究的冰山一角。在学术上，耿老师是兼容并蓄、博采众长的，从马克思主义经济学到以亚当·斯密、李嘉图为代表的古典经济学，到以马歇尔、瓦尔拉斯为代表的新古典经济学，再到以凯恩斯、萨缪尔森为代表的新经济学派，一直到以弗里德曼、卢卡斯为代表的现代经济学派，耿老师都广泛涉猎、大量阅读、深入思考、付诸文字，并形成了自己的独到见解和理论体系。按照耿老师的说法，经济学是一个完整统一的体系，虽然存在各种各样的分支流派，但经济学的思维逻辑始终是如一的，即一个经济意愿是否能成为有效意愿，从而成为现实中的经济行为，取决于经济参与人的成本、收益、不确定性的综合比较。成本是一种经济行为基于现有信息所付出的潜在代价，包括不确定下的直接成本、间接成本、当下成本、远期贴现成本，是一个综合成本；收益同样是一个综合性的收益，包括不确定性下的直接收益、间接收益、当下收益、远期贴现收益，当期望的综合收益高于期望的综合成本时，存在潜在盈利空间，有效经济意愿便存在，市场机制会将有盈利空间的经济意愿转化为经济行为。所以耿老师的研究领域始终是经济学，是由人组成的社会系统运行背后的经济逻辑，是凌驾于一般的经济流派的。

耿老师的博学体现为硕果累累。自 20 世纪 80 年代初以来，耿老师一直立足于我国经济社会改革发展的具体实际，致力于经济学的基础研究和应用研究，先后在《中国社会科学》《经济学动态》《中国农村经济》《经济学家》《光明日报》《人民日报》等权威报刊公开发表学术论文 150 余篇。在中国经济、社科文献等著名出版机构出版学术专著 15 部。主持包括重点项目在内的国家社科基金项目 5 个。耿老师从“自由人联合体”理论出发解释了农村集体经济组织变革的合理性；提出并论证了在公有制基础上所有者与劳动者的双重身份和所有权与劳动贡献双重分配原则；从农区工业化和现代化的视角，致力于河南省域经济社会发展的研究，尤其是县域经济、城市群建设等区域经济研究领域，提出并论证了欠发达平原农业区的概念并对其工业化路径进行了系统探索，其所带领的团队在农产品价格改革、新农村建设等课题研究上成就卓著。耿老师认为，总是试图将现实的合法性归入某种理论框架，用理论的合法性来解释现实的合法性，显然是颠倒了理论与现实的关系。耿老师坚持从现实出发，回答了经济研究中的主观立场（价值取向）与事物的客观走向如何统一的问题。

二、我所敬仰的耿老师是博爱的

耿老师的博爱彰显为对学生“有求必应”。耿老师虽然很忙，但对学生的事情基本都是事必躬亲。比如像前文提到的有幸忝列门墙的缘分就是一种偏爱。虽然距离那时已有5年多的光景，却依然记忆犹新。我记得耿老师是抽空见的我，车子停在图书馆（金明校区）右侧的路边，柴森师兄与我联系让我来见面，因为我刚好在图书馆，所以当即兴冲冲地迎了上去，激动地将写好的两篇文章（随写）交于耿老师审阅，并再次说明了向耿老师求学的意愿。那时，耿老师很和蔼可亲，完全没有距离感，他一边翻看着我写的《病不自医的经济分析》一边问：“为什么选我做导师呢？”我立时答道：“我志向在经济领域做出一些独属于自己的东西，而您学术上那么厉害，想跟着您学习……”对话结束时耿老师说：“下周五有给博士们开的专题讨论课，可以来听。”我当时开心了很久。因为我专业基础较好，前期的时候又刻苦向学，加之有耿老师授课熏陶，我学业进步很快，但出于将来读博需要文章的压力，我开始急于成长，从而忽略了发展的客观规律。在急于求成的错误心态下，全然不顾耿老师的“时间约束”，竟妄然地因为受耿老师教导的硬性时间少而想要改换导师。没多久我又折回来请求继续在耿老师名下学习，耿老师也没与我计较。之后我反躬自省，认识到我的所为实在有违学生本分，可谓不知天高地厚，耿老师有着很高的地位和威望，如若不是出于对学生的偏爱并有着宽阔的胸襟，做出这样行为的我怕是不可原谅的吧！随着时间的沉淀、人生经历的体悟，现在想来耿老师是多么地宽宏大量，我又是多么地不谙世事。

耿老师的博爱彰显为对学生“有问必答”。相信任何学生在学习的过程中都会有这样一个疑问：“该如何学习好自己的学科呢？”我以同样的问题（该如何学好经济学？）向老师求教，耿老师听到问题后不紧不慢地问我：“你对经济学是怎样理解的呢？”我当时的回答现在已经记得不是很清楚了（毕竟那时我对经济学的认知实在谈不上有完整的体系），大致是说：“经济学是以人为核心的社会科学，既然是以人为核心，研究的内容就该是人的经济行为，而人的经济行为并不是纯‘经济’的，很多时候只是意愿的中介，所以经济学应该是解释人的经济行为（众多个人的经济行为集合成社会行为），而要解释好经济行为就要充分考虑人的‘个人约束’，包括具体的资源禀赋、动机偏好、环境客体等，不应该是机械的既存经济理论的简单套用；另外，经济学是科学，不是‘生来’谋利的功利方法，不是教人挣钱的（尽管确实能），而是使人能对经济社会有科学认知的知识，增加人的选择集，解放人的约束以实现更大的自由。”耿老师回应说：“你读了很多书，有自己的思考是很好的。经济学即使在学术上也是有多种解释的，比起流派分支，更重要的是能够‘自圆其说’，当然这不是指简单的逻辑性，要学好经济学，既要学习和储备专业知识，也得在学好系统开设的课程之外，在自己的业余时间里作大量阅读，从读书中和各种各样的人里汲取智慧和知识，在学术规范的体系内、在重叠共识的基础上多交友，以大家能够交流的方式沟通，通过互动探讨，从不同的视角发现新的领悟。另外，要充分学习、大量阅读，突破时间和空间的约束和智慧对话，‘勤于学、善于思、敏于行’，密切关注现实生活，不断完善和提升自己。”

耿老师的博爱彰显为对学生“有惑必解”。学生时代是探索未知的“冒险”旅程，所以困顿、迷茫是常有的事，很多时候会“盖失强援，不能独完”。而耿老师是一位在学习、生活、为人等方面都给学生“遮风挡雨、指点迷津”的智慧长者、良师。在学习挫折方面，耿老师说学术是长期的事业，不是一朝一夕就能完成的，一时的打击失败是很正常的，不要丧失信心；在为人方面，因为我比较耿直，耿老师语重心长地说“人是社会性的，你要多去联结，一些需要坚持的也不要放弃”；在生活工作方面，耿老师说“社会是大课堂，基层接触的实际问题更多，只要留心，处处皆学问，安下心来，慢慢积累，终究会成就自己”。

三、我所尊崇的耿老师是博担当的

耿老师始终把社会责任当作自己的指路标，把中原区域建设发展作为自己的研究重点，以“服务地方经济建设，做大做强河大经济学科”为己任，将经济理论与具体实际相结合，首倡并论证“郑汴一体化”理论，是中原经济区建设的首席智囊，也是中原经济区建设上升为国家战略论证规划的专家组核心成员。

耿老师总说学术研究最终要服务于这个时代、服务于社会发展，服务社会首先得关心社会，承担社会责任就得把融入社会当作自己的行为规则，要从社会的具体实际中发现问题的种子，不断思考、积累，升华到理论高度，为人类智慧库贡献力量。作为经院的学科带头人，耿老师率先垂范，以身作则，为了接触最新社会研究成果，以使研究紧密结合社会的重大热点问题，耿老师几乎是“逢会必到”。一年冬天，耿老师不顾湿滑难行的地面，冒着雨夹雪的天气，一大早坚持从开封到郑州参加一个学术研讨会。对于他的到场，满座皆惊，耿老师却若无其事地说：“虽然不方便，但是只要接到通知，我是一定要参加的。”正是这份对社会和学院的责任担当，耿老师过上了最早的“双城生活”，来回奔波于开封和郑州两地。

耿老师极其重视实地调研、社会关切，就河南来说，涉及地方发展的最重大课题就是传统农区的工业化和中原崛起。于是，耿老师带领团队走入民间，在田野调查中走进老百姓的生活，从农民生活实践中直接了解各种问题，他将了解到的民间社会问题当作自己的“课题库”，把农村作为自己重要的研究基地。这使得耿老师既在城镇化、农业现代化研究方面成就颇丰，也为中原经济区的建设指明了发展道路。如今，在耿老师躬身笃行的严实学术研究的作风带领下，河南大学已经成为中原经济发展谋划的核心成员。

耿老师讲：“社会是他人，是大众，人的价值就体现在对社会的贡献上。高校为什么要培养人才，搞学术研究？根本目的是社会发展”。为了更好地为社会培养有用之才，就要融入社会、了解社会。”因此，每年经济学院都会邀请企业家、银行家和政府管理机构领导等业界“实战派”为师生开讲座，学习这些人在社会上积累的实践经验。在耿老师用心良苦、殚精竭虑的引领下，学院培养出了一大批年轻的专家学者和各界人才，经济学院也于 2007 年进入全国同类高校经济类专业的前列。

再回忆起那次也是初次与耿老师见面的场景，一种“怯”意油然而生。怯是怯在无言相对，怯是怯在辜负期望，怯是怯在不知分寸。好在人生总是充满着未知，一时的成败得失无关紧要，就像耿老师教诲的：“眼界要放远一些，现在做得不够好不是说以后也做不好，耐心要长久一些，现在没有结果的坚持下去就会有好的结果。”耳畔又回响起耿老师的谆谆教导：“作为知识分子要有责任意识、责任担当，要关心社会，以更加开放的心态，更加完善的自己，承担起时代责任。”对此，学生想说：定不负您的期待与教诲。

师恩如山，言行树典范
春风化雨，点滴润心田

2016 级硕士　曹　昱

在耿老师门下的众多学子中，大部分同门要叫我师妹了。2016 年，我辗转进入中原发展研究院读研，学习国民经济学。至今还记得面试那天的场景，耿老师正要给师兄师姐们授课，现场人很多，面对评委席我无比紧张。耿老师问我读过什么书，我答了《国富论》和《就业、利息和货币通论》，但《就业、利息和货币通论》看不太懂，耿老师又问《国富论》中有什么印象深刻的理论，我用乱七八糟的语言说了一堆自己对分工理论的理解。当时我没有想过，耿老师会成为影响我一生的那个人。

硕士期间，耿老师没有在教室里给我们上过课，大部分授课是以读书会的形式开展，耿老师叫我们读一本书，然后在读书会上发表自己对这本书的理解，他再逐一点评。现在回想起来还很后悔，当时没有充分利用河大的图书馆资源多读一些书。还有一部分时间是在跟着耿老师做项目，也是从一个个项目中渐渐熟悉了耿老师的思想和工作方法。他深厚的学术积淀离不开他几十年如一日的阅读习惯，但更得益于他对现实的深刻思考、对时代的精准把握。而他的学术涵养从来都是为了回馈社会，为实践服务，正是取之于实践、用之于实践。耿老师也从不将学生禁锢于书本当中，知识一旦脱离现实和群众就如同无根野草，浮于半空难以落地，在项目中学到的东西一定是最贴合实际、最符合实践要求、走在理论和应用前沿的。硕士 3 年我参与了大大小小数十个项目，其中印象最深刻的就是“百县千村”系列调研项目，这是一项由耿老师牵头、调研范围涵盖省内绝大部分县（区）的大规模调研工程。通过这样的调研，我亲眼见证了社会中不被主流所知的经济形态，发现了城乡经济社会之间，甚至农村与农村之间存在的巨大差异。如今河南的农村，有些林立着斑驳却坚强的纸塑招牌，俨然成了那一方小天地的经济中心，有自己的小小

产业，忙碌而富庶；有些依附着美丽而特别的山水古迹，发展为游客争相打卡的旅游热点，精致而安逸；而更多的却是两扇变形的大门上挂着一只锈迹斑斑的铁锁，农户们抛弃了祖祖辈辈赖以生存的土地，到高楼大厦间去寻找新的生机。“百县千村”调研即将走过10个年头，还将继续走下去，收集了关于河南农村经济和社会形态的大量宝贵数据，为我们认清农村演变的历史和趋势打开了一扇明窗。

转眼面临毕业，我陷入彷徨，在人生的岔路口不知该如何抉择，看着同学们都在紧锣密鼓地奔向远方，我越来越焦虑。长辈和师兄师姐都给了我不同的建议，最终还是耿老师为我指点迷津。耿老师为我分析了继续读博和工作的各项利弊，鼓励我勇敢选择最适合自己的道路，并且邀请我加入了中原经济发展研究院。在研究院工作的一年是对我学习生涯另一种形式的延长，我更加近距离地接触到耿老师的日常工作，也因此对我以后的人生产生了更加深远的影响。耿老师扎根河南，有很多人问他为什么不走向全国面向世界，他总说：如果连河南的问题都解决不好，又怎么解决全国的问题呢？几十年来，耿老师已经将河南省的地图深深地烙在心里，不管走到哪个偏远的小县城，他总能说出一番当地的典故来，都会到市井百姓中间看看那里的风土面貌，再仔细地思考、讨论一番，指出经济社会发展的优势和不足，无论是政府官员还是民间企业，都能从耿老师那里得到一些充满远见的建议。这种谦逊、踏实的态度每次在我急功近利的时候都会鞭策我戒骄戒躁，把自己的事情做好。耿老师的自律和好学精神是最让我敬佩的，他每天清晨和晚饭后都坚持去户外快走锻炼，睡前坚持阅读，经年下来收获了健康的体魄和博古通今的学识，身为年轻人，我心怀敬佩，却也徒有敬佩，做不到效仿一二，着实惭愧。

耿老师爱调研，我也爱跟着耿老师去调研，做研究不是闷头写作，总要走出门去才知道，就像毛主席说的，“没有调查就没有发言权”，这一理念我也一直贯彻在之后的工作和生活中，凡事不经调查和实践从不敢轻易下结论。在调研途中耿老师常有心得，有一点我深以为然，那就是乡村振兴并不是靠基建和扶持把农民留在农村，城镇化不是农村转变为城市，而是城市的扩张逐步吞并农村。我出身于农村，亲眼见证了一个村庄的衰落，“空心村”问题在我国许多农区都普遍存在，这是因为农村发展空间和机会有限，而城市不断扩张，多数农民离开农村去城市发展是不可阻拦的，偏远落后的农村逐渐萎缩乃至消亡是历史的必然趋势。应对“空”的解决方案不是盲目地“填”，应当顺应这一趋势，在确保农民基本生产生活的基础上，将重点放在引导支持人口流动而不是村庄建设上。一个个社会现实背后都有着发人深省的根源和规律，在耿老师的带领下，我用自己的脚步和眼睛粗粗领略了些许，我学会了用自己的所学所知去思考世界，思考历史，思考人生，面对纷繁庞杂的信息我终于也能够做出正确的判断和应对。

如今我已经重新回到校园，有上百名学生称呼我为“老师”，我虽是新手，也逐渐品味出为人师的不易。“要想给人一碗水，自己必须有一桶水”，我想为这句话补充一句，还得是活水。耿老师如今已是胸怀大海，依然孜孜不倦地引入活水，再滋养他人，才收获了桃李满天下。我们虽然已经辞别恩师，但耿老师的学术态度和师德修养是我的毕生典范，让我终身受用不尽。

师恩难忘，高山仰止

——献给崇敬的耿明斋教授

2016 级硕士　李华峰

一、我与耿老师

2016 年，我考入河南大学中原发展研究院，有幸成为耿老师门下的学生。在河南大学读本科时，耿老师在经济学院学生心中如殿堂级的存在，因为河大经济学院在耿老师的带领下，取得了跨越式的发展，成为理论经济学、应用经济学、统计学等一级学科博士学位授权点和博士后流动站。一方面，我为能在耿老师这样的大师身边读书而倍感荣幸；另一方面，又觉得要直接聆听耿老师的教诲是遥不可及的事情，所以我内心曾经为此长久期待着。后来发现耿老师不仅学识渊博、学术严谨，对学生也是和蔼可亲、平易近人。印象最深的一次是，我拿着自己粗陋的学位论文去郑州向耿老师请教（耿老师当时在郑州开会，利用开会间隙还要指导我的论文，现在想起来都感恩和感动），耿老师拿笔一句一句地点评、纠正。在耿老师的悉心指导下，经过不断修改，我最终顺利通过学位论文答辩。后来，老师的原话是："华峰呀，经过修改之后，你现在的论文与当初的论文有天壤之别呀！"我知道这是老师对我的鼓励，也深知论文以及自己的学术依旧浅薄。一方面被耿老师渊博的学识所深深折服，另一方面也在心中埋下了冲刺学术高峰的种子。正因耿老师的教诲，自己才不断进步并有幸去到更高的平台深造。2019 年，我怀揣着向耿老师学习的心情，奔赴中国政法大学继续求学深造。

二、对经济学方法论的思考

耿老师在《经济学的方法》这篇文章中提到，经济学研究的基本任务应该是探索经济活动的规律。也就是要弄清楚经济活动中都涉及哪些要素、这些要素之间是如何相互联结在一起又相互发生作用的、它们之间相互作用的结果是什么。直白地讲，就是要弄清楚现实的经济活动是什么。耿老师还强调经济学研究的基本任务应该不止于此。在经济学方法的应用和探究中应明确，在现实经济活动可能出现的结果中，哪些是有利于我们因而是我们想要的，哪些是不利于我们因而是我们不想要的，如何避免不利和我们不想要的结果，争取有利和我们想要的结果。

我国正处于新一轮产业变革与科技革命突破爆发的历史交汇期，经济结构转型日趋紧迫，面临百年未有之大变局的现实背景，作为经济学的初探者，应该阐释经济体中相关要素之间是如何相互联结又相互发生作用的以及它们之间相互作用的结果是什么。但经济学内容浩大，不能用数篇文字详尽，故尝试从当下较为紧迫的现实问题出发，基于历史逻辑演绎分析的视角，探究解析法定数字货币的缘起、属性及趋势，契合耿老师对经济学方法论分析的主旨要义。其中，基于经济学方法论的应用，发现现今货币体系存在诸多亟待完善的问题，基于区块链技术数字货币的出现或可带来解决方案，尤其是央行着手发行的数字货币，引起了广泛重视。但是对于数字货币，学术界没有明确、统一、清晰的定义，通过梳理文献，对其概念及特征进行概括，并以中国人民银行着手发行的 DCEP（Digital Currency Electronic Payment）为例，就其特征展开分析得出货币政策更有效，人民币国际化战略进一步推进，在数字经济竞争中将占据有利地位等研究结论。无论 DCEP 自身成功与否，都将成为全球法定数字货币发展浪潮的重要推手。自己对法定数字货币的解读，在一定程度上已经融入了自己思想中耿老师的潜在影响。

三、在老师的精神引领下继续进步提升

我对耿老师经济学方法论的研究理解，可能仅是耿老师博大思想宝库的点滴，囿于自己的学术能力，只能望其项背。希望以后得到各方面的批评和帮助，鞭策我进步。在耿老师立足河南大学、倾心全省、远瞩全国、与时俱进的精神引领下，我写作此篇献给我高山仰止的耿老师。

记恩师耿明斋教授

2017 级博士后　丁俊华

2017 年 3 月，我从行政岗转到专任教师岗，去马克思主义学院当了一名专职教师。这对于我而言是一个全新的开始，总感觉自己还有很多不足，还有很多需要学习的地方，于是决定继续深造。同年 7 月，我进入河南大学应用经济学博士后流动站做博士后研究，合作导师便是耿明斋教授。

其实早在博士后进站之前，我就已认识耿老师，对他仰慕已久。2011 年 9 月至 2014 年 7 月，我在经济学院读博士，当时耿老师是经济学院院长。其间，我一边读博士，一边在学校党政办公室秘书科工作。因为工作的缘故，经常要参与学校一些重大会议的筹备、重要事项的记录工作。在很多会议上，耿老师常常受邀作为优秀教师代表发言。但那时，我对耿老师只是仰慕，没承想后来竟然有幸成为他的学生。

博士后进站之后，与耿老师有了更多接触，对他的了解也更加深入。作为知名经济学家，耿老师在学问上的造诣得到了广泛认可；作为河南大学经济学院院长，耿老师带领经济学院步入了快速发展轨道，取得了很多卓越成就。虽然拥有很高的知名度、做出了非凡成就，但他本人丝毫没有架子。在博士后开题和博士报告写作期间，我多次去找他汇报进展情况。每次去找他，他都耐心指导，给了我诸多富有建设性的意见。

除了在研究上的指导之外，耿老师在工作和生活上也给予了我诸多帮助。2018 年年底，我在北京语言大学参加出国留学英语培训，并计划于 2019 年 1 月申请国家留学基金委的公派出国访学项目。申请该项目，除了英语达标之外，还需要有一封来自国外大学的邀请函。但当时我并不认识在国外大学工作的老师，联系了几个曾经出过国的同事，均未果。而彼时距离公派访学项目申请仅剩下不到一个月的时间，情急之下我联系了中介机构，但是价格不菲的中介费让我望而却步。走投无路之时，我试着联系了耿老师，向他说明了情况。

耿老师欣然答应帮忙联络，我顿感喜出望外。很快，耿老师就帮我联系到了日本大学的村上直树教授。没过几天，我便收到了村上植树教授发来的访学邀请信。后来，我顺利通过北京语言大学的出国留学英语结业考试，如期申请了公派出国留学项目。

何其有幸，能成为耿老师的学生。作为导师，他不仅在学术上、工作上为我指点迷津，而且在生活上给予我诸多关怀和帮助。在耿老师 70 岁生日到来之际，真诚地祝愿他福同海阔、寿比南山！永远健康、永远年轻！

师恩难忘

2017级博士　苗　硕

我于2017年开始在河南大学攻读博士学位，2021年博士毕业。读博的这4年对于步入中年的我来说，痛并快乐着，既有对知识的无限渴望和学到新知识的喜悦，又承受着生活和工作的压力。在学习过程中，耿老师对我的学习给予了百分百的支持，而且还经常鼓励我，在我学习信心不足时给我一种坚定的支持力量，驱使我继续努力。

2018年12月初，我在高级宏观经济学课程上对经济周期模型产生了浓厚的兴趣，为了拓展在这一领域的学习和研究，我在网上搜索到中山大学朱传奇老师对动态一般均衡模型的深入讲解的课程，但是要去北京上课，费用接近5000元，再加上住宿基本上需要6000多元，这对于我来讲是一个不小的数目。当时心里很矛盾，内心确实很想去听、去学习，但费用让人望而却步。在一次吃饭时，我偶然和耿老师提起这个事情，他当场就说："那就去学，费用的事儿我想办法。"听了之后，我非常兴奋可以有机会去北京学习经济学前沿的知识，对耿老师更是充满感激，感激他对我求学愿望的支持和生活上的帮助。耿老师的支持和鼓励是我读博道路上不可缺少的力量，他的学识和心胸，我由衷地敬仰和佩服，他的人生高度是我努力的方向。

在我博士毕业论文撰写、修改和答辩的过程中，耿老师非常认真地帮我审阅，并进行了多次讨论，给我提出了中肯的意见和建议，这些修改意见帮助我不断地修改、完善论文，通过了最后的论文答辩。

在耿老师的印象中，我应该是个踏实、努力、积极上进的学生，所以耿老师经常在我们一起进行学术讨论时表扬我，对我的学习和知识储备表达了充分的肯定。这种表扬对于已近不惑之年的我来说，是莫大的鼓励和力量，是我能够继续在求学的道路上坚定地走下去的动力。非常感谢耿老师这几年来对我的帮助，若有朝一日学有所成，将是我给您最大的回报。

引路人、成就者与“见血针”

2017 级硕士　祁少菲

相逢一见太匆匆，校内繁花几度红。时光荏苒，转眼间已离开校门一年有余，但初见恩师的场景依然难忘。在一场讲座上，看着一位已然两鬓略白的老人铿锵有力地描绘着河南近些年区域发展蓝图，这场讲座下来，我暗暗立下定了跟随恩师读研的决心，也让我对研究生生活有了更深的认识与更多的期待。

研究生复试前，我看了很多材料，做足了准备，但在过程中，依然紧张不已，虽然口中回答着各位老师提出的问题，脑子里听到的却都是扑通扑通的心跳声。答题完毕后，耿老师说：“回答得不错!”这句话对于当时忐忑不安的我来说无疑是一颗特效定心丸。随后，我顺利地通过了面试。在这里，要感谢耿老师给予了我通向学术道路的机会。研究生开学典礼上，耿老师谆谆教导，告诉我们做学术的方法与应该有的态度，我们同届的同学都认真地聆听并记录，那天的讲话犹如往后研究生 3 年道路上的一盏明灯，指引我向前摸索。

记忆中的耿老师：

是我研究生一年级理论联系实践的引路人。耿老师会带领我们做项目、参与课题研究，让大家能够将理论与实践充分地融合。在这个过程中，耿老师也会非常耐心地指出我们在课题参与中存在的问题，不仅增长了我们的见识，还提升了我们的专业能力。遇到耿老师之前我其实无法想象，一位年近花甲的老人，竟然能够周末无休地连轴转。在感叹耿老师敬业精神的同时，也心疼恩师的身体。

是我研究生二年级的北京交流心愿的成就者。其实，在我心中一直有个去北京读书的执念，一方面想要去领略首都的魅力，另一方面想要借助河大与社科院交流的机会开阔自己的眼界。当我把这个想法告诉耿老师时，他非常支持我，并帮我进行了交流推荐。最终，通过筛选考核，我如愿到北京中国社会科学院进行了为期一年的学习交流。这一年，收获颇丰，不仅于理论知识，也为日后的就业选择也提供了非常大的帮助。

是我研究生三年级论文撰写道路的“见血针”。我的毕业论文，前后修改了数十遍。研三上半学期，耿老师总是会面对面指导，每次都能够迅速指出我的问题，一针见血，让我意识到不足之处的同时，也再次感叹恩师对问题的敏锐度以及其学识的渊博。下半年由于新冠肺炎疫情的到来，无法进行面对面指导，但耿老师仍会通过电子文稿的方式耐心地在论文中给出修改建议。最终，在耿老师的指导下我顺利通过答辩。

学贵得师。师也者，犹行路之有导也。在跟随耿老师学习的过程中，我逐渐将耿老师当成了我人生路上的一面镜子，在遇到问题，犯懒、作难时以恩师为榜样不断突破自我。虽然跟随恩师学习仅短短 3 年时光，但这 3 年对我个人的影响是巨大的，对我未来人生的影响是持续性的。

借此机会，希望耿老师在忙于工作的同时，要爱惜身体，祝恩师诸事顺遂！

我的导师——耿明斋教授

2018 级硕士　罗振华

我第一次听到耿老师是从我本科的老师王理老师（王老师是耿老师的博士生）口中。第一次考研失利，王老师建议我考到耿老师那里，于是我就抱着坚定的信念报考了河南大学新型城镇化与中原经济区建设河南省协同创新中心。不负所望，我进入复试，并在2018 年3 月底第一次见到耿老师，经过面试我对耿老师有了一个直观深刻的印象——知识渊博、和蔼可亲。最终在2018 年9 月我正式成为耿老师的一名学生。经过3 年的相处，耿老师对我的影响非常大。

一、从实践中来，到实践中去

本科我们都是按部就班地学习课本知识，上了研究生才发现实践同样重要，这都得益于耿老师给了我实践的机会。这些实践使我获得了比别人更多的学习机会，从而受益匪浅。

研究生3 年，我有幸跟着耿老师出去调研过几次，也有幸参与过耿老师牵头的课题，在这些宝贵的经历中耿老师给我上了实践中的第一课——从实践中来，到实践中去。以开封鼓楼区特色商业街发展规划课题为例，耿老师接手这个课题以后，带着课题组的成员先是和鼓楼区特色商业街相关的负责人开座谈会，然后又实地考察特色商业街，获得第一手资料。跟着耿老师参加课题，耿老师都是既听相关单位负责人的汇报，又进行实地考察，自己获得第一手资料。正因如此，每个课题结项时都会获得对方的高度评价。耿老师这种“从实践中来、到实践中去”的精神给了我很大的启示，尤其是工作这两三个月以来，感触颇深：无论做什么事，都要沉下心来，接地气，不能在上面飘着。

二、宽以待人，海纳百川

刚开始认识耿老师的时候，还是有点怕耿老师的。心里直犯嘀咕：耿老师那么有名，会不会不好相处？经过一段时间的相处，发现是我多虑了。每一次跟着耿老师出去，耿老师都会让我们吃好住好，如果时间充足，还会带我们到当地转转，放松一下。此时的耿老师，更像一位和蔼可亲的爷爷。跟着耿老师出去的次数越多就越能发现，耿老师的人格魅力及接人待物值得我学习一辈子。不管对方是何人，耿老师总能让人感到被尊重，让人如沐春风。3 年的研究生生涯，我从没有见过耿老师因为某件事发火。

在各种研讨会的时候，耿老师总能认真听取他人的观点，即使观点相左，耿老师也能海纳百川，尊重他人的观点。对于学生，耿老师更是耐心之至，不会因为我们的才疏学浅而不让我们发表我们的看法，也不会因为我们的无知而打断我们的发言。耿老师总是认真听取完我们的发言后，指出不足，并给出建议。

三、严谨的治学态度

无论是对课题还是我们的毕业论文，耿老师一直都抱有严谨的治学态度。记得尤为清楚的是，因为疫情的原因，我们都在家。耿老师通过网络召集我们汇报课题的进度，认真听取我们的汇报，并作记录，等我们汇报完毕以后，再一一点评我们的内容，哪里不足，需要改进；哪里欠缺，需要添加。还有就是我们的毕业论文开题，整整一个下午听取我们对论文的想法，如果我们没有想法就给我们相应的主题供我们寻找开题报告的灵感。这种严谨的治学态度，一直持续到我们答辩结束，论文定稿才算结束。

不仅如此，疫情结束以后，耿老师每个周末都会到开封，给我们所有的学生上经典名著阅读课。为了督促我们更好地阅读名著及文献，每个星期都会让学生进行汇报，然后耿老师进行点评。

耿老师这种严谨治学的态度对我后来的工作产生了重要影响：做事要认真，要仔细。

四、一位有责任感的扎根本土的经济学大家

随着“郑汴一体化”被国家官方层面认可，作为“郑汴一体化”的首倡者，耿老师的思想、洞察力超前大家许久。2008 年的国际金融危机，以耿老师为首的团队提出的应对金融危机的建议被省委省政府高度认可并采纳。耿老师带领团队还参与省及地方“十三五”“十四五”规划的撰写等各种服务地方经济的课题。2021 年 11 月，耿老师被河南省政府聘为省政府专家 12 人咨询委员会委员。这也是对耿老师这么多年来扎根河南、服务中原经济的认可。

耿老师不仅关注河南省的宏观经济问题，同样关注微观问题。为此，耿老师每年都会筹集经费，定好选题，开展“百县千村”人口流动与数据库建设项目，项目以城镇化背景下劳动力转移和人口流动的迁徙为主线，结合收入来源结构、受教育程度、家庭财政状况、土地权益、农业经营方式变化的状况等，来了解农村的各种变化。这个项目既让我们对河南省“三农”有一个直观的感受，更能锻炼我们从驳杂的数据中找到研究主题和切入点的能力。

虽然我已经不从事学术研究了，但是耿老师“从实践中来，到实践中去的”的精神、严谨的治学态度同样适用于我的工作，也让我有了榜样和奋进的目标；耿老师为人处世、接人待物的态度更值得我学习，帮助我提高自己、适应社会。

在这里真诚地对耿老师说一句：您辛苦了，谢谢您。谨以此文献给年近古稀仍在为了心中的理想和信念而奋斗的耿老师！

育苗之园丁、学术领路人——耿明斋教授

2018 级全体硕士*

我们 2018 级学生与耿老师相识在 2018 年的 3 月，当时是在参加研究生复试，也是我们这一届的首次相遇，缘分就此开启。初见耿老师，大家觉得耿老师是一个自带威严且学识丰富的人。在面试过程中，耿老师对我们非常温和，极大地缓解了我们紧张的情绪，并且他对各大经济学著作的熟悉如掌上观纹一般，引经据典随手拈来，这让我们心生敬畏之时，也感到了深深的压力，同时对日后能够拥有这样一位杰出的导师激动不已。

再见耿老师是在 2018 级的开学仪式上，中原发展研究院为我们这一届学生的到来举办了一个小小的欢迎仪式，让我们感受到了这个大家庭的温暖，也感受到了耿老师对我们的重视。在见面会上，耿老师向我们一一介绍研究生院的老师们，并告诫我们在这几年的学习生涯里一定要多读书、多思考，并且可以多与他交流，互相成长。但是，可能当时大伙还处在刚步入研究生生涯的喜悦之中，并未太把耿老师的告诫放在心上。直到这份喜悦褪去，慢慢沉下心来才发现，耿老师早已将研究生阶段需要做的用最简单的方式告诉了大家，只是那时我们并未放在心上。

这 3 年里，耿老师对我们的要求最多的就是多读书、多读书、多读书，并多次强调一定要精读一本或几本经典的学术著作，通过精读经典著作构建自己的经济思想体系，再尝试着对全书的思想体系和作者的立场、观点和方法做出自己的评价。在此基础上，要进行大量的泛读，泛读是为了尽可能广泛地掌握经济学的知识和尽可能多地获取经济学文献信息。现在回想起来，当时做得不够好，现在等到真正用到时，才后悔当时对时间的浪费，后悔没有多看一些论文，多读一些经典著作，多积累一些知识。不过人生的道路还很长，耿老师对

---

* 孙天事、宋静雯、黄卓、谢琳琳、孙博恩、何生乾、罗振华。

我们“多读书”“持续学习”的教导会一直陪伴着我们继续成长。

在研究生生涯的这3年里，我们是在耿老师的庇护和教导下成长的。耿老师在整个河南省十分有威望，在学校也十分受人尊敬和爱戴。当别人了解到我们是耿老师的学生时，都会对我们另眼相看，高看几分，这些对于我们来说也是一种激励。作为耿老师的学生，我们更应当努力提升，不让耿老师失望，不让其他人失望。

这3年里，耿老师在给我们传授书本知识的同时，还会带着我们去一些地市做实地调研。通过实地调研，我们了解到地市政府机构和企业之间的关系，在此基础上，我们承接了“许昌市营商环境”“开封市营商环境”“河南省城市经济可持续发展测度”等课题，在实践中了解到实际社会经济发展中存在的一些现实问题，学习到如何运用所学的经济学原理解决一些现实存在的经济问题。这3年间的学习生涯中，我们切实感受到了耿老师作为一名学者的威望，作为一名知名经济学家身上的社会责任感，感受到耿老师对河南省经济社会发展的关切。

耿老师对我们的想法有极大的包容度，无论是课题选择还是调研项目抑或两周一次的读书会，耿老师对我们的指导都是循序渐进的，总是认真听完我们的思想观点后，再进行指导、纠正。耿老师会先向我们阐述我们某一观点的起源背景、目前发展情况，并且以某个地市或某个企业的发展对这个观点进行举例，让我们的研究更贴近现实问题，避免让我们的思想停留在理论阶段。耿老师一直教导我们做学术要接地气，要切实地服务社会，能为这个社会留下些什么，能带给人民一些切切实实的东西，做到不负历史、不负时代、不负人民。

2019年，在耿老师号召下，我们举办了第一届“中原学者论坛”，论坛以建设家乡为主题进行思想交流，利用自己的影响力，号召豫籍的学者能够出谋划策，建设家乡。无论是研究农村经济建设、城镇化发展，还是举办“中原学者论坛”，耿老师一直以来的想法和做法都是建设家乡，耿老师也做到了。跟着耿老师的这几年，我们一致感受到了耿老师的奔波忙碌，看着院里公众号发布的各项新闻，深感作为一名知名经济学家，耿老师具有极强的社会责任感。耿老师不辞辛苦，深入各地区去调研、学习各个地区的发展经验，探索城市经济发展的道路，结合河南省目前的发展情况提出了很多具有建设性的政策建议，作为耿老师的学生，深知自己目前做得远远不够，这不仅体现在相关专业知识的积累上，还体现在对社会问题的思考上。不过好在我们7个人都没有辜负耿老师的期望，在耿老师的指导下，顺利通过了论文答辩，拿到了毕业证书，也在毕业后有了一个归宿，其中黄卓、谢琳琳、孙天事三人继续博士深造，罗振华、宋静雯、孙博恩三人成为基层工作人员，何生乾进入了银行系统。特别感谢耿老师对我们的栽培。我们7个人，未来虽谈不上在大的方面去建设家乡，但是我们相信只要把自己的工作做好，在自己岗位上闪闪发光，就不辜负耿老师对我们的期望。

最后是我们七位同学为了表达我们对耿老师的感激与谢意，每位同学都将自己的感激之情书以文字，落于纸上表达出来。

孙天事：感谢我的导师耿明斋教授。耿老师参与的“中原城市群”规划和“郑开同城化”在学生中传为美谈，也激起了学生对区域经济学的向往。每次读书会，学生都从老师的谆谆教诲中受益匪浅，他高屋建瓴的看法总能让人有新的启发；每次调研，他都能够深入经济运行的底层环节，让学生明白中国的经济是如何运行的、有哪些特色和不为人注意的地方，为学生以后的学术研究提供思路；老师心态开放，只要是有利于学生的发展，都给予支持，给学生提供了广阔的舞台，学生由衷地感谢耿老师。

宋静雯：我要感谢我的恩师耿明斋教授。自己有幸能够被耿老师收入门下，心里感激万分，真心感谢耿老师对我的栽培。在这 3 年的学习生活中，耿老师悉心引导我们广泛地阅读各类书籍，拓宽知识面，并支持和鼓励我们参与各类实践活动，以此开阔视野，增长见识。此外，耿老师以其自身对学术研究的热情与严谨不断影响着我，让我明白无论在人生的任何阶段，不断地学习和探索都是生活永恒的主题。学路漫漫，铭记师恩，砥砺前行。

黄卓：我要对我的恩师耿明斋教授表达深深的感激和敬意，耿老师对社会经济现象背后问题的敏锐洞察力一直令我非常敬佩，他丰厚的知识储备和精益求精的工作作风对我的学术探索产生了极深远的影响。跟着耿老师学习的这 3 年里，我们对一些地市进行了实地调研，在调研的过程中，我真切地感受到经济学这门学科的魅力，感受到书本知识和现实问题的差距及“经世济民”这四个字的含义。3 年的求学生涯，耿老师不仅教我治学，更教我修德、明理，恩师之情，终生铭记。

谢琳琳：感谢我的恩师耿明斋教授，耿老师传道授业解惑，诲人不倦，他博学多识，时常教导我们要多读书，要把所学所识用到实践中去。特别感谢耿老师能够推荐我去中国社科院交流学习，让我有机会聆听多场高水平的报告会，通过学习得到进步。愿耿老师桃李满天下，春晖遍四方。

孙博恩：在此深谢恩师耿明斋教授，先生之风，明德新民，止于至善，学术渊博，人品高雅。3 年来幸得恩师步步教导，引我渐入科研之路，教我实地调研，辅我论文写作，在学术上引导我进步。更感谢恩师在生活上给予的关爱与照顾，让我倍感温暖。总之，恩深似海，久远且长，唯有加倍努力，发光发热，回馈社会，方不负恩师希冀。行文至此，竟希望手中能有三杯薄酒，敬恩师七十古稀：第一杯，谢启蒙指引之恩，祝耿老日月昌明，松鹤长春；第二杯，谢谆谆教诲之功，祝耿老欢乐远长，吉祥安康；第三杯，谢耿老殷殷期望之情，祝耿老万事胜意，福寿无疆。

何生乾：在此深深感谢恩师耿明斋教授 3 年来对我的教导，先生学识渊博，品德高洁，能拜入耿老师门下乃是我的荣幸。耿老师作为我学术上的领路人，时常告诫我们要多读书、多思考。初次听到耿老师的教诲我并未放在心上，所幸在研二之时及时醒悟，开始认真地拜读经济大家们的名著。学习经济学科时，有一个问题一直困惑我良久，经济学科的理论都很精彩，但是他们大多都建立在“理性人”的基础假设上，但是在现实当中，并非所有人都是理性的，那建立在这之上的众多理论还正确吗？这一问题困扰了我很长时间，后来我在诺斯的《制度、制度变迁与经济绩效》中发现了答案。诺斯说，经济学家的行为假设并不意味着所有人的行为都与理性选择相一致，但是他们却从根本上依赖于这样的假设，竞争力量会使得那些按理性方式行事的人幸存下来，而另一些不这样做的人将被打败，因此在一个演化的、竞争的环境中，能被不断地观察到的行为一定出自那些按照这一标准行事的人。至此我豁然开朗，深切地认识到多读书是多么地重要，它能解决我们在学习中所遇到的大多数问题，原来求学之路上的通天大路耿老师早已告知我们，所幸我明白得尚不算晚。多读书，多思考，多与导师交流是学习研究的不二法门。在 3 年的求学生涯中，耿老师的传道、授业、解惑，对我能够顺利完成学业起到了极大的帮助。在此，由衷祝愿耿明斋教授桃李芬芳，霞焕椿庭；松苍柏翠，人寿年丰。

罗振华：感谢我的恩师耿明斋教授 3 年来时时提点、日日面命，使我得以沐浴师恩。感谢您在学术上无论是论文逻辑框架还是语言表达，给予我的精心指导，在字斟句酌的过程中我感受到了您深厚的学术功底和严谨的学问。尤其是毕业论文撰写过程中，您一次又一次地帮我梳理思路，指导我如何更好地把理论说清楚，正是在您的不断鼓励与督促下，我的学位论文才得以顺利完成。师恩难忘，感激不尽。

相识耿老师于2019年

2019级博士后　张延伟

一、亦师亦友，泉城相遇

我的学习生涯时常处于波动之中，大起大落。从小学劣等学生，到中学优等生，到大学中等生。好玩的地方是，我的大学在两个地方读书，而且读了不喜欢的数学专业（认为太枯燥）。祖国百年奥运实现那年，我步入中国科学院大学。旁边是风水宝地“八宝山”。读硕博期间，感觉自己研究的不是实用专业，有点太偏理论。2014年再入“帝都”，在鸟巢旁开始博士后生涯。

2019年是我幸运的一年。接到领导任务接待河南大学耿明斋教授，与其相遇泉城西客站。在车上一番聊天，发现耿老师研究方向和阅历十分丰富，是一位实战型的专家学者。于是，我打消了去山东大学进行博士后研究的念头，于当年拜入耿老师门下。

二、春风化雨，润物无声

《师说》：“师者，所以传业授道解惑也。”耿老师已经成为我人生指南针，沿着其走过的路走一遍可以减少人生盲区。不仅是学术研究方面，还有为人处世方式。自2019年以来，新冠肺炎疫情困扰人们出行。因此，与耿老师见面机会较少，但每次面聊都收获颇丰。例如，本打算放弃学术生涯，进入政府工作。与耿老师聊过后豁达了，也许功名利禄是追求，还是选择朴实无华做教师较为适合我。

耿老师人生经过的路，也许坎坷也许顺达。这些都是我们作为学生无法触及的，唯独只能聆听和了解。同时，我也看到耿老师教书育人几十年的丰硕成果。虽然已入古稀之年，但是耿老依然招收研究生，并且亲力亲为指导，践行他教书育人的信仰。我希望自己进入古稀之年也能如此坚定。

三、古稀之年，笔耕不辍

初次去河南大学中原发展研究院拜会耿老师，那时耿老师一直在忙着一些会议和谋划河南发展的研究规划。中原发展研究院由他创办，卸任以后再办起了微信公众号“明斋观察”，并且定期更新个人对社会经济发展的研究。他自己做相关研究，也时常帮助年轻同志，与他们面对面交流学习。我认真看了一下同门整理的耿老师退休返聘的这些材料，发表于各类期刊、报纸文章和研究报告近百篇，即使我们这些在岗的年轻人也无法企及。

“岁月匆匆静无声，教书育人为华夏。人生七十古来稀，无悔青丝变白发。”

——谨以此感谢恩师耿明斋教授，祝您安康、幸福！

我眼中的耿老师

2019 级硕士　贾　楠

不知不觉，做耿老师的学生已经两年半了，这两年半的时间里，通过与耿老师接触感触很深。耿老师身上有一种说不出的人格魅力，耿老师和蔼可亲、治学严谨，给我们留下了极其深刻的印象。

第一次见到耿老师是研究生复试的时候。当时耿老师坐在我的对面，问我都读过哪些经济学书籍、认识哪些经济学家，耿老师当时给我的印象就是和蔼可亲、平易近人。面试结束时我就想，如果我能选耿老师做我的导师该有多好。2019 年 9 月研究生入学，我真的成了耿老师的一名硕士生，我感到非常荣幸和自豪。

导师见面会上，针对我们初入研究生时的迷茫，耿老师对我们讲研究生阶段如何去规划、需要读哪些经济学书籍，以及如何去看论文。对于我们来说，耿老师是我们学习上的引路人。

每周六耿老师带我们上的读书课，让我既紧张又期待。紧张的是，我实在是懂得很少，在平时读书的过程中自己的想法也很少，有点害怕和老师们以及同学们进行交流；期待的是，我又可以听到老师们给我们讲课以及看到老师们之间思想上的碰撞。每一次我都会很认真地去听，每次回去我都觉得我收获颇多。授人以鱼不如授人以渔，以前看书，自己觉得书里讲的都是正确的，我的想法如果和书中有不一样的地方，就会认为是自己想错了，而耿老师不仅教会我们书本上的知识，更是鼓励我们大胆提出自己的想法，教会我们如何去读书，而不是拘泥于书中作者的观点。耿老师对我们一直是包容和鼓励的，慢慢地，我觉得自己真的有在一点点进步。耿老师教会我们的不仅有书本上的知识，更教会我们许多做人的道理，让我们摒弃浮躁，脚踏实地地去做学问，进而做一个对社会有用的人。

耿老师不但是一位学贯中西、德高望重、有一颗仁爱之心的学者，更是一位谦和大度、爱国爱民、睿智、有自己独到见解的智者，面对时事有自己的看法。听耿老师对某些事情的分析、一些问题的看法，总让人有种豁然开朗、醍醐灌顶的感觉。耿老师会用浅显的语言来诠释他的观点，让人心服口服。听耿老师上课、讲解是一种享受，耿老师的身上处处散发着一个智者的魅力。

耿老师身上有太多太多值得我去学习的地方，能够做耿老师的学生，我觉得非常幸运。在耿老师70大寿来临之际，衷心祝愿耿老师生日快乐、笑口常开、万事如意、健康长寿！

致我敬爱的老师

2020级硕士　沈君玲

能成为耿老师2020级的硕士研究生，我感到非常幸运。在与耿老师接触的一年多时间里，我发现耿老师不仅是一位学识渊博、爱国爱民、心系天下的学者，更是一位和蔼可亲、认真钻研、谦逊自律的老师。

我的老师是一位德高望重、著作等身的老师。从教多年，主持过上百项课题，著作也近百，获得的荣誉就更多了。但是，老师并不因自己闪耀的过去而忘乎所以。近古稀之年，老师仍然不忘初心，兢兢业业。老师如今仍然站在三尺讲台，为我们传道解惑。老师想通过他的讲课，为我们梳理经济学发展的脉络，帮助我们更好地理解经济理论的产生、矛盾、发展。而且，老师现在给我们上课仍然非常认真，经常备课到晚上12：00，从不敷衍了事。

我的老师是一位认真做学问的老师。老师一方面不断读书，深入研究经典著作的理论内容；另一方面深入乡村实地调研，以经济发展面临的实际问题为切入点，研究能解决实际问题的方法。老师经常鼓励我们要多参加实地调研，只有在调研中才能发现问题，这些问题很可能与之前的经济理论相矛盾，如何解决这些问题值得我们深入研究。

我的老师是一位和蔼可亲的老师。当我们有问题时，老师不管多忙，都会抽时间回答我们的问题。前段时间，我在写作上遇到一些问题，老师在百忙之中，晚上还要熬夜批复我的文章，而且批复得非常认真，不厌其烦，一遍又一遍，让我文章的质量提高很多，真的非常感谢我敬爱的老师！

我的老师是一位非常忙碌的老师。老师经常要外出开会、调研，我研一的时候在开封，很少能见到老师，老师每次去学校，也都非常忙。等到了研二，来到了郑州校区这边，见到老师的机会比以前多了不少，但老师仍然还是处于一直各地跑的状态。

我的老师是一位非常自律而且很爱读书的老师。老师不仅要求我们学生读名著，自己也身体力行，经常读经典著作。还记得寒假过后，老师给我们开了读书课，第一讲他就分享了自己在寒假期间的读书笔记。这让作为学生的我，为自己假期的放松感到惭愧。老师已经成就斐然，仍然可以静心读书，而且老师仍然笔耕不辍。老师身上值得我们学习的地方实在太多了！

一年多的时间虽然不长，但是老师身体力行、言传身教。能够成为耿老师的学生，真的非常幸运，非常骄傲！我想对耿老师说：老师，谢谢您！希望您以后不要熬夜，好好养生，注意身体，我们都爱您！

值此老师生日之际，衷心地祝愿老师身体健康，万事如意！

从“仰慕”到师生

——致我的导师耿明斋教授

2020级硕士　韩瑞川

硕士研究生复试之前，我就在网上了解了耿老师的信息。在如今的互联网时代，关于耿老师的介绍不止“只言片语”；开始关注耿老师时，让我惊讶的是耿老师竟然是“郑汴一体化”的首倡者，不仅如此，耿老师还提出了建设中原城市群核心区的战略思想、深度参与航空港经济综合实验区等一系列河南省重大战略研究等。看到老师丰富的阅历，不禁肃然起敬。对于“郑汴一体化”我也是早有听闻，只不过没想到我竟然有幸有机会成为耿老师的学生。怀着激动与仰慕的心情，憧憬着有一天能当面聆听耿老师的教诲。

第一次见耿老师的时候，是硕士研究生复试时；由于疫情的关系，学校是采取视频的方式面试。虽说当时即将参加考试十分紧张，但我也在众多老师中一眼认出了耿老师。时隔近两年，我依然记得耿老师提问我的问题；尽管问题不多，时间也不长，但我能深深感受到耿老师对于知识方面的严格要求。至此，我更是满怀期望想成为耿老师的学生。

时间匆匆，转眼间研究生开学已近一个月，导师双选会如约而至。我开始尝试和耿老师联系，怀着激动与期待的心情给耿老师发出短信后，满是忐忑地等待着耿老师的回信。时间一分一秒地过去，内心的焦躁与急切慢慢积累，时不时地看向手机，满是期待地等待着耿老师的回复。下午时收到了耿老师的短信，虽然只有简短的一句话，但表达出的意思是耿老师已经接受了我的请求，我非常开心，终于完成了自己的一个心愿。于是期待着和耿老师的第一次正式见面。

与耿老师的第一次正式见面是在八楼耿老师的办公室，见面之前还准备了一番，提前看了耿老师的文献，还担心会不会有什么表现不好的地方会让耿老师失望。但我的担心都是多余的，简短的交谈中，耿老师时刻都在鼓励我们认真学习，叮嘱我们要适应研究生身份的转变，作为研究生要多学习经济学的基本理论知识，深深地打好根基，嘱咐我们多读经济学的经典名著。说到这里，心里由然敬佩耿老师。耿老师即将迎来70岁的生日，现在依然每天抽出时间去阅读书籍，还整理成文字，讲给我们。耿老师的这种精神，让我们大多数人自惭形秽，从心底深深地敬佩耿老师。作为耿老师的学生，有时也很心疼耿老师。研一下学期，耿老师不辞劳苦地给我们上课；由于周一到周五我们都有课程安排，耿老师就把他的课程安排在了周末；耿老师为了方便我们学生，周末更是从郑州赶到开封为我们传道解惑。研二，我们搬到了郑州校区，搬来的第一天，耿老师就抽身来寝室慰问了我们，了解我们在郑州新校区的困难。在新校区上课，虽说离耿老师很近了，但耿老师给我们上课依旧十分辛苦。为了更细致地给同学们讲课，为了能让同学们更好地理解知识，上课的前一天，耿老师都要忙碌到深夜。试问我们人生中能有几位老师如此？能成为耿老师的学生，是何等幸运的事！是何等值得珍惜的事！

耿老师70岁生日即将到来，在这里祝耿老师身体健康、幸福美满！

“令公桃李满天下，何用堂前更种花”

2020级硕士　赵洋洋

“导师”这个简单而亲切的词语，是自我大三下定决心考研的时候，陆陆续续从与学长、学姐交流中了解的，也是我进入河南大学以后才更加明晰的一个新概念。当然，在本科的时候，也接触过许多老师，像任课老师、辅导员、行政老师、生活老师，还有毕业论文写作的指导老师。而我的导师——耿明斋教授，更像是我众多老师的综合体，于我而言，甚至有着“1+1>2”的学习生活指导作用。在这个告别了研究生一年级的青涩，即将迎来研究生三年级捶打的一年中，在研究生二年级逝去一半的征程中，我的导师就像一盏明灯，指导我学习和工作的方向。经历了一年半的研究生生活，我记不清楚自己经历了多少坎坷，也记不清楚自己“再坚持了多少下”，河大的时光如沙粒般在指缝间悄悄流逝，这种迅速竟让我觉得有些不真实。但我确实一直在学习、在历练、在成长，这种成长甚至超越了我大学四年的总和。

研究生二战的坚持使我有幸成为耿老师的一名学生。和很多懵懂的学生一样，大四的我同样对远方的路充满了迷茫。第一年考研败北，加之当时对学术研究没有很深的了解，所以就打消了二战的想法。之后毕业、投简历、面试、结果都还不错。直到我正式去工商银行签约，合同放到我面前的那一刻，我还是犹豫了。我知道，心中的不甘及继续探索知识的渴望始终都不曾消退。就这样，我放弃了工作，毅然来到了考研自习室，二战模式开启。最终天遂人愿，在2020年9月，我顺利考入河南大学，得以在中原发展研究院继续我的学习生涯。更幸运的是，我怀着忐忑的心情向耿老师表达了我的意向，并在同年10月被耿老师接纳，成为耿老师2020级的一名硕士研究生。考研的过程的确很苦，7月的酷暑和12月的严寒都是我都曾经历过，但所幸结果都好，好在河大，好在研究院，好在耿明斋教授。

耿老师把我这个迷茫的孩子引向了研究生正轨。刚开学时，我对全新的学习环境和学习模式都不清楚，仿佛站在了珠穆朗玛峰的山腰，往下看到我走过的高度，但往上看还有更高的山峰等着我去攀登。对于未来，我满心欢喜与担忧，不知道自己是否有足够的意志与勇气坚持到最后。但我明白，研究生不仅是知识的学习与升华，更是自我的成长和突破。虽然只有三年，却足够影响一生。学者必求师，从师不可不谨也。2020 年 10 月，我与耿老师第一次见面的情景至今历历在目，那天收到耿老师给我发的消息：“我在办公室，上午十点半来找我一下。”本来安坐在教室的我突然既激动又不知所措。想着就要见到传说中的耿明斋教授，又想着要不要跟耿老师合个影，老师应该不会拒绝吧！想着想着把心思就跑到了九霄云外。终于等到下课，我怀着万分激动的心情来到耿老师办公室。儒雅、慈祥、浓浓的书卷气是我对老师的第一印象。第一次见导师自然十分紧张，各种无厘头的问题在我的脑海中乱窜：对研究一窍不通的我，会不会令老师很失望？他的学问那么渊博，我能跟他说些什么呢？但耿老师笑容满面，就像一位家长，听一群孩子们诉说着家长里短。耿老师为我们提供了研究生的专业方向让我们选，并建议我们沉下心多读书，还耐心地帮我们列了书单。2021 年上半年，在耿老师读书会活动的督促下，我也尝试读了一些经典书目，受益匪浅。

耿老师的学者态度深深影响了我。在与导师的相处中，让我明白了导师的重量，使我突然知道研究生这个词意味着什么。是耿老师让我知道工作的价值和重量，知道了学习的可贵和不易；是耿老师让我知道研究生的学习是一个潜移默化的过程，论文的学习和写作是读书的沉淀、岁月的积累，知识是有规律的探索与总结，是交流中的碰撞和启迪；是耿老师让我知道研究生生活不是每天周而复始的简单循环，而应该认识到研究生学习的可贵和短暂，应该感谢父母在我们成年以后还继续支援我们的钱包，应该感谢学校给予我们这么好的资源让我们学习与探索。是我的导师——耿明斋老师，在无形中给予我太多太多。

2022 年，即将迎来耿老师 70 岁寿辰，满头的银丝是耿老师辛勤耕耘的见证，周五的课堂承载着耿老师的沉淀与积累。在耿老师 70 岁寿辰来临之际，将此文献给敬爱的耿老师，“令公桃李满天下，何用堂前更种花”，师恩在心，永不敢忘。

一切应如是

2021 级博士后　茹　雪

2021 年 7 月，我有幸成为耿老师的博士后。虽然仅仅四月有余，但相处的每一分每一秒都是学习，获益良多，受益终身。很幸运，能够作为耿老师的学生，在毕业之后还可以得到这样一位大家的指导；很幸运，能够作为后辈，在就业之初就近距离地观摩到了最优秀的同行和榜样。

一、一种必然的巧合

人生最奇妙的地方在于那些不可解释的缘分。2021 年 7 月初，我有幸进入河南大学中原发展研究院工作。刚办完入职手续的我，接到了能够进入河南大学博士后流动站深造的机会。学院的很大一部分职责是做社会服务，也称为智库。由于博士期间的研究多基于文献和二手数据，我清楚地知道自己对现实经济的了解远远不够，需要学习和补充很多的东西，对即将开展的各项工作也存在许多迷茫。我认为耿明斋教授作为学院最重要的创始人，肯定是博士后导师的首选。

能够成为耿老师的博士后，我认为这是一种必然的巧合。习惯使然，我喜欢在办公室工作，在家里生活，愿景是两者别太相互打搅和融合，从入职到现在，一般没什么事儿我就喜欢在学院待着。恰好，刚入职那几天，办公室里有耿老师的博士生，随即问了耿老师的联系方式，一开始不敢直接打电话，加了微信，发了简历，询问是否能有这个荣幸做耿老师的博士后。本以为会等一阵，但很快就得到了肯定的回复。此后的几天，当我查阅了耿老师的经历后，后知后觉的我倍感荣幸；再后来，与博导和硕导交流近况时，说起报了耿老师的博后，大家都认为我的选择非常正确，能有幸跟着一位大家继续深造是我的幸运。

二、总有人一直正年轻

第一次见耿老师是在2021年7月18日。耿老师上午参加了“国家中心城市建设与大学发展高峰论坛”，论坛结束后，他抽出午休时间来看我的简历，跟我聊博士后的选题。对耿老师的第一印象是白发苍苍，但精力非常旺盛，思维非常敏捷，脑海中映出的第一句话就是：“真的，总有人一直正年轻!”简单聊了几句之后，他就发现了我最大的问题：所有的东西都基于理论，对现实的关注太少，但经济学归根结底应该是经世济用的。他希望我在今后的研究中思考如何将经济学理论中主观立场和事物的客观存在统一起来，希望我多关注中原大地正在发生的事情。同时，他建议了可以参考的三个方向的选题：气候政策与产业发展、乡村振兴与县域现代化、“郑汴一体化”以及如何打通制度屏障。

此后，耿老师偶尔来学院的时候，我们也见过几面。每次耿老师来的时候匆匆，走的时候也匆匆，但即使事情再多，耿老师总能记起来找我聊两句最近近况和进度，用巧妙的方式引导和提醒着我当下该做些什么。对于慢性子、不善交际和不精通表达的我来说，这是莫大的慰藉和感恩。

三、有趣的灵魂百里挑一

第二次主动找耿老师聊选题是在2021年12月4日，此时距离第一次见面已四月有余。由于刚进入工作，很多事务都不太熟悉，要花比较多的时间去整理和安排。关于选题，定下来得很慢。这期间，我看了碳排放和数字产业的资料，也陆续看了陆铭老师和温铁军老师关于城镇化和“三农”问题的系列书籍，也研读了权威期刊上的一些论文，但始终没有形成自己的想法。所以即使在第二次聊选题的时候，我心里也没有形成一种确切的想法，见面之前很忐忑。但总有一种人，在你没开口时，就猜到了你缺什么。

上午等耿老师下课后，刚好耿老师要去新乡卫辉看牙。一来一回，有两个多小时可以聊聊。这次深聊，我受益匪浅。原来，真的有人思想深邃到可以出口成章，并令人信服。去的路上，当我简单讲了我目前可能感兴趣的几个方面后，他用近一小时分享了他这几十年关于“三农”问题的所见所闻、所思所想。关于“三农”问题，无非人、土地和新农村建设，要看人如何流动、土地如何流转、新农村如何规划和建设，而如何打破城乡之间要素流动壁垒，要关注农民、农村的实际进程，如农民市民化、户籍人口与常住人口的错位、土地权益问题等。上述可继续延展成很多可以深究的具体问题，例如：①农村集体所有和农民权益之间的关系与矛盾；②宅基地的流转和买卖问题；③征地补偿与集体建设用地入市的问题；④农村的空间结构演化；⑤县、乡、村三级空间结构形态；⑥县域产业发展问题。

回程路上，他聊了我的些许问题。其中，印象最深的是关于如何形成独有的学术思想。在工作之后，最困惑我的一点是：之前研究的面过于窄，我好像没有自己独有的学术思想，不足以支撑我形成对很多现实问题的看法，容易被不同的观点所吸引或左右。就我这个困惑，耿老师非常耐心地讲了他的经历，如何一步步将理论和实践结合起来，如何一点点形成对客观事物的看法和认知，如何形成一个自圆其说、逻辑自洽的体系，以及当下他对经济学的一些思考。这次交谈让我认识到耿老师的格局非常大。虽然早已是功成名就的长者，但在交谈的过程中一直把我放在平等的位置，丝毫不会认为我的问题无知，而是尽其所能地答疑解惑，为我提供一些新思路，为我打开另外一扇看待问题的窗。

下午还有幸跟着耿老师观看和学习了一个项目的评审会，看到了耿老师的另一面，依旧思维敏捷，但工作态度更加严谨和认真，在面对新事物和新想法的时候，仍旧有着极高的接受度和好奇心。

近一天的接触，近距离的言传身教，对于现阶段正在摸索工作、学习、生活三者融洽模式的我而言，弥足珍贵。在这个过程中，学习到的不仅是知识，更是为人处世的方法，而你也会发现：原来真的有世事洞明、人情练达的人。

四、满足对读书人所有的想象

曾一直认为，对读书人最好的描述就是张载的“横渠四句”——为天地立心，为生民立命，为往圣继绝学，为万世开太平。我也曾深深坚信，并将这四句话当作很久的微信签名；但我也曾有过怀疑，因为这类人我在现实中少有遇见，更不要说去接触。我徘徊许多，在理想和现实之间挣扎，但心底的种子一直在土里，从未发芽。耿老师恰如其分地符合这四句。我也从没想到自己可以如此幸运，在刚刚就业的这个时间端口，能够作为后辈，如此近距离地“观摩”到最优秀的同行和榜样。

每次见耿老师的时候，他都很匆忙，开会、指导学生、上课、评审、调研……间歇性地，也会从其他老师和学生那里听到耿老师的一些消息，经常不是在调研就是在调研的路上，强于年轻小伙的身体素质和记忆力，闲不下来的用不完的精力……他在理论中拓展，在实践中思考，让人真的相信和看到，原来经济学确确实实可以是经世济用的。

见过的很多人，有着读书人容易形成的孤傲，似乎在忙着爱整个人类，而没有时间和耐心去爱具体的人。但是，即使耿老师再忙碌，他也会把每个人的事情都放在心上。在相处中，他严格且温柔，严谨且谦虚，认真且包容……

总而言之，耿老师满足了我对读书人所有的想象，告诉我这一切原本就应该是这个样子才对。

第四篇

学术成果篇

耿明斋教授主要学术活动大事记

（1952—2021 年）

1952 年，出生于河南省滑县牛屯镇东杨庄村。

1965—1968 年，在滑县八中读初中。

1968—1969 年，回乡务农。

1970 年，在滑县牛屯镇高中读书。

1970—1975 年，回乡务农，先后任棉花技术员、民兵排长、生产队长。

1976—1977 年，在滑县牛屯镇何庄学校任民办教师。

1978 年，考入河南大学政教系。

1982 年，考入河南大学政教系政治经济学专业攻读硕士学位，师从周守正教授。

1984 年，提交学术论文《论社会主义劳动者的双重身份和社会主义个人消费品的双重分配》参加莫干山全国中青年经济科学工作者学术研讨会。

发表《从马克思关于“自由人联合体”的设想到农业生产责任制的实践》，并获 1987 年河南省第二次社会科学优秀成果青年奖。

1985 年，研究生毕业，获经济学硕士学位，留校任教直至 2022 年 2 月退休。

1986 年，发表《论我国国营企业工资改革的总体设想》，并获 1988 年河南省教育委员会首次社会科学奖三等奖。

1989 年，发表《企业产权转让研究八题》，获得 1990 年河南省教育委员会科学论文奖三等奖。

发表《关于股息和红利性质的理论思考》，并获 1991 年河南省经济学学会第四届优秀论文三等奖、河南大学 1988—1990 年优秀科研成果二等奖。

1990 年 9 月—1991 年 7 月，赴南开大学，师从谷书堂教授做访问学者。

1991 年，发表《对我国经济体制改革的回顾和思考》，并获 1992 年河南省教育委员会论文三等奖。

1992 年，获河南大学副教授职称。

推动河南大学取得国民经济学专业硕士研究生招生资格单位。

主持河南省新密市股票交易系统运行。

任河南省产权交易所顾问。

1993 年，任河南大学经济研究所副所长。

出版《公有制商品经济中的收入分配》，并获开封市经济学会 1994 年优秀奖。

1993 年作为导师招收政治经济学专业 6 名硕士研究生。

1994 年，推动成立河南大学改革与发展研究院并任院长，进行企业改革、区域经济发展等决策咨询研究。

与林凌教授保持长期合作关系。

作为导师招收政治经济学专业 9 名硕士研究生。

1995 年，作为导师招收政治经济学专业 4 名硕士研究生。

1996 年，主持《我国投资体制改革的目标模式及其运作方式研究》获国家社科基金项目立项。

发表《平原农业区工业化道路研究》。

作为导师招收投资学专业 6 名硕士研究生。

1997 年，作为导师招收投资学专业 14 名硕士研究生。

1998 年，获河南大学教授职称。

作为导师招收投资学专业 15 名硕士研究生。

1999 年，发表《投资拉动经济增长的实证分析与理论思考》，并获 2000 年河南省教育厅优秀论文奖一等奖。

作为导师招收国民经济学专业 5 名硕士研究生。

1999 年 4 月—2001 年 11 月，任河南大学经贸学院副院长。

2000 年，发表《河南科迪食品集团土地“承租返包”模式研究》。

出版《区域经济与企业发展研究》，并获 1999—2000 年度河南大学优秀科研成果奖。

作为导师招收国民经济学专业 2 名硕士研究生。

2001 年，主持《欠发达平原农业区产业结构调整升级与工业化发展模式研究》获国家社科基金重点项目立项。

出版《转轨时期的投资体制和投资运作方式》，并获河南大学 2001 年度优秀科研成果奖。

被聘为同济大学教授。

作为导师招收国民经济学专业 9 名硕士研究生。

2002 年，发表《有关我国信贷资产证券化的思考》，并获河南省教育厅 2002 年度人文社会科学研究优秀成果一等奖、河南省社会科学优秀成果评奖委员会 2002 年度河南省社会科学优秀成果二等奖。

发表《我国农民收入水平变动趋势分析》。

任河南大学经济学院院长。

作为导师招收国民经济学专业 11 名硕士研究生。

2003 年，推动河南大学取得区域经济学专业博士招生资格单位。

出版《国有资本生存边界与管理模式》，并获河南省教育厅 2003 年度人文社会科学研究优秀成果一等奖。

作为导师招收国民经济学专业 3 名硕士研究生。

2004 年，发表《关于经济学研究方法的若干思考》，并获 2004 年度河南省社会科学优秀成果二等奖、河南省教育厅 2004 年度人文社会科学研究优秀成果一等奖。

发表《中原城市群如何隆起》，首次提出“郑汴一体化”构想，被河南省委省政府采纳并写入“十一五”规划。

作为导师招收区域经济学专业博士生 1 名、国民经济学专业硕士生 4 名、区域经济学专业硕士生 1 名。

2005 年，推动河南大学经济学院取得政治经济学和国民经济学两个二级学科博士点招生资格单位。

被聘为河南省人民政府“十一五”规划专家委员会委员。

被聘为河南省经济学学会副会长。

被聘为河南省经济普查资料开发专家指导委员会专家。

作为导师招收区域经济学专业博士生 1 名、国民经济学专业硕士生 10 名、区域经济学专业硕士生 1 名。

2006 年，被河南省委、河南省人民政府授予“河南省优秀专家”。

访问英国卡迪夫大学。

作为导师招收区域经济学专业博士生 3 名、国民经济学专业硕士生 7 名、区域经济学专业硕士生 1 名。

2007 年，推动河南大学取得应用经济学博士后科研流动站单位。

《有关“郑汴一体化”若干基本问题的理论与对策研究》获河南省人民政府设立的首届河南省发展研究奖。

作为访问学者赴日本进行学术交流。

作为导师招收国民经济学专业博士生 1 名、国民经济学专业硕士生 3 名。

2008 年，主持《传统平原农区工业化与社会转型路径研究》获国家社会科学基金项目立项。

出版《中国经济社会转型探索》，并获 2008 年度河南省社会科学优秀成果一等奖。

作为导师招收博士后 5 名、国民经济学专业博士生 1 名、国民经济学专业硕士生 2 名。

2009 年，主持《中西部地区承接产业转移的政策措施研究》获国家社科基金重点项目立项。

被聘为全国哲学社会科学规划领导小组国家社会科学基金学科评审组专家。

被聘为河南大学第三届学术委员会校学术委员会委员。

推动成立河南大学中原发展研究院并任院长。

作为导师招收博士后 5 名、区域经济学专业博士生 1 名、国民经济学专业硕士生 3 名、区域经济学专业硕士生 1 名。

2009—2011 年，多次参加河南省“三化协调”及中原经济区上升国家战略论证会。

2010 年，被聘为河南省“十二五”规划专家咨询委员会委员。

被聘为河南省开封市政协经济委员会副主任。

前往美国耶鲁大学、纽约大学进行学术交流。

作为导师招收博士后 2 名、国民经济学专业博士生 2 名、国民经济学专业硕士生 8 名。

2011 年，主持《中西部地区承接产业转移的重点与政策研究》获国家社科基金重大项目立项。

被评为第六届全国高等学校“教学名师”。

获河南大学科研优秀奖。

被中国校友会网评为 2011 年第三届中国杰出人文社会科学家。

作为导师招收博士后 2 名、区域经济学专业博士生 1 名、国民经济学专业硕士生 5 名、区域经济学专业硕士生 4 名。

2012 年，出版《中原经济区现代化之路》，并获 2012 年度河南省社会科学优秀成果特等奖。

被聘为中共河南省委宣传部河南省特聘宣讲专家。

作为导师招收区域经济学专业博士生 2 名、国民经济学专业硕士生 2 名、区域经济学专业硕士生 5 名、金融硕士 2 名。

2013 年，被聘为河南大学经济学院名誉院长。

任河南大学中原发展研究院院长。

推动成立中原发展研究院理事会。

被评为全国优秀社会科学普及专家。

主持成立河南大学新型城镇化与中原经济区建设河南省协同创新中心，并成为获得硕士研究生招生资格单位。

参加由时任省委书记郭庚茂主持的推动新型城镇化问题系列省委常委专题议事会，主持研究报告获河南省委、省政府采纳证明，并被吸收到《中共河南省委关于科学推进新型城镇化的指导意见》中。

被聘为郑州航空经济管理学院河南航空经济研究中心首席科学家。

作为导师招收博士后 3 名、区域经济学专业博士生 3 名、国民经济学专业硕士生 2 名、区域经济学专业硕士生 4 名、金融硕士 2 名。

2014 年，出版《中原经济区竞争力报告（2013）》，并获河南省教育厅 2014 年度人文社会科学研究优秀成果特等奖、2014 年度省政府发展研究奖一等奖。

时任省委书记郭庚茂，对中原发展研究院题词“把中原发展研究院办成一流智库”。

被聘为河南大学第四届学术委员会委员。

作为导师招收博士后 4 名、国民经济学专业博士生 1 名、区域经济学专业博士生 1 名、国民经济学专业硕士生 3 名、区域经济学专业硕士生 2 名、金融硕士 3 名。

2014—2021 年，推动河南大学中原发展研究院、河南大学经济学院、河南大学黄河文明与可持续发展研究中心联合开展每年一次的河南省“百县千村”人口流动调研与数据建设项目。

2015 年，出版《航空经济概论》。

被选为河南省十二届人大代表。

被选为河南省第十二届人民代表大会财政经济委员会委员。

被选为中国国际经济交流中心理事。

前往美国考察联邦快递公司，在哥伦比亚大学进行学术交流。

作为导师招收博士后 2 名、区域经济学专业博士生 1 名、国民经济学专业硕士生 3 名、区域经济学专业硕士生 5 名、金融硕士 3 名。

2015—2021 年，与深圳海王集团总裁刘占军博士推动创办“中原发展研究创新奖”。

2016 年，受邀出席时任省委书记谢伏瞻主持召开的专家学者座谈会。

推动河南大学中原发展研究院成为开封市人民政府新型智库。

在复旦大学举办的高校自贸研究联盟年会上做专题报告。

作为导师招收博士后 3 名、国民经济学专业博士生 1 名、国民经济学专业硕士生 3 名、区域经济学专业硕士生 4 名。

2016—2021 年，推动中原发展研究院与杭州国际城市学研究中心在杭州市和开封市轮流举办每年一届的“两宋论坛”，得到河南省领导、浙江省领导徐光春、王国平、张大卫等的高度认可。

2017 年，被聘为河南省城乡规划专家委员会委员。

被选为河南省城市化发展研究所学术委员会主席。
被聘为河南省法治智库专家。
被聘为河南嵩山智库高级研究员。
作为导师招收博士后 3 名、区域经济学专业博士生 1 名、国民经济学专业硕士生 4 名、区域经济学专业硕士生 4 名。

2018 年，被选为河南省第十三届人大代表。
被选为河南省第十三届人大财经委员会委员。
被选为中国社会科学院—郑州市人民政府郑州研究院第一届理事会理事。
作为导师招收博士后 1 名、区域经济学专业博士生 1 名、国民经济学专业硕士生 4 名、区域经济学专业硕士生 4 名。

2019 年，被聘为河南省“十四五”规划专家咨询委员会专家。
入选首批“河南省高层次人才 B 类”。
被河南省人大常委会办公厅评为“河南省优秀省人大代表”。
作为导师招收博士后 1 名、应用经济学专业硕士生 7 名。

2020 年，被聘为河南大学中原发展研究院名誉院长、学术委员会主任。
被聘为河南省自然资源决策咨询委员会委员。
作为导师招收应用经济学专业硕士生 3 名。

2021 年，被河南省省长王凯聘为 12 位河南省人民政府专家咨询委员会委员之一。
推动河南大学中原发展研究院与清华大学农村研究院共同举办“乡村振兴与粮食安全座谈会”，陈锡文、郭庚茂、杜鹰、尹成杰、张大卫、刘满仓、武国定、黄季焜、张延秋、张红宇、李晋陵等专家学者参会研讨。
作为导师招收博士后 3 名、应用经济学专业硕士生 3 名、保险硕士 2 名、金融硕士 1 名。

耿明斋教授主要学术成果

（1984—2021 年）

一、主要学术论文

1. 耿明斋：《从马克思关于“自由人联合体”的设想到农业生产责任制的实践》，《河南大学学报（社会科学版）》1984 年第 6 期（1987 年获河南省第二次社会科学优秀成果青年奖）。

2. 耿明斋：《论我国国营企业工资改革的总体设想》，《中国劳动科学》1986 年第 4 期（1988 年获一九八八年河南省教育委员会首次社会科学奖三等奖）。

3. 耿明斋：《兰格社会主义资源最优配置理论介评》，《河南大学学报（社会科学版）》1988 年第 6 期。

4. 耿明斋、席春迎：《谈谈计件工资制的几个问题》，《中国劳动科学》1988 年第 7 期。

5. 耿明斋、席春迎：《关于企业产权转让问题的探讨》，《经济问题探索》1988 年第 12 期。

6. 耿明斋：《企业产权转让研究八题》，《南开经济研究》1989 年第 1 期（1988 年获“双龙杯”改革题材论文大奖赛优秀论文奖；1990 年获一九九零年河南省教育委员会科学论文奖三等奖）。

7. 耿明斋：《关于股息和红利性质的理论思考》，《经济问题探索》1989 年第 10 期（1991 年获河南省经济学学会第四届优秀论文三等奖、河南大学 1988—1990 年优秀科研成果二等奖）。

8. 耿明斋：《关于企业内部分配制度改革的几点思考》，《河南大学学报

（社会科学版）》1989 年第 6 期。

9. 耿明斋：《布鲁斯的价值规律作用理论述评》，《河南大学学报（社会科学版）》1991 年第 3 期。

10. 耿明斋：《关于股份制企业收入分配的几个问题》，《经济问题探索》1991 年第 6 期（1993 年获 1990—1992 年度河南省社会科学优秀成果三等奖）。

11. 耿明斋：《进一步改革国家所有制关系的思路》，《探索与争鸣》1991 年第 4 期。

12. 谷书堂、耿明斋：《对我国经济体制改革的回顾和思考》，《南开经济研究》1991 年第 5 期（1992 年获河南省教育委员会论文三等奖）。

13. 谷书堂、耿明斋：《经济改革的思考》，《全民所有制企业的活力与发展中国人民大学中国经济改革与发展研究院会议论文集》1991 年 10 月。

14. 耿明斋：《论布鲁斯“分权模式”的局限》，《河南大学学报（社会科学版）》1992 年第 3 期。

15. 耿明斋：《沪深股市走势分析》，《决策探索》1993 年第 1 期。

16. 耿明斋、张建伟：《公有制与市场经济的矛盾及解决途径》，《决策探索》1995 年第 12 期。

17. 耿明斋：《平原农业区工业化道路研究》，《南开经济研究》1996 年第 4 期。

18. 耿明斋：《刺激—反应：政企合一的乡镇企业模式之制度分析》，《经济体制改革》1996 年第 5 期。

19. 耿明斋、常宗贤、申海波：《乡镇企业的政企合一模式能有效节约交易费用》，《河南大学学报（社会科学版）》1996 年第 6 期。

20. 耿明斋：《平原农业区工业化道路探索——以开封县为例》，载《第一届中国软科学学术年会论文集》1996 年 12 月。

21. 耿明斋、杨乃鸽：《风险投资与风险资本》，载《中国人民大学中国经济改革与发展研究院会议论文集》1998 年 10 月。

22. 耿明斋、乔东杰：《中国股市发展 15 年：历史回顾与前景展望》，《河南大学学报（社会科学版）》1999 年第 5 期。

23. 耿明斋、胡晓鹏：《投资拉动经济增长的实证分析与理论思考》，《经济学动态》1999 年第 11 期（2000 年获河南省教育厅优秀论文奖一等奖）。

24. 耿明斋、郑一帆：《政府在西部发展中的作用》，《重庆商学院学报》2000 年第 3 期。

25. 耿明斋、郑一帆：《转轨时期我国政府投资领域的再界定》，《经济学动态》2000 年第 5 期。

26. 耿明斋：《河南科迪食品集团土地“承租返包”模式研究》，《中国农村经济》2000 年第 7 期。

27. 耿明斋：《论投资、投资体制及其改革的目标模式》，《河南大学学报（社会科学版）》2001 年第 2 期。

28. 耿明斋：《股票期权制度的理论基础和激励功能》，《经济体制改革》2002 年第 4 期。

29. 耿明斋、邓淑斌：《我国农民收入水平变动趋势分析》，《经济学家》2002 年第 5 期。

30. 耿明斋、郑一帆：《有关我国信贷资产证券化的思考》，《经济学动态》2002 年第 7 期（2003 年获河南省社会科学优秀成果二等奖、河南省教育厅人文社会科学研究优秀成果一等奖）。

31. 耿明斋：《应该在国有企业中建立起长期激励机制》，《企业活力》2002 年第 8 期。

32. 耿明斋：《我国股票期权制度实施方案评介》，《改革与理论》2002 年第 12 期。

33. 耿明斋：《股票期权及其长期激励机制》，《企业活力》2002 年第 12 期。

34. 耿明斋、邓淑斌：《重新认识我国场外交易市场》，《财贸经济》2003 年第 2 期。

35. 耿明斋：《我国农民收入水平变动趋势分析与对策思考》，《河南社会科学》2003 年第 3 期。

36. 耿明斋：《关于经济学研究方法的若干思考》，《经济学动态》2004 年第 1 期（2005 年获河南省社会科学优秀成果二等奖、河南省教育厅人文社会科学研究优秀成果一等奖）。

37. 耿明斋：《欠发达平原农业区工业化若干问题研究》，《中州学刊》2004 年第 1 期。

38. 耿明斋、邓淑斌：《河南国有工业企业竞争力分析》，《企业活力》2004 年第 1 期。

39. 耿明斋：《高管薪酬与公司业绩关系的实证分析与对策思考》，《经济体制改革》2004 年第 1 期。

40. 耿明斋：《中原城市群如何隆起》，《河南日报》2004 年 4 月 16 日。

41. 耿明斋：《中原城市群经济隆起带建设与开封经济发展思路》，《企业活力》2004 年第 11 期。

42. 耿明斋：《欠发达平原农业区工业化道路——长垣县工业化发展模式考察》，《南阳师范学院学报（社会科学版）》2005 年第 1 期。

43. 耿明斋：《中原崛起与传统农区工业化道路》，载《促进中部崛起高层论坛论文集》2005 年 4 月。

44. 耿明斋：《现代空间结构理论回顾及区域空间结构的演变规律》，《企业活力》2005 年第 11 期。

45. 耿明斋：《河南省经济空间结构特点及调整开发秩序的战略思路》，《企业活力》2005 年第 12 期。

46. 耿明斋：《中原崛起与河南烟草行业的发展》，《河南日报》2005 年 12 月 28 日。

47. 耿明斋：《论城市的功能及“经营城市”的基本思路》，《企业活力》2006 年第 8 期。

48. 耿明斋：《农业区工业化的一般理论分析》，《河南大学学报（社会科学版）》2007 年第 3 期。

49. 耿明斋：《河南在中部崛起过程中的地位与作用》，《地域研究与开发》2007 年第 3 期。

50. 耿明斋：《农民走向现代化还需迈过哪些坎儿》，《河南日报》2008 年 12 月 24 日。

51. 耿明斋：《传统农区工业化过程中农地产权制度变迁的经济分析》，《河南大学学报（社会科学版）》2009 年第 2 期。

52. 李燕燕、耿明斋：《工业化与农地产权制度演进的方向》，《经济学动态》2009 年第 6 期。

53. 耿明斋：《加大经济结构调整力度》，《河南日报》2009 年 12 月 9 日。

54. 耿明斋：《“三化”协调与发展方式转变》，《河南日报》2010 年 4 月 21 日。

55. 耿明斋：《“郑汴一体化”诞生始末》，《中国经营报》2010 年 8 月 23 日。

56. 耿明斋：《关于中原经济区建设的若干基本问题》，《河南教育（中旬）》2011 年第 1 期。

57. 耿明斋：《用智慧服务中原崛起》，《光明日报》2011 年 2 月 18 日。

58. 耿明斋：《对新型城镇化引领“三化”协调发展的几点认识》，《河南工业大学学报（社会科学版）》2011 年第 4 期。

59. 耿明斋：《跨越中等收入陷阱与传统农区的文明转型》，《河南日报》2012 年 7 月 12 日。

60. 耿明斋：《新型城镇化——村庄改造和农村社区建设调查报告》，载《社会主义经济理论研究集萃（2012）——稳中求进的中国经济》2012 年 10 月。

61. 耿明斋：《中原经济区现代化之路的必然选择》，《河南日报》2012 年 10 月 31 日。

62. 耿明斋：《凸显中国经济发展方式转型之痛》，《中国经济时报》2013 年 4 月 22 日。

63. 耿明斋、吴乐、蔡胜勋：《农业适度规模家庭经营的理论思考与政策建议》,《河南大学学报（社会科学版）》2015 年第 1 期。

64. 耿明斋：《“创新”——实现百年目标的基本推动力》,《河南日报》2015 年 11 月 12 日。

65. 耿明斋、邵阳子、秦敏花等：《坚持开放发展　构建对外开放新格局》,《河南日报》2016 年 3 月 16 日。

66. 耿明斋：《坚持四化同步　开拓发展空间》,《河南日报》2016 年 6 月 22 日。

67. 耿明斋：《以大郑州都市区规划推动郑汴港协调发展》,《河南科学》2016 年第 9 期。

68. 耿明斋、秦敏花、娄春杰等：《加强自贸区建设　打造内陆开放新高地》,《开封日报》2016 年 12 月 17 日。

69. 耿明斋、张大卫：《论航空经济》,《河南大学学报（社会科学版)》2017 年第 3 期。

70. 耿明斋：《新经济的张力及其对经济增长的支撑》,《区域经济评论》2017 年第 3 期。

71. 耿明斋：《推动创新要素加快聚集》,《河南日报》2017 年 9 月 18 日。

72. 耿明斋：《推动河南经济高质量发展》,《河南日报》2019 年 1 月 13 日。

73. 耿明斋：《以县城为载体带动县域发展和乡村振兴》,《河南日报》2019 年 7 月 28 日。

74. 耿明斋、张景林：《把握农户迁徙规律　有序推进村落改造》,《河南日报》2020 年 3 月 11 日。

75. 耿明斋：《转换赛道　构建河南高质量发展新格局》,《河南日报》2021 年 10 月 14 日。

76. 耿明斋：《建设国家创新高地》,《河南日报》2021 年 11 月 3 日。

二、主要学术著作

1. 耿明斋、周德章：《农村经济发展与结构变动》，中原农民出版社，1991 年。

2. 耿明斋、蔡继明：《公有制商品经济中的收入分配》，陕西人民出版社，1993 年（1994 年获开封市经济学会一九九四年优秀论文）。

3. 耿明斋：《中国企业股份化改造实务指南》，河南人民出版社，1994 年。

4. 耿明斋：《区域经济与企业发展研究》，中国经济出版社，2000 年（2001 年获 1999—2000 年度河南大学优秀科研成果奖）。

5. 耿明斋：《转轨时期的投资体制和投资运作方式》，中国经济出版社，2001 年（2003 年获河南大学 2001 年度优秀科研成果奖）。

6. 耿明斋、李燕燕：《国有资本生存边界与管理模式》，中国经济出版社，2003 年（2004 年获河南省教育厅人文社会科学研究优秀成果一等奖）。

7. 耿明斋：《马克思经济理论的阐释与发展》，河南大学出版社，2004 年。

8. 耿明斋、裴松宪：《资源型区域可持续发展探索》，社会科学文献出版社，2006 年。

9. 耿明斋：《欠发达平原农区经济发展与制度转型》，河南人民出版社，2006 年（2007 年获 2006 年度河南省社会科学优秀成果三等奖）。

10. 耿明斋：《中国经济社会转型探索》，社会科学文献出版社，2008 年（2009 年获 2008 年度河南省社会科学优秀成果一等奖）。

11. 耿明斋、李燕燕：《中国农区工业化路径研究——以欠发达平原农区为例》，社会科学文献出版社，2009 年。

12. 耿明斋：《薪火相传　师道长存》，社会科学文献出版社，2009 年。

13. 娄源功、耿明斋：《中原经济区建设总览》，中国经济出版社，2011 年。

14. 耿明斋：《中原经济区竞争力报告（2011）》，社会科学文献出版社，2012 年。

15. 耿明斋、李燕燕：《中原经济区现代化之路》，人民出版社，2012 年（2013 年获 2012 年度河南省社会科学优秀成果特等奖）。

16. 耿明斋：《产业发展和结构调整——基于传统农区的实践》，社会科学文献出版社，2012 年。

17. 耿明斋：《城镇化引领“三化”协调发展——理论思考与实践探索》，社会科学文献出版社，2012 年。

18. 耿明斋：《中原经济区竞争力报告（2012）》，社会科学文献出版社，2013 年。

19. 耿明斋：《中原经济区发展指数研究报告（2013）》，人民出版社，2013 年。

20. 耿明斋、李燕燕：《中原经济区金融竞争力报告》，人民出版社，2013 年。

21. 耿明斋：《改革红利论——全面深化经济体制改革的理论探索》，人民出版社，2013 年。

22. 耿明斋：《人口流动、制度壁垒与新型城镇化——基于实地调查的报告》，社会科学文献出版社，2013 年。

23. 耿明斋、李燕燕：《中原争鸣集（2013）新型城镇化与产业转型》，社会科学文献出版社，2013 年。

24. 耿明斋：《中原经济区竞争力报告（2013）》，社会科学文献出版社，2014 年（2015 年获河南省教育厅人文社会科学研究优秀成果特等奖）。

25. 耿明斋：《中原经济区发展指数研究报告（2014）》，社会科学文献出版社，2014 年。

26. 耿明斋：《中原经济区金融竞争力报告（2014）》，社会科学文献出版社，2014 年。

27. 耿明斋：《中原经济区财政发展报告（2014）》，社会科学文献出版社，2014 年。

28. 耿明斋：《黄河下游农区工业化与社会转型研究》，社会科学文献出版社，2014 年。

29. 耿明斋：《中原经济区竞争力报告（2014—2015）》，社会科学文献出版社，2015 年。

30. 耿明斋：《中原经济区发展指数研究报告（2015）》，社会科学文献出版社，2015 年。

31. 耿明斋：《中原经济区金融竞争力报告（2015）》，社会科学文献出版社，2015 年。

32. 耿明斋：《郑州航空港经济综合试验区发展报告（2015）》，社会科学文献出版社，2015 年。

33. 耿明斋：《中原经济区财政发展报告（2015）》，河南人民出版社，2015 年。

34. 耿明斋：《地方治理体系现代化研究——河南省市县并立体制研究》，社会科学文献出版社，2015 年。

35. 耿明斋：《中国农业现代化：困惑与探索》，社会科学文献出版社，2015 年。

36. 耿明斋、王雪云：《河南省十大民生工程政策评估报告》，社会科学文献出版社，2015 年。

37. 耿明斋、张大卫：《航空经济概论》，人民出版社，2015 年。

38. 耿明斋：《中原经济区竞争力报告（2016）》，社会科学文献出版社，2016 年。

39. 耿明斋：《中原经济区发展指数研究报告（2016）》，社会科学文献出版社，2016 年。

40. 耿明斋：《中原经济区金融竞争力报告（2016）》，社会科学文献出版社，2016 年。

41. 耿明斋：《郑州航空港经济综合试验区发展报告（2016）》，社会科学文献出版社，2016 年。

42. 耿明斋：《中原经济区财政发展报告（2016）》，河南人民出版社，

2016年。
43. 耿明斋：《中原经济区农业发展报告（2016）》，河南人民出版社，2016年。
44. 耿明斋：《河南省上市公司发展报告（2015）》，河南人民出版社，2016年。
45. 耿明斋：《中原发展研究报告集（2016）》，河南大学出版社，2016年。
46. 耿明斋：《中原经济区竞争力报告（2017）》，社会科学文献出版社，2017年。
47. 耿明斋：《青年说——第一二届中原发展研究创新奖成果集》，河南大学出版社，2017年。
48. 耿明斋：《郑州航空港经济综合试验区发展报告（2017）》，社会科学文献出版社，2017年。
49. 耿明斋：《河南省上市公司发展报告（2016）》，河南人民出版社，2017年。
50. 耿明斋：《开封经济蓝皮书（2017）》，河南人民出版社，2017年。
51. 耿明斋：《中原发展研究报告集（2017）》，河南大学出版社，2017年。
52. 耿明斋、村上直树：《中日城镇化比较研究》，社会科学文献出版社，2017年。
53. 耿明斋：《青年说——第三届中原发展研究创新奖成果集》，河南大学出版社，2018年。
54. 耿明斋：《郑州航空港经济综合试验区发展报告（2018）》，社会科学文献出版社，2018年。
55. 耿明斋、王雪云：《中原经济区财政发展报告（2017—2018）》，河南人民出版社，2018年。
56. 耿明斋：《河南省上市公司发展报告（2017）》，河南人民出版社，2018年。
57. 耿明斋：《开封经济蓝皮书（2018）》，河南人民出版社，2018年。
58. 耿明斋：《中原发展研究报告集（2018）》，河南大学出版社，2018年。
59. 耿明斋：《中西部地区承接产业转移：案例和政策创新》，社会科学文献出版社，2018年。
60. 耿明斋：《中西部地区承接产业转移：理论和政策》，人民出版社，2018年。
61. 耿明斋：《整村调查报告（2017）》，河南人民出版社，2018年。
62. 耿明斋：《郑州航空港经济综合试验区发展报告（2019）》，社会科学文献出版社，2019年。
63. 耿明斋：《河南省上市公司发展报告（2018）》，企业管理出版社，

2019 年。

64. 耿明斋：《开封经济蓝皮书（2019）》，河南人民出版社，2019 年。

65. 耿明斋：《整村调查报告（2018）》，中国经济出版社，2019 年。

66. 耿明斋：《青年说——第四届中原发展研究创新奖成果集》，河南大学出版社，2020 年。

67. 耿明斋：《青年说——第五届中原发展研究创新奖成果集》，企业管理出版社，2020 年。

68. 耿明斋：《中原发展研究报告集（2019）》，河南大学出版社，2020 年。

69. 耿明斋：《中原发展研究报告集（2020）》，企业管理出版社，2020 年。

70. 耿明斋：《整村调查报告（2019）》，中国经济出版社，2020 年。

71. 耿明斋：《河南省城市可持续发展报告（2019）》，企业管理出版社，2020 年。

72. 耿明斋：《整村调查报告（2020）》，中国经济出版社，2021 年。

三、主持主要科研项目

1. 《我国投资体制改革的目标模式及其运作方式研究》，国家社科基金一般项目，1996 年。

2. 《欠发达平原农业区产业结构调整升级与工业化发展模式研究》，国家社科基金重点项目，2001 年。

3. 《河南省协调空间开发秩序和调整空间结构研究》，河南省“十一五”规划重大课题，2004 年。

4. 《建设中原城市群经济隆起带的思路与对策研究》，河南省教育厅科学技术研究重点项目，2005 年。

5. 《黄河下游农区工业化与社会转型路径研究》，教育部人文社会科学重点研究基地重大项目，2006 年。

6. 《河南省利用农产品期货市场的对策研究》，河南省哲学社会科学规划项目，2007 年。

7. 《传统平原农区工业化与社会转型路径研究》，国家社科基金一般项目，2008 年。

8. 《中西部地区承接产业转移的政策措施研究》，国家社科基金重点项目，2009 年。

9. 《传统平原农业区工业化与经济社会型推进路径规划》，河南省哲学社会科学规划项目，2009 年。

10. 《中原经济区蓝皮书》，河南省哲学社会科学规划项目，2010 年。

11. 《中原经济区内部空间结构及其功能定位的重新审视与研究》，河南省哲学社会科学规划项目，2010 年。

12. 《中西部地区承接产业转移的重点与政策研究》，国家社科基金重大项目，2011 年。

13. 《中原经济区新型城镇化引领作用研究》，河南省教育厅人文社会科学研究一般项目，2011 年。

14. 《中原经济区新型城镇化引领“三化”协调发展推进路径研究》，河南省哲学社会科学规划重大项目，2012 年。

15. 《中原经济区竞争力发展报告》，教育部哲学社会科学发展报告项目，2013 年。

16. 《基于劳动力流动与制度变迁互动关系的中原经济区新型城镇化引领“三化”协调发展的动力机制和实现模式研究》，河南省教育厅人文社会科学研究一般项目，2013 年。

17. 《当前河南实施乡村振兴战略的难点及破解路径》，河南省哲学社会科学规划重大项目，2019 年。

四、主要研究报告

1. 《抓住煤炭开发机遇　重构永城经济格局——永城县经济发展研究报告》，1994 年。

2. 《营造科技工业园区　推动工业化、城市化进程——长葛市经济发展研究报告》，1995 年。

3. 《平原农业区工业化道路探索——开封县经济发展研究报告》，1995 年。

4. 《新郑市属工业企业改革与发展研究报告》，1995 年。

5. 《中牟县经济起飞的基本思路和对策研究》，1996 年。

6. 《开封经济技术开发区总体发展研究报告（1996—2010）》，1996 年。

7. 《发展“大农业经济”探索欠发达平原农业区现代化道路——河南科迪食品集团发展模式研究》，1998 年。

8. 《梁园区经济发展思路与对策》，2004 年。

9. 《有关“郑汴一体化”若干基本问题的理论与对策研究》，2005 年。

10. 《大冶镇可持续发展方案设计与实施对策》，2005 年。

11. 《河南省开封经济技术开发区、高新技术产业园“十一五”规划方案》，2005 年。

12. 《中国中原地区食品加工企业调查研究》，2006 年。

13. 《中原地区农民工回流创业调查研究》，2007 年。

14.《新密市产业结构调整调研报告》，2007 年。

15.《荥阳市中小企业调研报告》，2009 年。

16.《吉林省公主岭市城镇化及“三化”协调发展战略规划》，2010 年。

17.《“十二五”时期中原大化发展战略导向及思路研究》，2010 年。

18.《鹤壁现代城市形态发展战略规划（2011—2020）》，2011 年。

19.《上市公司财务规范运作及风险防范管理》，2011 年。

20.《上市公司关联交易分析及规范管理》，2011 年。

21.《煤炭工业组织机构与投资环境分析》，2011 年。

22.《中原经济区城镇体系研究》，2011 年。

23.《郑东新区“十二五”规划》，2011 年。

24.《鹤壁市单元组合型城市发展战略规划》，2011 年。

25.《商周一体化发展战略规划》，2011 年。

26.《济源市 2011—2015 年有色金属产业发展规划》，2012 年。

27.《郑州航空经济综合实验区产业发展战略规划》，2012 年。

28.《河南财政税务高等专科学校战略合作研究项目》，2013 年。

29.《滑县牛屯镇经济社会发展战略规划》，2013 年。

30.《潢川县区域性中心城市发展战略规划》，2013 年。

31.《灵宝市城市西区经济社会发展战略规划》，2013 年。

32.《郑东新区金融城建设发展规划》，2013 年。

33.《河南省发改委战略合作研究项目》，2014 年。

34.《开封谋建新型副中心城市战略规划》，2014 年。

35.《开封市顺河区经济社会发展战略规划》，2014 年。

36.《郑东新区现代服务业三年行动计划（2015—2017）》，2014 年。

37.《地方治理体系现代化——省直管县研究》，2014 年。

38.《河南出版集团咨询报告》，2015 年。

39.《中国（河南）自由贸易试验区建设模式创新研究》，2015 年。

40.《县级城市、中心镇建设管理和发展研究》，2015 年。

41.《获嘉县“十三五”规划》，2015 年。

42.《开封市顺河区“十三五”规划》，2015 年。

43.《濮阳市“十三五”工业转型升级规划》，2015 年。

44.《通许县“十三五”规划》，2015 年。

45.《项城市“十三五”规划》，2015 年。

46.《新密市“十三五”规划》，2015 年。

47.《郑州市十三五规划重大问题研究——针对郑州的特色政策试验区突破方向研究》，2015 年。

48.《开封市政府新型智库研究项目》，2016 年。

49. 《运城市对外开放与现代服务业引领转型发展专项规划》，2016 年。
50. 《保障性住房供给侧结构改革研究》，2016 年。
51. 《关于河南省民营经济发展问题研究项目》，2017 年。
52. 《开封市顺河回族区特色小镇发展规划》，2017 年。
53. 《禹王台区特色小镇专项规划》，2017 年。
54. 《哥伦比亚大学地球研究院合作研究项目》，2018 年。
55. 《巩义市“十三五”规划实施中期评估》，2018 年。
56. 《开封市地热资源开发利用战略规划研究》，2018 年。
57. 《县域经济高质量发展专题研究》，2018 年。
58. 《河南省核心农区发展研究》，2018 年。
59. 《开封市营商环境第三方评价》，2018 年。
60. 《中原勒芒战略规划研究》，2018 年。
61. 《新密市“十三五”规划实施中期评估》，2018 年。
62. 《新乡市 2049（空间）发展战略规划——新乡市人口与城镇化研究专题》，2018 年。
63. 《河南光电子芯片器件研发平台可行性报告》，2018 年。
64. 《“十四五”时期河南省金融支撑经济高质量发展研究》，2019 年。
65. 《区域人才竞争力评价报告》，2019 年。
66. 《以改革体制机制促协同、提升郑州大都市区建设影响力、带动力、辐射力研究》，2019 年。
67. 《以“四路”先行先试为重点　创新我省高水平开放体制机制研究》，2019 年。
68. 《开封市高质量可持续发展战略规划》，2019 年。
69. 《开封在郑汴港核心区中的定位和发展方向》，2019 年。
70. 《沁阳市新型智库研究项目》，2019 年。
71. 《许昌市营商环境评估和评价》，2019 年。
72. 《郑州大都市区空间规划（2017—2030 年）——大都市区省市政策支撑体系协同专题》，2019 年。
73. 《滑县营商环境第三方评价》，2020 年。
74. 《杞县“十四五”规划》，2020 年。
75. 《沁阳市“十四五”规划》，2020 年。
76. 《战略支撑与要素保障——汝南发展定位、战略方向与实施对策研究》，2020 年。
77. 《尉氏县“十四五”规划》，2020 年。
78. 《舞阳县“十四五”规划》，2020 年。
79. 《襄城县“十四五”规划》，2020 年。

80.《新密市“十四五”规划》，2020 年。

81.《义马市“十四五”规划》，2020 年。

82.《柘城县“十四五”规划》，2020 年。

83.《长葛市工业发展战略规划》，2020 年。

84.《郑州市“十四五”规划重大问题研究——“十四五”期间郑州市推进“东强”战略研究》，2020 年。

85.《“十四五”时期中牟县经济社会发展阶段性特征及规划主题主线研究》，2020 年。

86.《中牟县“十四五”规划》，2020 年。

87.《确山县“十四五”规划》，2020 年。

88.《漯河市现代化食品名城专项发展规划》，2021 年。

89.《漯河市创新之城发展规划》，2021 年。

90.《漯河市融入郑州都市圈一体化发展规划》，2021 年。

91.《郑开同城化发展思路及重点研究》，2021 年。

92.《开封自贸区创新发展思路及战略重点研究》，2021 年。

93.《开封市推进制造立市的产业路径和保障措施》，2021 年。

五、获批示和采纳的主要研究成果

1. 2005 年 8 月，《有关“郑汴一体化”若干基本问题的理论与对策研究》获河南省副省长批示。

2. 2006 年 12 月 11 日，《“郑汴一体化”系列研究报告》获开封市人民政府采纳。

3. 2013 年 10 月 11 日，《新型城镇化调研系列报告》获河南省人大副主任批示。

4. 2013 年 11 月 10 日，关于新型城镇化建议获河南省发展和改革委员会采纳。

5. 2013 年 11 月 12 日，《中原经济区新型城镇化引领三化协调发展推进路径研究》获河南省委政策研究室采纳。

6. 2013 年 11 月 29 日，《新型城镇化调研系列报告》获河南省常务副省长批示。

7. 2014 年 8 月 8 日，《中原经济区财政发展报告（2014）》获河南省政协副主席批示。

8. 2014 年 10 月，中原发展研究院智库成果获河南省委书记批示。

后 记

2021年9月24日18：30，师弟柴森给我打电话说2022年是河南大学建校110周年，也是耿老师在河南大学从教40周年，同时也是耿老师将年满70周岁、从河南大学正式办理退休手续的一年，他和张国骁、李少楠等几个在读博士生和硕士生商议能否在2022年举行一个活动来纪念一下这个非常有意义的年份。作为耿老师招收的第一名博士生，52岁的我深深被师弟师妹们的感恩精神打动，当即告诉他2022年我们这些学生们可以自发地做三件事情：举行一次耿明斋教授经济思想研讨会、出版一本耿明斋教授经济思想文集、照一张耿明斋教授指导过的硕士生、博士生和博士后合影照片。本书就是在这种背景下酝酿而成的。

2021年的国庆节，在中华人民共和国成立72周年之际，耿明斋经济思想研讨会筹备组正式向已经联系上的200位接受过耿明斋教授指导的硕士生、博士生和博士后发出了《耿明斋教授经济思想研讨会文稿邀请信》，考虑到同学们目前都已在各自领域肩负重担的实际情况，本着所有人自愿提笔、绝不强求的原则，希望大家在2022年元旦之前贡献自己的宝贵思想和文字，以便能够在研讨会召开之前出版成书并及时邮寄给大家。

在认真研读了耿明斋教授52岁时作为学生为自己的导师周守正先生编著的《马克思经济理论的阐释与发展：庆祝周守正教授90华诞暨执教60周年文集》和《薪火相传　师道长存：周守正教授纪念文集》之后，我发现这两本书中的文章全是周先生学生所作，原因很简单，那就是曾经与周先生工作过的同事们也已步入耄耋之年。但耿老师现在才刚刚70岁，仅我熟知与他交好的师长、同学、同事已经不少，如果能够邀请他们中的几位执笔撰文，将会为本书增色不少，最起码能够打破文章作者仅限于学生的局限，丰富和提升本书的层次，因为相对完整的学术评价通常包括前辈、同行和晚辈评价三个层次。经慎重考虑后，我选择了周守正先生教授的第一届硕士研究生、耿老师75岁的师兄赵学增教授（华南师范大学经济学院博士生导师）作为他的师长代表，与耿老师一起在河南大学经济学院工作过的李庆春书记（现任河南省郑州电子信息职业技术学院党委书记）、赵新顺教授（现任河南大学迈阿密学院院长）、程怀儒教授（后调入广西财经学院任教）作为他的同事，为本书增加厚重的文字。令我感动的是，四位老师和领导听了我的想法后非常高兴，非但没有以繁重的学术、行政工作压力为借口推辞，而且一口答应会如期交稿。更让我兴奋的是，李庆春书记向当时在耿老师身边一起工作的冯海清副院长（现任河南大学商学院党委书记）、王志乾主任（现任河南大学保卫处处长）转述了我的想法后，两位领导主动提出一定要贡献自己的文字。当我兴奋地向耿老师汇报了我和以上六位老师沟通的情况后，本想继续再拜托几位他硕士阶段的同窗好友提笔撰文，他却明确地告诉我不要再给其他人添麻烦了，毕竟将思想付诸于文字会耗费别人很多精力。

2022 年元旦，筹备组在收集到同学们提供的 69 篇共计 25 万字的文稿后，明确告诉大家绝不会责备由于一些客观原因而没有来得及提供文稿的同学，每一位同学都仍将一如既往地得到耿老师的关心和同学们的尊重。

曾经作为耿老师在河南大学中原研究院工作的重要助手、现在河南大学经济学院任教的郑祖玄副教授无意中得知了我们的工作后，主动为本书贡献了一篇文稿。2 月 22 日 9：45，赵新顺教授将自己为本书撰写的《中原学人风格的典范——耿明斋教授》文稿发到朋友圈后，在河南大学经济学科教师群体中引起了很大反响，河南大学经济学院领导班子当天开会研究决定将耿明斋经济思想研讨会的召开作为学院校庆工作的第一件大事来对待。宋丙涛院长在听取了我们学生自发组织的工作情况后，明确提出经济学院将全力支持本书的编辑与出版、耿明斋教授经济思想研讨会的筹备和召开，并认为此次活动的主体应该是耿老师的学生。此外，他主动提出自己不但要贡献一篇文稿，还要亲自出面邀请耿老师的同窗好友蔡继明教授（现在清华大学任教）为本书作序，并联系耿老师在经济学院学科建设期间不拘一格引进的彭凯翔教授（现在武汉大学经济与管理学院任教）为本书撰写文稿。

3 月 3 日 19：34，河南大学官方微信平台上推出了李庆春书记为本书撰写的《亦师亦友亦长者——我所认识的耿明斋教授》文稿后，在社会上引起了极大反响，曾在郑州大学经济系任教，担任过郑州大学商学院院长、郑州大学副校长、郑州市副市长、河南省人民政府外事侨务办公室党组书记、河南省金融办主任的孙新雷教授和河南大学现任党委书记卢克平教授当天读后欣然为耿老师题诗，一些在外地工作没有联系上的同学读后也陆续在百忙中为本书提供了文稿。

3 月 14 日，本书完成了第六次统稿工作，书名为《做一个有社会责任感的经济学人——耿明斋教授经济思想述评》。此名取自耿老师 2008 年所著《中国经济社会转型探索》中代序言的文章标题《做一个有社会责任感的经济学人》，他在文中开篇就谈到自己 2006 年 10 月 9 日在河南大学科研大会上代表受表彰的七位有突出贡献学者的发言中说道："一个真正的经济学人首先要关注社会的命运，有强烈的社会责任感。"之后他简要回顾了自己求知的人生经历，严肃地写下了以下文字："在过去的20多年中……我终于明白，努力做一个合格的经济学人是我人生的最高理想……回想起自己所走过的学术研究历程，最初对理论的兴趣就来源于对自己所看到的某些社会不公平现象探求原因和给出解决办法的朴素愿望，20多年来能够使我不计较利益得失和各种恩恩怨怨、持续对学术研究保持浓厚兴趣的动力源泉也是对社会现象和生活命运的关注。"作为待在他身边求学时间相对较长的学生，我读他的书最喜欢的部分是序和后记，因为从这些文字中我能够获得自己最渴望的东西——如何探索自己的研究对象，即西方经济学的6W模式——What、Who（Whom）、Why、When、Where、How。我觉得他此部分的文字最引人入胜，在严密的逻辑框架下娓娓道来，其中还有个别经济学专业文章中不能使用的文学性词语，每每读后，回味无穷，显然，他分享给读者的是"渔"而不是"鱼"。既然他已经表达了自己的理想是做一个有社会责任感的经济学人，而本书就是他的师长、同辈和学生为回顾和总结他的阶段性经济思想而作，用客观结果来对照预期目标是检验完成性最好的方式，因此，我觉得本书取名《做一个有社会责任感的经济学人——耿明斋教授经济思想述评》可能最为贴切。事实上，统稿结束后，耿老师对本书的书名没有提出异议。

本书共收录了75篇文章，主要内容分为"经济思想篇""良师益友篇""教育教学篇""学术成果篇"4个部分。

"经济思想篇"共20篇文章、18.7万字左右。主要从学术思想、社会主义基本经济制度、资本投资、农区工业化、治学方法、为社会服务等角度，对耿明斋教授1984—2020年的学术成果进行梳理和分析。作者除宋丙涛教授与李燕燕教授外，其余全部都是接受过耿老师指导的硕士生、博士生和博士后，文稿顺序是筹备组根据整理过的耿明斋经济思想主题安排的。

"良师益友篇"共11篇文章、4.3万字左右。此部分本来不在筹备组的设计范围内，因为本书是我们学生计划自发地在同学中组稿完成，但如前所述，各位老师们不计任何代价、洋洋洒洒地给我们贡献的众多宝贵思想和文字，令我们无比感动和珍惜。作者除赵学增教授是耿老师的师长外，其余全是耿老师的同辈或学生。文稿顺序是基于以下两点安排的：首先是耿明斋教授学术思想和教育成果的社会影响力。孙新雷教授并没有在河南大学学习和工作过，但作为郑州大学的经济学教授和河南省的知名经济学者，他对耿明斋教授40年从教生涯的评价显然是寄希望于河南省经济学界都能以耿明斋教授为榜样，做到教好书、育出人，不但做好科学研究，而且为社会服务做出贡献。卢克平教授作为河南大学现任党委书记，在适逢河南大学110周年校庆来临之际对耿明斋教授的评价，既洋溢着对为河南大学经济学科做出巨大贡献的老一代经济学人的赞美，又充满了对河南大学新一代经济学人的殷切希望。基于此，我们将以上两位教授的文稿放在了最前面。其次的作者是与耿明斋教授共同学习、工作过的师长和同事，缘起如前所述，不再赘述。

“教育教学篇”共42篇文章、13.1万字左右。全部是由耿明斋教授指导过的硕士生、博士生和博士后自发撰写的文稿组成。正如“春蚕到死丝方尽、蜡炬成灰泪始干”赞美老师对学生无私的爱那样，无论我与耿老师何时何地谈起他带过的学生，他都能对每一个同学的经历和现状如数家珍，很多时候他还能当场接到学生们给他打来的电话。在他眼里，每一个学生都有优点，都能为社会做出应有的贡献。虽然我没有当面将第六次的通稿交给他审阅，但我能想象到他读到此部分每一篇文稿作者名字时一定是笑眯眯地念出自己学生的名字。实际上，此部分文稿中出现最多的词语就是“宽容”，毫无疑问，他的学生们都刻骨铭心地感受到了导师这一难以复制的人格魅力。受耿老师对待自己学生一视同仁的言传身教，我们安排此部分的文稿顺序是完全根据作者接受耿老师指导的时间进行的，并且全书所有的学生作者栏只出现了自己接受指导的时间和教育层次，不体现大家现在的工作单位、职称和职务。

“学术成果篇”共2篇文章、0.7万字左右。我们整理了耿明斋教授1984—2021年参加的主要学术活动和取得的主要学术成果，鉴于篇幅受限，有很多学术活动和成果未一一列举。

本书的序是由耿明斋教授硕士研究生的同窗挚友蔡继明教授执笔完成的。其实2021年10月当赵学增教授等几位老师欣然答应我的约稿后，我就征求耿老师的意见想向蔡老师等至少3位我熟悉的老师邀请文稿，但耿老师阻止了我，理由是这些专家们的学术和社会活动安排得非常紧，不要因为我们学生这个自发组织的活动去打扰他们。当2022年2月底宋丙涛教授向蔡老师约稿为本书作序时，蔡老师在准备全国“两会”建议议案的繁忙工作中，抽出时间完成了这篇文稿，令本书显得相对完美，也使我们这些学生非常感动。

本书照片是由筹备组负责收集并整理的，照片安排顺序的思路是耿明斋教授近照—主要学术成果—主要学术活动—主要合影。

本书是集体智慧与劳动的结晶，虽然全体作者在前面“作者全阵容”中已经列出，并在文章的作者栏中一一标明，但如果没有大家对耿明斋教授40年如一日作为中国高校学者，在人才培养、科学研究、为社会服务、文化传承创新和国际交流合作这5个方面所投入精力和取得成绩的尊重与认可，是不可能在这么短的时间内在本书中留下自己的文字和思想的。因此，我们认为非常有必要在这里再次感谢本书作者们的辛苦努力。按照先后顺序，本书76篇文章的作者分别是蔡继明、耿明斋、宋丙涛、李燕燕、王理、郑吉伟、马金良、刘继广、王赛德、宋伟、刘俊英、柴森、李少楠、赵继增、杨中贤、邓淑斌、柳艳舟、张良悦、刘涛、张跃、张建秋、陈明明、余萍、宋良、孙新雷、卢克平、赵学增、李庆春、赵新顺、程怀儒、冯海清、王志乾、郑祖玄、彭凯翔、汪松涛、屈桂林、闻有虎、李仁君、赵晔、董栓成、曲三省、蔡胜勋、邢军峰、张立恒、宋振平、秦洁、刘岱宁、沈琦、王延资、张国骁、石琳琳、刘依杭、周秋明、李颖、刘琼、张明、武文博、谢雅玲、陈翔、申法贺、许广月、李川川、李加、曹昱、李华峰、丁俊华、苗硕、祁少菲、罗振华、孙天事、宋静雯、黄卓、谢琳琳、孙博恩、何生乾、张延伟、贾楠、沈君玲、韩瑞川、赵洋洋、茹雪。

本书在筹备、编辑和出版过程中，得到了很多在读师弟师妹们的大力支持，特别是在读博士生柴森带着6位在读硕士生沈君玲、韩瑞川、赵洋洋、王超、郭艳茹和靖镠用，不辞辛苦地做了大量繁杂的具体工作：通过不同渠道收集耿老师的学术成果并在2021年9月30日整理出了《耿明斋教授经济思想文献汇编》提供给所有同学参阅，认真校对每一篇文稿并重新整理了作者信息及参考文献，收集并汇总了《耿明斋教授主要学术活动大事记》，编排全书的文稿及照片等工作。此外，在读博士生刘琼参与了本书出版的具体联系工作。感谢他们的辛苦付出，他们为本书的顺利出版做出了贡献。

本书的出版得到了河南大学经济学院的大力支持，宋丙涛院长在百忙之中一直关注着全书文稿的编辑和出版进展。这既让我们这些经济学院的校友们深受鼓舞，也为自己的导师感到欣慰，因为河南大学经济学科的新一代学者在传承着耿老师当年为经济学科奠基人周守正教授举行学术纪念活动的行动和精神。

作为耿老师招收的第一名博士生，我本人做了自己应该做而且必须要做的工作。在本书的筹划、通稿、出版过程中，我深知自己工作结果的重要意义：本书不仅仅是对自己导师学术活动与成果的初步整理，更是让社会检验自己导师培养学生群体学术素养的一次重要机会。因此，我时刻提醒自己虽然不具备导师大家风范的学术能力，但一定要继承他认真努力做研究的态度。即便如此，由于水平和能力有限，对本书文稿所做的修改仍有很多不妥和错误之处，特别是“学术成果”篇中会有很多重要的遗漏，希望读者原谅并及时指出来，以便本书再版时修订。

值本书付梓出版之时，恰逢耿明斋教授70华诞暨从教从研40周年到来之际。正如蔡继明教授在序中所谈“70岁对于一个社会科学工作者和经济学家来说，应该是学术功力炉火纯青、学术创作厚积薄发的鼎盛时期，我们期待着耿明斋教授在未来的10年到20年有更多的学术研究成果和政策研究建议问世”。事实上，精力旺盛、身体健康的耿老师现在每天仍忙于读书、思考、著文、参加学术和社会活动，他一如既往地为中国社会经济健康发展、为中华民族伟大复兴投入自己所有的精力。本书仅仅是对耿明斋教授2022年2月之前学术活动与成果的初步梳理，也是整理他经济思想工作的一个开端。我们以后会持续整理他源源不断创造的深邃思想，并选择合适的时机与读者分享。

“师者，传道受业解惑也。”母校是我们每一个同学的精神家园，老师是我们每一个同学的思想启迪者！最后，我们恭祝耿明斋教授身体健康，生活幸福！祝愿河南大学继往开来，永远辉煌！

王　理

2022 年 3 月 30 日